AF904239

Stefan Salomon

DAS GROSSE LEHRBUCH DER CHARTANALYSE

Wie Sie Kauf- und Verkaufssignale erkennen. Mit Bleistift und Lineal zum Erfolg!

FBV

Bibliografische Information der Deutschen Nationalbibliothek
Die Deutsche Nationalbibliothek verzeichnet diese Publikation in der Deutschen Nationalbibliografie.
Detaillierte bibliografische Daten sind im Internet über http://dnb.de abrufbar.

Für Fragen und Anregungen:
info@m-vg.de

9. Auflage 2025

© 2020 by FinanzBuch Verlag, ein Imprint der Münchner Verlagsgruppe GmbH,
Türkenstraße 89
80799 München
Tel.: 089 651285-0

Alle Rechte, insbesondere das Recht der Vervielfältigung und Verbreitung sowie der Übersetzung, vorbehalten. Kein Teil des Werkes darf in irgendeiner Form (durch Fotokopie, Mikrofilm oder ein anderes Verfahren) ohne schriftliche Genehmigung des Verlages reproduziert oder unter Verwendung elektronischer Systeme gespeichert, verarbeitet, vervielfältigt oder verbreitet werden. Wir behalten uns die Nutzung unserer Inhalte für Text und Data Mining im Sinne von § 44b UrhG ausdrücklich vor.

Die im Buch veröffentlichten Ratschläge wurden von Verfasser und Verlag sorgfältig erarbeitet und geprüft. Eine Garantie kann dennoch nicht übernommen werden. Ebenso ist die Haftung des Verfassers beziehungsweise des Verlages und seiner Beauftragten für Personen-, Sach- und Vermögensschäden ausgeschlossen.

Lektorat: Silvia Kinkel
Korrektorat: Manuela Kahle
Umschlaggestaltung: Marc-Torben Fischer
Satz: Tatjana Pfluger, abavo GmbH
Druck: Florjancic Tisk d.o.o., Slowenien
Printed in the EU

ISBN Print 978-3-95972-295-7
ISBN E-Book (EPUB, Mobi) 978-3-96092-549-1

Weitere Informationen zum Verlag finden Sie unter
www.finanzbuchverlag.de
Beachten Sie auch unsere weiteren Verlage unter www.m-vg.de

Inhalt

Vorwort

Chartanalyse lernen!

Nichts ist leichter, als Geld an der Börse zu verdienen. Sie kaufen eine Aktie, warten ab und verkaufen zu einem höheren Kurs. Ohne Schweiß und Arbeit kommt es in Ihrem Depot zu einer wundersamen Geldvermehrung. Allerdings ist es natürlich auch sehr leicht, Geld zu verlieren. Ersteres ist erwünscht, Letzteres möchten wir alle vermeiden. Doch mit ein wenig Geduld und Vorbereitung ist es langfristig für jeden möglich, erfolgreich an den Börsen der Welt zu agieren. Auch wenn jeder Börsianer schon Verluste erlitten hat – Erfolg ist die Folge von einigen Grundsätzen und der Analyse des Marktes.

In diesem Buch stelle ich Ihnen die Chartanalyse vor, mit der Sie schon nach kurzer Übung erfolgreich die Märkte, egal ob Aktien-, Rohstoff- oder Devisenmärkte, analysieren können. Diese Methode fußt auf der Annahme, dass sich massenpsychologische Effekte im Kursverlauf eines Wertes widerspiegeln und sich hieraus entsprechend vorab definierter Wahrscheinlichkeiten die zukünftige Kauf- oder Verkaufsneigung der Börsianer erkennen lässt.

Börse ist einfach! Insbesondere für Anleger, die sich noch gänzlich unbefangen an die Materie Börse und Chartanalyse heranwagen. Denn eines vorab: Machen Sie sich die Börse nicht zu kompliziert. Steigt ein Markt, so versuchen Sie mit dem Aufwärtstrend zu investieren. Fällt dagegen ein Wert, so kann der versierte Trader natürlich auch im Abwärtstrend auf fallende Kurse wetten. Der klassische Privatanleger hingegen sollte eine fallende Aktie eher meiden. Und das ist eigentlich schon das ganze Geheimnis des Börsenerfolgs! Gehen Sie immer mit dem Trend. Lassen Sie sich mit der Börse treiben – aber versuchen Sie bitte nicht, gegen den Strom zu schwimmen.

Keep it simple, stupid!

Chartanalyse ist hierbei ausgesprochen hilfreich, um zu erkennen, in welche Richtung die Masse der Anleger strebt. Auch hier gilt: Keep it simple, stupid! Oder auf Deutsch: Halten Sie die Sache so einfach wie möglich. Ich kenne Börsianer, die langfristig mit Bleistift und Lineal und ein wenig Geduld deutlich erfolgreicher agieren als so mancher kurzfristig orientierte Trader, der versucht, mit komplexen Handelssystemen, mehreren Computern und Bildschirmen dem Markt täglich ein paar Punkte abzujagen.

Gewinne laufen lassen, Verluste begrenzen

Börse ist und bleibt aber auch unberechenbar. Sie können fundamentale Informationen einholen, Chartmuster identifizieren, eine exzellente Analyse erstellen und trotzdem reagiert der Markt völlig anders, als Sie es erwartet haben. Denn bei jeder Investition, bei jedem Trade, verbleibt ein Risiko! Dessen sollten Sie sich bewusst sein. Aufgrund dieses Restrisikos ist einer der ältesten Börsensprüche auch der wichtigste: »Gewinne laufen lassen, Verluste begrenzen.« Oder wie sich Börsen-Altmeister Kostolany ausdrückte: Niemand weiß, wie hoch eine Aktie steigen oder wie tief sie fallen kann.

Gewinne laufen lassen

Sie haben eine Aktie gekauft, diese steigt und steigt. Sie verzeichnen so im Depot Buchgewinne. Rein menschlich nimmt damit die Neigung allerdings zu, diese Gewinne auch mitzunehmen. Doch »Gewinne laufen lassen« bedeutet, dass Sie Ihr Engagement in dieser Aktie so lange halten, bis sich die Gründe für den Kauf der Aktie ändern, sei es aus der Perspektive der Chartanalyse oder unter fundamentalen Aspekten! Fällt die gekaufte Aktie zum Beispiel nach einem längerfristigen Aufwärtstrend aus diesem heraus, generiert also aus der charttechnischen Perspektive ein Verkaufssignal, so wird der Wert abgestoßen. Laufen lassen bedeutet somit in der Sprache der Börsianer, dass mit Geduld und Disziplin ein Wert so lange im Depot gehalten wird, bis sich gegenteilige Signale ergeben.

Verluste begrenzen

Sie kaufen zum Beispiel eine Aktie aufgrund von Kaufsignalen der Technischen Analyse in Verbindung mit einer guten Wachstumsstory sowie jüngst von der Börse positiv aufgenommenen Quartalszahlen. Doch überraschend neue Mitteilungen des Unternehmens führen zu Kursverlusten und einem Verkaufssignal entsprechend der Chartanalyse, zum Beispiel einem Ausbruch aus einem langfristigen Dreieck nach unten. Die Aktie in Ihrem Depot generiert Buchverluste, die wiederum aufgrund eines angeborenen Verhaltensmusters gern ignoriert werden. Doch im Zweifel sollte stets der Depoterhalt im Vordergrund eines Anlegers stehen. Schauen Sie nicht zu, wie eine Aktie weiter fällt und ihre Buchverluste ansteigen. Setzen Sie sich schon vor Kauf eine Schwelle, an der Ihre Idee steigender Kurse beziehungsweise Ihres bevorzugten Szenarios Ihres Engagements nicht mehr haltbar ist! Trennen Sie sich lieber zu früh als zu spät von einem Verlust.

Beachten Sie stets: An der Börse agieren Menschen! Anleger, Trader, Investoren lassen sich mitreißen – sie werden gierig und euphorisch, wenn die Kurse steigen. Dagegen werden sie ängstlich und panisch, wenn die Kurse fallen. Alle Facetten der menschlichen Emotionen spielen bei einer Kauf- oder Verkaufsentscheidung stets eine Rolle. Denn egal, ob der Mensch als Börsianer nun vorab eine Reihe von Faktoren abgewägt hat oder eher impulsiv einen Kauf tätigt. Bei jeder Entscheidung, die wir als Menschen treffen, spielen unsere bewussten, aber auch unsere unbewussten Emotionen eine große Rolle!

Letztlich greifen die Anleger auf dem Marktplatz Börse zu oder stoßen ihre Papiere ab, prüfen vermeintlich rational und werden doch emotional beeinflusst, wenden sich verärgert ab und verdrängen gern Misserfolge.

Die Börse ist ein Marktplatz

Betrachten Sie den Kauf von Aktien, Devisen oder Rohstoffen daher genauso wie einen Gang auf einen Markt. Denn letztlich geht es an den Börsen der Welt zu wie auf einem sehr großen Marktplatz. Die Ware wird geprüft, gekauft oder zurückgelegt, angepriesen und zum Ende des Markttages verhökert. Es gibt Schnäppchen sowie überteuerte schlechte Ware. Selbstverständlich treiben auch die berühmten schwarzen Schafe ihr Unwesen auf dem Marktplatz.

Legen Sie vorher fest, unter welchen Bedingungen Sie welche Ware kaufen möchten. Vergleichen Sie vorab die Preise, überlegen Sie sich, welche Ware sich langfristig am besten entwickeln dürfte und analysieren Sie die Marktstimmung. Gibt es viele Verkäufer, warten Sie auf Ihre Chance, billigst einzukaufen. Gibt es dagegen nur wenige Verkäufer und viele Käufer, zögern Sie nicht und stehen Sie früh auf, um vor den anderen Käufern die beste Ware zu ergattern. Doch hüten Sie sich vor den schwarzen Schafen! Würden Sie auf einem Markt die billigsten Erdbeeren kaufen, ohne zu prüfen, ob diese nicht schon schimmelig sind? Kaufen Sie auf dem Marktplatz eine Ladung Kartoffeln, nur weil diese gerade besonders günstig sind? Lassen Sie sich nicht durch Lockvogelangebote von Ihrer Einkaufsliste abbringen.

Etwas Vorbereitung und Disziplin reichen aus, um langfristig erfolgreich zu agieren. Sie benötigen weder eine betriebswirtschaftliche Ausbildung noch brauchen

Sie eine hochprofessionelle Chartsoftware, um Aktien auszuwählen sowie Ein- und Ausstiegszeitpunkte festzulegen.

Ihr Weg zum erfolgreichen Börsianer

Ein Telefon, Taschenrechner, ein Computer mit Internetanschluss, ein Drucker sowie Lineal und Bleistift und vielleicht noch eine Börsenzeitschrift mit einem guten Statistikteil reichen völlig aus, um langfristig Geld an der Börse zu verdienen. Sie benötigen zudem ein wenig Zeit. Rund ein bis drei Stunden pro Woche sind für den privaten Anleger vollkommen ausreichend. Zum Anfang Ihrer Karriere als privater Anleger werden Sie sicherlich etwas mehr Zeit investieren müssen, um den Markt sowie sich selbst kennenzulernen, Ihre Regeln aufzustellen und vor allem zu begreifen, dass auch all die Profis im Markt nur mit Wasser kochen. Übernehmen Sie selbst die Verantwortung für Ihr Handeln und vergessen Sie Ihre eigene Meinung und die Meinung der anderen über den Markt. Nur der Markt hat Recht. Entwickeln Sie zudem eine eigene Strategie, ein Regelsystem, welches auf Ihre Erfordernisse zugeschnitten ist.

Schwerpunkt Chartanalyse – einfach erlernbar und erfolgreich!

Dieses Buch soll Ihnen bei Ihren zukünftigen Entscheidungen an der Börse helfen. Der Schwerpunkt liegt auf der Chartanalyse als Teil der Technischen Analyse sowie deren Grundlagen. Wert wird darauf gelegt, möglichst einfache und nachvollziehbare Techniken dieser Methode vorzustellen. Techniken, die jeder Anleger durchführen kann und die ohne großen Zeitaufwand erlernbar sind, aber hierbei ausgesprochen erfolgreich angewendet werden können. Aber auch der versierte Profi-Anleger, der seine Methodik hinterfragen möchte, findet im vorliegenden Buch Anregungen.

Erfolg mit Bleistift und Lineal!

In meiner langjährigen Tätigkeit als Referent und Coach sind mir allzu viele Börsianer und kurzfristig orientierte Day-Trader über den Weg gelaufen, die ihr Depot an die Wand gefahren haben. Der wesentliche Grund hierfür war stets, an vorgefassten Meinungen über den Markt festzuhalten. So wird statt einer Chartanalyse, die auf den Fundamenten der Trend- und Formationsanalyse ruht, mit zu komplexen Indikatoren-Systemen gearbeitet, die überoptimiert sind sowie teils widersprüchliche Signale liefern. Oder Anleger scheitern, weil sie mit esoterischen Mitteln Prophezeiungen über den Markt aussprechen, statt Prognosen zu ermitteln, die auf statistischen Untersuchungen von Kursmustern gründen. Nur der Markt hat Recht und dessen vorherrschende Stimmung, ob positiv, negativ oder neutral, ist zu ermitteln! Mit Bleistift und Lineal können Sie die relevanten Trends identifizieren. In Verbindung mit den Verhaltensmustern des Marktes, den Formationen, können Sie sodann MIT statt GEGEN den Markt investieren!

Übung macht den Meister!

Im vorliegenden Buch finden Sie ein Kapitel mit 50 Übungen zur Trend- und Formationsanalyse in Verbindung mit Candlesticks. Mit entsprechenden Lösungsvorschlägen. So können Sie sich schnell in die Materie, in die Charttechnik einarbeiten, um sich anschließend selbst an der Börse zu versuchen.

Chartanalyse funktioniert zu jeder Zeit!

Ein Wort zur Entstehung des vorliegenden Buches. Die Idee und auch erste Texte nebst Charts entstanden im Jahr 2000. Zu dieser Zeit herrschte eine deutliche Börsen-Euphorie, und der Neue Markt erlebte seine Blütezeit. Seitdem ist natürlich viel Zeit vergangen. So manche Aktien verschwanden in den letzten Jahren vom Kurszettel. Einige dieser »historischen« Charts habe ich in das Ihnen vorliegende Werk mit aufgenommen. So können Sie gut erfahren, dass Chartanalyse nicht nur heute, sondern zu allen Zeiten funktioniert.

Chartanalyse an sich ist ja auch nicht neu. Vielmehr begründete Charles Dow schon Ende des 19. Jahrhunderts die heute bekannte Technische Analyse mit seinen sechs Theoremen zur Charttechnik. Seine Kernthesen lauteten:

1. Im Preis sind alle Informationen enthalten.
2. Ein Markt hat drei Trends (lang-, mittel- und kurzfristig).
3. Jeder langfristige Trend hat drei Phasen (Akkumulation, öffentliches Interesse, Distribution).
4. Umsätze bestimmen den Trend.
5. Die Trends der (damals zwei existierenden) US-Indizes DOW JONES INDUSTRIAL und DOW JONES TRANSPORTATION müssen sich gegenseitig bestätigen.
6. Ein Trend gilt so lange, bis er dreht. Eine Trendwende bedarf der Bestätigung beider oben genannter Indizes.

Danken möchte ich meinen vielen Kunden und Seminarteilnehmern, die mir wertvolle Anregungen für die notwendigen Inhalte eines Buches für Einsteiger in die Welt der Börse und der Technischen Analyse gegeben haben. Dank auch an die Firma bsb-software.de als Datenlieferant für die Charts, die mit dem Chartanalyseprogramm Metastock erstellt wurden.

Ich wünsche Ihnen, liebe Leserin, lieber Leser, viel Erfolg an der Börse!

Ihr Stefan Salomon

Teil 1 – Einführung in die Welt der Börse

Kapitel 1: Was bewegt die Kurse?

Was bewegt eigentlich die Kurse? Ehe Sie sich mit der Welt der Börse auseinandersetzen, möchte ich Sie davon überzeugen, dass das Börsengeschehen eine zutiefst irrationale Veranstaltung ist. Denn Kurse werden von Menschen gemacht – und der Mensch ist und bleibt ein irrationales Wesen.

Börse ist irrational! Versuchen Sie nicht, die Börse zu verstehen.

Daher an dieser Stelle mein Warnhinweis: Versuchen Sie wirklich niemals, die Börse zu verstehen. Es führt zu nichts, verstehen zu wollen, warum denn nun der eine oder andere Wert zu fallen oder zu steigen anfängt. Ebenso gut könnten Sie fragen, was zuerst da war – das Ei oder die Henne? Bezogen auf den »Marktplatz Börse« könnten Sie auch fragen, was war zuerst da – die guten Meldungen oder die steigenden Kurse? Manchmal weiß man als Marktbeobachter nicht so recht, ob nun Kurse Meldungen machen oder umgekehrt. Erklärungen über steigende oder fallende Kurse gibt es jedoch immer – doch nichts anderes auf der Welt als das Verhältnis von Angebot zu Nachfrage bestimmt den Preis einer Aktie, eines Rohstoffes oder anderer Börsen-Instrumente.

An der Börse wird Zukunft gehandelt!

Beachten Sie bitte Folgendes: Menschen handeln nicht die Aktie (einen Index, Rohstoff oder ein Währungspaar et cetera) allein als rationalen Wert an sich. Die Aktie symbolisiert vielmehr eine Idee, ein Bild, eine Erwartung. Menschen handeln Erwartungen an der Börse. Erwartungen über Gewinnaussichten und die Wettbewerbssituation eines Unternehmens, über Reichtum und Wohlstand, die eine Aktie unter Umständen dem Anleger bringen kann. An der Börse wird Zukunft gehandelt.

Werden Erwartungen enttäuscht, wird verkauft. Fallende Kurse wiederum enttäuschen, es wird weiter verkauft. Wird die Masse der Anleger enttäuscht, so wird eine um sich greifende Verkaufsneigung der meisten Marktteilnehmer so lange zu stets fallenden Kursen führen, bis sich die ersten potenziellen Käufer verwundert die Augen reiben, ob der scheinbar günstigen Kurse – und zu kaufen anfangen. Die Frage bleibt natürlich, was ist »günstig«?

Werden dagegen positive Erwartungen geschürt (durch Medien, Gurus, Unternehmensmeldungen, Bilanzen et cetera) und auch bestätigt, so wird die Masse der Anleger kaufen. Steigende Kurse wecken die Begehrlichkeit, die Gier anderer potenzieller Käufer. Solange genügend neue Käufer auftreten und nur eine geringe Anzahl von Verkäufern dagegenhält, werden die Kurse anziehen. Es entsteht so eine lang anhaltende »Kaufneigung«, bis sich keine neuen Käufer mehr finden und sich die Masse der Aktionäre fragt, ob denn die Kurse in den Himmel schießen können. Allgemein wird diese Frage verneint.

Nach der Kaufneigung und Euphorie, die immer mehr um sich greift, tritt nun Ernüchterung und damit eine vermehrte Verkaufsneigung ein. Die Kurse beginnen zu fallen.

Menschliche Verhaltensmuster bestimmen Zyklen und Börsenphasen!

Die in Abbildung 1 dargestellte Zyklik der Kauf- und Verkaufsneigung einer Masse von Marktteilnehmern resultiert letztlich aus angeborenen Verhaltensmustern des Menschen. Diese haben sich seit Adam und Eva nicht geändert. Gier, Euphorie, Angst und Panik – diese kräftigen und starken Gefühle werden den Menschen stets begleiten – und auch zu Massenphänomenen führen, welche verantwortlich sind für Börsenhaussen, Crashs, Über- und Untertreibungen auf dem Börsenparkett. Schematisch lassen sich die Phasen, die die Masse der Anleger und insbesondere der Kleinanleger an der Börse durchlaufen, in mehrere Grundstimmungen einteilen.

Gier, Euphorie, Angst und Panik

Der Beginn eines typischen Börsenzyklus ist die Zeit des größten Pessimismus, die Depression der Masse. Nach anfänglichen Kurssteigerungen beginnt sich ein zaghafter Optimismus durchzusetzen, der am Hochpunkt des Börsenzyklus in schiere Euphorie umschlägt. Nach dieser Zeit des größten Optimismus setzt Ernüchterung ein, gefolgt von Angst und Panik in einem anschließenden Abwärtstrend. Darauf folgt wieder die große Depression – das Spiel kann wieder von neuem beginnen. Angemerkt sei jedoch, dass es zwar bezogen auf die Gesamtmärkte immer wieder zu neuerlichen Anstiegen kommen wird, doch dies nicht unbedingt für Einzelaktien oder ganze Branchen gelten muss. Nachdem eine Börsenblase (Euphorie) geplatzt ist, kann dies auch das endgültige Aus für die eine Aktie, eine gesamte Branche oder auch für ein ganzes Land bedeuten.

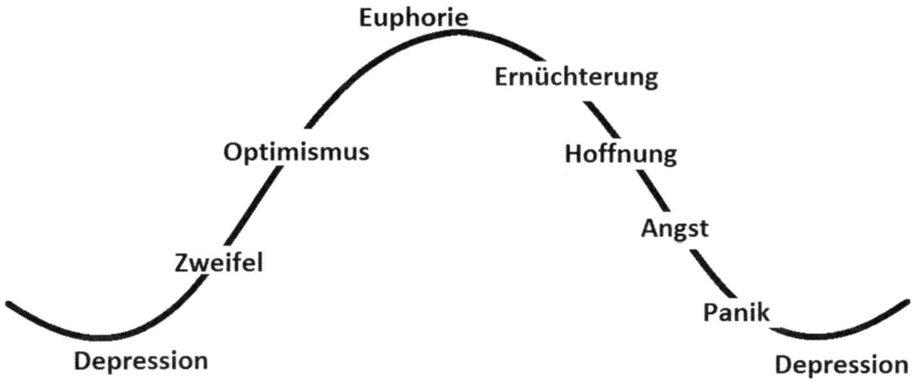

Abbildung 1: Idealisierter Börsen-Zyklus – Stimmung der Kleinanleger

So benötigte beispielsweise der japanische Aktienmarkt einige Jahre, um sich von der exorbitanten Spekulationsblase Ende der 80er-Jahre zu erholen – die im Zuge einer gigantischen Euphorie unter anderem der japanischen Kleinanleger entstand. So fiel der Index von seinem Allzeithoch vom 29. Dezember 1989 bei 38.957,44 Punkten im Zuge des Platzens der Aktien- und Immobilienblase in Japan bis zum 3. Juli 1995 auf 14.485,41 Punkte. Und selbst mit einer kräftigen Erholung von 2012 bis 2018 konnte der Nikkei 225 sein Allzeithoch bislang nicht mehr erreichen (Abbildung 2).

Börsencrashs

Im oben dargestellten Abschnitt wurde verdeutlicht, wie und warum sich Kurse bewegen. Kauf- und Verkaufsneigung bewegen die Kurse. Die entscheidende Frage an der Börse lautet: Welche Neigung überwiegt im aktuellen Zeitpunkt und welche Neigung setzt sich fort? Können Sie dank Ihrer Analysemethoden diese Frage beantworten, sind Sie der Börse einen Schritt voraus. In diesem Fall sind Sie auch dagegen gefeit, ins »fallende Messer« zu greifen (also bei stark fallenden Kursen zu kaufen) oder zu früh aus einer bestehenden Kaufneigung auszusteigen. Die in diesem Buch vorgestellten Methoden sollten Sie nach ein wenig Übung dazu befähigen, Kauf- und Verkaufsneigungen im Markt festzustellen. Kauf- und Verkaufssignale können Sie dann ableiten, indem Sie entweder eine Stimmungsänderung oder eine Fortsetzung der vorherrschenden Stimmung feststellen.

Abbildung 2: Nikkei 225 von 1984 bis 2019 – Der japanische Aktienmarkt erlebte in den 80er-Jahren eine beispiellose Hausse. Das Allzeithoch ist seit dem Platzen dieser Blase bislang nicht mehr erreicht worden – chart provided by Metastock

Das Spiel von Angebot und Nachfrage, die Zukunftserwartungen in Verbindung mit den Emotionen der Anleger prägen letztlich das Börsengeschehen. Diese stets wiederkehrenden Verhaltensmuster oder auch typische massenpsychologische Börsenphänomene sind die Ursachen für zahlreiche Börsencrashs in der Geschichte. Exemplarisch sei Ihnen dies an einigen historischen Beispielen dargestellt.

Tulipomanie im 17. Jahrhundert, Holland

Der erste dokumentierte »Börsencrash« in der Geschichte war die Spekulation mit Tulpenzwiebeln Anfang des 17. Jahrhunderts in den Niederlanden. Die Tulpenzwiebel kam Mitte des 16. Jahrhunderts als Luxusgut aus der Türkei nach Holland. Sie avancierte schnell zu einem Statussymbol der reichen Kaufleute. Kleinere kostbare Tulpenbeete wurden angelegt und bezeugten den Wohlstand der oberen Kaufmannsschicht. Davon ausgehend entwickelte sich Anfang des 17. Jahrhunderts vor allem in Amsterdam ein Handel mit den noch seltenen und kostbaren Tulpenzwiebeln. Eine spekulative Begeisterung und ständig steigende Nachfrage nach den Tulpenzwiebeln sowohl als Statussymbol wie auch als Spekulationsobjekt trieben die Preise bis ins Jahr 1637 in exorbitante Höhen. Eine einzige Tulpenzwiebel der seltenen Sorte Semper Augustus wurde zum Preis von 4.600 Gulden nebst Pferdegespann, Zaumzeug und Geschirr gehandelt. Zum Vergleich: Ein Mastochse kostete damals 120 Gulden.

Über die Anfänge und den Anstieg, aber auch das Ende der Spekulation werden heute unter Historikern verschiedene Gründe diskutiert. So wird auch der Einfluss der Beulenpest genannt. Deren Folge sollen vermehrte Erbschaften und eine gestiegene Risikoneigung gewesen sein. Letztlich festzustellen ist, Tulpenzwiebeln entwickelten sich ab circa 1634 zum Spekulationsobjekt. Auf diese wurden auch Optionen verkauft und Leerverkäufe getätigt. Die stetig steigenden Preise und die Erzählungen von »über Nacht« reich gewordenen Händlern zogen immer mehr Spekulanten an. Einer Stagnation und rückläufigen Preisen Ende 1636 folgte jedoch der Zusammenbruch Anfang 1637. Die Nachfrage nach Tulpenzwiebeln brach ein. Die Hysterie der daran beteiligten Spekulanten und Kaufleute fand ein jähes Ende.

Südsee-Seifenblase 1720, England

Ein weiteres historisches Beispiel für einen Börsenkrach ist die Südsee-Seifenblase zu Beginn des 18. Jahrhunderts (1720) in London: Die Südsee-Gesellschaft wurde vom Grafen von Oxford 1711 gegründet und von einigen Kaufleuten finanziert. Zweck der Gesellschaft war der Handel mit Lateinamerika. Durch die Übernahme von fast 10 Millionen Pfund der britischen Staatsverschuldung wurde das Monopol auf den gesamten Handel mit Lateinamerika erkauft. Dieses Monopol hatte jedoch seine Tücken, da die Spanier damals nur ein britisches Schiff pro Jahr passieren ließen. Insofern dümpelte die Aktie auch bis 1718 ohne nennenswerte Bewegung vor sich hin. 1718 kam es jedoch infolge von spekulativen Börsenmanipulationen in Frankreich zu einem starken Kapitalrückfluss nach England. Dies hatte zur Folge, dass die Südseegesellschaft der britischen Regierung die volle Übernahme der damaligen Staatsverschuldung (31 Millionen Pfund) anbieten konnte, unter der Bedingung, dass die Südsee-Gesellschaft ihr Kapital unbegrenzt und zu jedem Kurs erhöhen konnte. Die Aktien sollten gegen Staatsrenten eingetauscht werden können.

Nach einer hitzigen Debatte im britischen Parlament wurde sodann ein Gesetz erlassen, das diesen Bedingungen nachkam. Neue Gerüchte über die märchenhaften Gewinnchancen durch die mögliche Ausbeutung der mexikanischen Gold- und Silberminen und über kurz bevorstehende Verträge zwischen England und Spanien zum Zwecke des freien Schifffahrtsverkehrs trieben den Aktienkurs der Südsee-Gesellschaft in nie gekannte Höhen. Bis Mitte 1720 konnte der Kurs der Aktie bis auf 1.050 Pfund ansteigen, bei einem Nominalwert von 100 Pfund. Die Eigentümer nutzten ihre Chance und brachten neben neuen Gerüchten auch neue Aktien zu astronomisch hohen Emissionspreisen in Umlauf. Angemerkt sei, dass zu diesem Zeitpunkt die Südsee-Gesellschaft keinerlei nennenswerten Geschäften nachging oder gar Gewinne machte, die eine entsprechend hohe Bewertung nahelegte.

Die spekulative Begeisterung der Engländer kannte keine Grenzen mehr. Rentner, die bis dahin britischen Staatspapieren vertrauten, tauschten diese sicheren Papiere in Aktien der Südsee-Gesellschaft. Ob arm oder reich, ob jung oder alt, jeder war vom Börsenfieber angesteckt. Im Zuge der Hausse der Südsee-Gesellschaft wurden sogar neue Aktiengesellschaften gegründet. Allein zu dem Zweck, Geld einzusammeln. Teilweise boten diese Gesellschaften recht obskure Geschäftsmöglichkeiten:

- Gewinnung von Silber aus Blei,
- Umwandlung von Quecksilber in Feinmetall,
- Seifenherstellung und deren Verbesserung,
- Schiffsgesellschaften zum Kampfe gegen Piraten.

Diese Neugründungen wurden im Volksmund als »bubble« (Blase) bezeichnet, da sie genauso schnell verschwanden, wie sie gekommen waren.

Das Ende der Spekulation war im September 1720 erreicht. Innerhalb kürzester Zeit brach der Kurs der Südsee-Gesellschaft deutlich ein, bis knapp über den Nominalwert, um im Jahr 1721 sogar unter diesen Wert von 100 Pfund zu fallen. Verarmte Rentner, Geschäftsleute und Lords blieben zurück. Auch Sir Isaac Newton (1643-1727) war an der Spekulation mit Aktien der Südsee-Gesellschaft beteiligt. Er gewann anfänglich rund 7.000 Pfund, um anschließend circa 20.000 Pfund zu verlieren. Nach diesem herben Verlust ließ er sich zu der Aussage verleiten: »Ich kann zwar den Verlauf der Gestirne berechnen, nicht jedoch das Verhalten der Menschen.«

Schwarzer Freitag – Börsenkrach 1929, USA

Auch der große Börsenkrach 1929 hatte ein ähnliches emotionales Verlaufsmuster wie die vorherigen historischen Einbrüche. Nachdem der DOW JONES innerhalb eines Aufwärtstrendkanals relativ stetig gestiegen und gefallen war, wurde Anfang 1925 eine bis dahin als Widerstand geltende Marke bei circa 118 Indexpunkten nach oben durchbrochen.

Abbildung 3: US-Index DOW JONES von 1901 bis 1935 – Nach der Euphorie folgte Ernüchterung und Depression – chart provided by Metastock

Geschichten über reich gewordene Aktienbesitzer machten die Runde und heizten die Stimmung weiter an. Von den Brokern wurden sowohl Kredite auf Aktien bewilligt als auch Barkredite vergeben. Und dies auch an Hausfrauen, Arbeiter oder Spekulanten, die über kein eigenes Geld in entsprechendem Ausmaß verfügten. Jeder konnte Aktien erwerben. Als Sicherheit für die ausstehenden Kredite galten die gekauften Aktien. Die Rückzahlung des Kredites als auch der Zinsen war kein Thema, denn steigende Kurse wurden als selbstverständlich angenommen. Hinzu kam eine Flut von Neuemissionen, darunter auch Radiowerte (»New Economy«) und andere Gesellschaften, die neue technische Möglichkeiten als Garant für weiterhin steigende Kurse nannten.

Panikstimmung machte sich jedoch im Oktober 1929 breit. Die Kurse stiegen entgegen den allgemeinen Erwartungen nicht mehr und fielen trotz der beruhigenden Aussagen von »Experten«. So stellte der damals populäre Ökonomie-Professor Fisher die Behauptung auf: »... dass die Börse in ein paar Monaten viel besser dastehen wird als heute.« Das Ende vom Lied ist Ihnen bekannt: Verarmte Broker und Spekulanten, Selbstmorde am Tag des Crashs, Weltwirtschaftskrise und Massenarbeitslosigkeit.

Interessant ist auch der Kursverlauf des DOW JONES INDEX im Zeitraum 1901 bis 1935 aus charttechnischer Sicht. Der langfristige Aufwärtstrendkanal im DOW JONES wurde Ende 1927 nach oben verlassen: ein Signal für Euphorie im Markt. Der deutliche Rückfall nach dem Euphorie-Hoch 1929 in den Aufwärtstrendkanal zurück stellt hierbei die Enttäuschung der Börsianer dar. Ein starkes Verkaufssignal für den Technischen Analysten.

Crash am Neuen Markt und an der NASDAQ 2000/2001

Der Crash am Neuen Markt in Deutschland sowie an der NASDAQ in den USA im Jahr 2000 ist in die obigen Massenhysterien einzureihen. Statt Tulpenzwiebeln (1636), wertlosen Aktien und Emissionspapieren (1720) oder Aktien von Radiostationen, Radiofabriken (1929) wurden Internetwerte gehandelt. Vermerkt sei, dass in der Regel nach allen großen Crashs auch ein gesamtwirtschaftlicher Niedergang über mehrere Jahre folgt.

Denn im Zentrum der Entscheidungen der Unternehmenslenker stehen nach Crashs nicht mehr »Visionen«, sondern pragmatische Erfordernisse. Entlassungen, Restrukturierungen und Kostenmanagement erhalten einen höheren Stellenwert. Die Kaufkraft der Bevölkerung sinkt, der Optimismus geht auch aufgrund der sinkenden Aktienkurse zurück. Es wird weniger konsumiert, die Sparquote beziehungsweise Anlagen in »sichere« Investments nehmen zu.

Abbildung 4: Kursverlauf des Neuen Marktes von Oktober 1998 bis März 2003 – chart provided by Metastock

Der Crash der Technologie- und Internet-Aktien zur Jahrtausendwende ging allerdings nicht mit einem gesamtwirtschaftlichen Niedergang einher. Denn der Crash bezog sich nur auf ein Teilsegment der Börse. Zudem steuerte die US-Notenbank FED (Federal Reserve System) mit billigem Geld und einer Erhöhung der Geldmenge einer Wirtschaftskrise entgegen. Dies führte letztlich auch zu einer weiteren »Bubble«, der US-Immobilien- und Hypothekenblase, die Anfang 2008 platzte. Die Finanzkrise und deren charttechnische Entwicklung wird im Kapitel *Beispiele – Theorie und Praxis* beschrieben.

Letztlich dürften auch kommende Crashs nicht ohne Vorboten oder Warnsignale ablaufen, die die Chartanalyse unter anderem bereithält. Auch fundamentale Aspekte können auf einen Crash hinweisen. So wird gern die überbordende Verschuldung in den USA, sowohl der US-Verbraucher (Stichwort Studenten-, Auto- und Privatkredite) als auch des US-Einzelhandels in Verbindung mit der Verschuldung des Staates sowie die chinesische Immobilienblase als Warnsignale für einen Crash angeführt. Seit Jahren steigt die globale Verschuldung, ohne dass eine Trendumkehr festzustellen ist. Rekordwerte zeigten sich jedoch nicht nur in der Staatsverschuldung, auch Unternehmen und Konsumenten sind hoch verschuldet. So hatten zum Frühjahr 2017 allein die US-Autokredite einen

Höchststand von circa 412 Milliarden US-Dollar erreicht. Die öffentlichen Schulden der USA und Großbritanniens haben sich seit 2006 mehr als verdoppelt. Vor allem in den Schwellenländern stieg die Schuldenaufnahme in den vergangenen 10 Jahren auf insgesamt 58,5 Billionen US-Dollar (Stand Frühjahr 2018).

Die weltweite Verschuldung betrug im ersten Quartal 2018 laut dem Institute for International Finance (IIF) 247 Billionen US-Dollar. Dieser Wert entspricht rund 318 Prozent des weltweit erwirtschafteten Bruttoinlandsprodukts (BIP). Würde nun die globale Wirtschaftsleistung zurückgehen, so würde das Schulden/BIP-Ratio ansteigen und die Zweifel an der Rückzahlungsfähigkeit der Schuldner zunehmen. Die Gläubiger wiederum sind größtenteils Inhaber von Schuldverschreibungen, festverzinslichen Papieren. Würde das Vertrauen in diese Papiere schwinden, könnte ein Zusammenbruch des Anleihemarktes eine erneute Finanzkrise auslösen. Doch entsprechende fundamentale Warnsignale allein helfen nicht unbedingt, die Trends an den Börsen zu erkennen und einen Stimmungsumschwung oder gar einen Crash zu prognostizieren.

Wirtschaftsexperten, Professoren und andere kluge Köpfe haben in den vergangenen Dekaden mehr als einmal einen Zusammenbruch des kapitalistischen Wirtschaftssystems kommen sehen, doch bislang läuft die Wirtschaft, und der »ganz große Crash« blieb aus.

Mithilfe der Technischen Analyse sollte es Ihnen als Anleger jedoch möglich sein, entsprechend »starke« Verkaufssignale in den Leitindizes, dem DOW JONES und DAX gut erkennen zu können und aus dem Markt auszusteigen, bevor die Masse der Marktteilnehmer die Reißleine zieht.

Gemeinsamkeiten von Crashs

Alle Crashs haben eines gemeinsam: Weite Teile der Bevölkerung werden von steigenden Kursen angezogen und investieren, ohne sich des Risikos bewusst zu sein. Neue Waren oder neue technische Möglichkeiten in Verbindung mit steigenden Kursen vermitteln der Masse der Marktteilnehmer die Illusion, relativ einfach und sicher über Nacht reich werden zu können. Sobald aber die Massenhysterie nicht mehr durch neue Käuferschichten genährt werden kann, erfolgt der Zusammenbruch.

Ein Warnanzeichen für Zusammenbrüche ist, wenn die kleinen Leute mit nur geringer Liquidität in die neuen Märkte investieren. Die letzten liquiden Mittel werden so verbraucht. Neue Liquidität für eine Fortsetzung der Hausse ist nicht mehr vorhanden. Denn jede Bewegung vor einem Crash zeichnet sich dadurch aus, dass eine liquiditätsgetriebene Hausse vorliegt und die Preise der gehandelten Waren nicht mehr im Einklang stehen mit der aus diesen Waren erzielbaren Wertschöpfung.

Was wir aus Crashs lernen können

Seit Adam und Eva haben sich die Verhaltensweisen des Menschen nicht geändert. Angeborene Verhaltensmuster, hierunter zum Beispiel der Herdentrieb des Menschen, Ansteckungseffekte innerhalb einer Masse von Marktteilnehmern oder die schon genannten starken Emotionen wie Gier, Euphorie, Angst und Panik – aus diesen massenpsychologischen Phänomenen leitet die Technische Analyse ihre Grundannahmen ab, die im Kapitel »Technische Analyse« näher erläutert werden. So kann die Technische Analyse auch durchaus entsprechende Massenhysterien und deren Stimmungsumschwünge zeitnah erkennen und hieraus Kursziele ableiten.

Fundamentalanalyse oder Technische Analyse?

Die Fundamentalanalyse, die anstrebt, den fairen Wert einer Aktie, eines Unternehmens oder eines gesamten Marktes, aufgrund von betriebswirtschaftlichen Überlegungen und Kennzahlen zu ermitteln, kann selbstverständlich ebenfalls Übertreibungen in einer Massenhysterie feststellen. Und somit zumindest Warnsignale anzeigen. Doch als Analysemethode ist sie eher ungeeignet, um einen Stimmungsumschwung an der Börse zu diagnostizieren.

Mit der Fundamentalanalyse versucht man, den inneren Wert einer Aktie zu ermitteln. Ist dieser Wert ermittelt, so kann der Fundamentalanalyst den Wert zum Kauf empfehlen, sofern der innere Wert über dem aktuellen Kurs liegt und die Aktie somit unterbewertet ist. Andernfalls wird die Aktie bei einem geringen inneren Wert bezogen auf den Kurs zum Verkauf empfohlen.

Das gezeigte Schema in Abbildung 5 stellt den idealtypischen Fall dar. Der Kursverlauf schwankt um den inneren Wert einer Aktie, der stetig steigt. Phasen der Untertreibung sollten zum Kauf, Phasen der Übertreibung sollten zum Verkauf genutzt werden.

Die Technische Analyse ist dagegen eher statistische Massenpsychologie. Sie versucht anhand der Kurse sowie des Handelsvolumens, dem hieraus resultierenden

Chartbild sowie diverser mathematischer Ableitungen der Kurse herauszufinden, ob die Masse der Marktteilnehmer zukünftig kaufen oder verkaufen wird – unabhängig von den vorliegenden Zahlen und Bilanzen eines Unternehmens.

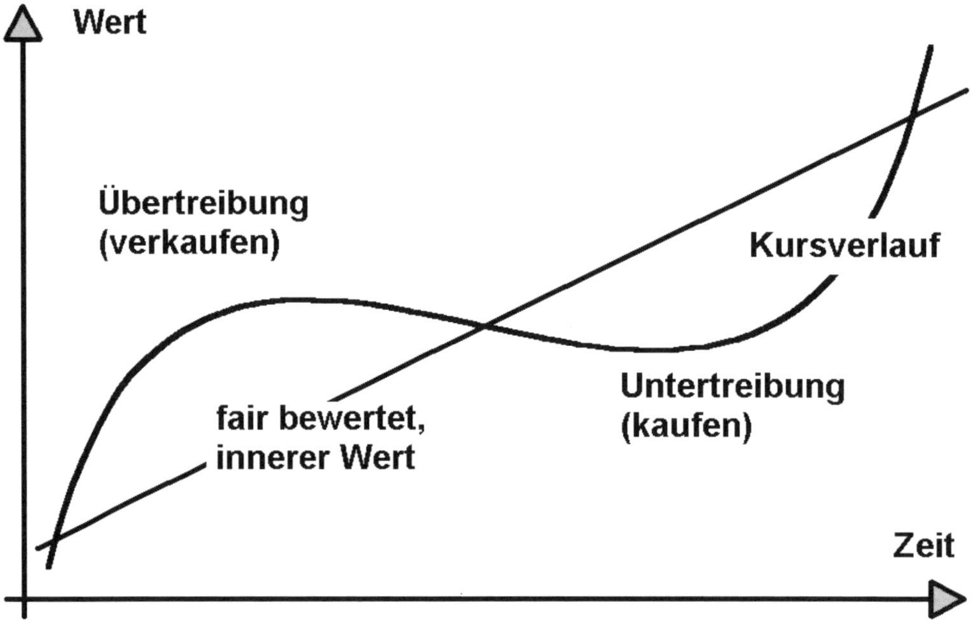

Abbildung 5: Innerer Wert – Aktienkurs mit Über- und Untertreibung

Welche der beiden Analyse-Methoden bringt nun die besseren Ergebnisse oder ist gar sicherer? Diese Frage ist nicht zu beantworten. Ein Vergleich hinkt. Beide Ansätze zur Beurteilung von Kauf- und Verkaufsmöglichkeiten beruhen auf gänzlich unterschiedlichen Grundüberlegungen.

Vier Augen sehen mehr als zwei!

Erfolgversprechend ist es, beide Analyseformen und deren Methoden kennenzulernen und das für einen selbst Sinnvolle zu verwenden. Ein privater Anleger wird so zum Beispiel aus dem Werkzeugkasten der Fundamentalen Analyse die klassischen Kennzahlen zur Beurteilung des inneren Wertes einer Aktie heranziehen, dagegen eine Bilanzanalyse und die Wettbewerbsanalyse außen vor lassen, da er dies zeitlich und fachlich nicht bewerkstelligen dürfte. Für ihn reichen die Kennzahlen sowie eigene Recherchen oder Bank-Studien zur groben Orientierung aus.

Ebenso wäre es auf der Seite der Technischen Analyse wenig sinnvoll für einen viel beschäftigten Kleinanleger, zeitaufwendige Zyklen- und/oder Wellen-Studien durchzuführen, die der Baukasten der Technischen Analyse bereithält. Eine einfache Trend- und Formationsanalyse bringt hinreichend gute Signale zum Ein- und Ausstieg. Die Verbindung dieser »einfachen« fundamentalen und technischen Ansätze ist ein sehr gutes Fundament, um auch langfristig an der Börse erfolgreich zu agieren. Börse ist einfach! Das gilt sowohl für die Fundamental- als auch für die Technische Analyse.

Doch für Sie als Anleger gilt: Versuchen Sie sich aus den Werkzeugkästen der einzelnen Analysemethoden diejenigen Werkzeuge herauszusuchen, die Sie einerseits mit Ihrem zeitlichen Aufwand bewerkstelligen können und die andererseits effektiv genug sind, um klare Regeln aufzustellen, um langfristige Erfolge zu ermöglichen.

Insbesondere für Aktien gilt: Die Kombination von Fundamentaler und Technischer Analyse und deren »Werkzeugen« – abgestimmt auf den Bedarf des Anwenders – ist sinnvoller als die alleinige Betrachtung einer Aktie mit nur einer Analyseform. So kann schon ein einfacher Blick auf die allseits bekannten fundamentalen Kennziffern wie Kurs-Gewinn-Verhältnis, Kurs-Cashflow-Verhältnis oder Kurs-Buchwert-Verhältnis einen weiteren Mosaikbaustein in der Analyse von Aktien geben (die Betrachtung der fundamentalen Kennziffern würde den Umfang des Buches sprengen, daher wird hier darauf verzichtet).

Und natürlich gilt: Steigt Butter, steigt Käse! So sollten Stimmungsumschwünge – ob Kauf- oder Verkaufssignale in den großen Indizes stets beachtet werden. Liefert zum Beispiel der DAX ein Trendwendemuster und die Chartanalyse liefert ein Verkaufssignal, so dürften es einzelne Aktien in einem schwachen Marktumfeld auch schwieriger haben, gegen einen vorherrschenden Bärenmarkt anzusteigen. Stimmungswechsel sind allerdings eher ein Bereich der Chartanalyse.

Schwerpunkt des Buches stellt daher die Technische Analyse, die Chartanalyse dar. Denn letztlich gilt, dass die Stimmung der Anleger, das Verhältnis von Angebot und Nachfrage, den Kurs macht. Die im nachfolgenden Kapitel vorgestellte Methode der Technischen Analyse, die Chartanalyse, ist einfach, aber effektiv, um eine Handelsentscheidung zum Kauf, Nichtkauf, Halten oder Verkauf eines Wertes, ob im Devisen-, Rohstoff- oder Aktienmarkt, zu treffen.

Teil 2 – Technische Analyse

Kapitel 2: Einführung – Was ist Technische Analyse?

Zu Beginn des Buches sind Ihnen einige massenpsychologische Phänomene vorgestellt worden, die wiederum auf einfachen Gesetzmäßigkeiten des menschlichen Verhaltens beruhen. Die Angst des Anlegers, nicht dabei zu sein, die Gier nach Geld und Ruhm, die Euphorie nach langfristigen Aufwärtstrends und Ansteckungseffekte der Massen als auch die Panik, Geld zu verlieren, sind die stärksten Triebfedern, die zu Blasen und tiefen Kursstürzen an den Börsen führen. Die Technische Analyse leitet aus diesem zutiefst menschlichen Verhalten **zwei wesentliche Grundannahmen** ab.

1. **Kurse bewegen sich in Trends!** Zuallererst geht die Technische Analyse davon aus, dass sich Aktienkurse grundsätzlich in Trends bewegen (basierend auf massenpsychologischen Ansteckungseffekten).
2. **Chartmuster und deren Folgen wiederholen sich!** Die zweite Grundannahme der Technischen Analyse geht von der Annahme aus, dass sich menschliche Entscheidungsprozesse bei einzelnen Kauf- und Verkaufsentscheidungen nicht verändern und sich als Verhaltensmuster in Kursmustern mit stets gleichen Folgen widerspiegeln. Bestimmte Kursbewegungen wiederholen sich so auf fast gleiche Weise wie in der Vergangenheit.

Bullen und Bären bestimmen den Kurs

Weitere Annahmen der Technischen Analyse sind:

a) Kurse werden grundsätzlich von Angebot und Nachfrage bestimmt, je nachdem, ob mehr Optimisten (Bullen) oder Pessimisten (Bären) am Markt aufeinander treffen.

b) Im Kurs sind sämtliche Informationen enthalten (nur der Markt hat Recht).

Im Gegensatz zur Fundamentalanalyse spielt somit der innere Wert oder die vermeintliche wirtschaftliche Entwicklung eines Unternehmens für den Technischen Analysten keine Rolle. Denn all diese Informationen sind im Kurs bereits enthalten. Mit der Technischen Analyse wird daher in der Regel nur der Kurs untersucht. Die festgestellten Kurse sowie die dazugehörigen gehandelten Stückzahlen, bezeichnet als »Umsatz«, werden hierzu in unterschiedlichster Darstellungsform aufgezeichnet und aufbereitet.

Der Fundamentalanalyst kümmert sich wenig darum, wo eine Aktie aktuell steht, sondern er versucht zu ergründen, wo die Aktie stehen sollte. Ist der innere Wert im Verhältnis zum Kurs der Aktie sehr hoch, so wird der »Fundi« die Aktie kaufen – ist der Kurs hingegen deutlich höher als der ermittelte Wert, wird zum Verkauf geraten. Im Gegensatz hierzu interessiert den Technischen Analysten nur der Blick auf den gegenwärtigen Kursverlauf. Sein Ziel ist es herauszufinden, wie sich die zukünftige Entwicklung von Kauf- und Verkaufsentscheidungen und somit Angebot und Nachfrage entwickeln werden. Denn nur Angebot und Nachfrage bestimmen den Preis einer Ware, einer Aktie und somit auch deren Kursverlauf. Hierzu wird sowohl die Vergangenheit von Kursverläufen, aber auch das aktuelle Kräfteverhältnis zwischen Bullen (Nachfrage) und Bären (Angebot) untersucht.

Was ist eigentlich ein Kurs?

Wenn bei der Technischen Analyse lediglich die Kurse untersucht werden, so muss noch geklärt werden, was ein Kurs eigentlich ist. Ein Kurs kommt zustande, wenn sich Käufer und Verkäufer handelseinig über den Preis einer Ware, einer Aktie, eines Rohstoffs et cetera sind und ein Geschäft abgeschlossen wird. Dieses Handelsgeschäft wurde früher in den Börsensälen oftmals direkt zwischen den Kontrahenten oder mithilfe eines Börsenmaklers abgewickelt. Heutzutage ist es allerdings in den seltensten Fällen noch ein Mensch, der den Kurs bestimmt. Vielmehr stehen in den Börsen lange Reihen von Serverschränken, in denen täglich Hunderte Millionen Transaktionen vollautomatisch ausgeführt werden. Aber ob nun Börsenmakler oder Computer – der Kurs kommt zustande, wenn sich ein Käufer sowie ein Verkäufer handelseinig sind. Aus irgendwelchen Gründen will der eine die Aktie loswerden, die der andere unbedingt haben will. Die Marktteilnehmer werden sich aus höchst unterschiedlichen Gründen zu diesen Schritten entschlossen haben. Sie haben vollkommen gegensätzliche Entscheidungen getroffen.

Ein Kurs stellt also eine Entscheidung zum Kauf und auch zum Verkauf dar. Entscheidungen werden jedoch nie rein rational geprägt sein. Jede Entscheidung, die wir als Mensch treffen, unterliegt unseren bewussten und unbewussten Emotionen. Eine Vielzahl von Kursfeststellungen ist damit eine Vielzahl von Entscheidungen von Käufern und Verkäufern, die rational als auch emotional geprägt sind.

Kurse und die hierbei getätigten Umsätze wiederum lassen sich als Chart darstellen. Ein Chart ist also nichts anderes als die grafische Darstellung einer Vielzahl von Entscheidungen, die Menschen getroffen haben, um eine Aktie (beziehungsweise einen Rohstoff oder zum Beispiel ein Devisenpaar) zu kaufen und auch zu verkaufen. Der Kursverlauf spiegelt damit letztlich das Entscheidungsverhalten und auch die emotionale Fieberkurve der Börsenakteure wider.

Stimmungen, Emotionen und Erwartungen der Marktteilnehmer manifestieren sich in einem Chart als Handlungsablauf von vielfältigen Entscheidungsprozessen. Doch diese Entscheidungsprozesse laufen nach bekannten Verlaufsmustern ab.

Sieht der Technische Analyst in einem Chart ein ihm bekanntes Verlaufsmuster der Kurse, so wird er davon ausgehen, dass auch die bekannten Folgen mit einer vorab festgestellten statistischen Wahrscheinlichkeit eintreten werden. Tritt zum Beispiel ein Chartmuster auf, welches Ernüchterung nach Euphorie anzeigt, so darf der Technische Analyst mit den bekannten Folgen einer Ernüchterung der Börsenakteure rechnen: mit fallenden Kursen.

Die Kenntnis einer Vielzahl von Handlungsabläufen sowie deren Folgen und das korrekte Einordnen in das jeweilige Marktumfeld verhelfen, Prognosen über das zukünftige Marktteilnehmerverhalten zu treffen.

Das Ziel und der Weg des Technischen Analysten

Das Ziel des Technischen Analysten ist es also zu erfassen, wie das Verhältnis von Angebot und Nachfrage zueinander ist und wie sich dieses Verhältnis zukünftig entwickeln wird. Hierfür beachtet er ihm bekannte Chartmuster, die wiederum anzeigen, von welchen vorherrschenden Gefühlen die Marktteilnehmer aktuell in ihren Entscheidungsprozessen gesteuert werden. Da angeborenes menschliches Verhalten und seine Folgen stets gleichbleiben, kann anhand der bisherigen Trefferquote eines Chartmusters abgeleitet werden, ob eben zukünftig die Kaufneigung oder Verkaufsneigung überwiegen wird.

Ein Beispiel: Nach einem bestimmten Chartmuster treten in 30 Fällen 24 Mal die gleichen Folgen auf, ein Kursrückgang ist zu beobachten. Bei einem erneuten Auftreten dieses Musters kann der Technische Analyst nun davon ausgehen, dass auch diesmal die Kurse mit einer 80-prozentigen Wahrscheinlichkeit fallen werden. Tritt der unwahrscheinlichere Fall ein und die Kurse fallen nicht, so muss er ab einem vorab definierten Szenario im Kursverlauf seine Annahme von fallenden Kursen revidieren.

In diesem Beispiel hat nicht der Analyst geirrt. Die Annahme von fallenden Kursen war berechtigt. Eine hohe Wahrscheinlichkeit ließ diese Annahme zu. Der Markt hat nur anders als in den meisten Fällen reagiert. Da die Annahme nicht bestätigt wurde, muss der Technische Analyst neu nachdenken und neu analysieren. Ein wesentlicher Wesenszug jeder Technischen Analyse ist das Prinzip von Annahme und Bestätigung. Der Technische Analyst trifft immer eine Annahme – und wartet auf die Bestätigung, um zu handeln.

Anmerkung: Wesentlich ist für den Technischen Analysten im obigen Beispiel, dass sich bei einem nochmaligen Auftreten des Chartmusters die Trefferquote verändert hat. Denn die Wahrscheinlichkeit von fallenden Kursen betrug bis zum Fehlsignal 80 Prozent. Da nun jedoch 31 Muster vorliegen und nur in 24 Fällen auch fallende Kurse beobachtet wurden, fällt die Wahrscheinlichkeit dementsprechend auf 77 Prozent, dass bei einem wiederholten Auftreten des untersuchten Chartmusters nachfolgend die Kurse tatsächlich fallen werden.

Kunst und Wissenschaft

Die Charttechnik untersucht Kursverläufe und damit das Entscheidungsverhalten der Masse hinsichtlich von Käufen und Verkäufen an der Börse. Hiervon werden Eintrittswahrscheinlichkeiten (Trefferquoten) einer bestimmten Folge von Chartmustern abgeleitet. Damit kann die Charttechnik auch durchaus als statistische Massenpsychologie bezeichnet werden.

Die Technische Analyse ist keine exakte Wissenschaft. Das nimmt auch den Teilbereich Chartanalyse nicht aus. Wissenschaft kennzeichnet die Wiederholbarkeit von Experimenten aus. Der Wissenschaftler führt eine Reihe von Versuchen durch, die protokolliert werden und deren Aussagen von jedem anderen Wissenschaftler durch eigene Experimente wiederholbar sind. Das heißt, die Aussagen beziehungsweise Interpretationen sind nachprüfbar. Das Labor der Technischen Analyse dagegen ist die Börse beziehungsweise sind die Kursverläufe von Aktien, Indizes, Rentenpapieren und so weiter. Ergebnisse sind nicht wiederholbar, im streng wissenschaftlichen Sinne sind sie nicht »nachprüfbar«. Auch wenn zum Beispiel die Folgen von Chartmustern wiederholt beobachtbar und entsprechend einer Definition eines Chartmusters statistisch erfassbar sind.

Verstehen Sie Technische Analyse daher eher als eine Kunst – doch wie jeder Künstler erst sein Handwerk erlernen muss, so sollte auch der Technische Analyst sein Handwerk und deren Werkzeuge studieren, um letztlich ein Meister in seinem Fach zu werden.

Doch keine Angst. Börse ist einfach! Technische Analyse ist einfach! Sie brauchen nur den berühmten gesunden Menschenverstand sowie Chart, Lineal und Bleistift, um einfache, aber erfolgversprechende Analysen zu erstellen.

Grundannahmen der Technischen Analyse

Wie zum Anfang dieses Kapitels erwähnt, basiert die Technische Analyse auf zwei wesentlichen Grundannahmen:

1. Kurse bewegen sich in Trends.
2. Chartmuster und deren Folgen wiederholen sich.

Ausgehend von diesen Grundannahmen wird ein Kursverlauf zuerst nach seinem Trendverhalten und sodann den Chartmustern untersucht. Hierfür benötigen Sie tatsächlich nur Bleistift und Lineal. Ein Beispiel soll dies erläutern.

Beispiel für Trendverhalten: Im Zuge des Börsenbooms in den 1990er-Jahren und der stetig steigenden Kurse kam es zu einer Übertreibung in den Internet- und Hightech-Werten. Sowohl die Übertreibung als auch die anschließende Kehrtwende konnten frühzeitig festgestellt werden. Eine einfache Trendanalyse des US-Index NASDAQ Composite (Index für die Technologiewerte in den USA) signalisierte Ende 1999 durch einen Ausbruch aus einem Trendkanal eine Zunahme der gewohnten Schwankungsbreite, die auf Euphorie im Markt und eine Übertreibung nach oben hinwies. Dies war ein weiteres Kaufsignal. Der Rückfall in den langfristigen Trendkanal bei einem Kursniveau von circa 3.400 Punkten war im weiteren Verlauf ein aussagekräftiges Verkaufssignal, da ein Rückfall in einen zuvor verlassenen Aufwärtstrendkanal eine Ernüchterung im Markt darstellt mit einer grundsätzlichen Kehrtwende der Stimmung. Das Kursziel dieses Verkaufssignals war der langfristige Aufwärtstrend, der zu diesem Zeitpunkt bei rund 2.300 bis 2.400 Punkten verlief.

Mithin musste mit dem Rückfall in den Trendkanal ein Kursziel von circa 2.400 Punkten für den Technologie-Index NASDAQ Composite angenommen werden. Immerhin ein Abwärtspotenzial von über 1.000 Punkten im Index! Weiterhin konnte auf das Risiko hingewiesen werden, dass der NASDAQ Composite aufgrund der Ernüchterung im Markt Gefahr laufen könnte, auch diesen langfristigen Aufwärtstrend zu brechen, um letztlich auf 1.500 Punkte zu fallen. Dieses Niveau ergab sich aus einer Kurszielberechnung, die in Kapitel 6 näher erläutert wird. Hier nur so viel: Bei einem Bruch eines Trendkanals kann dessen Schwankungsbreite an das Ausbruchsniveau zur Ermittlung eines Kursziels abgetragen werden. Mit der Charttechnik war also im 2. Quartal 2000 prognostizierbar, dass der Börsenboom in den Internetwerten vorüber war und es zu kräftig fallenden Kursen kommen könnte. Diese einfache Trendanalyse war mit Hilfe von Bleistift und Lineal zu bewerkstelligen. Vergleichen Sie einmal den vorgestellten Chart des NASDAQ Composite mit dem historischen Chart des DOW JONES auf Seite 23. Sie finden hier ein ähnliches Verlaufsmuster von Euphorie und Ernüchterung.

Abbildung 6: Der Kursverlauf des NASDAQ Composite von 1989 bis 2001 zeigte einen langfristigen Trendkanal mit Ausbruch und Rückkehr. Diese Informationen reichten dem technisch orientierten Anleger, um entsprechende Kauf- und Verkaufssignale zu erhalten – chart provided by Metastock

Die Methode der Trendanalyse ist ein Teilbereich der Technischen Analyse und gehört zum Bereich der Chartanalyse. Grob unterteilt wird die Technische Analyse in zwei große Bereiche: in die Chartanalyse und in die Markttechnik. Daneben existieren weitere Teilbereiche, wie die Zyklenanalyse oder Elliott-Waves et cetera.

Chartanalyse

Die Chartanalyse untersucht Kursverläufe auf Trendverhalten und wiederkehrende grafische Muster, die ein bestimmtes bekanntes Verhalten der Marktteilnehmer und dessen bekannte Folgen widerspiegeln sollen. Chartanalysen sind im Gegensatz zur Fundamentalanalyse recht schnell zu erstellen. Ein klarer Vorteil für den privaten Anleger! Darüber hinaus eignen sich Chartanalysen für alle Zeiträume – Daytrader, kurz- und mittelfristig orientierte Anleger, aber auch der langfristig orientierte Investor kann die Methoden der einfachen Chartanalyse erfolgreich anwenden. Die Chartanalyse, die sich tatsächlich nur mit dem Kursverlauf und den gehandelten Stückzahlen, dem Umsatz, beschäftigt und mit Bleistift und Lineal als Handwerkszeug auskommt, sollte das Fundament jeder Technischen Analyse darstellen und wird in diesem Buch daher als Schwerpunkt behandelt.

Markttechnik

Die Markttechnik dagegen leitet von Kursverläufen und deren Daten mittels mathematischer Formeln sogenannte Indikatoren ab, die über den aktuellen Marktzustand eine Aussage ermöglichen sollen. Marktzustände sind definiert zum Beispiel als »überkauft« oder »überverkauft«. So werden anhand von Indikatoren automatisierte Handelsprogramme programmiert oder in Verbindung mit der Chartanalyse oder weiteren Methoden der Technischen Analyse Kauf- sowie Verkaufssignale generiert. Die Verbindung zwischen Chartanalyse und Markttechnik kann, muss aber nicht zwingend die Aussagekraft einer Analyse hinsichtlich ihrer Trefferquote erhöhen.

Anmerkung: Der Begriff Markttechnik erhielt alternativ in den vergangenen Jahren eine weitere Bedeutung. Hierzu gehört die Annahme, dass sich Kursbewegungen in bestimmten Schritten vollziehen. Allerdings bleibe ich bei der ursprünglichen Bedeutung des Begriffs in diesem Buch.

Kombination erhöht die Aussagekraft: Der Technische Analyst kombiniert meist verschiedene Methoden der Technischen Analyse.

Werkzeuge der Technischen Analyse

Der Begriff »Technische Analyse« ist eher ein Oberbegriff für eine Vielzahl von Methoden, um herauszufinden, ob die Masse der Marktteilnehmer zukünftig kaufen oder verkaufen wird. In Abbildung 7 ist dargestellt, welche Methoden der Werkzeugkasten der Technischen Analyse für Sie bereithält. Im Werkzeugkasten des Technischen Analysten bestehen also neben der Chartanalyse, die vor allem auf die Methoden der Trend- und Formationsanalyse zurückgreift, und der Markttechnik, die eine Unzahl von mathematischen Ableitungen der Kurse (Indikatoren) bereithält, diverse weitere Methoden.

So nutzen manche Analysten die Zyklentechniken, die eine bestimmte stets wiederkehrende Reihenfolge von Wende- und Extrempunkten in Abhängigkeit des Zeitablaufs im Kursverlauf annehmen – oder Wellentechniken, die davon ausgehen, dass sich Kurse in wellenförmigen Bewegungen ausbilden.

Eine nicht nur in Deutschland ausgesprochen populäre Methodik der Wellentechnik stellen die sogenannten »Elliott-Waves« dar. Diese Methodik versucht, das Verhalten der Masse der Börsianer in ein eher verwirrendes Regelwerk einzupassen. Hierbei sollen anhand der erkannten Wellenbewegungen kurz- und auch langfristige Hochs und Tiefs im Kursverlauf punktgenau prognostiziert werden können. Die Trefferquote der Elliott-Waves ist allerdings je nach Analyst sehr unterschiedlich. Diese Wellentechnik ist ausgesprochen komplex und eignet sich meiner Meinung nach nicht für den Privatanleger.

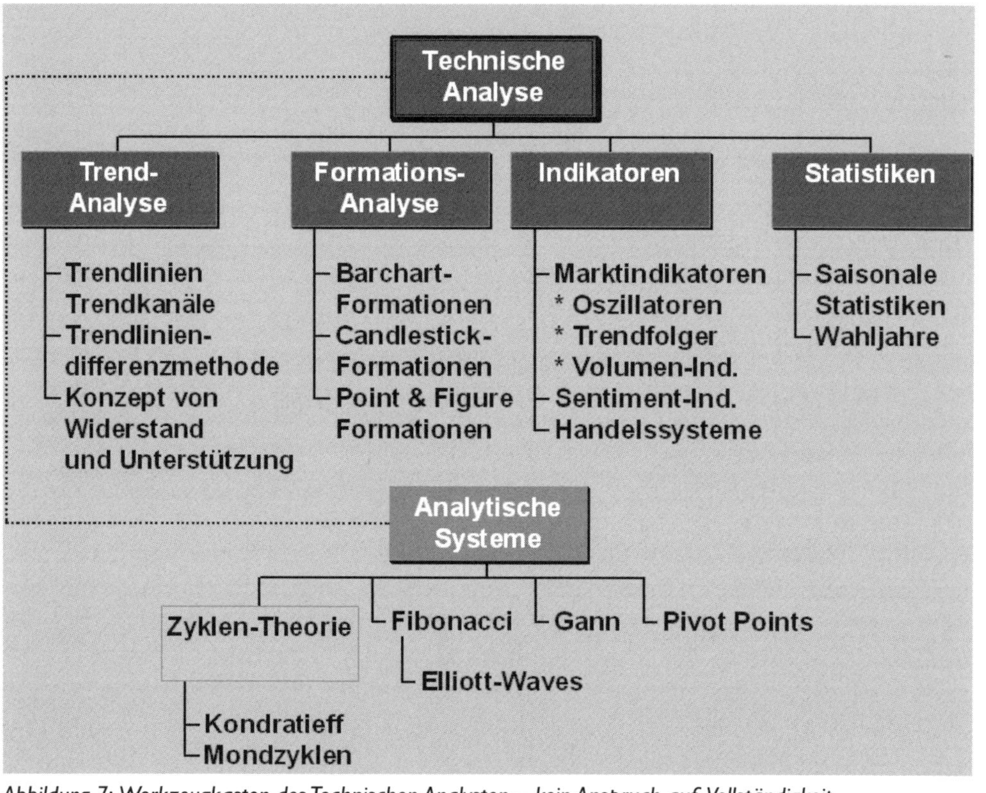

Abbildung 7: Werkzeugkasten des Technischen Analysten – kein Anspruch auf Vollständigkeit – Als »Chartanalyse« wird oftmals nur die Trend- und Formationsanalyse verstanden

Eine weitere eigenständige Methode innerhalb der Technischen Analyse ist die Anwendung der Fibonacci-Zahlen. Die Verhältnisse dieser Zahlen zueinander und die Anwendung der unterschiedlichen Proportionen im Kursverlauf soll die Prognose von sowohl Widerstands- und Unterstützungszonen als auch Kurszielen ermöglichen. Zudem soll die Prognose von Hoch- und Tiefpunkten in der Zeitachse, also eine Angabe von Stimmungswechseln bezogen auf eine bestimmte Periode (Tag, Woche et cetera) mit dieser Methode möglich sein. Die Anhänger der Fibonacci-Zahlen verweisen gern auf den Umstand, dass die Fibonacci-Zahlen und deren Verhältnisse zueinander sich auch in der Natur wiederfinden, so zum Beispiel in der Struktur von Muschelschalen oder den proportionalen Verhältnissen des menschlichen Körperbaus. Da der Mensch ein Teil der Natur ist, und der Mensch eben Kauf- und Verkaufsentscheidungen tätigt, sollen sich demzufolge auch die Kurse entsprechend den Fibonacci-Zahlen entwickeln. Vielleicht kennen Sie auch den »Goldenen Schnitt« aus der Kunst und Architektur? Der »Goldene Schnitt« beruht ebenfalls auf Fibonacci-Zahlen. So wird der »Goldene Schnitt« genutzt, um ein Bild, eine Skulptur oder ein Bauwerk unter ästhetischen Gesichtspunkten zu konstruieren. Fraglich ist jedoch, ob derartige »Natur-Gesetze« oder ästhetische Belange sich tatsächlich in den Kursverläufen von Aktien, Rohstoffen et cetera widerspiegeln. Letztlich ist auch die Anwendung der Fibonacci-Zahlen eine Methode, die kritisch hinterfragt werden darf. Auch hier gilt meines Erachtens: Aufgrund der Komplexität ist diese Methode für den Privatanleger nicht geeignet.

Rohstoffhändler dagegen untersuchen Kursverläufe gern auf saisonale Einflüsse. Hier werden Statistiken angelegt, in welchen Wochen und Monaten die stärksten Kursschwankungen vorliegen, die stärksten Wetterextreme zu erwarten sind und so weiter. So reisen Getreide- oder Kaffeehändler durchaus in der Welt herum, um sich ein Bild von der Ernte vor Ort zu machen.

Ein weiterer Weg – neben all den von Kursen abgeleiteten Methoden – ist es, durch Umfragen unter den Marktteilnehmern noch diverse Analysen zu erstellen. Dieser Bereich der Technischen Analyse wird als Sentimentanalyse bezeichnet. Sentiment bedeutet Stimmung. Mit den verschiedenen Werkzeugen der Sentimentanalyse wird die Gefühlslage, die Stimmung der Marktteilnehmer untersucht. Hierzu zählen nicht nur Umfragen unter den Marktakteuren, sondern auch die akribische Zählung und das Verhältnis von Kauf- zu Verkaufsempfehlungen in Börsenbriefen und Fachzeitschriften. Die Sentimenttechniker gehen in der Regel davon aus, dass sich die Mehrheit stets irrt, und nutzen oftmals die Ergebnisse ihrer Werkzeuge, um abweichende Empfehlungen von der Mehrheitsmeinung zu geben.

Die Untersuchung menschlichen Entscheidungsverhaltens ist ein zusätzliches Teilgebiet der Technischen Analyse. Als selbstständige Wissenschaft unter dem Namen »Behavioral Finance« hat sie Eingang in den Werkzeugkasten des Technischen Analysten gefunden.

Auch esoterische Methoden finden Sie innerhalb der Gemeinschaft der Technischen Analysten – angefangen von der Analyse der Mondzyklen bis hin zur Numerologie. Allerdings kann man auch mit völlig unsinnig erscheinenden Methoden erfolgreich sein, wie ein eher kurioser Bericht über ein interplanetarisches Zelltelefon als Signalgeber andeutet. Die Autoren Charles LeBeau und David

Lucas beschreiben in Ihrem lesenswerten Buch *Börsenanalyse mit dem Computer* augenzwinkernd einen Trader, der mithilfe einer Coca-Cola-Flasche, in der eine abgebrochene Antenne steckte, Signale aus dem Weltraum von mysteriösen Aliens erhielt und damit sogar erfolgreich handelte – allerdings eher aufgrund der Tatsache, dass dieser Trader seine wohl zufällig erreichten Gewinnpositionen laufen ließ und Verluste recht zügig beschränkte.

Neben der Vielfältigkeit von Technischen Analysemethoden existiert, wie oben schon angeführt, eine unüberschaubare Anzahl an mathematischen Ableitungen der Kurse, an Indikatoren und den hieraus abgeleiteten komplexen Handelsregeln und halb- bis vollautomatischen Handelssystemen.

Grundsätzlich gilt jedoch: Vor jeder komplexen Untersuchung des Marktes mittels Candlesticks, Indikatoren, Elliott-Waves oder anderer Methoden sollte erst eine Analyse der zwei wesentlichen Grundannahmen der Technischen Analyse, und somit der Trend- und Formationsanalyse erfolgen. Diese bilden das Fundament jeder weiteren Analyse auch durch andere Methoden der Technischen Analyse.

Selbstverständlich richtet sich die gewählte Methodik des Technischen Analysten auch nach der Art des Handels. Sind Sie eher langfristiger Investor oder der ultra-kurzfristige Daytrader, der innerhalb von Minuten kauft und verkauft?

Sie sollten entsprechend Ihrer Handelsweise die Werkzeuge benutzen oder kombinieren, die zu Ihrer Anlage-Mentalität und zu Ihrer Persönlichkeit passen. So wird der Langfristinvestor die Technische Analyse eher mit der Fundamentalen Analyse verknüpfen. Ganz anders der Daytrader. Dieser fällt oftmals Entscheidungen im Minutentakt, basierend auf einem klaren Konzept, welches auch die Wahrscheinlichkeit seiner Analysemethode berücksichtigt.

Der langfristige Anleger kann dagegen in Ruhe überlegen und abwägen, ob und wie er seine Entscheidung durchführt. Wesentlicher Punkt ist auch die Zeit und das Engagement, das der Anleger oder Trader zur Analyse aufbringen kann.

Beachten Sie bitte stets, dass Sie die Kurse und deren Charts nicht nur um ihrer selbst willen untersuchen. Die Methodik sollte stets auf den Grundannahmen der Technischen Analyse fußen. Letztlich sind daher die beiden relevantesten Methoden die Trend- und Formationsanalyse.

Prognose oder Prophezeiung?

Die Technische Analyse beschäftigt sich vorrangig mit Kursen, und damit mit dem Entscheidungsverhalten einer Masse von Anlegern. Kursmuster, die ein bestimmtes Verhalten einer Masse von Anlegern ausdrücken, sind identifizierbar und mit ihren Folgen bekannt. Demzufolge ist eine Prognose unter Angabe einer Trefferquote möglich.

Einige Methoden der Technischen Analyse gehen hingegen von Naturgesetzen oder gar einem wissenschaftlich nicht nachweisbaren Effekt des Mondes auf den Menschen aus. Hieraus ableitbare Aussagen hinsichtlich des weiteren Kursverlaufs sind in der Regel nicht statistisch untermauert und sind demzufolge auch keine Prognose! Hier ersetzt der Glaube die Statistik. Die Aussagen der entsprechenden Methoden sind daher keine Prognose über die zu erwartende wahrscheinlichste Kursbewegung, sondern eher eine Prophezeiung.

Das Fatale an Prophezeiungen ist jedoch, dass eine zufällige, aber scheinbar korrekte Vorhersage des Kursverlaufs, also einem richtigen Treffer mit einer solchen Methode, dann zu einem »festen Glauben« an die Richtigkeit der Methode führt. An der Börse ist ein solches Verhalten des Analysten und Anlegers jedoch kontraproduktiv. Unter Umständen halten Sie dann zu lange an einer Verlustposition fest, da doch der Glaube an die Methode Sie davon überzeugt, dass der Markt falsch läuft. Der Markt hat einfach Unrecht, die Methode kann nicht falsch sein. Sie sind im Glauben befangen, dass Sie die richtige Analyse schon gestellt haben. Hüten Sie sich deshalb bitte davor, ein Glaubender einer Kursprophezeiung zu werden. Nur der Markt hat Recht. Folgen Sie stets dem Markt.

Kapitel 3: Chart – Fieberkurve der Börse

Überall auf der Welt sind Charts entstanden und heute auf vielfältigste Weise in Gebrauch. Die erste Kunst der Aufzeichnung und Interpretation von Kursverläufen entstand im 17. Jahrhundert in Japan. Reishändler notierten die Tagespreise des im damaligen Japan gebräuchlichsten Handelsgutes in Verbindung mit der Schwankungsbreite und Richtung der Preise. Aus den frühen Anfängen dieser für die Reishändler wichtigen Information entwickelten sich so die Candlestick-Charts mit ihren teils sehr bildhaften Namen für einzelne Chartmuster.

Auf dem Parkett der ersten amerikanischen Börsen dagegen trugen die Händler einfache Kreuze für steigende und Kreise für fallende Kurse in ihre Notizhefte ein. Die Händler standen auf dem Börsenparkett und handelten für Kunden, für sich selbst sowie natürlich gegeneinander. Es ging laut und hektisch zu. Für das akkurate Zeichnen von Charts, wie wir sie heute kennen, hatten diese Händler gar nicht die Zeit und die Möglichkeiten. Diese Chartart, die Point & Figures genannt wird, ist allerdings heute weniger gebräuchlich.

Ein Chart ist also letztlich das Abtragen von Kursen in einer bestimmten vorab definierten Darstellungsweise.

Open – high – low – close – vier wichtige Begriffe

Um einen Chart zu zeichnen, wird nur eine Grundinformation benötigt: der Preis beziehungsweise der festgestellte Kurs. Für einen Tag werden in der Regel vier Kurse festgehalten. Der Eröffnungs-, Höchst-, Tiefst- und Schlusskurs oder im Englischen als open, high, low und close bezeichnet. Auch die Anzahl der insgesamt gehandelten Stücke, der Umsatz, wird in der Regel unter dem Kursverlauf gesondert aufgezeichnet. Aus diesen Informationen wird ein Chart gezeichnet. Übersicht der Informationen zur Zeichnung eines Charts:

- Eröffnungskurs / Open
- Tiefstkurs / Low
- Höchstkurs / High
- Schlusskurs / Close
- Zeitraum der betrachteten Kurse
- Anzahl der gehandelten Aktien (Umsatz / Volumen)

Die einzelnen Kurse werden je nach Charttyp unterschiedlich dargestellt. Die gebräuchlichsten Chartdarstellungsformen, Linien-, Balken- und Candlesticks sowie Point & Figure-Charts werden anhand eines Kursverlaufs des deutschen Leitindex, des DAX, nachfolgend kurz vorgestellt. Diese Chartarten reichen vollkommen aus, um herauszufinden, wohin die Reise an den Börsen geht. Jede Chartart hat allerdings ihre Vor- und Nachteile. Verknüpfen Sie daher die unterschiedlichen Chartarten. Die japanischen Candlesticks werden im Kapitel *Candlesticks* näher vorgestellt, auf eine Erläuterung der Point & Figures-Charts wird hingegen verzichtet, dieses würde den Umfang des Buches ein wenig sprengen.

Außer den vorgestellten Charttypen gibt es noch weitere Möglichkeiten, Kurse darzustellen. So werden in Japan auch Kagi-, Renko-, Heikin-Ashin- oder Three-Line-Break-Charts benutzt, die teilweise durch ihre einfachen Ideen und gute

Signalwirkung bestechen, doch in den USA und Europa kaum angewendet werden. Bis zum Anfang der 1990iger-Jahre wurde zudem die japanische Candlestick-Methode in den USA und Europa kaum genutzt. Der Schwerpunkt der Darstellung lag damals im Westen bei Linien- und Balkencharts, die heute wiederum zu Unrecht stiefmütterlich behandelt werden.

Der Linienchart

Für den Linienchart werden in der Regel nur die Schlusskurse sowie der Zeitpunkt des einzelnen Kurses verwendet. Jeder einzelne Schlusskurs wird als Punkt markiert. Eine Linie verbindet die einzelnen Schlusskurse. Hieraus ergibt sich der Linienchart. Sie können den Linienchart auf allen Zeitebenen anwenden. So eignen sich zum Beispiel zur Glättung der Marktstimmung Liniencharts basierend auf Stundenschlusskursen für den kurzfristigen Daytrader. Ausgesprochen sinnvoll sind Liniencharts für mittel- und langfristige Zeiträume. Neben den Tages- und Wochenschlusskursen können hier auch Monatsschlusskurse angewendet werden.

Abbildung 8: Kursverlauf des DAX von Mai 1961 bis Januar 2019 als Linienchart auf Tagesbasis. Die Tagesschlusskurse werden mit einer Linie verbunden – chart provided by Metastock

Vorteile:

Zeiträume von einigen Monaten bis zu mehreren Jahren sind einfach und übersichtlich im Linienchart darstellbar. Der Linienchart stellt die geglättete Stimmung der Börsianer dar. So eignet sich der Linienchart vor allem für die Trend- und Formationsanalyse. Es lassen sich in recht kurzer Zeit eine größere Anzahl an Werten mit Liniencharts analysieren. Sie können derart eine Vorauswahl vor allem in der mittel- und langfristigen Perspektive aus einer größeren Anzahl von Aktien oder Werten für detailliertere Analysen treffen, die Sie dann mit Candlesticks auf Tagesbasis vornehmen.

Nachteile:

Der Informationsgehalt ist im Vergleich zu anderen Chartformen eher gering. Da ein Linienchart in der Regel die Eröffnungs-, Höchst- und Tiefstkurse nicht darstellt, wird die Schwankungsbreite innerhalb einer Periode, zum Beispiel eines Tages oder einer Woche (bei einem Linienchart bezogen auf Wochenschlusskursen) nicht angegeben. Auch Gaps (Kurslücken), die eine wertvolle Hilfe bei der Analyse der Börsenstimmung geben können, werden nicht erfasst. Vor allem für kurzfristige Anleger ist der Linienchart allein nicht aussagekräftig, kann aber eine sinnvolle Bereicherung darstellen.

Der Bar- oder Balkenchart

Der Bar- oder Balkenchart verwendet zur Darstellung Eröffnungs-, Schluss-, Höchst- und Tiefstkurse sowie den Zeitpunkt der Kursfeststellung. Im Gegensatz zum Linienchart wird die Schwankungsbreite jeder einzelnen Handelsperiode dargestellt. Die Konstruktion eines Balkens ist denkbar einfach. Ein senkrechter Strich stellt die gesamte Schwankungsbreite der gewählten Zeitperiode dar, der Schlusskurs wird rechts, der Eröffnungskurs links jeweils waagerecht abgetragen. Neben Linien- und Candlestick-Charts sind Balkencharts die gebräuchlichste Darstellungsweise.

Vorteile:

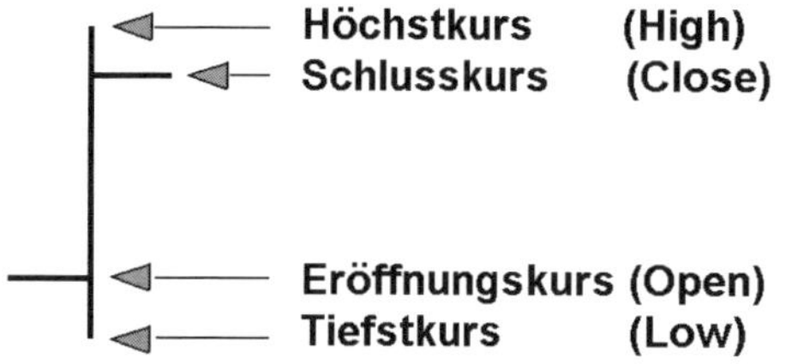

Abbildung 9: Konstruktion eines einzelnen »Bar«

Der wesentliche Vorteil der Balkencharts liegt in der Eignung für Trend- und Formationsanalysen. Auch längere Zeitspannen lassen sich mit Balkencharts gut darstellen. Der Informationsgehalt gegenüber dem Linienchart ist recht hoch, da einerseits die Schwankungsbreiten der einzelnen Perioden erkennbar sind als auch vorhandene Gaps sichtbar werden. Auch einzelne Balken können in der Technischen Analyse als eigenständige Formationen interpretiert werden (zum Beispiel Umkehrtage, englisch: *intraday reversal*).

Nachteile:

Die Aussagekraft ist in Relation zu den Candlesticks (japanische Kerzenchart-Technik) noch gering.

Abbildung 10: Kursverlauf des DAX von Juli 2010 bis Januar 2019 als Barchart auf Wochenbasis. Jeweils eine Woche bildet einen Balken beziehungsweise einen »Bar« und stellt die Schwankungen innerhalb einer Woche mit Eröffnungs- und Schlusskurs dar – chart provided by Metastock

Candlesticks

Die Konstruktion der Candlesticks ist ähnlich der Balkencharts. Statt einer senkrechten Linie wird zwischen Eröffnungs- und Schlusskurs ein Rechteck gezeichnet. Das Rechteck wird Kerzenkörper genannt. Die gesamte Schwankungsbreite wird zusätzlich markiert durch untere und obere Striche an den Kerzenkörpern, bezeichnet als Schatten oder Docht (oberer Schatten) und Lunte (unterer Schatten). Die Farbe der Kerzenkörper variiert je nach Chartsoftware und Nutzer. Traditionell werden in Japan, dem Herkunftsland der Candlesticks, steigende Kurse (positive Kerzen) weiß (unausgefüllt) und Kerzen mit negativen, also fallenden Kursen rot ausgefüllt dargestellt. In der Regel werden Candlesticks allerdings in Chart-Programmen weiß (positiv) sowie schwarz (negativ) abgebildet.

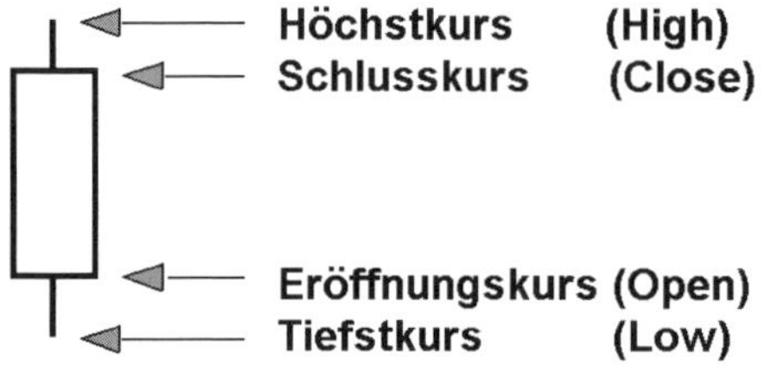

Abbildung 11: Konstruktion einer einzelnen Kerze, dargestellt ist eine positive Kerze, in dessen Periode (zum Beispiel Tag, Woche oder Monat) steigende Kurse zu verzeichnen waren.

Vorteile:

Mit der aus Japan stammenden Kerzenchart-Technik, den Candlesticks, kann man visuell sehr rasch die Stimmungen am Markt und das Verhältnis von Angebot und Nachfrage erfassen. Candlesticks haben durch die farbliche Markierung einen sehr hohen und schnell erfassbaren Informationsgehalt. Weiterhin kennt die Candlestick-Methodik circa 100 einzelne Kerzen und Kerzenkombinationen, die als eigenständige Formationen definiert sind. Sie sind zusätzlich ähnlich anwendbar wie Balkencharts.

Abbildung 12: Kursverlauf des DAX als Candlestick-Chart auf Tagesbasis vom 18. Dezember 2017 bis 08. Mai 2018. Jeweils ein Handelstag bildet eine Kerze beziehungsweise eine Candle und stellt die Schwankungen mit Eröffnungs- und Schlusskurs dar. Interessant ist bei diesem Kursverlauf die Bodenbildung im DAX Anfang März 2018 mit einem Bullish Engulfing (eine längere weiße Kerze hüllt die vorherige schwarze Kerze ein) sowie der Ende März/Anfang April 2018 mit einem nochmaligen Test der Kurszone dieses Musters sowie einem Hammer am 04. April 2018 mit anschließendem Kurssprung – ein Kaufsignal! – chart provided by Metastock

Nachteile:

Der wesentliche Nachteil gegenüber Balken- und Liniencharts besteht in der Komplexität des Kursverlaufes, der unübersichtlich bei stark komprimierten Zeitspannen wird. Zudem ist es relevant, die einzelnen Candlestick-Muster stets in

Verbindung mit der Trend- und Formationsanalyse zu stellen. Es benötigt hinreichend Erfahrung, um mit Candlesticks erfolgreich zu arbeiten und nicht nur die einzelnen Candlestick-Formationen in ihrer Aussagekraft zu bewerten, sondern auch unterschiedliche Zeitebenen der Candlesticks zur besseren Einschätzung des Marktes verknüpfen zu können.

Point & Figure Charts

Die Besonderheit der Point & Figure-Charts besteht darin, dass die Kurse ohne Berücksichtigung der Zeitachse abgetragen werden. Im Vordergrund steht der Trendgedanke. Es sollen trendlose Zeiten oder kurze Gegenbewegungen innerhalb eines bestehenden Trends herausgefiltert werden. Für steigende Kurse werden Kreuze, für fallende Kurse werden Kreise jeweils als Säule gezeichnet. Eine Kreuzsäule stellt einen Aufwärtstrend, eine Kreissäule einen Abwärtstrend dar.

Vorteile:

Durch den Trendgedanken erhalten Anleger einen schnellen Überblick über das grobe Marktgeschehen. Darüber hinaus geben Point & Figure-Charts klar definierte Kauf- und Verkaufssignale. Eigenständige Formationen können das Repertoire des Technischen Analysten erweitern.

Nachteile:

Point & Figure-Charts werden nach zwei vorab zu bestimmenden Parametern gezeichnet (Umkehrgröße und Boxsize). Für die Auswahl dieser Parameter bedarf es ausreichender Erfahrung und eines tieferen Verständnisses der Point & Figure-Methodik.

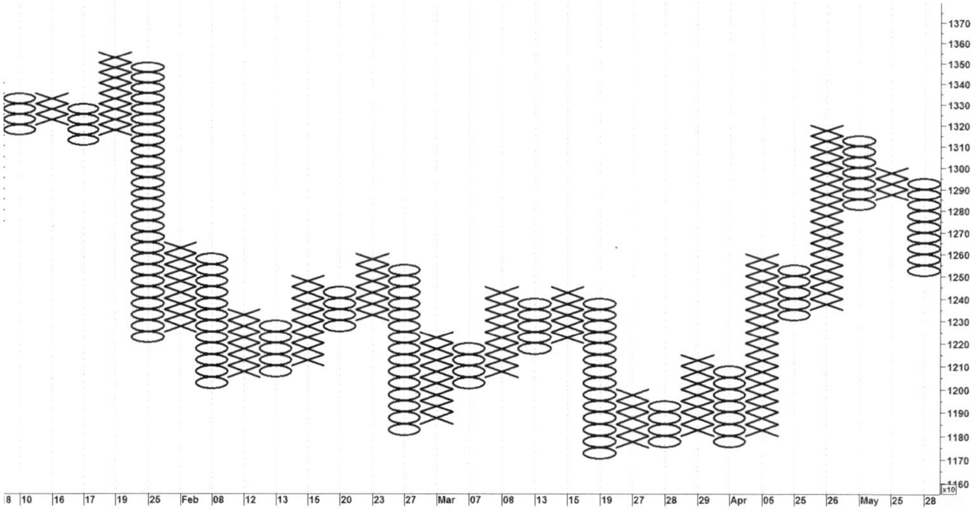

Abbildung 13: Kursverlauf des DAX von Januar 2018 bis Mai 2018 als Point & Figure-Chart auf Tagesbasis. Jeweils der Höchst- oder Tiefstkurs eines Tages wird zur Bildung des Charts herangezogen. Eine Säule von Kreuzen stellt eine Aufwärtsbewegung dar, eine Abwärtsbewegung hingegen zeigt eine Säule von Kreisen – chart provided by Metastock

Linear oder logarithmisch?

Neben den unterschiedlichsten Darstellungsformen eines Kursverlaufes besteht noch eine Alternative in der Form der Skalierung der Y-Achse eines Charts. Die Y-Achse ist stets die senkrechte Achse, die X-Achse die waagerechte Achse in einem Chart. An der Y-Achse wird in der Regel der Punktestand eines Kurses abgetragen, an der X-Achse dagegen die Zeit.

Die Skalierung der Y-Achse kann in den gängigen Chart-Programmen wahlweise gestaltet werden. Entweder in »linear« oder »logarithmisch«. Ein linearer (oder arithmetischer) Chart präsentiert die lineare Kursentwicklung, ein logarithmischer Chart dagegen die prozentuale Entwicklung eines Wertes.

Betrachten Sie hierzu die beiden Charts (Abbildungen 14 und 15) der Apple-Aktie im Zeitraum von September 2008 bis August 2012.

Dargestellt ist im ersten Chart der logarithmische Typ. Die Aufwärtstrendlinie (untere Linie) verläuft eng am Kurs entlang – die obere Linie fasst die Schwankungsbreite der Aufwärtsbewegung gut ein und bildet so einen Aufwärtstrendkanal. Die Verdoppelung der Aktie von 100 auf 200 US-Dollar nimmt hierbei grafisch die gleiche Differenz ein wie die Verdoppelung von 200 auf 400.

Der prozentuale Abstand bleibt stets gleich. In der Technischen Analyse wird von den meisten Anwendern der logarithmische Chart genutzt.

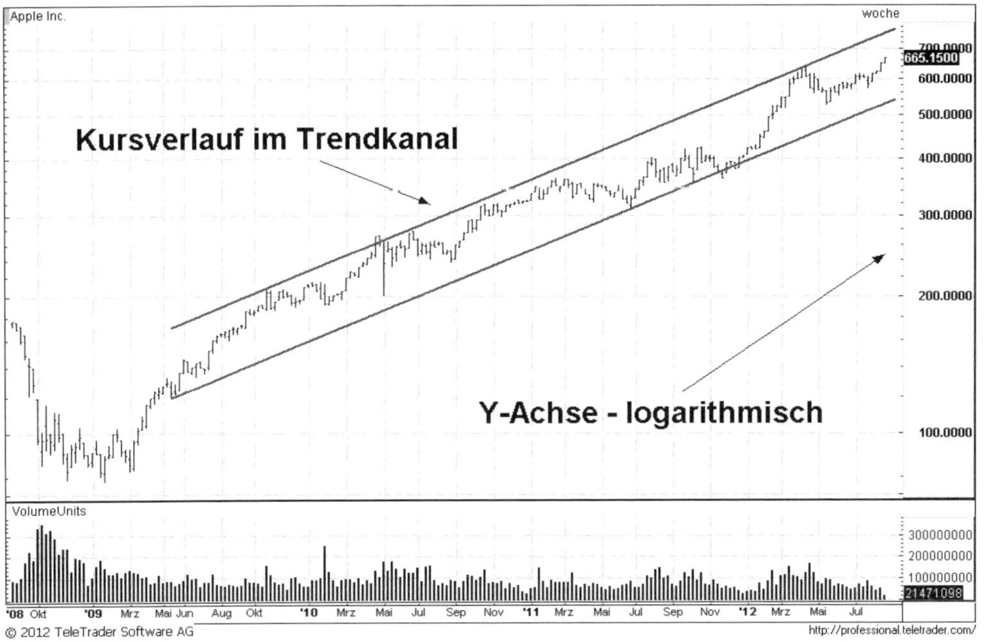

Abbildung 14: Apple von September 2008 bis August 2012 – Logarithmischer Chart – chart provided by teletrader.com

Die Idee hinter dem logarithmischen Chart ist die Annahme, dass der Mensch prozentual denkt. Eine Steigerung Ihres Vermögens um 100 Prozent, eine Verdoppelung Ihres Vermögens wird so im logarithmischen Chart stets gleichbleibend dargestellt – und im negativen Fall natürlich ebenso.

Sie können aber gern einmal einen – sicherlich nicht unbedingt repräsentativen – Test in Ihrer Familie, Ihrem Freundeskreis durchführen. Fragen Sie einmal, was wohl besser ist: Ein Anstieg von 1 auf 2 Euro oder von 2 auf 4 Euro? Die Antworten werden Sie nicht überraschen. Insbesondere wenn Sie die Fragestellung variieren: Was ist besser, ein Zugewinn von 100 Euro bei einem Anstieg von 100 auf 200 Euro oder ein Zugewinn von 200 Euro von 200 auf 400 Euro? Insbesondere bei letzterer Fragestellung werden die meisten den Anstieg um 200 Euro »besser« finden. Denn hier ist – obwohl der prozentuale Zugewinn der gleiche ist – der nominale Betrag auch doppelt so groß wie bei dem ersten Anstieg.

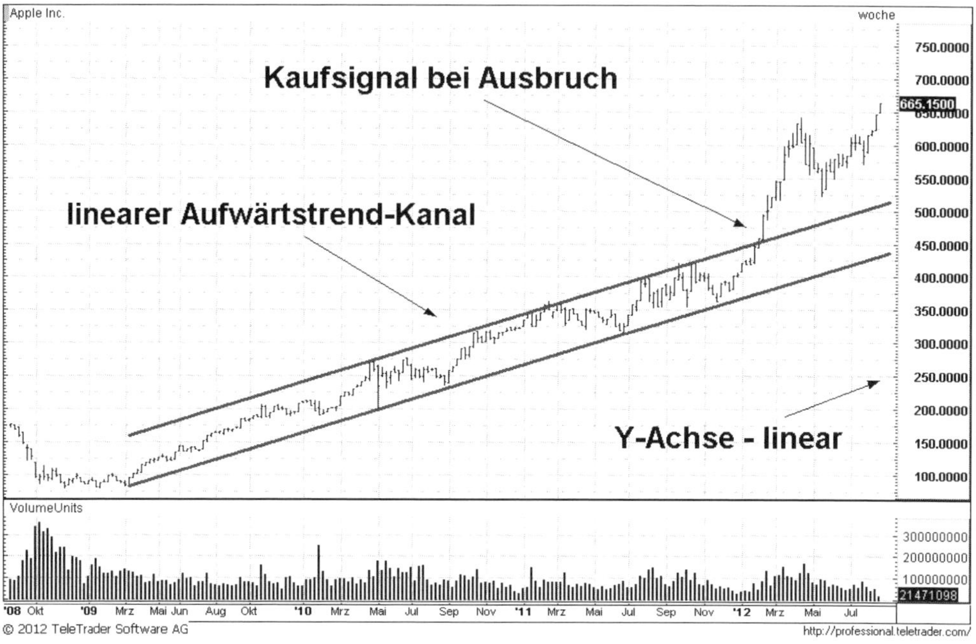

Abbildung 15: Apple von September 2008 bis August 2012 – Linearer Chart – chart provided by teletrader.com

Letztlich könnte durchaus ein Mischmasch zwischen linearem und prozentualem Denken bei der Masse der Anleger vorliegen. Eindeutig dürfte daher die Fragestellung, ob nun die logarithmische oder lineare Darstellungsweise bevorzugt werden sollte, nicht beantwortet werden. Der lineare Chart hat seine Berechtigung. Dieser ist in Abbildung 15 gezeigt. Im linearen Chart ist (ebenso wie im logarithmischen Chart) ein Trendkanal konstruiert, der jedoch im linearen Chart anders verläuft als im logarithmischen Chart. Interessant ist im linearen Chart, dass der Ausbruch Anfang 2012 aus dem Trendkanal nach oben ein Kaufsignal darstellte. Ein Ausbruch aus einem Aufwärtstrendkanal nach oben stellt in der Regel eine Beschleunigung der Aufwärtsbewegung dar. Ein Kaufsignal, dass in dieser Form nicht im logarithmischen Chart auftrat.

Letztlich können Sie sowohl den linearen als auch den logarithmischen Chart verwenden – und miteinander verknüpfen. So hätte Ihnen der lineare Chart im Februar 2012 ein Kaufsignal geliefert. Das Kursziel wiederum aus dem linearen Chart wäre die Verdoppelung der Schwankungsbreite des Trendkanals – abgetragen an das Ausbruchsniveau gewesen. Zusätzlich fungierte die obere Begrenzung des Trendkanals im logarithmischen Chart als maximales Kursziel – diese obere Begrenzung wurde sodann im April 2012 erreicht. Selbstverständlich erhalten Sie auch im logarithmischen Chart ein Kaufsignal Ende Januar 2012, nachdem der Aufwärtstrend erfolgreich getestet und das Jahreshoch 2011 überwunden wurde. Je mehr Signale und positive Szenarien Sie erhalten, desto aussagekräftiger wird natürlich auch Ihre Analyse. Die Verknüpfung unterschiedlicher Zeitebenen (lang-, mittel- und kurzfristig) als auch die Verknüpfung unterschiedlicher Chartdarstellungsformen kann Ihre Analyse zwar komplexer, aber auch aussagekräftiger gestalten.

Ob Sie letztlich den logarithmischen oder den linearen Chart bevorzugen, bleibt Geschmackssache. Die meisten Technischen Analysen nutzen eher den logarithmischen Typ. Experimentieren Sie hier ruhig mit den unterschiedlichen Chartdarstellungsformen und achten Sie darauf, was Ihnen am besten zusagt.

In den Anfängen der Chart-Programme bis Anfang der 1990iger-Jahre gab es übrigens auch Software-Anbieter, die keine Wahlmöglichkeit anboten. Hier war nur der lineare Typ als Chart vorgegeben. Und auch damals gab es genügend Börsianer, die mit dieser Form erfolgreich gearbeitet haben. Auch weil sie es nicht anders kannten – teils aus Bequemlichkeit, da zu Zeiten, als man seinen Chart noch selbst zeichnen musste, die logarithmische Darstellung doch einigen Mehraufwand gegenüber dem linearen Chart erforderte (hierbei musste Logarithmenpapier verwendet werden).

Sie sehen, Technische Analyse ist eher eine Kunst als eine klare Wissenschaft. Statistische Erhebungen über Chartformationen, Kauf- und Verkaufssignale runden zwar das Bild ab. Doch Erfahrung macht einen wesentlichen Bestandteil des Erfolgs aus. Erfahrung geht nur über üben, üben und nochmals üben. Finden Sie einfach heraus, welche Methode und Darstellungsform für Sie am besten passt, mit welcher Methode Sie sich sicher und auch wohl fühlen. Nur wenn Sie sich in Ihrer Analyse und der hieraus abgeleiteten Entscheidung auch sicher fühlen, werden Sie diese auch konsequent umsetzen.

Bevor wir uns den zwei Grundfundamenten der Chartanalyse zuwenden, der Trend- und Formationsanalyse, noch ein Blick auf ein weiteres wesentliches Element der Chartanalyse, das Konzept von Unterstützung und Widerstand.

Kapitel 4: Bullen und Bären bilden eine Zone

Konzept von Unterstützung und Widerstand

Unterstützung und Widerstand – diese Annahmen sind ein relevanter Grundpfeiler der Technischen Analyse. Im englischen Sprachgebrauch als *Support* (Unterstützung) und *Resistance* (Widerstand) bezeichnet. Was genau ist nun jedoch ein Widerstand oder eine Unterstützung? Wie entstehen entsprechende Marken, welche Bedeutung haben diese?

Versetzen Sie sich in die Lage eines Aktionärs. Sie haben eine Aktie gekauft, deren Kurs zulegt. Steigt die Aktie in relativ kurzer Zeit, so wird die Neigung zu Gewinnmitnahmen relativ groß sein. Schnelle Gewinne veranlassen die meisten Anleger zu schnellen Verkäufen. Angenommen Sie haben nun verkauft und anschließend fällt die Aktie wieder bis auf Ihr Einstiegsniveau zurück. Da Sie im Bereich der Höchstkurse ihre Gewinne mitgenommen haben, halten Sie sich natürlich für clever und freuen sich. Ihr Selbstvertrauen in puncto Börse ist hoch.

Warum sollten Sie jetzt nicht nochmals das Ganze ein weiteres Mal versuchen? Sie kaufen nochmals zu Ihrem ehemaligen Einstandskurs und wiederum beginnt die Aktie zu steigen. Ihr zweifach erfolgreicher Einstandskurs wird damit zur Unterstützung, einer Käuferzone. Wo werden Sie wahrscheinlich bereit sein zu verkaufen? Zu Ihrem früheren Verkaufskurs, den alten Höchstkursen, die nun zum Widerstandsniveau (Verkäuferzone) geworden sind. Denn spätestens auf diesem Niveau wird noch jemand verkaufen wollen. Zum Beispiel derjenige, dem Sie beim ersten Anstieg Ihre Aktie verkauft haben, wird froh sein, dass er seinen Einstandskurs wiedersieht. Denn er hatte ja zu Höchstkursen gekauft. Nach der nervenaufreibenden Zeit, mit der er mit seinen Aktien im Verlust war, freut er sich nun, sein Geld wiederzuerlangen.

Wird dagegen ein Widerstand gebrochen, so ist der Weg frei nach oben. Denn letztlich gibt es dann keine Verkäufer mehr, und die bisherigen Käufer und auch Akteure, die auf einen Durchbruch gewartet haben, finden sich in ihrer Einschätzung bestätigt und kaufen weiterhin vertrauensvoll in steigende Kurse zu.

Wird ein Widerstand dagegen nicht überschritten, wird bei einer Hausse das erreichte hohe Kursniveau als unüberwindbar betrachtet, so kommt es zu einem Abprall an diesem Niveau. Der Glaube an weiter steigende Kurse nimmt ab und es kommt in Folge zu vermehrten Verkäufen, zu abnehmenden Käufen. Ein Stimmungswechsel setzt sich unter Umständen durch, eine Gipfelbildung oder ein Abwärtstrend könnten sich anschließen.

Abbildung 16: General Electric Comp. von Januar 2010 bis August 2012 – Käuferzone (Unterstützung) und Verkäuferzone (Widerstand) – Wochen-Barchart – chart provided by tradesignalonline.com

Halten sich dagegen bei einer Baisse die Kurse an einem Niveau längere Zeit auf, wird das scheinbar niedrige Kursniveau als gute Unterstützung angesehen. Der Glaube an nicht mehr fallende Kurse nimmt zu und die Nachfrage schwillt an, das Angebot verringert sich. Steigende Kurse (Gewinnchancen) ziehen weitere Käufer in den Markt und es schließt sich unter Umständen eine Aufwärtsbewegung an.

Werden dagegen Unterstützungen gebrochen, so entsteht Handlungsbedarf im Markt. Die bisherigen Optimisten sehen ihre Felle davonschwimmen und müssen aktiv werden. Verluste werden von den professionellen Händlern begrenzt und Positionen verkauft – gern auch in eine Erholung hinein.

Bedeutsam sind die entsprechenden Niveaus, wenn sie über längere Zeit bestehen. Dies stärkt die allgemeine Überzeugung der Marktteilnehmer, dass entweder die Kurse nicht höher klettern können (Widerstand) oder nicht mehr tiefer sinken können (Unterstützung). Wenn Sie als Anleger nicht mehr an fallende

Kurse glauben, so werden Sie sicherlich bereit sein zu kaufen. Denken alle so, kann solch eine ausgeprägte Unterstützungszone eine Trendwende nach einem Abwärtstrend anzeigen.

Widerstands- und Unterstützungslinien oder auch breitere Zonen werden waagerecht im Kursverlauf oftmals an Hoch- und Tiefpunkten eingezeichnet. Als Widerstand und Unterstützung können jedoch auch Trendlinien, gleitende Durchschnitte und psychologisch wichtige Kursmarken dienen. Bei einigen Methoden der Technischen Analyse werden auch willkürlich gewählte Niveaus als entsprechende Widerstands- und Unterstützungslinien als relevant erachtet.

Arten von Unterstützung und Widerstand:

- Trendlinien,
- Trendkanalbegrenzungen (Trendlinien und Rückkehrlinien),
- Kursextrempunkte wie Kursgipfel, Böden, Hoch- und Tiefpunkte,
- Trendlinien von Chartformationen,
- scheinbar willkürlich gewählte Niveaus (Verhältniszahlen, Fibonacci),
- psychologisch bedeutsame Niveaus (runde Zahlen – zum Beispiel 6.000),
- gleitende Durchschnitte (zum Beispiel 38, 90, 200 GD).

Das Bilden einer Unterstützung oder eines Widerstands

Verharren die Kurse nach einer Abwärtsbewegung für eine geraume Zeit auf einem Niveau, kommt es also zu keinem weiteren Verkaufsdruck, so hat sich eine Unterstützung herausgebildet. Die Käufer sind zwar noch nicht in der Überzahl wie in einem Aufwärtstrend, doch im Gegensatz zum vorherigen Abwärtstrend oder der vorangegangenen Abwärtsbewegung treten sie vermehrt auf. Eine Unterstützung kann im Chart als Linie oder auch als breitere Kurszone, als Unterstützungszone konstruiert werden. Eine Unterstützung kann als Käuferzone betrachtet werden. Sind keine Käufer mehr da, fallen die Kurse also unter die Unterstützung, so erhält der Technische Analyst ein Verkaufssignal. Die Masse der Anleger ist jedoch bei fallenden Kursen anfangs kaum bereit zu verkaufen. Es wird versucht, das unangenehme Problem des Verlustes auszusitzen. Bei steigenden Kursen flammt wiederum Hoffnung auf, doch bei stets neu fallenden Kursen wächst die Verzweiflung. Insofern kann jeder neue Abwärtsschub (zum Beispiel durch den Bruch einer Unterstützung) sich dadurch verstärken, dass immer mehr

Börsianer bereit sind, ihre Aktien abzustoßen. Der genau gegenteilige Ablauf ist bei einem Widerstand vorhanden. Ein Widerstand ist eine Verkäuferzone.

Neben den beiden Grundannahmen der Technischen Analyse (Kurse bewegen sich in Trends; Kursmuster und deren Folgen wiederholen sich) ist ein weiteres **grundlegendes Konzept der Technischen Analyse** die Annahme, dass sich Kurse an Unterstützungen und Widerständen aufhalten.

Regeln für Unterstützungen und Widerstände:

- Ein hoher Umsatz an einer Unterstützung oder einem Widerstand bekräftigt die Bedeutung des entsprechenden Kursniveaus als Käufer- oder Verkäuferzone.
- Je länger oder auch je öfter eine Unterstützungs- oder Widerstandslinie (-zone) besteht beziehungsweise berührt wird und die Kurse sich hieran aufhalten, desto relevanter wird diese.
- Unterstützungs- beziehungsweise Widerstandslinien (-zonen) erhalten einen »Polaritätswechsel« bei Durchbruch. Aus einer Unterstützungszone (U) wird so ein Widerstandsniveau (W) und analog umgekehrt (aus W wird U).

Polaritätswechsel

Der Wechsel einer Unterstützung zu einem Widerstand innerhalb eines Abwärtstrends oder der Wechsel von einem Widerstand zu einer Unterstützung in einem Aufwärtstrend wird als Polaritätswechsel bezeichnet.

Exemplarisch sei dieses Verhalten an dem Kursverlauf der Daimler AG dargestellt (Abbildung 17). Am 07.03.2012 markierte die Aktie bei 43,11 Euro ein Tief, das am 05.04.2012 nach unten gebrochen wurde. Ein markantes Tief stellt in der Regel eine Unterstützung dar. Der Bruch des Tiefs war somit als Verkaufssignal zu werten. Die Unterstützungslinie bei 43,11 Euro bildete sich um in eine Widerstandslinie. Relevant im weiteren Verlauf war, dass jedwede Erholung im April bis Anfang Mai 2012 kurz vor der 43er-Marke schon auf deutliches Verkaufsinteresse stieß. Die eigentliche Widerstandslinie bei 43,11 Euro wurde nicht mehr erreicht, ein Anzeichen für die Schwäche der Bullen.

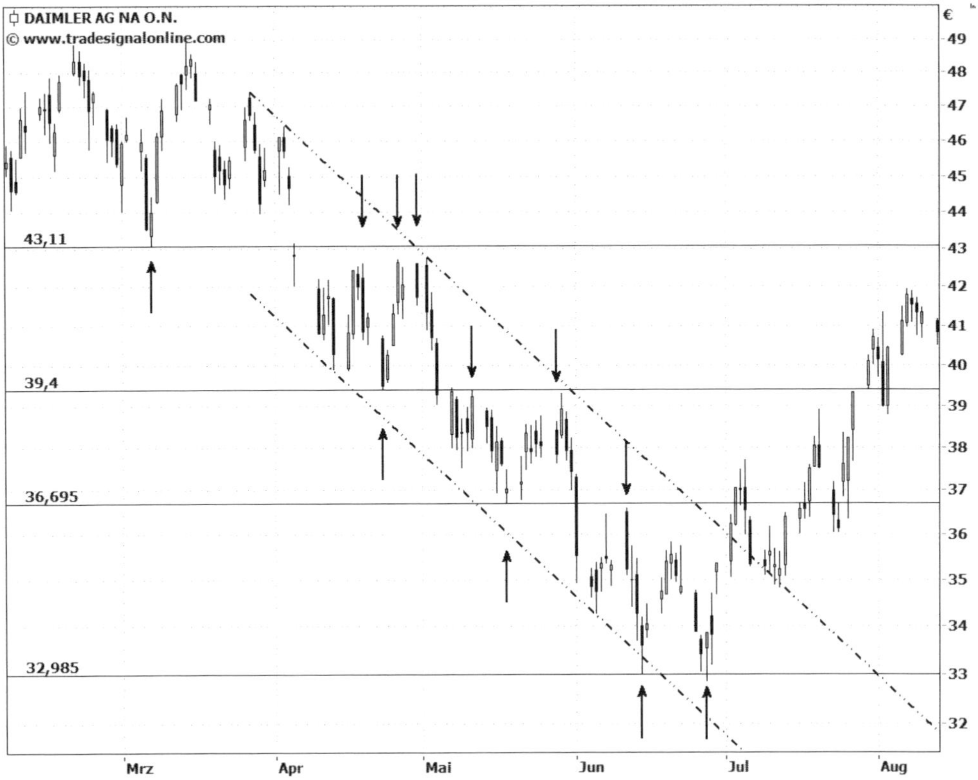

Abbildung 17: Daimler AG von Februar bis August 2012 – Abwärtstrendkanal und mehrere Unterstützungs- und Widerstandslinien mit Polaritätswechsel – chart provided by tradesignalonline.com

Der Abprall kurz vor diesem Widerstand führte zu Enttäuschung bei den Börsenteilnehmern, ein erneuter Verkaufsdruck brachte die Aktie unter das Tief im April bei 39,40 Euro (Unterstützung). Auch hier scheiterten, nachdem dieses Tief im Mai unterschritten wurde, die Erholungsversuche nach oben. Anfang Juni brach sodann der Kurs recht dynamisch mit einer längeren schwarzen Kerze unter das Mai-Tief bei 36,69 Euro und signalisierte damit, dass die Bären auch weiterhin das Zepter in der Hand hielten. Die vorherige Unterstützung bei 36,69 Euro wurde zu einem Widerstand.

Sehr schön zu erkennen ist im weiteren Kursverlauf, dass Anfang Juli der Abwärtstrend verlassen werden konnte und auch der Kurs die Marke bei 36,69 Euro wieder erreichen konnte. Ein erstes deutliches Signal für die wiedererlangte Stärke der Bullen. Idealtypisch in diesem Zusammenhang ist auch der Pullback (Rücklauf) Mitte Juli nach dem Bruch des Abwärtstrends an diesen. Nachdem jedoch das anfängliche Hoch im Juli dann Mitte Juli 2012 überwunden werden konnte, etablierte sich auch ein neuer Aufwärtstrend.

Der Polaritätswechsel in einer Abwärtsbewegung kommt einfach dadurch zustande, dass diejenigen Anleger, die bei höheren Kursen gekauft haben, froh sind, nach fallenden Kursen eine Erholung nutzen zu können, um Verluste zu reduzieren oder gar zu ihren Einstandskursen aus der Aktie aussteigen zu können. Zudem orientiert sich der Mensch gern an schon bestehenden Marken (Ankereffekt). Diese »Anker« können zum Beispiel die eigenen Einstandskurse, vormalige Höchst- und Tiefstkurse sowie runde Marken sein. Diese ebenfalls massenpsychologischen Phänomene unterstützen das Konzept von Widerstand und Unterstützung sowie das Konzept der Phasenanalyse (siehe nächster Abschnitt).

Die Phasenanalyse

Sie kennen Börsen-Altmeister André Kostolany? Seine Bücher sind lesenswert – und der angehende Anleger und Trader kann aus diesen Büchern manch erheiternde Erkenntnis über das menschliche Verhalten an der Börse mitnehmen. So beschreibt Kostolany, wie er einst als junger Mann an die Börse kam und ein älterer Börsianer ihm sagte, dass es letztlich nur auf eine Sache ankomme: »Sind mehr Aktien da als Dummköpfe oder sind mehr Dummköpfe vorhanden als Aktien.«

Nichts anderes wollen wir auch als Chartanalysten ergründen: »Sind mehr Käufer oder mehr Verkäufer vorhanden?« Kostolany prägte aber auch den Begriff der »zittrigen Hände«.

Zittrige Hände – starke Hände

So kaufen Privatanleger eher in eine bestehende und schon ausgereifte Hausse hinein und verkaufen bei tiefsten Kursen. Die zittrigen Hände der Kleinanleger verkaufen am Tief und kaufen am Hoch – die starken Hände der Profis dagegen kaufen im Tief und verkaufen am Hoch.

Akkumulation und Distribution

Diese gegensätzliche Handlungsweise von Kleinanlegern und Profis wird verdeutlicht durch die Phasenanalyse. Diese definiert die unterschiedlichen Phasen eines Kursverlaufs. Am oberen Wendepunkt, wenn die zittrigen Hände kaufen und die starken Hände verkaufen, findet demzufolge eine Umverteilung statt. Diese Phase wird als Distribution (Umverteilung) bezeichnet. Distributionsphasen bilden kräftige Widerstandszonen aus. Sie kündigen sich mit stagnierenden Kursen bei hohen Umsätzen an. Es herrscht eine Pattsituation zwischen Bullen und Bären vor.

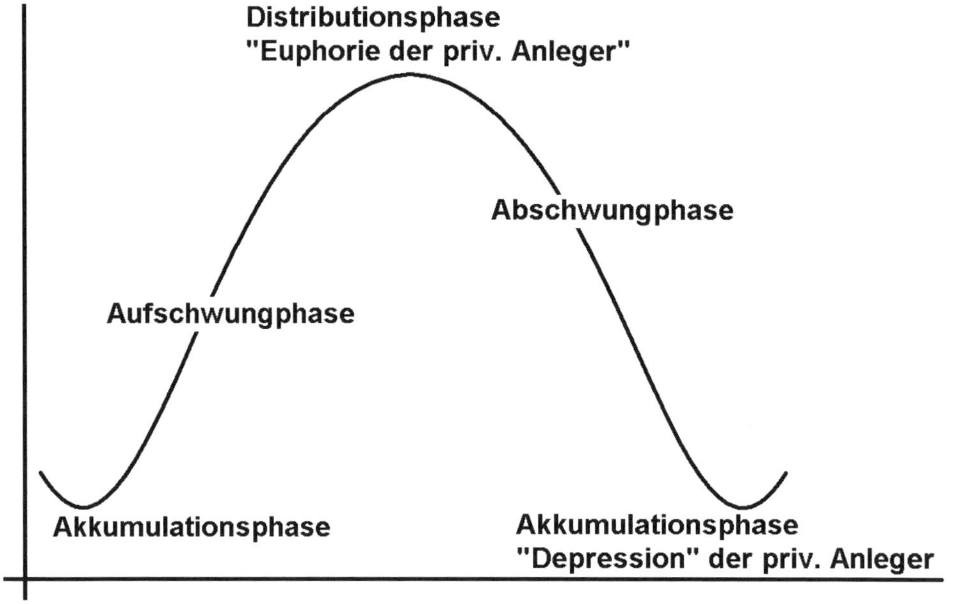

Abbildung 18: Phasenanalyse: Stagnieren Kurse bei hohen Umsätzen, so herrscht eine Pattsituation zwischen Anbieter und Nachfrager vor. Bei einer Hausse ist dies meist ein Zeichen für eine Gipfelbildung (Distribution), bei einer Baisse oder auf niedrigem Kursniveau bildet sich ein Boden aus (Akkumulation). Je länger dieser Zustand andauert, desto eher ist mit einer Trendwende zu rechnen.

Nach einem ausgeprägten Aufwärtstrend bilden sich entsprechende Gipfel und Trendwendeformationen. So stellen auch Schulter-Kopf-Schulter- oder M-Formationen typische Muster einer Distributionsphase dar. Auch mit der Methodik der Candlesticks lassen sich Distributionsphasen erkennen. So zeigen Doji, kleine Kerzenkörper, aber auch ein Shooting Star bei hohen Kursniveaus und hohen Umsätzen in den übergeordneten Zeitebenen (Wochen- und Monatskerzen) oftmals eine entsprechende Umverteilungsphase an.

In Zeiten tiefster Depression der vielen kleinen Anleger hingegen kaufen zum Ende eines Abwärtsschwungs die starken Hände große Positionen auf. Dieser Prozess wird als Akkumulation (Anhäufung) bezeichnet.

Hier gilt: Stagnierende Kurse bei hohen Umsätzen, eine Pattsituation zwischen Bullen und Bären kann bei einer Baisse oder auf niedrigem Kursniveau eine Bodenbildung anzeigen, eine Akkumulationsphase. Eine umgekehrte (inverse) Schulter-Kopf-Schulter-Formation oder auch eine W-Formation sind typische Trendwendemuster einer solchen Phase.

Die entsprechenden Formationen werden im Kapitel »Formationsanalyse« besprochen. Die Phasen zwischen »Distribution« und »Akkumulation« sind Trendphasen, die Sie als Anleger mit der Trendanalyse erkennen können.

Kapitel 5: Trendanalyse – die Masse geht mit

Die Trendanalyse untersucht die erste Grundannahme der Technischen Analyse: Kurse bewegen sich in Trends. Untersucht werden die Trenddauer, Trendrichtung, Trendsteigung (Geschwindigkeit oder Dynamik eines Trends) sowie das Umsatzverhalten und die Schwankungsbreite eines Trends.

Das Ziel der Trendanalyse ist es, zu untersuchen, ob

a) ein Trend anhält,

b) ein Trend umschlägt oder,

c) kein Trend beziehungsweise Unsicherheit vorherrscht.

Was ist ein Trend?

Sicherheit ist ein Grundbedürfnis des Menschen. Wer sich sicher über eine bestimmte Richtung an der Börse ist, wird auch entsprechend handeln. Bei einem Trend ist die Masse aller Marktteilnehmer überwiegend einer Meinung über die zukünftig zu erwartende Richtung. Unter Trend wird eine gleichgerichtete übergeordnete Verhaltenstendenz der am Wertpapiermarkt beteiligten Personen verstanden.

Ein Trend bildet sich aus, wenn die Masse der Marktteilnehmer eine grundsätzlich gleiche Auffassung über die vorherrschende und kommende Richtung hegt.

In einem Aufwärtstrend ist die Masse positiv sicher gestimmt. Die Mehrzahl der Marktteilnehmer, die Masse der Börsianer erwartet steigende Kurse.

Ist dagegen die Masse negativ sicher gestimmt, zum Beispiel durch die Annahme einer Rezession beziehungsweise einer ungünstigen wirtschaftlichen Entwicklung einer einzelnen Aktie, so werden die meisten Marktteilnehmer eher fallende Kurse annehmen und entsprechend verkaufen. Fallende Kurse werden in Folge zu Enttäuschungen führen und noch abwartende Marktteilnehmer dazu veranlassen, ebenfalls zu verkaufen. Ein Abwärtstrend entwickelt sich.

Ein Trend kann jedoch nicht nur aufwärts- oder abwärtsgerichtet sein. Der dritte Fall, eine abwartende unsichere Masse, mit meist geringer Handelsaktivität, generiert einen Seitwärtstrend. Die Kurse stagnieren, laufen in einer Bandbreite hoch und runter, ohne eine klare Richtung erkennen zu lassen. Seitwärtstrends werden oftmals auch als trendlose Zeiten oder auch als »Sägezahnmarkt« bezeichnet. Hier herrscht eine »Pattsituation« zwischen den Optimisten und Pessimisten, zwischen den Bullen und Bären vor.

Sicherheit ist eine der wesentlichen Komponenten für menschliches Entscheidungsverhalten. Trends können danach klassifiziert werden, wie sicher sich die Masse über die weitere Richtung ist.

Positiv sicher gestimmte Masse:	**Aufwärtstrend**
Negativ sicher gestimmte Masse:	**Abwärtstrend**
Unsicherheit der Masse:	**Seitwärtsmarkt**

Kurzfristige Rückgänge oder Pausen (auch bezeichnet als Konsolidierungen) im Trend werden dabei die vorherrschende Stimmung und damit die Richtung nicht ändern. Vielmehr bestätigen kurzfristige Verschnaufpausen in Verbindung mit einem anschließend fortgesetzten Trend die Anleger in der bisherigen Annahme der Trendrichtung. Je länger ein Trend anhält, desto sicherer ist sich die Masse der Marktteilnehmer über die Richtung und desto stabiler ist ein solcher Trend. Langfristige Trends finden daher nicht an einem Tag ihr Ende. Einem Tanker gleich benötigt auch eine langfristig im Markt aufgebaute Stimmung, positiv oder negativ, einfach Zeit, um zu stoppen und um einen Kurswechsel einzuleiten.

Hoch- und Tiefpunkte sind entscheidend

Um die aktuell vorherrschende Stimmung im Markt festzulegen, um zu erkennen, ob die Masse der Marktteilnehmer positiv oder negativ gestimmt ist oder gar eine trendlose Phase vorliegt, wird der Kursverlauf zuerst einmal nach Hoch- und Tiefpunkten untersucht. Diese Punkte stellen relevante Kursmarken dar und sind zudem außerordentlich wichtig für die Trend- und Formationsanalyse. Denn ein Trend wird stets durch zwei Punkte definiert, zwei Hoch- oder durch zwei Tiefpunkte. Durch die Verbindung der Punkte kann dann eine Annahme über die Richtung der Stimmung der Masse der Marktteilnehmer getroffen werden. Je nachdem, wie und ob Hoch- oder Tiefpunkte miteinander verbunden werden können, entscheidet sich, ob auch eine Annahme über einen Trend getroffen werden kann.

Ein Hoch- oder Tiefpunkt ist dadurch gekennzeichnet, dass die nachfolgende Kursbewegung entgegengerichtet zur vormaligen Kursbewegung ist. An einem Hochpunkt überwiegen daher nachfolgend die Verkäufer, an einem Tiefpunkt konnten die Käufer hingegen punkten und stiegen scheinbar zu Tiefstkursen ein.

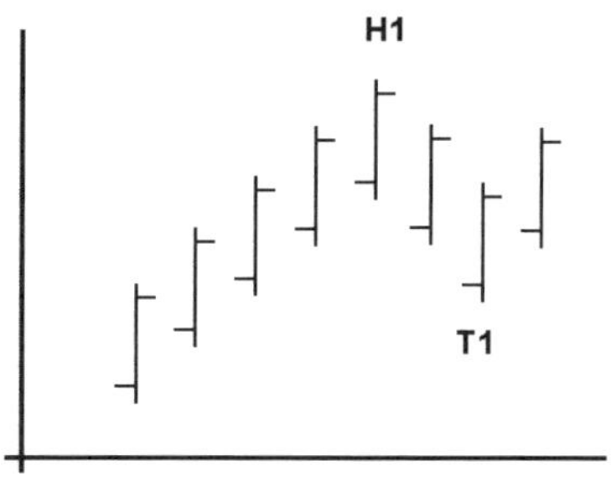

Abbildung 19: Hoch- und Tiefpunkt

In Abbildung 19 sehen Sie acht Balken (Bars). Nach dem fünften Balken läuft der Kurs etwas zurück. Damit hat sich bei H1 ein Hochpunkt ausgebildet. Der Hochpunkt ist eingebettet zwischen zwei tiefer liegenden Balken und deren Höchstkursen. Ebenso ist das darauffolgende Tief T1 eingebettet zwischen zwei Balken, die jeweils höhere Tiefstkurse aufweisen. Derart definierte Hoch- und Tiefpunkte stellen mögliche Ansatzpunkte für eine Trendlinie in Verbindung mit weiteren Hoch- oder Tiefpunkten dar.

Achten Sie bitte bei der Trendanalyse auf den Unterschied zwischen einer Bewegung und einem Trend. Eine Reihe von stetigen Höchst- oder Tiefstkursen kennzeichnet keinen Trend, sondern eine Bewegung. An eine Bewegung ist keine Trendlinie anzuzeichnen, dies würde der Definition eines Trends (siehe weiter unten) nicht entsprechen. In Abbildung 20 ist kein Trend, sondern eine Aufwärtsbewegung dargestellt, da keine definierten Hochpunkte vorliegen, sondern nur eine Reihe von Höchstkursen. Sie fragen sich jetzt sicherlich, warum eine so scheinbar offensichtliche Sache wie der Hoch- und Tiefpunkt besprochen wird. Ganz einfach: In meinen Seminaren und Coachings beobachte ich oftmals, dass Trendlinien nicht an korrekten Hoch- und Tiefpunkten angesetzt werden. Einsteiger legen Trendlinien auch an Bewegungen an oder haben Schwierigkeiten, einen Trend zu identifizieren. Bevor Sie daher mit der Trend- und Formationsanalyse beginnen, üben Sie das korrekte Identifizieren von Hoch- und Tiefpunkten im Kursverlauf.

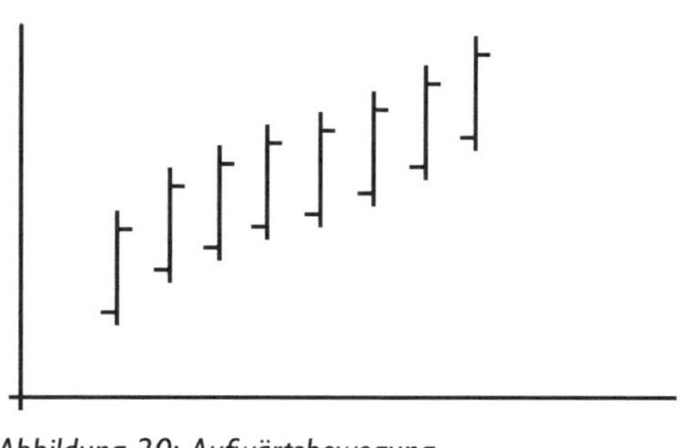

Abbildung 20: Aufwärtsbewegung

Klassifizierung von Trends

Trends werden entsprechend ihren Eigenschaften – klassifiziert. Es gibt lang-, mittel- und kurzfristige Trends sowie aufwärts-, abwärts- oder seitwärts gerichtete Trends. Relevant ist aber nicht nur die Zeitdauer und die Richtung, sondern auch die Geschwindigkeit eines Trends (Trendintensität). So zeigt ein flacher Trendverlauf eine verunsicherte Masse an. Es fehlt die Kraft nach oben. Der Trend ist daher potenziell gefährdet, verlassen zu werden. Ein als mittlerer Trendverlauf bezeichneter Trend kann auch als linearer Trend (45 Grad im linearen Chartbild) benannt werden. Innerhalb eines solchen Trendverlaufs zeigen sich wiederholte Konsolidierungen, die eine Überhitzung vermeiden. Ein solcher »Treppentrend« stellt eine durch die Konsolidierungen und anschließenden Fortsetzungen des Trends in ihrer Stimmung gefestigte und sichere Masse dar. Der Trend kann als stabil betrachtet werden. Ein sehr steiler Trendverlauf hingegen ist ein Anzeichen für eine dynamische Reaktion einer Masse von Anlegern. Hier ist davon auszugehen, dass die Neigung zu Gewinnmitnahmen sehr ausgeprägt ist und sich ein solcher Trend eher abschwächen wird. Die nachfolgende Tabelle führt die drei Klassifizierungsmerkmale (Richtung, Intensität, Zeitdauer) von Trends auf.

Trendrichtung:

Aufwärtstrend	positiv sichere Massenstimmung
Abwärtstrend	negativ sichere Massenstimmung
Seitwärtstrend	unsichere Masse – Seitwärtsmarkt

Trendintensität / Steigungswinkel:

flacher Trend	verunsicherte Masse	- gefährdeter Trend
mittlerer Trend	sichere Masse	- zuverlässiger Trend
steiler Trend	sehr sichere Masse	- gefährdeter Trend

Trenddauer (Zeitangaben nur Richtwerte!):

primärer Trend	langfristig 1 Jahr und länger
sekundärer Trend	mittelfristig 1 Jahr bis circa 4 Wochen
tertiärer Trend	kurzfristig bis circa 4 Wochen

Beachten Sie bitte: Trends werden gern von Technischen Analysten klassifiziert und damit in eine Schublade gesteckt. Doch die Unterscheidung von einem langfristigen zu einem mittelfristigen Trend ist fließend. Auch bestehen durchaus sehr langfristige Trends, die im US-Aktienmarkt über einen Zeitraum von über 80 Jahren konstruiert werden können. Ein dagegen nur zwölf Monate andauernder Trend erscheint in Relation zu einem solchen Trend nicht gerade als langfristig.

Abbildung 21: BASF AG von 1995 bis 2001 – Wochenbarchart – Klassifizierung von Trends nach ihrer Dauer – Fließende Übergänge sind eher die Regel als die Ausnahme – chart provided by Metastock

Zudem besteht die »Lehrmeinung«, dass sekundäre, also mittel- oder auch kurzfristige Trends, stets eine Konsolidierung darstellen sollten und damit entgegen der Trendrichtung der primären, also der langfristigen Trends laufen. Letztlich ist das Theorie und in der Praxis nicht eins zu eins umsetzbar.

Die oben vorgestellte grobe Einteilung hilft jedoch beim Verständnis der grundlegenden Überlegung der Trendanalyse. Denn relevant ist einfach, dass langfristige Trends bedeutsamer sind als kurzfristige Trends. Der Mensch möchte gern Sicherheit. Und ein langfristiger Trend ermöglicht es einem Anleger, sich in vermeintlicher Sicherheit zu wiegen. Langfristige Trends werden gern als gegeben angenommen und eine Veränderung wird kaum erwartet. Trends werden von Menschen fortgeschrieben. Je länger ein Trend fortbesteht und umso mehr Berührungspunkte dieser aufweist, desto aussagekräftiger ist er auch. Weist ein

Trend zudem den idealtypischen 45 Grad-Verlauf auf (Treppentrend), so steigt auch das Vertrauen in den Fortbestand des Trends an. Hohe oder sehr flache Winkel sind in einem Trend daher auch weniger aussagekräftig.

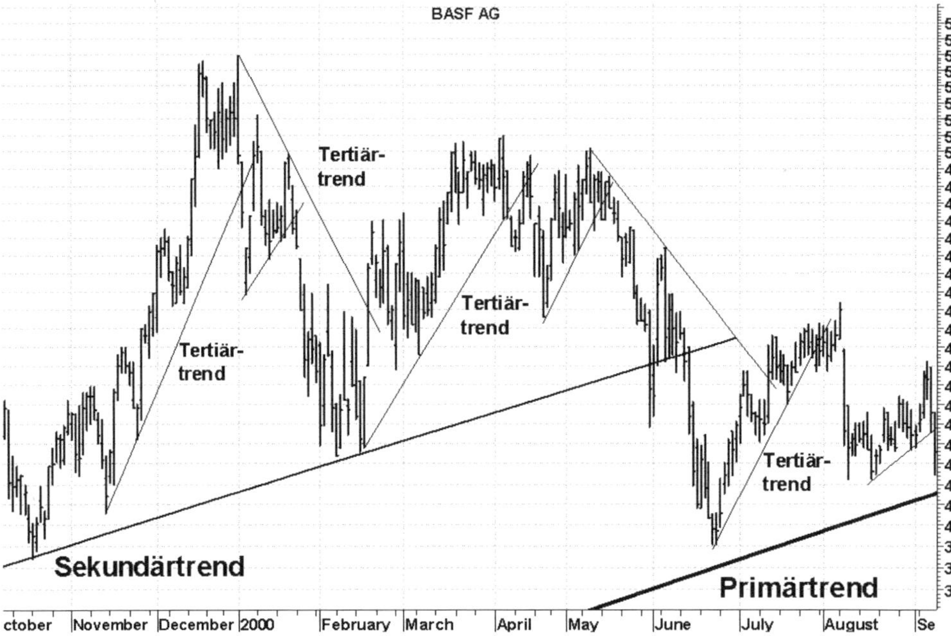

Abbildung 22: BASF AG von Oktober 1999 bis September 2000 – Tagesbarchart – Klassifizierung von Trends nach ihrer Zeitdauer – Untergeordnete Trends sind nicht zwangsläufig den übergeordneten Trends entgegengesetzt – chart provided by Metastock

Merksätze für Trends

- Langfristige Trends sind bedeutsamer als kurzfristige.
- Aussagekräftige Trends haben mehrere Berührungspunkte mit dem Kursverlauf (Hoch- oder Tiefpunkte).
- Hohe oder sehr flache Winkel sind weniger relevant als idealtypische Treppentrends (45 Grad).
- In Verbindung mit hohen Umsätzen erhalten Berührungspunkte eine hohe Signifikanz.
- Ein Trend besteht solange, bis er gebrochen ist.

Wann ist ein Trend gebrochen?

Haben Sie das Glück, dass sich Ihre Aktie in einem stetigen Aufwärtstrend befindet, so ist es eigentlich recht einfach, den Gewinn laufen zu lassen und sogar bei neuerlichen Kaufsignalen die Position aufzustocken. So lautet auch die wichtigste Regel der Trendanalyse: »Ein Trend besteht so lange, bis er gebrochen wird.« Bleiben Sie also einem Gewinner so lange treu, wie auch der entsprechende Trend intakt ist. Wann aber erhalten Sie ein Signal, dass ein Trend sein Ende gefunden hat? Wann ist ein Trend gebrochen? Die nachfolgenden Indizien können Ihnen einen Anhaltspunkt geben, dass ein Trend gebrochen wurde und sich die Stimmung im Markt ändert.

Indizien für einen Bruch eines Aufwärtstrends:

- Der **Trend ist auf Schlusskursbasis** durchbrochen.

  Sind Sie ein langfristig orientierter Anleger, der zum Beispiel seine Entscheidung auf Basis von Wochencharts trifft, so erhalten Sie ein Verkaufssignal, wenn der Wochenschlusskurs unter einer Trendlinie notiert.

- Signifikanter **Durchbruch (circa 2 bis 3 Prozent)**

  Ein weiteres Indiz für einen Trendbruch besteht dann, wenn der Kurs circa 2 bis 3 Prozent unterhalb der Trendlinie notiert.

- **2-Periodenregel**

  Insbesondere bei kürzeren Zeitebenen, so den Tagescharts, ist es sinnvoll, nicht schon bei dem ersten Tagesschlusskurs unterhalb einer Aufwärtstrendlinie zu verkaufen. Hier darf noch auf eine Bestätigung für den Trendbruch in Form eines zweiten Tagesschlusskurses unterhalb der Aufwärtstrendlinie gewartet werden.

- **Volumenanstieg bestätigt den Durchbruch**

  Steigt das Volumen, der Umsatz, bei einem Bruch der Aufwärtstrendlinie deutlich mit fallenden Kursen an, so ist der Bruch als signifikant einzustufen. Steigendes Volumen bestätigt Ihnen, dass Handlungsbedarf im Markt entsteht und nicht nur Sie allein ein Kauf- oder Verkaufssignal erkennen. Gehen Sie bitte davon aus, dass die Börsianer eher eine homogene Masse sind, die alle auf denselben Knopf (*sell* oder *buy*) drücken, wenn eine Range, ein Trend oder ein für alle sichtbares Chartmuster verlassen wird. Dies kann natürlich auch zu Fehlsignalen führen! Letztlich aber sollten Sie stets mit der Masse laufen, statt zu versuchen, gegen den Strom zu schwimmen.

Die obigen Regeln gelten natürlich auch bei einem Abwärtstrend, entsprechend angepasst.

Die »grafische« Definition eines Trends

Der Aufwärtstrend

Ein Aufwärtstrend zeigt an, dass die Masse der Marktteilnehmer übereinstimmend positiv gestimmt ist. Kurzfristige Gewinnmitnahmen oder Rücksetzer (Konsolidierungen) oberhalb der Aufwärtstrendlinie ändern nicht die übergeordnete Richtung.

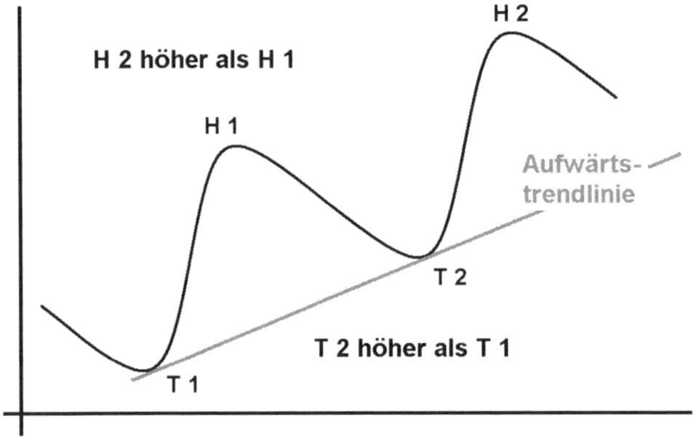

Abbildung 23: Aufwärtstrend, definiert durch zwei ansteigende Tiefpunkte sowie einem Hochpunkt, der überschritten wird

Ein Aufwärtstrend ist definiert durch jeweils höhere Hochs und höhere Tiefs. Ein Tief stellt hierbei eine sogenannte »Konsolidierung« dar. Gewinnmitnahmen treten ein, die jedoch den eigentlichen Schub nach oben nicht gefährden. Relevant ist jedoch, dass die Kurse sich wieder erholen und ein neues Tief eben oberhalb der vorherigen Tiefs entsteht.

An mindestens zwei Tiefpunkten wird eine aufwärtsgerichtete Linie konstruiert. Die Aufwärtstrendlinie wird UNTER den Kursen eingezeichnet. Zwischen den beiden ersten Tiefpunkten befindet sich ein Hochpunkt (H1). Die Annahme eines Aufwärtstrends ist jedoch erst bestätigt, wenn dieser Hochpunkt (H1) überwunden wird. Die Annahme zukünftig steigender Kurse ist also nicht abhängig von einem zweiten Hochpunkt. Es reicht für die Definition eines Aufwärtstrends aus, wenn H1 mit einem neuen Hoch überschritten wird. Ein Hochpunkt H2 wie in Abbildung 23 ist daher nicht zwingend.

Um Verwirrung zu vermeiden: Ein Hoch ist natürlich jeder neue Kurs innerhalb einer Bewegung, der über dem vorherigen Kurs notiert. Ein Tief entsprechend umgekehrt. Ein Hochpunkt hingegen ist zwar auch ein Kurs, der über den vorherigen in einer Aufwärtsbewegung notiert, doch relevant ist eben, dass sich nach diesem Kurshoch ein tiefer liegender Kurs ausbildet und somit ein Hochpunkt sichtbar wird. Beziehungsweise eben ein Tiefpunkt in der Abwärtsbewegung, sofern der nachfolgende Kurs höher notiert.

Ganz wichtig – es wird eine Annahme getroffen

Mit der Konstruktion einer Trendlinie an zwei aufwärts strebenden Tiefpunkten in Verbindung mit einem Anstieg über das bisherige Hoch wird angenommen, dass der Markt in einem Aufwärtstrend verläuft. Weiterhin steigende Kurse sind möglich. Aufgrund der Verbindung zwischen zwei Tiefpunkten zu einem Aufwärtstrend wird eine Annahme über die weitere Richtung und Geschwindigkeit der Kurse getroffen. Fallen die Kurse unter die Aufwärtstrendlinie, so kann diese Annahme nicht mehr aufrechterhalten werden. Die Annahme steigender Kurse wird hinfällig.

Je mehr Berührungspunkte eine Trendlinie aufweist, desto relevanter ist diese, da die getroffene Annahme über die Trendrichtung mehrmals bestätigt wurde.

Wie bei der Einführung in die Technische Analyse erwähnt, ist das Prinzip der Annahme und Bestätigung wesentlich bei allen Methoden der Technischen Analyse. Der Analyst trifft zuallererst eine Annahme aufgrund seiner »Werkzeuge«. Zusätzlich zu seiner Annahme wartet er eine Bestätigung ab, um entsprechend zu handeln oder eine Empfehlung auszusprechen. Wird dagegen seine Annahme nicht bestätigt, so erhält er unter Umständen sogar ein gegenteiliges Signal. Ein Bruch einer Aufwärtstrendlinie bedeutet letztlich nichts anderes, als dass die positiv sichere Stimmung der Masse vorbei ist und ein Stimmungsumschwung bevorstehen könnte. Ein Bruch einer Aufwärtstrendlinie kann daher ein Verkaufssignal darstellen.

Beispiele für einen Aufwärtstrend:

Anhand zweier Beispiele für Aufwärtstrends wird auch deren Konstruktionsweise näher erläutert. In der Abbildung 24 können Sie einen langfristigen Aufwärtstrend des US-Index S&P 500 erkennen (Barchart auf Monatsbasis – jeder Bar stellt also den Zeitraum eines Monats dar). Dieser US-amerikanische Index umfasst 500 Aktiengesellschaften, die an der New York Stock Exchange (NYSE) gelistet sind. Der S&P 500 ist damit ein sehr guter Gradmesser für die Stimmung der Börsianer in den USA und spiegelt die Verfassung der US-Wirtschaft wider. In den Jahren 1995 bis 1996 konnte der Index deutlich ansteigen – Mitte 1996 erfolgte sodann ein kleiner Einbruch und anschließend wurde das markante Hoch (in Abbildung 24 als H1 bezeichnet) überwunden. Dieser Anstieg bestätigte hier die Annahme eines Aufwärtstrends, der an die beiden Tiefpunkte (T1 und T2) angelegt werden konnte. Solange also auch dieser Aufwärtstrend nicht gebrochen wurde, konnte in den folgenden Jahren von weiterhin steigenden Kursen ausgegangen werden. Auch die nachfolgenden Hochpunkte (H2, H3 und H4) bestätigten die Annahme eines Aufwärtstrends. 1998 erfolgte dann ein deutlicher Kursrückgang. Die Aufwärtstrendlinie wurde vom Kurs berührt (T3) und auch etwas unterschritten – dieser »Test« der Aufwärtstrendlinie war jedoch erfolgreich, und anschließend stiegen die Kurse wieder. Der Aufwärtstrend wurde im weiteren Verlauf im Herbst 2000 gebrochen. Dieser Bruch stellte ein Verkaufssignal dar. Relevant hierbei war zudem, dass zusätzlich die vorangegangenen Tiefs vom April 2000 und auch Oktober 1999 nach dem Bruch der Aufwärtstrendlinie unterschritten wurden – der Bruch der Aufwärtstrendlinie, das Ende der positiven Stimmung im Markt, war somit nachhaltig.

Abbildung 24: S&P 500 von 1993 bis 2001 – Langfristiger Aufwärtstrend – Barchart auf Monatsbasis – chart provided by Metastock

Einen interessanten Kursverlauf nahm der Goldpreis in US-Dollar von Ende 1998 bis August 2012 (Abbildung 25). Dargestellt ist ein Barchart, basierend auf Wochenbasis. Der Aufwärtstrend verläuft von T1 (Mitte Januar 2009) bis zum Bruch der Aufwärtstrendlinie Ende 2011 (eingekreist). Sie fragen sich nun mit Recht, warum beginnt der Trend nicht bei T0? Hier erreichte der Goldpreis ein markantes Tief im Oktober und November 2008. Selbstverständlich kann auch dieser Tiefpunkt als Anlagemöglichkeit für eine Trendlinie dienen. Dieser Tiefpunkt stellte allerdings auch eine extreme Stimmungsverschlechterung, eine starke Depression im Markt dar. Nach der Erholung in 2009 und auch im weiteren Verlauf der Erholung über 2010 hinaus, hatte dieses kräftige Stimmungstief aber keine Bedeutung mehr für den weiteren Verlauf. Achten Sie bitte bei der Konstruktion von Trendlinien stets darauf, dass die Trendlinie eng am Kurs entlang läuft. Die Trendlinie spiegelt die Stimmung im Markt wider. Insofern war es sinnvoller, die Aufwärtstrendlinie an T1 über T2 zu konstruieren, als noch in 2010 oder gar 2011 an T0 als Auflagepunkt festzuhalten.

Abbildung 25: Goldpreis in USD von August 2008 bis August 2012 – chart provided by Metastock

Nicht eindeutig war jedoch der Bruch der Aufwärtstrendlinie nach T3 – im eingekreisten Bereich. Die Trendlinie wurde auch per Wochenschlusskurs unterschritten – die positive Stimmung erfuhr einen klaren Dämpfer. Direkt nach dem Bruch der Trendlinie im Dezember 2011 konnte der Goldpreis jedoch wieder ansteigen und pendelte im weiteren Verlauf – zu Beginn des Jahres 2012 – um die Aufwärtstrendlinie. Der Bruch der Aufwärtstrendlinie wurde zudem nicht durch ein tieferes Tief bestätigt – der Kurs fiel bis August 2012 nicht mehr klar unter das Niveau von T3 bei 1.537 US-Dollar.

Ein Fall unter dieses Niveau bei 1.537 US-Dollar – zum Beispiel per Wochenschlusskurs – sollte dann aber ein Verkaufssignal für den langfristig orientierten Anleger darstellen. Im weiteren Verlauf wurde dieses Verkaufssignal auch ausgelöst und der Goldpreis fiel bis Ende 2015 kontinuierlich.

Der Abwärtstrend

Ein Abwärtstrend zeigt an, dass die Masse der Marktteilnehmer überwiegend negativ gestimmt ist. Kurzfristige Käufe oder Erholungen unterhalb des Abwärtstrends ändern nicht die übergeordnete Richtung. Erst ein Überwinden der Abwärtstrendlinie würde eine Neueinschätzung der Chartsituation erfordern.

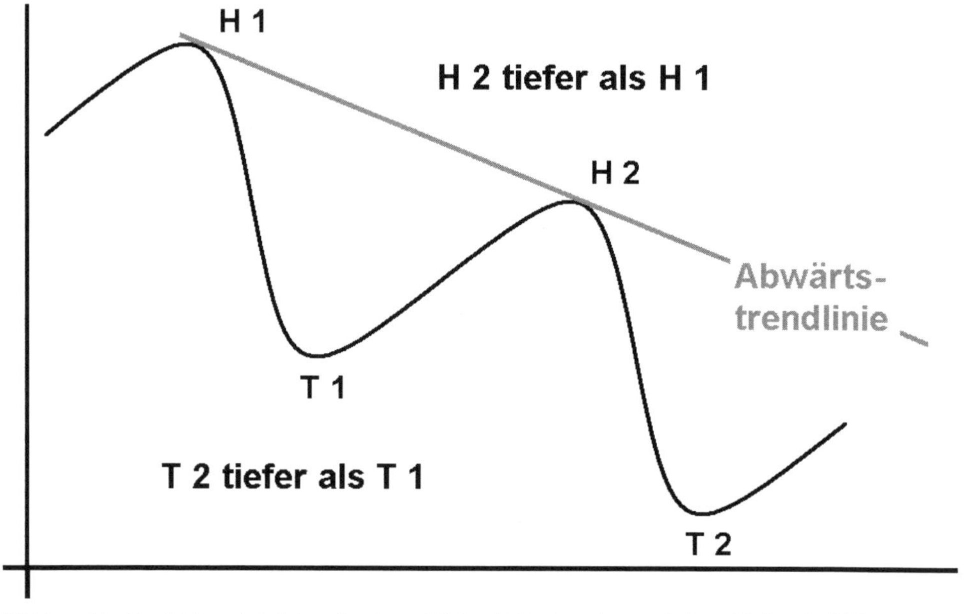

Abbildung 26: Abwärtstrend, definiert durch zwei fallende Hochpunkte und einem Tiefpunkt (T1), der unterschritten wird

Ein Abwärtstrend ist definiert durch jeweils fallende Tiefpunkte und tiefere Hochpunkte (Zwischenerholungen). An mindestens zwei Hochpunkten wird eine abwärtsgerichtete Linie konstruiert. Die Abwärtstrendlinie wird ÜBER den Kursen eingezeichnet. Zwischen den beiden ersten Hochpunkten befindet sich ein Tiefpunkt (T1). Die Annahme eines Abwärtstrends ist jedoch erst bestätigt, wenn dieser Tiefpunkt unterschritten wird. Ein zweiter Tiefpunkt T2 wie in der Abbildung 26 ist nicht zwingend für die Definition. Die Annahme eines Abwärtstrends ist schon bei Unterschreiten von T1 mit einem neuen Tief im Kursverlauf bestätigt!

Beispiel für einen Abwärtstrend:

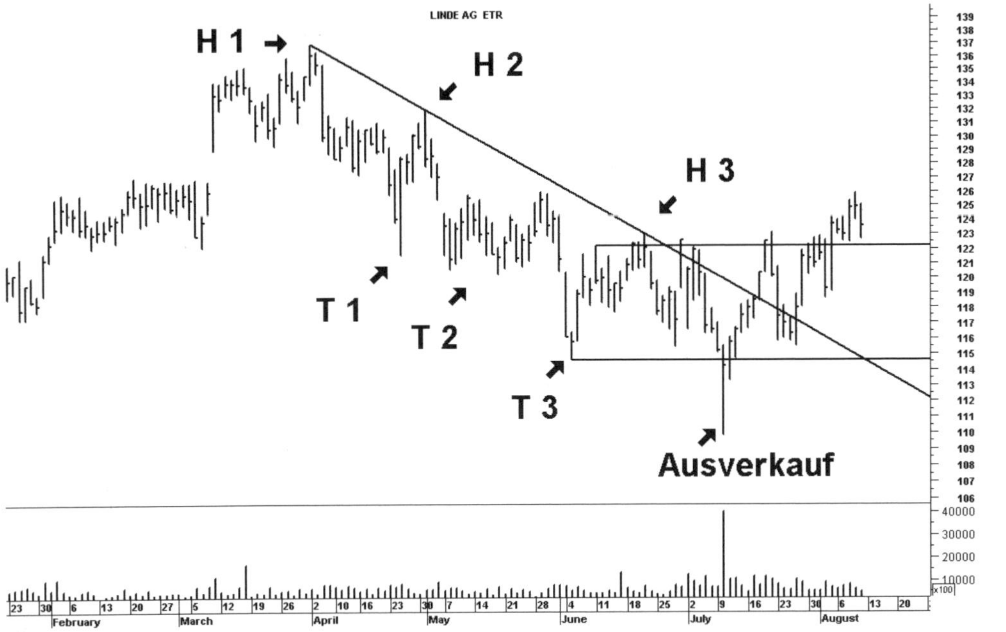

Abbildung 27: Linde AG von Februar 2012 bis August 2012 – Tagesbarchart – chart provided by Metastock

Ein kurzfristiger Abwärtstrend bildete sich von März 2012 bis Juli 2012 im Kursverlauf der Aktie der Linde AG auf Tagesbasis aus. Über die Hochpunkte H1 und H2 konnte eine Abwärtstrendlinie konstruiert werden – die Annahme weiterhin fallender Kurse wurde mit Kursen unter T1 bestätigt. Im weiteren Verlauf bildeten sich neue Tiefpunkte (T2, T3) und der Kursverlauf testete die Abwärtstrendlinie (H3). Anfang Juli 2012 fiel der Wert nochmals deutlich – auch unter das vorangegangene markante Tief (T3). Zudem zeigte sich seit diesem Tief (T3) eine Seitwärts-Zone.

Der deutliche Ausbruch im Juli 2012 nach unten bei extrem hohen Umsätzen wurde jedoch schon tags darauf wieder wettgemacht. Der Ausbruch an sich ist ein Verkaufssignal – immerhin wurde ja auch das Tief bei T3 unterschritten und somit der Abwärtstrend, die negative Stimmung für die Aktie, bestätigt. Mit der schnellen Erholung und der Rückkehr in die zuvor verlassene Seitwärtsbewegung zeigte sich aber, dass keine weiteren Verkäufer vorhanden waren und sich die Stimmung auch kurzfristig gedreht hatte. Dies ließ den Schluss zu, dass der Kurseinbruch bei sehr hohen Umsätzen einen Ausverkauf darstellte.

Der Fehlausbruch unter eine Unterstützung stellte eine »Bärenfalle« dar. Der Markt war bereinigt – die Chance auf kurzfristig steigende Kurse auch mangels fehlender Verkäufer war gegeben. Mitte Juli 2012 erfolgte dann ein Bruch der Abwärtstrendlinie. Zu beobachten ist bei einem Bruch eines Abwärtstrends allerdings auch oftmals ein kurzer Rückläufer (*Pullback*) an die zuvor gebrochene Abwärtstrendlinie. Denn das Vertrauen der Marktteilnehmer in wieder steigende Kurse ist insbesondere nach lang anhaltenden Abwärtstrends nicht allzu schnell vorhanden. Börsianer, die ihre Verluste ausgesessen haben, verkaufen dann eher in eine scheinbar nur kurzfristige Erholung hinein. So entsteht ein klassischer Pullback. Vertrauen wächst nach fallenden Kursen in der Regel nur langsam. Der Kurs konnte hier jedoch nach dem Pullback weiter ansteigen. Beachten Sie aber bitte: Kurzfristige Trends haben kurzfristige Auswirkungen – dementsprechend war nach dem Bruch des Abwärtstrends auch nur eine kurzfristige Erholung ableitbar.

Versuchen Sie zudem stets, kurzfristige Ausschnitte aus einem Kursverlauf einer Aktie mit langfristigen Zeitebenen zu verknüpfen. Werfen wir hierzu noch einen Blick auf den langfristigen Kursverlauf der Linde AG.

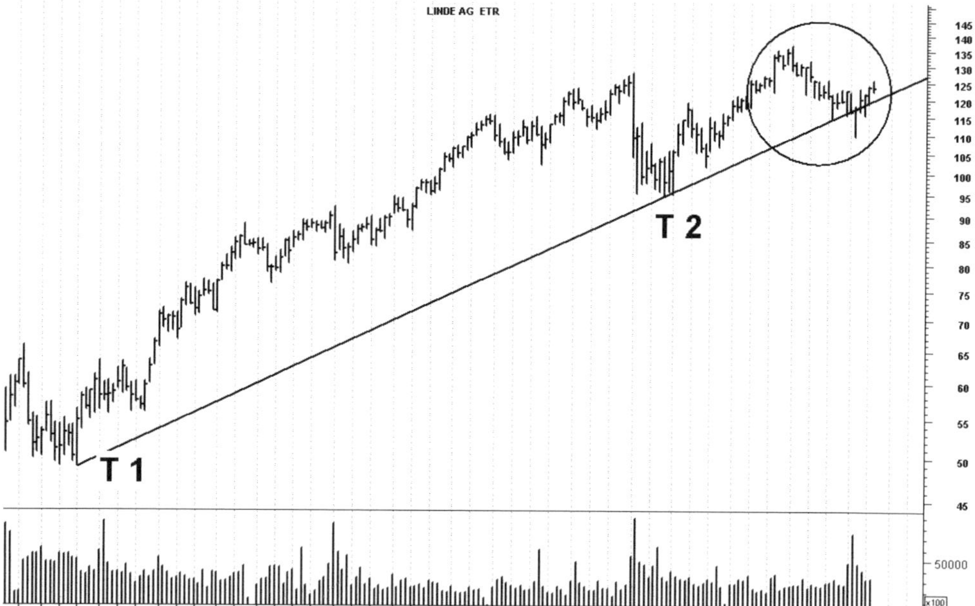

Abbildung 28: Linde AG von Dezember 2008 bis August 2012 – Langfristiger Kursverlauf – Wochenbarchart. Eingekreist ist der Kursbereich des kurzfristigeren Abwärtstrends – chart provided by Metastock

Im übergeordneten Chartbild (Abbildung 23) befand sich die Aktie der Linde AG noch in einem sehr langfristigen Aufwärtstrend. Dieser Trend wurde zudem mit dem oben beschriebenen »Ausverkauf« getestet. Ein Kauf im Juli 2012 nach dem

Ausverkauf und auch nach Break des kurzfristigen Aufwärtstrends – mit einem Stopp unter circa 112 Euro – war demzufolge durchaus legitim – da ein solcher Kauf auch in Richtung des langfristigen Aufwärtstrends gerichtet war. Versuchen Sie stets, in Richtung eines übergeordneten Trends zu investieren.

Im vorliegenden Beispiel weist der langfristige Aufwärtstrend jedoch auch eine Schwäche auf. Der Trend hat nur zwei Berührungspunkte (T1 und T2) und der Kursverlauf von Mitte 2009 bis Mitte 2011 liegt nicht nah an der Aufwärtstrendlinie an. Der langfristige Aufwärtstrend war demzufolge noch nicht sehr aussagekräftig – erst ein neues Hoch würde diesen Trend nochmals bestätigen. Die Linde-Aktie stieg folgend bis Anfang 2015 auf über 190 Euro an. Daher gilt: Kurzfristige Abwärtstrends innerhalb von langfristigen Aufwärtstrends können interessante Kaufsignale generieren, sofern die kurzfristigen Abwärtstrends nach oben verlassen werden in Richtung des intakten langfristigen Aufwärtstrends!

Ein weiteres Beispiel für einen Abwärtstrend zeigt die Aktie der Metro AG. Recht nah am Kursverlauf konnte zwischen H1 (Mitte Februar 2011) und H2 (Anfang Mai 2011) eine Trendlinie angelegt werden, die mit jedem neuen Tief bestätigt wurde (Das ist das Wesen eines Abwärtstrends: jedes neue Tief bestätigt die Annahme von fallenden Kursen). Eine dynamische Beschleunigung der Abwärtsbewegung erfuhr die Aktie im August 2011.

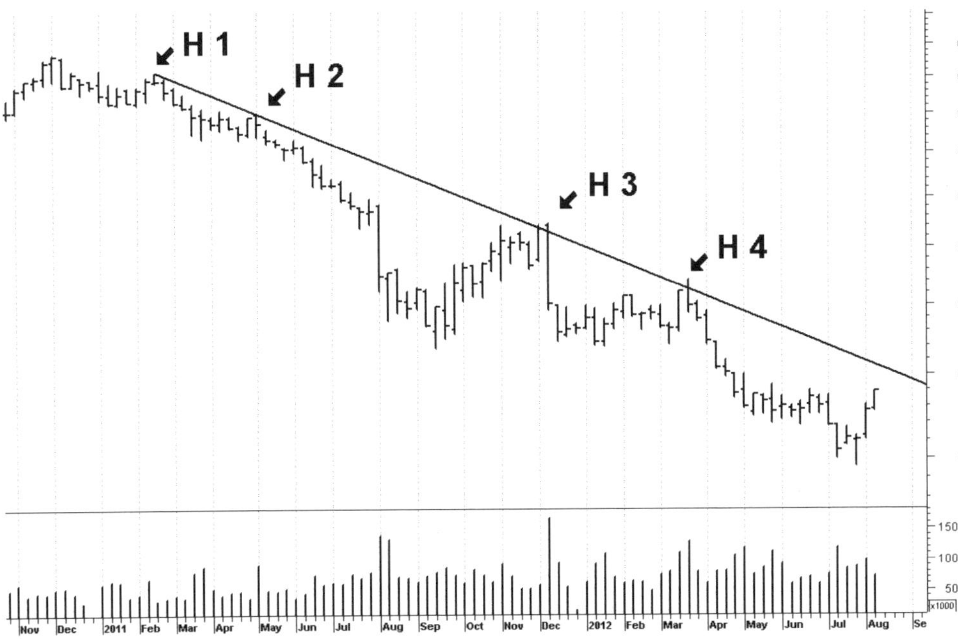

Abbildung 29: Metro AG von Oktober 2010 bis August 2012 – Ein langfristiger Abwärtstrend – Wochenbarchart – chart provided by Metastock

Die nachfolgende Erholung im letzten Quartal 2011 konnte sicherlich von kurzfristig orientierten Händlern erfolgreich genutzt werden, denn hier wurden kurzfristige Abwärtstrends gebrochen. Doch relevant bleibt, dass ein langfristig orientierter Anleger einen Bogen um Aktien machen sollte, die eben in einem auch langfristigen Abwärtstrend verlaufen. Dieser wurde bei H3 und nochmals bei H4 als solcher bestätigt. Kaufen Sie Gewinner – meiden Sie Verlierer!

Anhand des obigen Beispiels der Metro AG können Sie auch gut nachvollziehen, warum es an der Börse so wichtig ist, seine Verluste zu begrenzen. Neue Tiefs stellen in der Regel eine Bestätigung einer negativen Stimmung für den betreffenden Wert dar und können auch bestehende Abwärtstrends manifestieren. Depoterhalt ist relevanter als der Wunschtraum nach schnellen und exorbitanten Gewinnen. Dieser eherne Grundsatz jedes Aktionärs wurde vor allem im Neuen Markt von vielen Aktieneinsteigern aufs Sträflichste missachtet.

Verluste wurden von so manchem Anleger in dieser Zeit laufen gelassen – kleine und große Vermögen wurden so vernichtet. Auch der Run auf Neu-Emissionen erreichte bis dahin nie gekannte Ausmaße. Zwei Beispiele aus dieser Zeit, deren Aktien allerdings nicht mehr börsennotiert sind, sollen Ihnen verdeutlichen, dass für viele »Profis« ein wirklich Jahrzehnte alter Spruch auch heute noch gilt: Kleinanleger sind das Kanonenfutter an der Börse! Hüten Sie sich vor leeren Versprechungen und meiden Sie Aktien in einem Abwärtstrend!

Kanonenfutter an der Börse

Das erste Beispiel: die Internet-Tochter der Deutschen Telekom, T-Online AG. Als Neuemission werden zum 17. April 2000 noch rund 2,5 Milliarden Euro eingetrieben. Wie damals üblich, freuten sich die ersten Aktionäre auch über schnelle Zeichnungsgewinne.

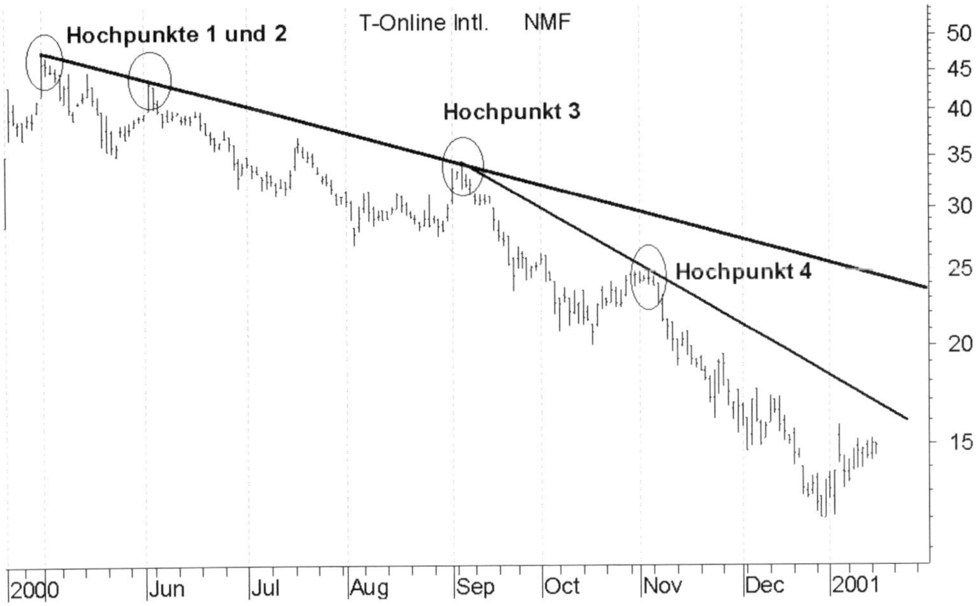

Abbildung 30: T-Online AG von Mitte 2000 bis Anfang 2001 im Abwärtstrend – chart provided by Metastock

Kurz nach der Emission markierte der Kurs allerdings zwei Hochpunkte im Mai und Juni 2000. Der zweite Hochpunkt lag tiefer als der erste, eine Abwärtstrendlinie konnte eingezeichnet werden. Die Annahme über weiterhin fallende Kurse wurde bestätigt, nachdem das Tief zwischen den beiden Hochpunkten unterschritten wurde. Erst damit war der Abwärtstrend auch gültig. Eine weitere Bestätigung für die Annahme der Richtigkeit des Abwärtstrends ergab der Abprall des Kursverlaufs an der Abwärtstrendlinie bei Hochpunkt 3. Zusätzlich trat eine Beschleunigung des Abwärtstrends ein. Hochpunkt 4 gab in Verbindung mit Punkt 3 eine Möglichkeit, einen kurzfristigeren Abwärtstrend mit höherer Abwärtsgeschwindigkeit einzuzeichnen. Die Aktie der T-Online AG existiert heute nicht mehr – 2005 erhielten die Aktionäre der T-Online ein Abfindungsangebot über 8,99 Euro von der Deutschen Telekom AG.

Ein weiteres Beispiel: Die Aktie der Kamps AG fiel innerhalb eines Jahres in einem dynamischen Abwärtstrend um 79 Prozent (Hoch 47,00, Tief 9,80 Euro). Die jeweils tieferen Hochs und Tiefs signalisierten einen klaren intakten Abwärtstrend. Doch Vorsicht! Im Chart ist ein Fehler eingebaut! Finden Sie diesen?

Abbildung 31: Kamps AG von Oktober 1999 bis April 2001 – Wochenbasis. Im Chart ist ein Fehler! Finden Sie diesen? – chart provided by Metastock

Betrachten Sie einmal die steilere Abwärtstrendlinie. Diese beginnt am vierten Hochpunkt und ist über den sechsten Hochpunkt gelegt. Da jedoch anschließend das letzte Tief aus dem Dezember 2000 nicht mehr unterschritten wurde, erfüllt diese Trendlinie nicht die Definition eines Abwärtstrends. Erst ein neues Tief würde die Annahme eines Abwärtstrends bestätigen. Korrekt wäre, wenn eine Abwärtstrendlinie am vierten Hoch über das fünfte Hoch konstruiert wäre.

Nochmals eine Warnung: Kleinanleger werden oftmals als Kanonenfutter an der Börse betrachtet – und der Kursverlauf zeigt Ihnen, ob auf sie geschossen wird (Abwärtstrend) oder sie sich hoffnungsvoll in einen fahrenden Zug setzen dürfen (Aufwärtstrend).

Anmerkung zu Neu-Emissionen

Lassen Sie mich ein wenig abschweifen. Chartanalyse ist natürlich ausgesprochen relevant bei der Beurteilung der Stimmung der Marktteilnehmer im Markt, ob nun im kurz-, mittel- oder langfristigen Zeitfenster. Doch wie geht man bei Neu-Emissionen vor, bei denen noch kein Chart vorliegt? Letztlich gilt auch hier: Seien Sie auf der Hut und warten Sie erst einmal ab. Versuchen Sie zu recherchieren, wozu eigentlich das eingenommene Kapital verwendet wird und welche Haltefristen für Mitarbeiter und Alt-Eigentümer bestehen. Ein eher gutes Signal ist es stets, wenn das Kapital investiert wird. Ein eher negativer Umstand dagegen liegt vor, wenn Alteigentümer ihre Aktien lediglich verkaufen wollen und wenn sehr viele Mitarbeiter-Aktien ausgegeben werden. Wenn sich Alteigentümer und Mitarbeiter von Aktien trennen wollen, warum sollten Sie dann diese Aktie kaufen? In der Regel sind gerade Mitarbeiter und Eigentümer bestens über die Zukunftsaussichten eines Unternehmens informiert.

Facebook ist hierbei ein eher negatives Beispiel - zumindest den Zeitpunkt der Emission betreffend. Zum Börsengang wurden 421 Millionen Aktien verteilt - zum Ausgabepreis von 38 US-Dollar. Weitere Aktien konnten die Facebook-Mitarbeiter, die Aktien und Optionen als Teil ihres Gehaltes zugeteilt bekamen, nach Ende von Haltefristen auf den Markt werfen. So endete auch am 16. August 2012 die Haltefrist von 271 Millionen Aktien (und Optionen). Der Kurs verlor bei hohen Umsätzen an diesem Tag weitere 6,2 Prozent.

Facebook - Haltefristen der Mitarbeiter für Aktien und Optionen

16. August 2012:	271 Millionen
15. Oktober 2012:	247 Millionen
14. November 2012:	1.300 Millionen
14. Dezember 2012:	149 Millionen
18. Mai 2013:	47 Millionen

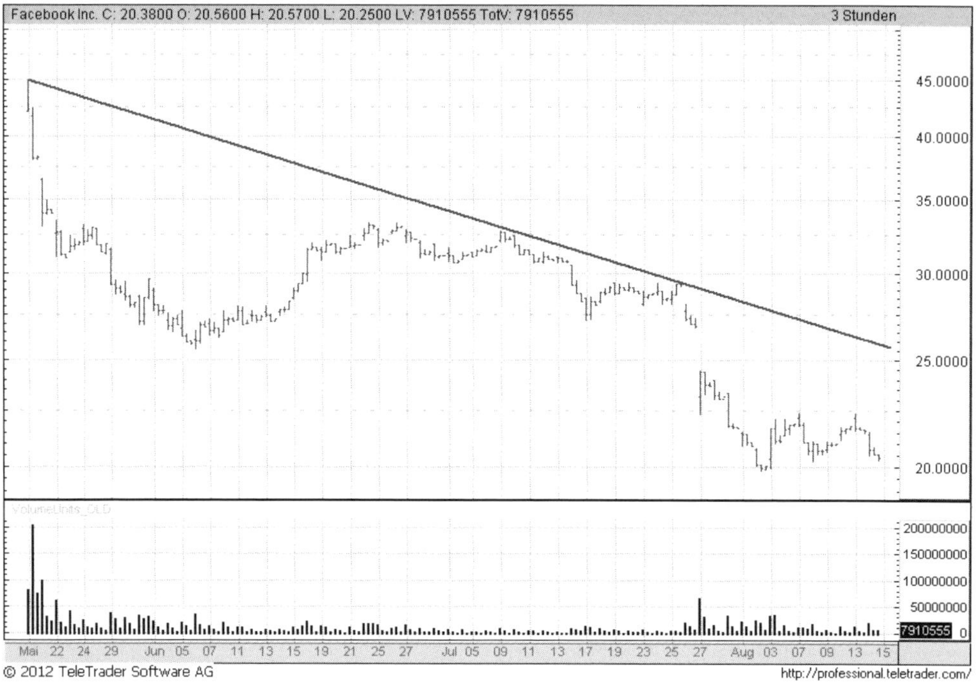

Abbildung 32: Facebook, Aktienkurs auf 4-Stunden-Basis vom 18. Mai 2012 bis 14. August 2012. Der Ausgabepreis der Aktien von Facebook war doch recht ambitioniert. Die Bewertung unter den Aspekten der klassischen Kennzahlen der Fundamentalanalyse überzogen. Der Emissionspreis beinhaltete recht hohe Erwartungen auf zukünftige Gewinne. Nach einigen irritierenden Meldungen direkt nach Erstnotiz zu den kommenden Unternehmensdaten rauschte der Kurs deutlich abwärts und erholte sich nur leicht. Letztlich verlor die Aktie ausgehend von ihrer Erstnotierung in wenigen Wochen über 50 Prozent – chart provided by teletrader.com

Im Chart der Facebook-Aktie wurde die Abwärtstrendlinie an das erste Hoch angelegt. Methodisch nicht korrekt, da im eigentlichen Sinne eines Hochpunktes kein Hochpunkt vorliegt – in diesem Falle wurde die Abwärtstrendlinie jedoch durch einen dritten Hochpunkt und tiefere Tiefs bestätigt. Die Facebook-Aktie startete mit einem recht hohen Kurs-Gewinn-Verhältnis von über 100 (KGV: fundamentale Kennziffer, welche angibt, wie oft der Gewinn pro Aktie im Kurs enthalten ist). In der Regel ein Hinweis auf eine Überbewertung. Letztlich gilt: Fragen Sie sich bei einem Investment nicht, was Sie verdienen, sondern stets, was Sie verlieren könnten.

Meiden Sie »Modeaktien«. Analysieren Sie stets – nicht nur bei Neu-Emissionen – welche Gewinn- und Wachstums-Aussichten eine Aktiengesellschaft auch unter fundamentalen Gesichtspunkten aufweist. Die Facebook-Aktie konnte allerdings nach Bruch des Abwärtstrends und infolge positiver Unternehmensnachrichten sowie dem Auslauf der Haltefristen der Mitarbeiter-Aktien deutlich ansteigen und einen Aufwärtstrend in den vergangenen Jahren ausbilden. Insofern wandelte sich die Facebook-Aktie von einer »Verlierer-Aktie« in eine »Gewinner-Aktie«. Doch zum Zeitpunkt der Emission war der Wert nicht unbedingt kaufenswert und Geduld auf einen sinnvolleren Zeitpunkt einer Anlage in diese Aktie in Verbindung mit einem Kaufsignal der Chartanalyse (Bruch des kurzfristigen Abwärtstrends) zahlte sich hier aus.

Praktische Hinweise zur Konstruktion von Trendlinien

Wie werden Trendlinien konstruiert? Gibt es hierfür eindeutige Regeln? Nein! Auch das Zeichnen der Trendlinien und Unterstützungs- sowie Widerstandslinien (oder -zonen) ist zwar nicht völlig willkürlich, doch die Erfahrung und eigene Methodik des Analysten ist hier sicherlich ausschlaggebend für den Erfolg. In meinen Seminaren erlebe ich stets, dass (nicht nur) Einsteiger in die Kunst der Chartanalyse der Anleitung bedürfen. So sollen an dieser Stelle einige praktische Tipps zur Konstruktion von Trendlinien gegeben werden.

- Drucken Sie sich einen Chart zweimal aus – im ersten Chart markieren Sie farblich unterschiedlich zuerst sämtliche markanten Hoch- und Tiefpunkte (zum Beispiel alle Hochpunkte grün, alle Tiefpunkte rot).
- Verbinden Sie alle abwärtsgerichteten Hochpunkte zu abwärtsgerichteten Linien.
- Verbinden Sie alle aufwärtsgerichteten Tiefpunkte zu aufwärts gerichteten Linien. Durch diese Vorgehensweise werden Sie zwar anfangs kaum noch den Kurs vor lauter Linien erkennen können – die Übersichtlichkeit schwindet natürlich. Doch Sie sollten vor allem anfänglich mit den Linien und dem Chart »spielen« und Ihrer Fantasie freien Lauf lassen. So werden Sie oftmals Linien zeichnen, die Sie vielleicht sonst übersehen hätten oder schon im Voraus der eigenen Zensur im Kopf geopfert hätten.
- Markieren Sie im nächsten Schritt mit einem Textmarker die Linien, die Ihrer Auffassung nach die Massenrichtung, also den eigentlichen Trendverlauf, am besten widerspiegeln und auch entsprechend den besprochenen Definitionen als Trendlinie konstruiert werden können. Im nächsten Schritt übernehmen Sie diese Linien auf dem zweiten Chart.
- Eine aussagekräftige Trendlinie verläuft möglichst nah am Kurs entlang.
- Konstruieren Sie die Trendlinien stets genau. Bei Bar- und Candlestick-Charts legen Sie die Trendlinien exakt an die jeweiligen Hoch- und Tiefpunkte. Bei Liniencharts exakt an die durch die Schlusskurse definierten Hoch- und Tiefpunkte.

- Denken Sie stets daran, was eine Trendlinie eigentlich aussagt. Sie wollen kein Kunstwerk malen, sondern die »Marktstimmung« erfassen.

Übungen: Auf- und Abwärtstrend

Entsprechend der obigen Checkliste möchte ich Sie bitten, die nachfolgenden zwei Übungen durchzuführen. Chartanalyse erlernen Sie nicht allein durch das Lesen von Lehrbüchern. Üben Sie so viel wie möglich. Setzen Sie sich bestimmte Ziele - zum Beispiel, dass Sie innerhalb einer Woche mindestens zwei oder drei Charts bearbeiten. Am besten auch per Hand mit Bleistift und Lineal. So erhalten Sie ein gutes Gefühl für die Trend- und auch Formationsanalyse, die im weiteren Verlauf besprochen wird.

Die erste Übung – Konstruktion von Aufwärtstrendlinien

Der Chart (Abbildung 33) zeigt den Kursverlauf der Aktie der Henkel AG als Barchart auf Wochenbasis im Zeitraum Oktober 2008 bis August 2012. Kopieren Sie diesen Chart und zeichnen Sie eine oder mehrere Aufwärtstrendlinien ein. Gehen Sie hierbei so vor, wie oben vorgeschlagen. Markieren Sie zuerst die Tiefpunkte, die Ihnen als markant erscheinen. Verbinden Sie diese sodann zu Aufwärtstrendlinien. Arbeiten Sie bitte exakt und legen Sie die Trendlinien möglichst direkt an die Tiefpunkte an.

Abbildung 33: Übung 1 – Henkel AG von Oktober 2008 bis August 2012 – Markieren Sie Tiefpunkte und konstruieren Sie Aufwärtstrendlinien – chart provided by Metastock

Auf der kommenden Seite finden Sie einen Lösungsvorschlag zu dieser Übung. Nachfolgend einige kurze Erklärungen zu diesem Lösungsvorschlag und den im Chart konstruierten Aufwärtstrendlinien:

- Die Aufwärtstrendlinie A beginnt an T2 und wird kurz nach dem dritten Berührungspunkt seitwärts verlassen. Die Aufwärtsbewegung bleibt jedoch intakt, da im weiteren Verlauf das Tief des dritten Berührungspunktes nicht mehr unterschritten wird.
- Sowohl B und C sind korrekt konstruierte Aufwärtstrendlinien.
- Mit jeder neuen – auch im Steigungswinkel flacher verlaufenden Trendlinie (A, B und C) – zeigt sich eine Schwäche in der positiven Stimmung an: Die Aufwärtskraft erlahmt zusehends.
- Nach Bruch der Aufwärtstrendlinien B und C kann auch ein kurzfristigerer, flach verlaufender Aufwärtstrend D über drei Tiefpunkte konstruiert werden. Ab Mitte 2011 pendelt der Kurs um diese Trendlinie – der Bruch der Trendlinie erweist sich im weiteren Verlauf als Fehlsignal. Ein Kaufsignal wird so zum Beispiel bei Überschreiten der 45er-Marke Anfang 2012 generiert.
- Mit dem Bruch der 45er-Marke Anfang 2012 kann ein neuer Aufwärtstrend E – angelegt an die Tiefpunkte im September und November 2011 – eingezeichnet werden.
- Nachdem der Kurs im März 2003 das vorherige Hoch vom Juli 2001 übersteigt, kann auch ein langfristiger Trend F konstruiert werden. Dieser Trend ist allerdings in seiner Aussagekraft zumindest fraglich, da der Kurs doch recht weit entfernt von der Trendlinie entlang läuft. Achten Sie stets darauf, dass eine Trendlinie eng am Kurs entlang läuft.
- Der Aufwärtstrend E wurde im Juni kurzzeitig, im jeweiligen Wochenverlauf, zweimal nach unten verlassen. Ein deutlicher Break auch per Wochenschlusskurs lag jedoch nicht vor. Der Aufwärtstrend E war somit weiterhin gültig. Trotzdem können Sie natürlich einen zweiten, leicht flacheren Aufwärtstrend G konstruieren, nachdem auch das letzte Hoch überschritten wurde.

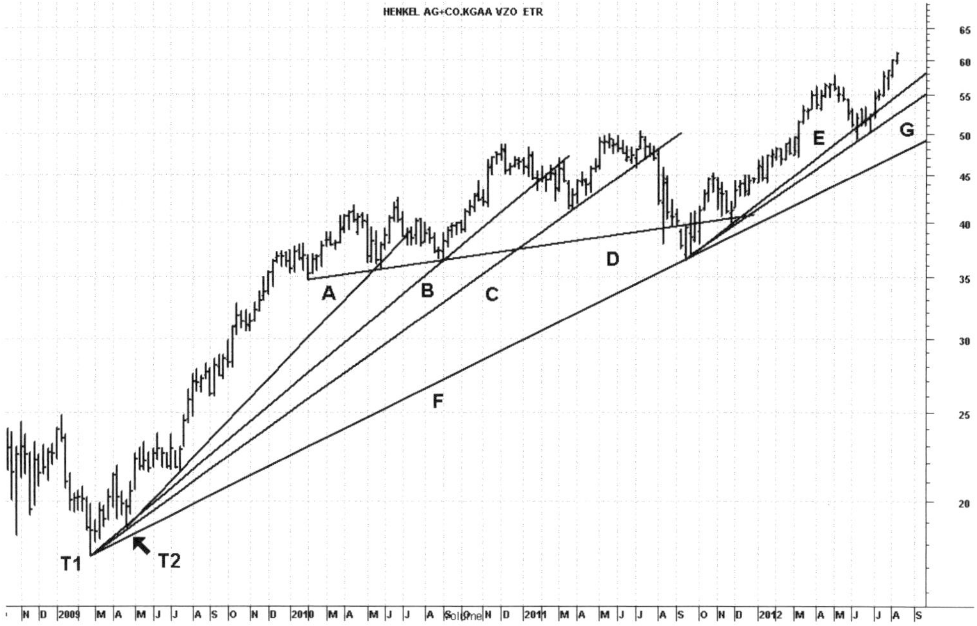

Abbildung 34: Henkel AG – Lösungsvorschlag zur Übung I – chart provided by Metastock

Abbildung 35 zeigt den Kursverlauf für eine Unze Gold in US-Dollar vom Juni 2010 bis Juli 2011 auf Tagesbasis als Barchart. Wie Sie unschwer erkennen können, steigen die Kurse in dieser Zeit an. Trotzdem: Konstruieren Sie hier einmal die vorhandenen, wenn auch eher kurzfristigeren Abwärtstrends. Sie können so gut erkennen, wie Sie an der Börse auch mit der Chartanalyse langfristig erfolgreich handeln können. Denn erkennen Sie in einem Wert einen Gewinner, eine Aktie, eine Währung oder einen Rohstoff, der innerhalb eines intakten, langfristigen Aufwärtstrends verläuft, so versuchen Sie, die Rücksetzer zu kaufen. Immer dann, wenn ein kurzfristiger Abwärtstrend gebrochen wird, besteht so die Chance, in Richtung des übergeordneten langfristigen Trends zu investieren.

Auch bei dieser Übung fangen Sie bitte zuerst an, die Hochpunkte zu markieren. Verbinden Sie sodann die Hochpunkte, die jeweils tiefer aufeinanderfolgen. Verbinden Sie diese sodann zu Abwärtstrendlinien. Arbeiten Sie bitte wiederum möglichst exakt und legen Sie die Trendlinien direkt an die Hochpunkte an.

Die zweite Übung – Konstruktion Abwärtstrendlinien

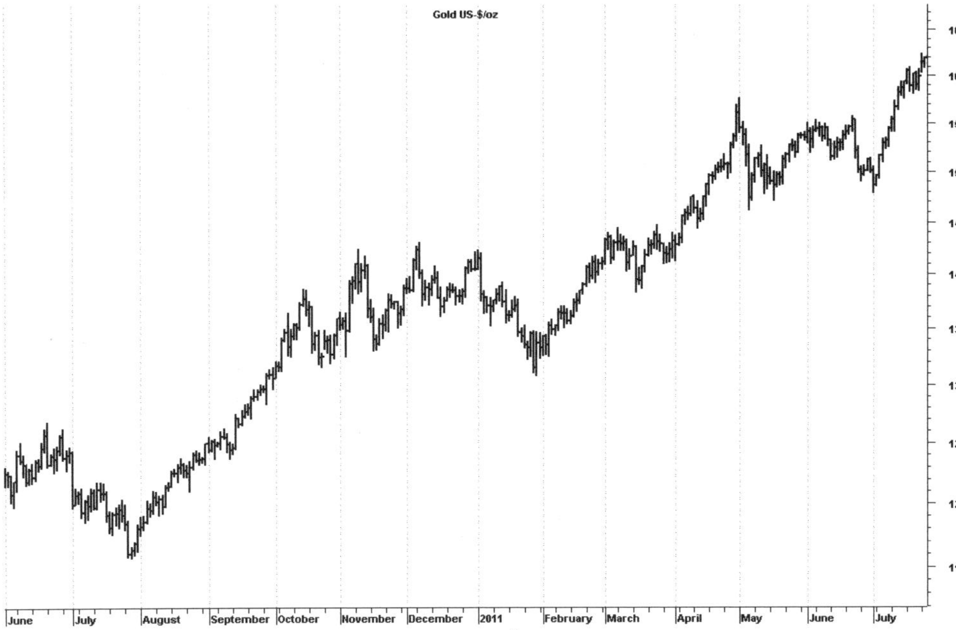

Abbildung 35: Goldpreis von Juni 2010 bis Juli 2011 – Übung 2: Markieren Sie Hochpunkte und konstruieren Sie Abwärtstrendlinien – chart provided by Metastock

Abbildung 36 zeigt Ihnen einen Lösungsvorschlag zu dieser Übung. Nachfolgend einige kurze Erklärungen zu diesem Lösungsvorschlag und den im Chart konstruierten Abwärtstrendlinien:

- A: Eine kurzfristige Abwärtstrendlinie, die rund einen Monat bestand.
- B: Ein weiterer kurzfristiger Abwärtstrend. Beachten Sie auch stets die einfache Regel: Kurzfristige Trends besitzen nur eine kurzfristige Aussagekraft, der Bruch eines langfristigen Trends dagegen hat eine entsprechend langanhaltendere Wirkung.
- C: Ein weiterer kurzfristiger Abwärtstrend über einen Monat.
- Die bei D dargestellte Linie ist kein Abwärtstrend. Entsprechend der Definition eines Abwärtstrends, fehlt hier ein tieferes Tief – das tiefste Tief ist Anfang Mai zu verzeichnen. Sollten Sie diese Linie in Ihrem Übungs-Chart konstruiert haben, ist das aber kein Beinbruch. Entsprechende Linien können Bestandteil von Formationen oder auch Widerstandslinien darstellen. Nur: Eine Trendlinie ist es per Definition nicht.

Berücksichtigen Sie bitte bei Ihren Analysen und der Konstruktion von Trendlinien stets: Die Chartanalyse ist ein dynamischer Prozess. Betrachten Sie eine Trendlinie immer als eine Annahme, die bestätigt – aber auch wieder verworfen werden kann. Es ist eher die Regel als die Ausnahme, dass es stets der Anpassung der Trendlinien an die aktuelle Chartsituation bedarf. Auch Fehlsignale sollten Sie bei Ihren Analysen einkalkulieren. Letztlich zeigt Ihnen der Markt, wie Sie handeln müssen. Klammern Sie sich nie an eine scheinbar sichere Analyse und deren Interpretation.

Abbildung 36: Goldpreis – Übung 2: Lösungsvorschlag – chart provided by Metastock

Der Seitwärtstrend

Ein Seitwärtstrend zeigt an, dass die Masse der Marktteilnehmer überwiegend unsicher gestimmt ist und eine eher abwartende Haltung im Markt vorherrscht. Kurzfristige Käufe oder Verkäufe ändern nicht die übergeordnete Richtungslosigkeit. Der Kurs bewegt sich innerhalb einer begrenzten Bandbreite hin und her. Seitwärtstrends werden auch als Sägezahnmarkt bezeichnet.

Ein Seitwärtstrend ist definiert durch Hoch- und Tiefpunkte auf etwa gleichem Niveau. Waagerechte Linien werden ober- und unterhalb der Kursbewegungen eingezeichnet. Unter bestimmten Voraussetzungen stellt ein kurzfristiger Seitwärtstrend auch eine Chartformation, ein Rechteck dar. Nachfolgend einige Beispiele für einen Seitwärtstrend.

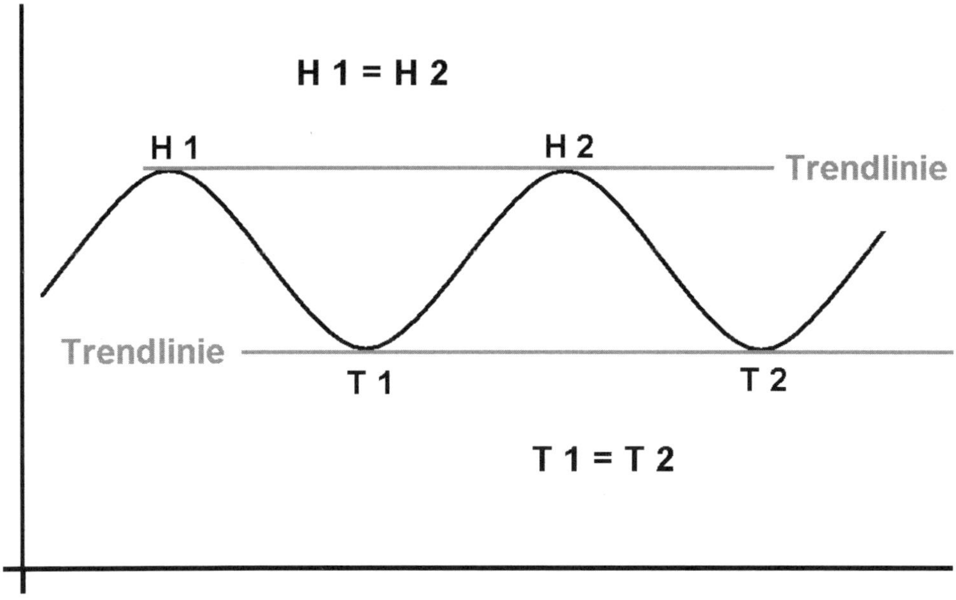

Abbildung 37: Seitwärtstrend, definiert durch zwei Tiefpunkte und zwei Hochpunkte auf jeweils annähernd gleichem Niveau

Beispiele für Seitwärtstrends:

Die Aktie der Beiersdorf AG durchbrach Anfang 1999 (linker Bereich des dargestellten Charts in Abbildung 38) ein Niveau bei circa 20,50 Euro. Dieses Niveau stellte bis zu diesem Zeitpunkt eine unüberwindliche Begrenzung dar. Nach dem Ausbruch über dieses Widerstandsniveau schnellte die Aktie bis auf ein Niveau von circa 24,66 Euro nach oben. Diese Spanne (circa 20,50 bis 24,66 Euro) stellte dann auch für über ein Jahr die Bandbreite (*Range*) für einen längeren Seitwärtstrend dar. Erst nachdem die Unsicherheit über die weitere Entwicklung im Mai 2000 abgelegt wurde, brachen die Kurse signifikant (im Chart bei Punkt 4) über die obere Seitwärtsbegrenzung aus und ein neuer Aufwärtstrend schloss sich an. Der Ausbruch über den oberen Widerstandsbereich erhielt durch ein vorangegangenes Fehlsignal (bei Punkt 2) zusätzliche Aussagekraft. Im Februar 2000 wurde die Seitwärtsbewegung kurzfristig auch nach unten verlassen. Ein Verkaufssignal. Der Markt nahm jedoch dieses Signal nicht an und es kam kein weiterer Verkaufsdruck zustande.

Die Rückkehr (*Rebreak*) in die vorherige Range stellte letztendlich ein Kaufsignal dar. Interessant ist es immer, bei entsprechenden Fehlsignalen zu handeln. Denn meist schnellt der Kursverlauf nach einem Fehlsignal wie eine Sprungfeder in die dem Fehlsignal entgegengesetzte Richtung.

Verwechseln Sie jedoch Chartanalyse bitte nicht mit »Kristallkugel«. Sie können auch gut erkennen, dass der Kurs schon bei Punkt 1 einen Versuch unternahm, nach oben zu starten. Dies misslang – ein Fehlausbruch. Anschließend fiel der Kurs dann auch wieder an die untere Begrenzung und brach hier nach unten aus – auch dieser Ausbruch (Punkt 2) ein Fehlsignal.

Abbildung 38: Beiersdorf-Aktie von 1999 bis August 2000 – Tagesbarchart – chart provided by Metastock

Wiederum sehr konsequent stieg der Kurs an und konnte bei Punkt 3 nochmals nach oben ausbrechen. Der Bruch gelang allerdings nicht nachhaltig. Auch hier hätte man nun von einem wiederholten Fehlsignal und wiederum fallenden Kursen bis an die untere Begrenzung des Seitwärtstrends ausgehen können. Stärke zeigte der Kurs aber anschließend, nachdem in der Mitte der Range die Kurse wieder anzogen und einen wiederholten – nun dritten Anlauf nahmen, um nach oben anzusteigen. Ein Investor, der zum Beispiel nach Punkt 2 gekauft hätte – und unglücklich bei dem Rücksetzer nach Punkt 3 wieder ausgestoppt worden wäre – hätte also nach Punkt 4 nochmals kaufen können. Hier auch in Richtung des schon bestehenden, kurzfristigen Aufwärtstrends. Börse ist oftmals der mehrfache Versuch, in einen Trend einzusteigen. Versuch und Irrtum wechseln sich mitunter ab. Umso wichtiger ist es, dann seine Gewinne laufen zu lassen und auch aufzustocken.

Anmerkung: Trendwende-Muster im Seitwärtstrend

Befindet sich die Masse der Marktteilnehmer nicht in einer gleichgerichteten positiven oder negativen Verhaltenstendenz, liegt Unsicherheit und damit auch kein klarer Trend vor. Umkehrsignale und Umkehrformationen, die im weiteren Verlauf des Buches besprochen werden, bedingen eines vorhergehenden Trends. In einem trendlosen Markt (Seitwärtstrend – Sägezahnmarkt) ist die Aussagekraft einer Trendumkehrformation entsprechend eingeschränkt oder gar völlig bedeutungslos.

Kurzfristig auftretende Unsicherheit innerhalb eines Trends kann aber auch als ein Warnsignal für eine Umkehr der bisherigen Verhaltenstendenz in eine entgegengerichtete Richtung (Trend) verstanden werden, denn nach einem ausgeprägten Trendverlauf kippt der Markt in der Regel nicht sofort in die Gegenrichtung. Oftmals läuft eine Phase der Unsicherheit einer Trendwende voraus.

Weiteres Beispiel für einen Seitwärtstrend:

Ein weiteres schon fast historisches Beispiel für einen längeren Seitwärtstrend bietet der Kursverlauf der Aktie der Bankgesellschaft Berlin (Abbildung 39). Nach einer Aufwärtsbewegung Mitte 1999 bildete sich von August 1999 bis Ende 2000 ein Seitwärtstrend aus. Interessant auch hier, dass nach einem Abprall im Februar 2000 bei sehr hohen Umsätzen am vorherigen Hochpunkt vom September 1999 der Kurs fiel und im weiteren Verlauf des Jahres 2000 auch nicht mehr über die Mitte der Seitwärtsbewegung hinauskam. Dies zeigte eine Schwäche der Bullen an. Zusätzlich bildete sich innerhalb der Seitwärtsbewegung ein fallendes Dreieck aus. Sowohl der Ausbruch aus der Bandbreite des Seitwärtstrends als auch aus dem Dreieck stellte ein klares Verkaufssignal dar.

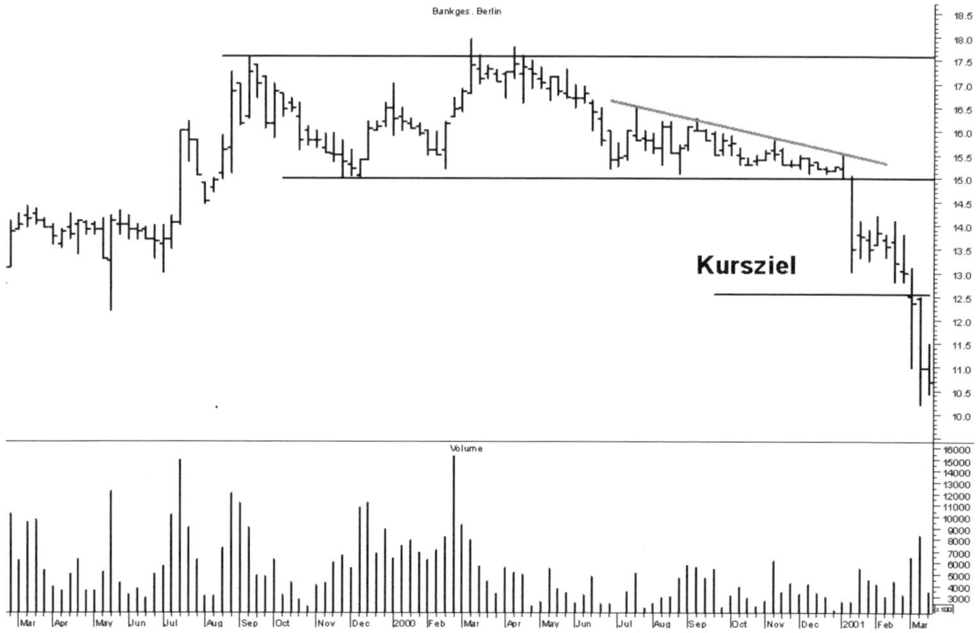

Abbildung 39: Bankgesellschaft Berlin von Februar 1999 bis März 2001 – Wochenbarchart – chart provided by Metastock

Kurszielableitung

Wie können Sie nun ein Kursziel nach einem Signal, dem Ausbruch aus einem Seitwärtstrend, ermitteln? Das ist recht einfach! Das nach dem Signal auftretende Abwärtspotenzial (oder bei einem Ausbruch nach oben das entsprechende Aufwärtspotenzial) ergibt sich aus der Breite des Seitwärtstrends. Die Differenz zwischen den beiden Begrenzungen der Range wird an das Ausbruchsniveau abgetragen.

Der Grundgedanke bei dieser Art der Kurszielableitung ist, dass im Markt nach einer längeren Seitwärtsbewegung oder auch einer Phase der abwartenden Haltung oder Unsicherheit der Masse der Börsianer (zum Beispiel auch bei Dreiecks-Formationen) genügend Akteure an der Seitenlinie stehen, die lediglich auf ein entsprechendes Richtungssignal gewartet haben, um entweder mehrheitlich zu kaufen oder zu verkaufen. Im Kursverlauf bildet sich entsprechend der Dauer einer Seitwärtsbewegung entsprechender Handlungsbedarf heraus. Bei Kaufsignalen ordern die Anleger, die bislang eine abwartende Haltung eingenommen haben und werden mutig bei steigenden Kursen. Bei Verkaufssignalen hingegen nährt die zunehmende Hoffnungslosigkeit der Akteure die anschwellende Verkaufsneigung.

Chartanalyse beruht stets auf den immer gleichen Prozessen. Dies spiegelt auch der Chart des US-amerikanischen Biotechnologie-Unternehmens Amgen. Die Aktie des Unternehmens ist seit 1983 unter dem Kürzel AMGN an der US-Börse NASDAQ gelistet.

Im Chart (Abbildung 40) bildete sich eine anfänglich allerdings nicht ganz eindeutige Seitwärtsbewegung zwischen knapp 51 bis circa 62 US-Dollar zwischen April 2010 bis Dezember 2011 aus. Die Oberkante der Range konnte zudem auch bei circa 58 US-Dollar bestimmt werden. So ergab sich eine breitere Widerstandszone im Bereich 58 bis 62 US-Dollar. Interessant war der Ausbruch aus der Range im August 2011 nach unten. Ein Verkaufssignal, welches jedoch sehr schnell wieder wettgemacht wurde und daher ein Fehlsignal darstellte. Der anschließende Anstieg nach dieser Marktbereinigung war nur folgerichtig. Es gab einfach keine Verkäufer mehr. Die letzten zittrigen Hände hatten ihr Material auf den Markt geworfen.

Abbildung 40: Amgen von Juli 2009 bis August 2012 – Seitwärtsbewegung mit Ausbruch – Wochenbarchart – chart provided by teletrader.com

Der Ausbruch folgend über die erste Widerstandslinie bei circa 58 US-Dollar Anfang Dezember 2011 und auch über das bisherige Jahreshoch 2011 Ende Dezember 2011 und somit über die zweite Widerstandslinie bei circa 62 US-Dollar waren neuerliche Kaufsignale. Auch hier konnte natürlich ein Kursziel aus der

Schwankungsbreite der Range abgeleitet werden. Da allerdings die Schwankungsbreite auch aufteilbar war in eine »Kernrange«, in der die Mehrzahl aller Kurse in diesem Zeitraum enthalten waren und eine breite Range, konnten zwei Schwankungsbreiten bestimmt werden. Anmerkung zur Kernrange: Diese wird subjektiv bestimmt und konnte bei Amgen zwischen circa 51 bis 58 US-Dollar angenommen werden. Die breitere Range hingegen verlief zwischen circa 51 bis 62 US-Dollar. Somit konnten zwei Kursdifferenzen und damit Kursziele an die jeweiligen Ausbruchsniveaus abgetragen werden. Ein Minimalkursziel ergab sich, sofern die Schwankungsbreite der Kernrange an das erste Ausbruchsniveau bei circa 58 US-Dollar nach oben abgetragen wurde. Ein Maximalkursziel dagegen konnte errechnet werden, indem die Differenz der breiten Range an das zweite Ausbruchsniveau bei circa 62 US-Dollar abgetragen wurde.

Berechnung der Kursziele

1. Kernrange - Schwankungsbreite: 58 US-Dollar - 51 US-Dollar = 7 US-Dollar
2. Breite Range - Schwankungsbreite: 62 US-Dollar - 51 US-Dollar = 11 US-Dollar

Diese Differenzen werden an das jeweilige Ausbruchsniveau bei 58 beziehungsweise 62 US-Dollar abgetragen:

1. Minimal-Kursziel: 58 US-Dollar + 7 US-Dollar = 65 US-Dollar
2. Maximal-Kursziel: 62 US-Dollar + 11 US-Dollar = 73 US-Dollar

Eine weitere Alternative in der Kurszielableitung besteht darin, statt der rechnerischen Differenz der Schwankungsbreite einfach im logarithmischen Chart die grafische Differenz abzutragen (oder auch im linearen Chart ohne nominale Berechnung). Bei der grafischen Ableitung im logarithmischen Chart ergeben sich nochmals abweichende Kursziele.

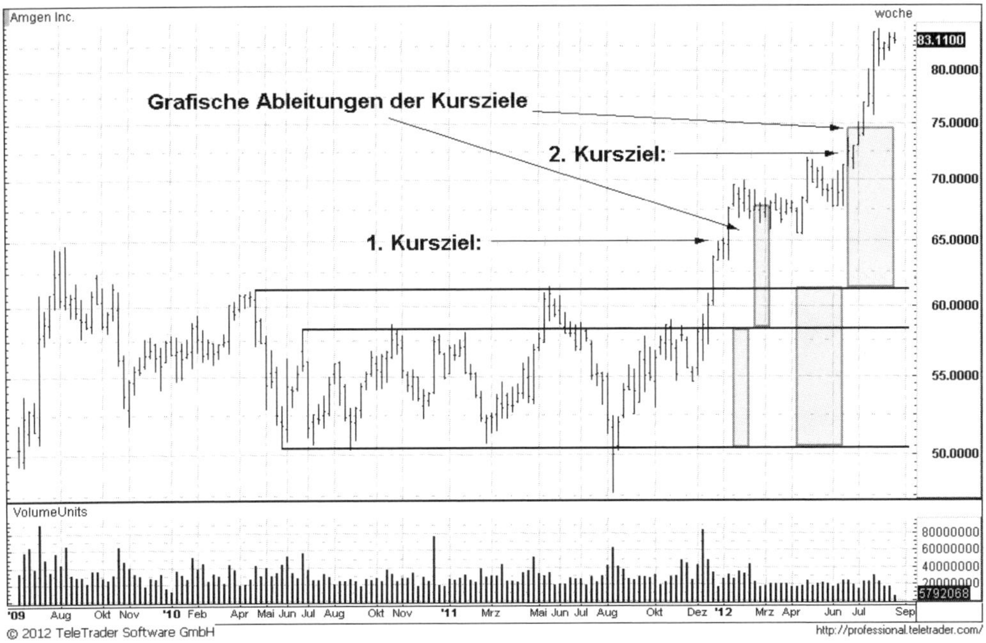

Abbildung 41: Amgen von Juli 2009 bis August 2012 – Kursziele nach Ausbruch – Rechnerisch und grafisch abgetragen – Die im Chart dargestellten Rechtecke zeigen jeweils die grafische Kurszielableitung – Wochenbarchart – chart provided by teletrader.com

Kursziel – Wozu braucht man das?

Im obigen Beispiel konnten unterschiedliche Kursziele abgeleitet werden. Wozu benötigt man eigentlich diese Kursziele – insbesondere, wenn die Ableitung der Kursziele nicht stets mathematisch genau und eindeutig ist? Einerseits ist es natürlich interessant zu wissen, wohin wohl die Reise gehen könnte. Andererseits ist es eben gerade das Wesen der Technischen Analyse, ein oder mehrere Szenarien zu entwickeln, um abschätzen zu können, ob sich denn überhaupt ein Engagement in eine Aktie oder ein Kauf/Verkauf eines Börsen-Instruments lohnt. Denn mit der Festlegung eines Kursziels kann zugleich bestimmt werden, unter welchen Voraussetzungen das wahrscheinlichste Szenario ad acta gelegt werden muss. So können Sie auch die Chance (Kursziel) und das Risiko (Stoppkurs) bestimmen. Für einen privaten Anleger sollte die Chance stets deutlich höher sein als das geplante Risiko. Das Verhältnis zwischen Chance und Risiko sollte hierbei mindestens 3:1 betragen, das heißt, das abzuleitende Kursziel sollte das geplante Risiko mindestens um den Faktor 3 übertreffen.

Kapitel 6: Trendkanal, Trendfächer

Der Trendkanal

Eine Trendlinie stellt die Annahme über die Richtung und den Steigungswinkel (Geschwindigkeit) des Trends dar. Jeder Trend hat zusätzlich noch eine Schwankungsbreite, die Volatilität. Über die Dynamik der zukünftigen Volatilität kann eine Annahme getroffen werden. Es wird also versucht, eine Annahme zu treffen, wie sich der Kursverlauf innerhalb einer Bandbreite zukünftig hin- und herbewegen wird.

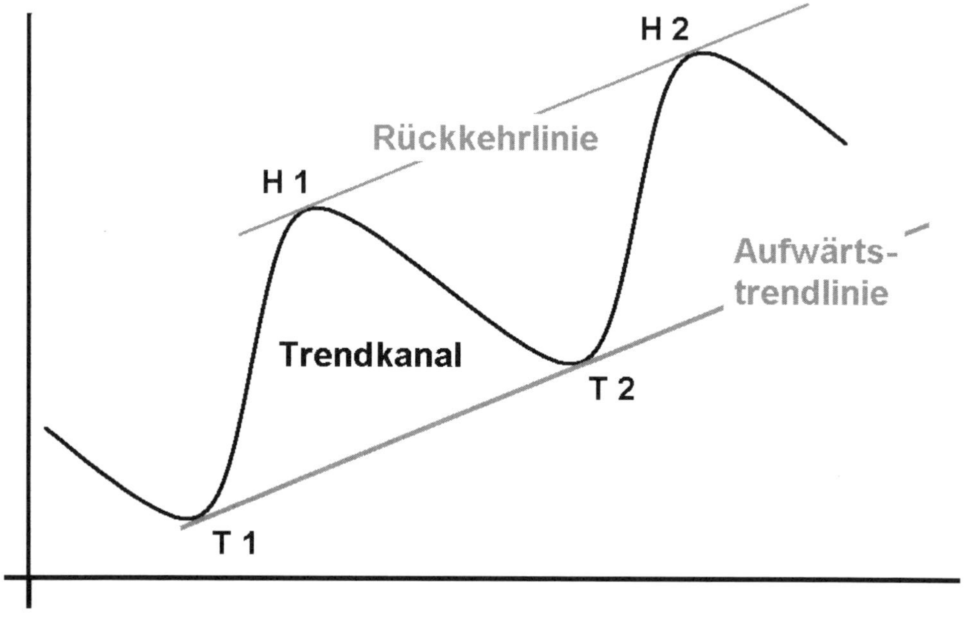

Abbildung 42: Konstruktion eines Aufwärtstrendkanals

Konstruktion eines Trendkanals bei einem Aufwärtstrend

Die Konstruktion eines Aufwärtstrendkanals ist denkbar einfach. Um die zukünftige Schwankungsbreite des festgestellten Trends zu bestimmen, wird parallel zur Aufwärtstrendlinie eine parallele Linie gezogen. In einem Aufwärtstrend wird diese Parallele durch den höchsten Punkt (H1), der zwischen den beiden Tiefpunkten (T1 und T2), die die eigentliche Aufwärtstrendlinie definierten, konstruiert. Beide Linien stellen den Aufwärtstrendkanal dar. Die parallele Linie wird als Rückkehrlinie bezeichnet. Die Spanne zwischen der Aufwärtstrendlinie und der

Rückkehrlinie stellt die angenommene, zukünftige Schwankungsbreite der Aufwärtsbewegung und somit des Trendkanals dar.

Kurszielberechnung: Die Differenz zwischen Aufwärtstrendlinie und Rückkehrlinie stellt die Schwankungsbreite des Aufwärtstrendkanals dar. Diese Differenz kann bei einem Ausbruch aus dem Trendkanal an das Ausbruchsniveau entweder nach oben oder nach unten abgetragen werden.

Wichtig: Konstruieren Sie die parallele Linie bei einem Aufwärtstrendkanal stets an den höchsten Punkt, der zwischen den beiden Tiefpunkten liegt. Lassen Sie die Parallele stets zeitlich hinter T1 beginnen. Denn der Aufwärtstrend beginnt ja auch erst mit dem ersten Tiefpunkt – demzufolge beginnen auch der Aufwärtstrendkanal und dessen mögliche Schwankungsbreite erst nach Beginn des Aufwärtstrends.

Weiterhin relevant: Konstruieren Sie die parallele Linie auch tatsächlich parallel – und fangen Sie zuerst mit der dem Trendkanal zugrunde liegenden Trendlinie an. Versuchen Sie nicht, das Pferd von hinten aufzuzäumen, indem Sie erst die Rückkehrlinie konstruieren – also an den Hochpunkten beginnen in einem Aufwärtstrend – weil die Linie grad so schön passt. Dies wäre methodisch falsch. Fangen Sie immer mit der eigentlichen Trendlinie an. Wird die Rückkehrlinie im weiteren Verlauf nicht mehr berührt durch einen zweiten oder gar dritten Hochpunkt, so erhalten Sie zum Beispiel die Interpretationsmöglichkeit, das eine Schwäche in der Aufwärtsbewegung vorliegt, die Kraft der Bullen erlahmt.

Der Aufwärtstrendkanal

Ein Aufwärtstrendkanal zeigt an, dass die Masse der Marktteilnehmer überwiegend positiv gestimmt ist. Angenommen wird, dass die Kurse oberhalb der Aufwärtstrendlinie ansteigen und dieser Kursanstieg innerhalb einer begrenzten Bandbreite erfolgt.

Ihr maximales Kursziel bei einem Kauf innerhalb eines Aufwärtstrend-Kanals ist die obere Begrenzung des Aufwärtstrendkanals, die Rückkehrlinie.

Idealtypisch ist dieses Verhalten im Kursverlauf des Goldpreises in US-Dollar zu erkennen (Abbildung 43). Hier konnte von Anfang 2009 (T1) über ein Tief im Juli 2009 (T2) eine Aufwärtstrendlinie gezeichnet werden. Die Annahme eines Aufwärtstrends wurde sodann bestätigt, nachdem das Hoch (H1) zwischen T1 und T2 im September 2009 überschritten wurde, ein Kaufsignal. Das Kursziel war hier die Rückkehrlinie des dann konstruierbaren Aufwärtstrendkanals. Dieses Ziel wurde im Dezember 2009 erreicht (H2).

Die über den Kursen verlaufende Rückkehrlinie des Aufwärtstrendkanals stellt einen Widerstand dar. Nach einem Aufwärtstrend nehmen Marktteilnehmer gern Gewinne an einem Widerstand mit. Alle Börsianer sind im Gewinn und es herrscht Optimismus vor. Der erste Abprall an einem Widerstand wird jedoch in der Regel nach einem Aufwärtstrend nicht in einer kompletten Trendwende enden. Eher ist eine Verschnaufpause zu erwarten. Diese Verschnaufpause mit deutlichen Gewinnmitnahmen setzte sich auch im Goldpreis von Dezember 2009 bis ins Frühjahr 2010 durch.

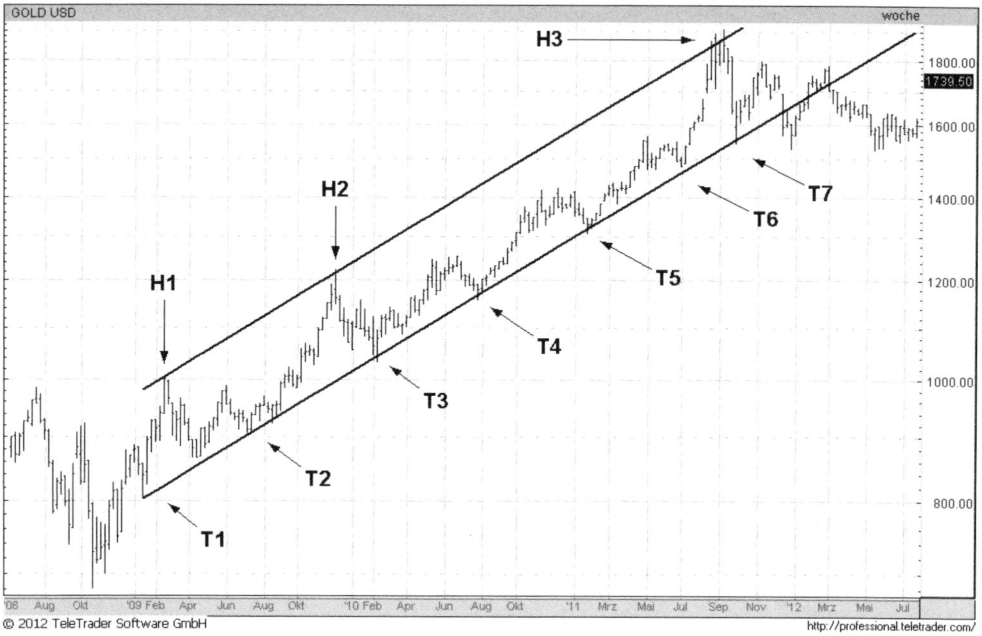

Abbildung 43: Gold in USD von Juni 2008 bis Juli 2012 – Aufwärtstrendkanal – Wochen-Barchart – chart provided by teletrader.com

In einem Aufwärtstrend kann es durchaus profitabel sein, an den unteren Wendepunkten nach Abprall an der Trendlinie zu kaufen. Ein Abprall nach oben stellt eine Bestätigung der Aufwärtstrendlinie und damit auch der bisherigen Annahme steigender Kurse dar. Ein Kauf an der Aufwärtstrendlinie nach Bestätigung dieser geht zudem konform mit der vorherrschenden Trendrichtung! Damit kaufen Sie mit dem langfristigen Trend. *The trend is your friend* – **der Trend ist Dein Freund! Dies ist eine der wichtigsten Börsenregeln!**

Im Goldpreis konnte daher der deutliche Rücksetzer bis an die Aufwärtstrendlinie und der nachfolgenden Ablösung von dieser gekauft werden (T3). Im weiteren Verlauf wurde die Rückkehrlinie zwar vorerst nicht mehr erreicht. Der Aufwärtstrend war jedoch intakt und wurde noch mehrfach erfolgreich getestet (T3 bis T7).

Wichtig! Ein Kauf einer langfristigen Aufwärtstrendlinie nach deren Bestätigung hat ganz einfach einige praktische Vorteile. Sie können Ihren Stoppkurs, der Ihre Idee von weiterhin steigenden Kursen schützt, unter die langfristige Aufwärtstrendlinie platzieren. In der Regel erreichen Sie so ein sehr gutes Chance-Risiko-Verhältnis. Denn der Stoppkurs dürfte in Relation zum Kursziel (Rückkehrlinie des langfristigen Aufwärtstrendkanals) recht nah an Ihrem Einstand notieren.

Bei einem fortgeschrittenen Aufwärtstrendkanal mit mehreren Tief- und Hochpunkten ist jedoch dann ein Verkauf an der Rückkehrlinie und damit am Widerstand durchaus zu überlegen. Die Kraft einer Aufwärtsbewegung hat sich oftmals nach vier bis fünf Tief- und Hochpunkten erschöpft. Da auch die Annahme der Schwankungsbreite des Trendkanals grundsätzlich wieder fallende Kurse innerhalb des Aufwärtstrendkanals zulässt, kann bei einem Abprall an der Rückkehrlinie eines ausgeprägten Aufwärtstrendkanals daher verkauft werden. Im Goldpreis-Chart (Abbildung 43) können Sie dieses Verhalten gut erkennen. Der Aufwärtstrend hatte sich abgearbeitet und bei H3 ein vorläufiges Hoch erreicht. Der Aufwärtstrend wurde sodann nochmals bei T7 bestätigt – das Hoch bei H3 jedoch bis August 2012 nicht mehr überwunden und der Aufwärtstrend gar seitlich verlassen. Interessant am Kursverlauf des Goldpreises sind auch die zeitlichen Abstände zwischen den einzelnen Tiefpunkten. So liegen die letzten beiden Tiefpunkte bei T6 und T7 enger beieinander als die vorherigen Tiefpunkte – dies zeigt eine erste deutliche Schwäche im Aufwärtstrend an. Auch der Bruch der Aufwärtstrendlinie nach T7 in zeitlich engem Abstand zum vorherigen Tief mahnte hier zur Vorsicht. Ein Investor, der noch kurz nach T7 Gold gekauft hätte, wäre daher gut beraten gewesen, schon frühzeitig einen Stopp über oder an seinen Einstand zu setzen, nachdem der Goldpreis kurzfristig weiter anstieg. So wäre das Investment bei dem nachfolgenden Kursverlauf auch ausgestoppt worden – ohne Gewinn, aber auch ohne Verlust. Erinnern Sie sich bitte an eine weitere wichtige Börsenregel: Substanzerhalt des Depots hat Vorrang.

Versuch und Irrtum

Betrachten Sie Börse stets als Versuch und Irrtum. Warten Sie auf die für Sie aussagekräftigen Signale, setzen Sie Ihre Stopps entsprechend Ihrer Risikoneigung und sichern Sie mit Stopps vor allem die Idee, die Sie mit einem Investment verbinden. Kaufen Sie in einem Aufwärtstrend mit der Rückkehrlinie als Kursziel, und der Aufwärtstrend wird verlassen, dann ist Ihre Idee hinfällig geworden. Sie müssen Abstand nehmen von Ihrer Idee, und damit von Ihrem Investment.

Wird der Aufwärtstrendkanal nach unten durchbrochen, also auch die Aufwärtstrendlinie geknackt, erhalten Sie in der Regel ein Verkaufssignal, insbesondere dann, wenn auch das letzte Tief unterschritten wird. Das Kursziel hierbei wird ebenso wie beim Seitwärtstrend durch die Schwankungsbreite des Aufwärtstrendkanals bestimmt. Im Gegensatz zum Seitwärtstrend empfiehlt sich jedoch stets die grafische Ableitung in Form einer Kursziellinie.

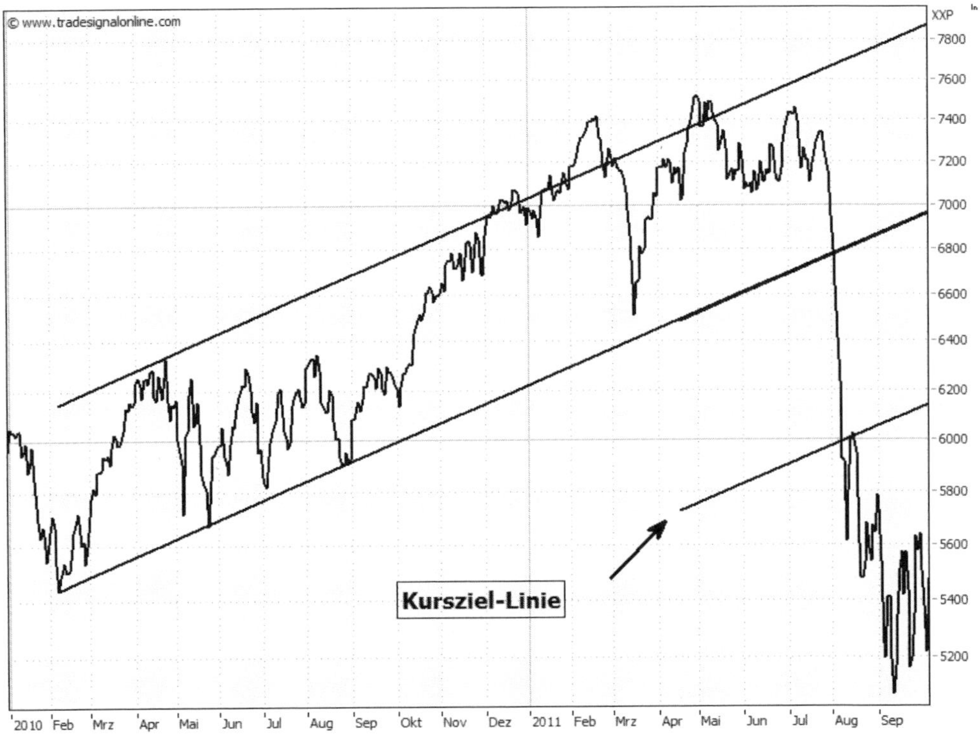

Abbildung 44: DAX von Januar 2010 bis September 2011 – Kursziel-Ableitung nach Bruch des Aufwärtstrendkanals – Tageslinienchart – chart provided by tradesignalonline.com

In Abbildung 44 im Chart des DAX von 2010 bis September 2011 bildete sich ein Aufwärtstrendkanal, der Anfang August 2011 nach unten verlassen wurde. Ein Verkaufssignal. Wird nun die Schwankungsbreite des Trendkanals nach unten parallel verschoben, also im eigentlichen Sinne einfach der Trendkanal nach unten verdoppelt, so erhalten Sie eine Kursziellinie, die auch im Zeitablauf leicht ansteigend ist. Im Beispiel-Chart wurde das Kursziel recht dynamisch erreicht und auch übertroffen. Zwei weitere Verkaufssignale sind zudem im Chart erkennbar: Das Erste schon innerhalb des Aufwärtstrendkanals. Eine Seitwärtsbewegung von April bis Juli 2011 wurde nach unten verlassen – deren Schwankungsbreite nach unten abgetragen ließ als Kursziel die Aufwärtstrendlinie zu. Zudem wurde die eher psychologisch relevante runde 7.000er-Marke Ende Juli 2011 geknackt. Ein weiteres Verkaufssignal ergab sich, nachdem das bisherige Jahrestief 2011 nach Ausbruch aus dem Aufwärtstrendkanal durchstoßen wurde. Dieses Verkaufssignal bestätigte zudem nochmals den Bruch der Aufwärtstrendlinie als Verkaufssignal.

Ein Hinweis: Sofern Sie nicht den Index direkt über Optionsscheine, Futures et cetera handeln und vor allem in Aktien investieren, ist natürlich trotzdem eine Analyse der relevanten Aktienindizes sinnvoll. Erhalten Sie zum Beispiel im DAX ein deutliches Verkaufssignal, so werden sich in der Regel auch die Aktien, die im DAX enthalten sind, schwächer entwickeln.

In Abbildung 45 ist der Kursverlauf der Aktie der SAP AG dargestellt im Zeitraum November 2009 bis November 2011. Anfang August 2011 erfolgte ein Ausbruch aus dem Aufwärtstrendkanal per Wochenschlusskurs: ein Verkaufssignal. Kursziel war die nach unten abgetragene Schwankungsbreite des Trendkanals – grafisch abgeleitet durch die »Verdoppelung« des Trendkanals nach unten. Das Kursziel wurde dynamisch erreicht. Die Kursziellinie fungierte im weiteren Verlauf auch als Unterstützungslinie.

Sowohl der langfristige Investor als auch der kurzfristige Trader erhielten somit Anfang August 2011 Verkaufssignale. Und auch wenn die Kurse einige Wochen später wieder deutlich anstiegen – so war ein Verkauf doch Anfang August 2011 vollkommen gerechtfertigt. Denn letztlich weiß niemand, wie sich die Kurse im weiteren Verlauf entwickeln. Im weiteren Verlauf traten diverse Kaufsignale ein, die wiederum einen Rückkauf der zuvor verkauften Aktien erlaubten.

Wie oben dargestellt, ist eine Kursziellinie, da diese auch als Unterstützungslinie gelten kann, sinnvoller als die rechnerische Ableitung des Kursziels – ausgehend von der Schwankungsbreite des verlassenen Trendkanals. Zudem gibt es noch einen weiteren Grund, eher eine grafische Ableitung zu nutzen als die rechnerische Ableitung des Kursziels. Betrachten Sie hierzu bitte einmal Abbildung 46. Dargestellt ist der Kursverlauf der Fresenius Medical Care KGaA (FMC) von Januar 2010 bis Oktober 2011. Die Aktie konnte seit dem Frühjahr 2010 deutlich innerhalb einer klar definierten Bandbreite ansteigen (Aufwärtstrendkanal). Dieser Trendkanal wurde dann Anfang November 2011 verlassen, ein Verkaufssignal. Interessant auch der nachfolgende kleine Kursanstieg nach oben an die zuvor gebrochene Aufwärtstrendlinie. Diese kurzfristige Erholung stellt einen Pullback dar, einen technischen Rücklauf an die zuvor gebrochene Aufwärtstrendlinie.

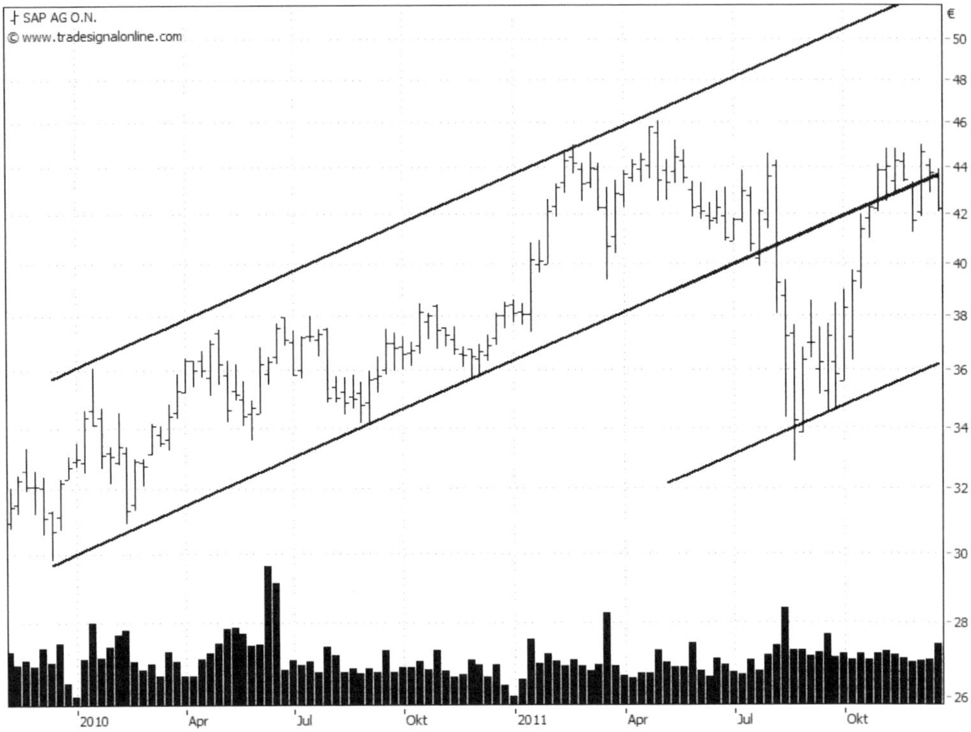

Abbildung 45: SAP AG von November 2009 bis November 2011 – Kursziellinie fungiert als Unterstützung – chart provided by tradesignalonline.com

Mithin war nach weiteren fallenden Kursen im Dezember 2011 davon auszugehen, dass der Kurs in Richtung der Kursziellinie fällt. Das rechnerische Kursziel aus der Schwankungsbreite (circa 6,30 Euro) des Trendkanals konnte bei circa38,50 Euro festgelegt werden. Die Gewinnmitnahmen verliefen jedoch nicht allzu dynamisch, der Kursrückgang erreichte nicht mehr das rechnerische Kursziel, wohl aber Mitte Januar 2011 die Kursziellinie. Diese wirkte als Unterstützung. Mit dem erfolgreichen Test dieser Linie und nachfolgend wieder steigenden Kursen hatte sich das Abwärtspotenzial aus dem Verkaufssignal abgearbeitet.

Wird jedoch die Rückkehrlinie eines Trendkanals nach oben durchbrochen, so weist dies auf eine Beschleunigung der Aufwärtsbewegung hin - ein Kaufsignal. Auch hier können Sie die Schwankungsbreite des verlassenen Trendkanals nach oben an das Ausbruchsniveau abtragen zur Errechnung eines Kursziels - oder einfach den Aufwärtstrendkanal verdoppeln.

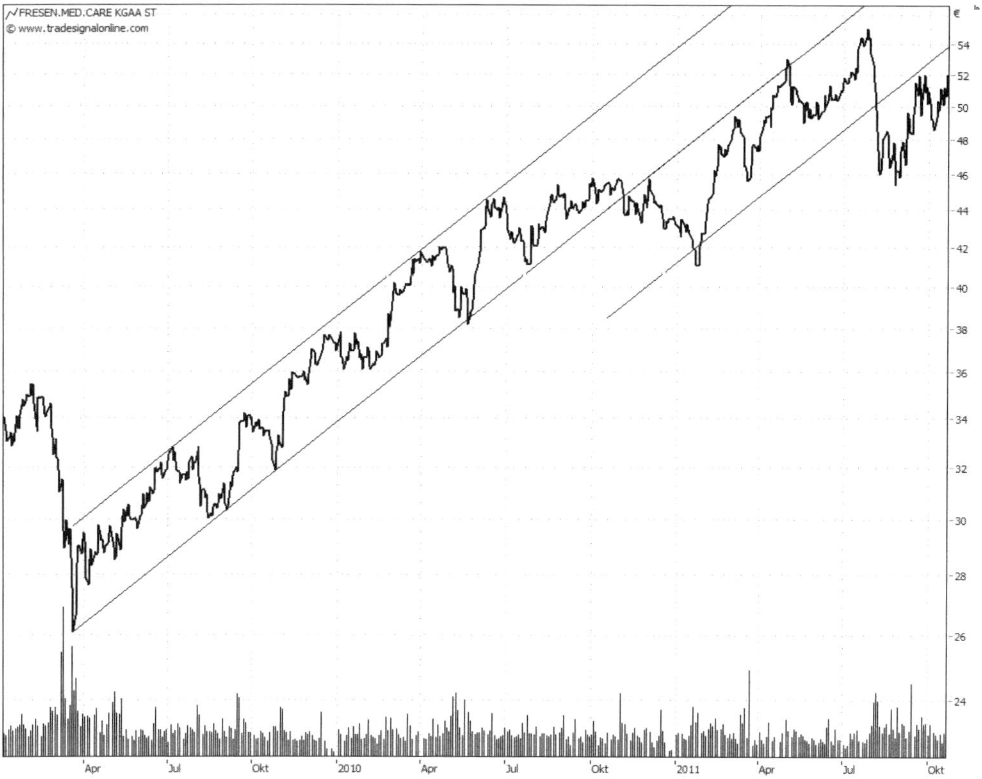

Abbildung 46: FMC von Januar 2010 bis Oktober 2011 – Kursziellinie als Unterstützung – Tageslinienchart – chart provided by tradesignalonline.com

Aussagekräftig ist ein entsprechendes Kaufsignal stets dann, wenn die Steigung des Aufwärtstrendkanals eher bedächtig erfolgt. Die Stimmung ist dann zwar grundsätzlich positiv, aber auch von einer gewissen abwartenden Haltung geprägt. Bricht der Markt dann nach oben aus, so ist dies oftmals ein Impuls, auf den die an der Seitenlinie stehenden Börsianer nur gewartet haben, um einzusteigen. In Abbildung 47 ist ein solcher Ausbruch dargestellt – in einem sehr kurzfristigen Zeitfenster, dem Stundenchart. Sie können als kurzfristig orientierter Trader die gesamte Trend- und Formationsanalyse auch für den Tageshandel nutzen. Die Aussagekraft der dann erfolgten Signale ist natürlich ebenfalls der Zeitebene angepasst, demzufolge erhält ein Signal im Stundenchart auch nur eine Signalwirkung für die nächsten Stunden.

Abbildung 47: EUR/USD vom 20. August bis 12. September 2012 – Ausbruch aus einem Aufwärtstrendkanal – Stundenbarchart – chart provided by teletrader.com

Ein dagegen zeitlich länger anhaltendes Signal mit Ausbruch aus einem Aufwärtstrendkanal können Sie im Kursverlauf der Daimler AG erkennen (Abbildung 48). Im Zeitraum März 2003 bis März 2007 zeigte sich ein langfristiger Aufwärtstrendkanal, der Ende März 2007 nach oben verlassen wurde. Ein Kaufsignal. Die Verdoppelung der Schwankungsbreite war hier das Kursziel nach oben. Wie Sie aber unschwer erkennen können, stiegen die Kurse auch anfänglich. Im weiteren Verlauf wurde das Kursziel aber nicht erreicht, vielmehr hatte der Kurs eher Schwierigkeiten, sich deutlich nach oben abzusetzen, da Mitte 2007 auch ein Rücksetzer an die obere Begrenzung des Trendkanals erfolgte. Auch der nachfolgende deutliche Anstieg erwies sich bis Jahresende 2007 als nicht nachhaltig. Das Kursziel wurde auch im zweiten Anlauf nicht erreicht. Dieser Umstand signalisierte eine Schwäche im Kursverlauf. Wenn nach vorherigem Ausbruch aus einem Aufwärtstrendkanal die Kraft der Bullen nicht ausreicht, einen Kurs dynamisch nach vorn zu bringen, ist Vorsicht geboten! Denn die eher zu erwartende Euphorie einer breiten Masse von Anlegern ist dann nicht vorhanden. Ein Rückfall in den vormals verlassenen Trendkanal ist zudem ein Verkaufssignal, da dann der vorherige Ausbruch nach oben sich als Fehlsignal erweist. Diejenigen Anleger, die noch euphorisch gekauft haben (die Kurse können ja nur noch steigen) werden bitter enttäuscht - und die Anleger, die schon länger dabei sind, sehen ihre Buch-Gewinne dahinschmelzen. Beide Gruppen werden aktiv und nehmen Gewinne mit oder begrenzen ihre Verluste. Mit der Folge, dass die Kurse weiter fallen.

Oftmals führt dieses Verhaltensmuster dann zu einem Test der eigentlichen Aufwärtstrendlinie des Aufwärtstrendkanals. Im Kursverlauf der Daimler AG wurde im Juni 2008 die Aufwärtstrendlinie erreicht und im weiteren Verlauf gebrochen. Ein weiteres Verkaufssignal.

Abbildung 48: Daimler AG von Ende 2002 bis Ende 2008 – Ausbruch aus einem Aufwärtstrendkanal als Fehlsignal – Wochenbarchart – chart provided by tradesignalonline.com

Sie können dann natürlich wiederum den Aufwärtstrendkanal verdoppeln und nach unten abtragen. So erhalten Sie Ihr Kursziel beziehungsweise besser Ihre Kursziellinie nach Ausbruch aus dem Aufwärtstrendkanal. Ein Beispiel für dieses Verhaltensmuster wurde schon zu Beginn des Buches vorgestellt. Die Abbildung des NASDAQ Composite auf Seite 38 (Abbildung 6) als auch des historischen Charts des DOW JONES auf Seite 23 (Abbildung 3) zeigt jeweils einen Aufwärtstrendkanal, der in einer Phase der Euphorie erst nach oben verlassen wurde. Das Kursziel nach oben wurde hier allerdings nicht mehr vollumfänglich erreicht. Anschließend fiel der Index wieder zurück und die Euphorie schlug um in Depression.

Angeborenes Verhalten: Trends werden fortgeschrieben

Dieses Verhaltensmuster, »Depression nach Euphorie« oder auch »Ernüchterung nach Euphorie« ist ein durchaus häufiges Verlaufsmuster in Kursverläufen, die eine längere Aufwärtsbewegung aufzeigen. So erfahren immer wieder Aktien, Branchen oder Rohstoffe eine erhöhte Aufmerksamkeit, werden zu Modeerscheinungen in der Welt der Börse und wecken die Gier der Masse der Marktteilnehmer. Jeder will dabei sein nach dem Motto: »Die Kurse können nur noch steigen!«

Dahinter steckt ein angeborenes menschliches Verhalten, dass Trends gern fortgeschrieben werden. Kaufen nach einem ausgeprägten Aufwärtstrend sodann die letzten Marktteilnehmer, die letzten breiten Käuferschichten den Trend, kommt es in der Regel zu einer *bubble*, einer Blasenbildung und dem Ende des Aufwärtstrends. Ein Beispiel hierfür ist auch der Goldpreisanstieg in den Jahren 2002 bis 2011 (Abbildung 49). Ein mehrjähriger Aufwärtstrend, der hohe mediale Aufmerksamkeit zum Ende des Trends erfuhr.

Abbildung 49: Euphorie und Ernüchterung im Goldpreis von 2005 bis 2013 mit Fehlausbruch aus einem langfristigen Aufwärtstrendkanal in 2011. Rückkehrlinien als Kursziele sowie nach Fehlausbrüchen als Warn- und/oder Verkaufssignale – chart provided by Metastock

Goldexperten sahen den Goldpreis in 2011 schon bei 5.000 US-Dollar und höher, Goldinvestment-Clubs gründeten sich, und letztlich kauften breitere Käuferschichten Gold direkt oder indirekt über entsprechende Wertpapiere. Im Zuge der Euphorie schoss der Goldpreis in 2011 über die obere Trendkanalbegrenzung (Rückkehrlinie) des seit 2005 gültigen Aufwärtstrendkanals hinaus.

Dies war ein Signal für eine Euphorie-Situation und mögliche Beschleunigung der Aufwärtsbewegung – doch der recht zügige Rückfall in den Trendkanal zeigte das Ende des Trends an. Die Euphorie schlug um in eine abwartende Haltung, der sodann auch Ernüchterung folgte mit Break eines seit 2009 laufenden Aufwärtstrends. Mitte 2013 wurde sodann ein langfristiges Verkaufssignal mit Bruch des langfristigen Aufwärtstrends und der bis dahin gültigen Unterstützung bei circa 1.500 US-Dollar generiert. Schon 2011 konnte mit dem Fehlausbruch aus dem Aufwärtstrendkanal nach oben zudem davon ausgegangen werden, dass zumindest ein hohes Risiko für ein nachfolgend negatives Szenario mit Test und Break des langfristigen Aufwärtstrendkanals bestand. Im vorliegenden Kursverlauf des Goldpreises liegt zudem noch eine Besonderheit vor. So kann neben dem langfristigen, seit 2005 konstruierbaren Aufwärtstrendkanal natürlich auch ein Trendkanal mithilfe des seit 2009 laufenden Aufwärtstrends gebildet werden. Auch dessen obere Begrenzung wurde Ende 2011 kurzzeitig nach oben verlassen. Zudem bildete sich am Top eine kleine M-Formation als Gipfelbildung aus. So präsentierte der Goldpreis Ende 2011 mit mindestens drei Faktoren Warn- und Verkaufssignale, die auf ein Ende des langfristigen Aufwärtstrends hinwiesen. Zuvor hingegen stellten die beiden Rückkehrlinien der seit 2005 und 2009 gültigen Aufwärtstrendkanäle auch Kursziele dar.

Der Abwärtstrendkanal

Ein Abwärtstrendkanal zeigt an, dass die Masse der Marktteilnehmer überwiegend negativ gestimmt ist. Angenommen wird, dass die Kurse unterhalb der Abwärtstrendlinie fallen und dieser Kursverfall innerhalb einer begrenzten Bandbreite erfolgt. Ebenso wie beim Aufwärtstrendkanal wird zuerst eine Abwärtstrendlinie (über den Kursen) konstruiert. Erst dann erfolgt die Bestimmung der Schwankungsbreite durch die Konstruktion einer parallel verlaufenden Rückkehrlinie. Der tiefste Punkt zwischen den ersten zwei Hochpunkten definiert die Schwankungsbreite des Abwärtstrendkanals. Die Rückkehrlinie des Abwärtstrendkanals verläuft im Gegensatz zum Aufwärtstrendkanal unter den Kursen. Entsprechend der Annahme der Schwankungsbreite in einem Abwärtstrend könnte nun der Anleger erwarten, dass sich eine gute Kaufgelegenheit an der Rückkehrlinie ergibt. Denn entsprechend der Annahme des Trendkanals müsste sich der Kurs ja eigentlich von dort aus wieder erholen.

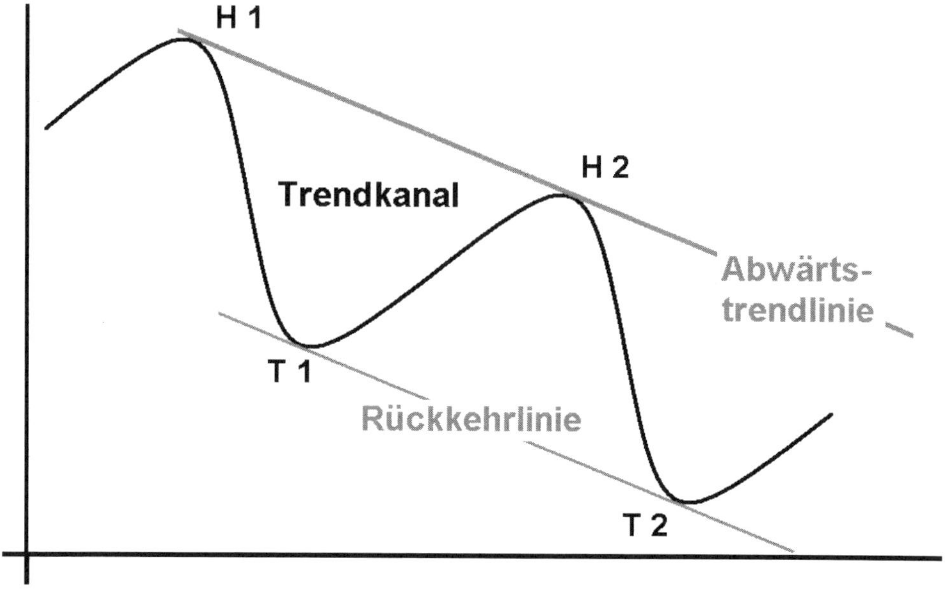

Abbildung 50: Konstruktion eines Abwärtstrendkanals

In einem Abwärtstrend empfiehlt es sich aber nicht, ohne eindeutige Trendwendesignale, an der unter den Kursen verlaufenden Rückkehrlinie zu kaufen. Die Gründe dafür sind:

- Sie würden innerhalb eines bestehenden Abwärtstrends kaufen.
- Sie würden damit gegen den vorherrschenden Trend handeln.
- Handeln Sie nie gegen den Trend!

Zur Erläuterung: Die unter den Kursen verlaufende Rückkehrlinie des Abwärtstrendkanals kann als Unterstützung betrachtet werden. Der Kauf einer Unterstützung nach einem ausgeprägten Abwärtstrend beinhaltet einfach die Gefahr, dass bei einem Fall unter eine solche Unterstützung panikartige Verkäufe einsetzen. Die Gefahr der Zunahme der Schwankungsbreite sowie der Beschleunigung des Abwärtstrends durch Angstverkäufe wäre somit vorhanden.

Denn in einem Abwärtstrend wartet die überwiegende Anzahl der Börsianer erst ab. Anfänglich hoffen die Anleger auf bessere Kurse, um bei weiter fallenden Notierungen diese einfach zu ignorieren. Dies führt zu einer Anhäufung von Buchverlusten. Irgendwann ist dann jedoch der Punkt erreicht, indem die Masse den schmerzhaften Buchverlust nicht mehr ignorieren kann. Bei einer fortgeschrittenen Abwärtsbewegung wächst der psychologische Druck auf die Masse der Anleger, die bislang verdrängten Buchverluste zu realisieren. Die Masse der Anleger wird anfangen zu verkaufen. Der angestaute psychologische Druck kann dann nur noch entladen werden, indem die Reißleine gezogen wird.

In der Regel wird eine entsprechende Verkaufswelle dynamisch ablaufen. Daher ist ein Kauf an der Rückkehrlinie des Abwärtstrendkanals, ohne weitere eindeutige Indizien, dass eine Trendwende eintreten sollte, nicht sinnvoll. Ein Bruch dieser Unterstützung führt sehr häufig zu der oben beschriebenen Panikreaktion. Warten Sie daher als gewiefter Anleger vielmehr auf eine aussagekräftige Bodenbildung oder nutzen Sie gar eine solche Panikreaktion, um auf fallende Kurse zu wetten.

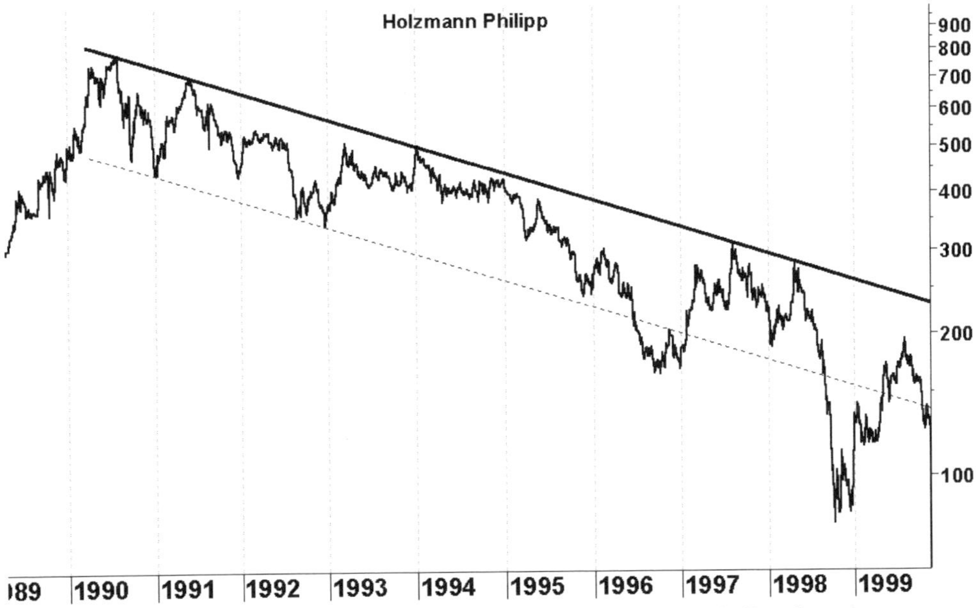

Abbildung 51: Philipp Holzmann AG von 1989 bis 1999 im Abwärtstrendkanal – Tageslinienchart – chart provided by Metastock

Die Philipp-Holzmann-Aktie (Abbildung 51) befand sich Mitte 1996 nach einer längerfristigen Abwärtsbewegung an der Rückkehrlinie beziehungsweise an der unteren langjährigen Trendkanalbegrenzung. Ein Ausbruch nach unten signalisierte eine Beschleunigung der Abwärtsbewegung. Käufe ohne klare Bodenbildung sind daher an der Rückkehrlinie eines Abwärtstrendkanals nicht anzuraten, da der Anleger antizyklisch gegen die vorherrschende starke Verkaufsneigung und die Angst der Masse der Marktteilnehmer kaufen würde. Eine Rückkehr in den Trendkanal Anfang 1997 ließ zwar anschließend die Annahme zu, dass die Philipp-Holzmann-Aktie wieder in die bisherige Schwankungsbreite zurückfinden könnte (kurzfristiges Kaufsignal). Dieses kurzfristige Kaufsignal hatte die Abwärtstrendlinie als Kursziel. Dies war jedoch natürlich recht spekulativ, da gegen den vorherrschenden Trend investiert wurde. Trotzdem wäre dieses Signal durchaus umzusetzen gewesen, da auch der Ausbruch aus dem Trendkanal nach unten nicht das hieraus ableitbare Kursziel erreichte (eine Schwäche der Bären) und mit dem Rückkehr (*Rebreak*) in den Trendkanal das vorherige Verkaufssignal zusätzlich als Fehlsignal interpretiert werden durfte, als Bärenfalle. Sie können aber gut erkennen, dass ein Investment gegen einen intakten Abwärtstrend stets das Risiko beinhaltet, dass die Kurse grundsätzlich weiter fallen. So stürzte der Kurs im Jahre 1998, ausgehend von der Abwärtstrendlinie, wieder deutlich nach unten und generierte auch mit wiederholtem Ausbruch aus dem Abwärtstrendkanal im August 1998 ein klares Verkaufssignal. Das hieraus ableitbare Kursziel, die nach unten abgetragene Schwankungsbreite des Trendkanals, wurde dabei noch übertroffen. Auch wenn sich der Kurs nochmals in 1999 erholen konnte: Festzustellen bleibt, dass ein Kauf an der vermeintlichen Unterstützung, der Rückkehrlinie eines Abwärtstrendkanals, stets als sehr spekulativ betrachtet werden muss.

Panik im Markt

Ein Ausbruch aus einem Abwärtstrendkanal nach unten stellt also stets eine Beschleunigung einer Abwärtsbewegung dar, eine Panikreaktion der Börsianer. Ein solches Verhaltensmuster zeigte auch der DAX in der Finanzkrise 2008 (Abbildung 52).

Von Mai 2008 bis September 2008 bildete sich im DAX ein kurzfristiger Abwärtstrendkanal innerhalb eines längerfristigen, seit Jahresanfang 2008 bestehenden Abwärtstrendkanals. Der Erstere wurde mit neuen Jahrestiefs in 2008 nach unten verlassen. Zu diesem Zeitpunkt waren nun zwei Szenarien aus Sicht der einfachen Trendanalyse ableitbar:

1. **Szenario**: Nach Verdoppelung der Schwankungsbreite des kurzfristigen Abwärtstrendkanals ergab sich ein Kursziel im Bereich der 5.000er-Marke.

2. **Szenario**: Da das Kursziel aus Szenario 1 unter der unteren Begrenzung (Rückkehrlinie) des langfristigen Trendkanals verlief, war auch ein Ausbruch aus diesem Trendkanal einzuplanen. Demzufolge musste mit weiteren Kursverlusten auch deutlich unter die 5.000er-Marke gerechnet werden, da natürlich die Kursziellinie des breiteren Trendkanals weitaus tiefer angesetzt werden musste.

Die obigen zwei Szenarien erfüllten einen wichtigen Zweck: Auch nachdem der DAX in 2008 schon kräftig gefallen war, konnte im September 2008 nochmals mit deutlich fallenden Kursen gerechnet werden. Entweder setzte man nun als Anleger auf Shortpositionen – wettete also auf fallende Kurse – oder verkaufte bestehende Aktienpositionen, um weitere Verluste zu verhindern.

Abbildung 52: DAX von Dezember 2007 bis März 2009 – Abwärtstrendkanäle – chart provided by tradesignalonline.com

Der aufmerksame Leser wird im DAX-Chart sicherlich schon bemerkt haben, dass die nachfolgende Schwankungsbreite des DAX – nach Ausbruch aus dem breiteren Abwärtstrendkanal – dann innerhalb der Rückkehrlinie des Trendkanals und der Kursziellinie erfolgte. Die Kursziellinie stellte somit eine »ungefähre« Unterstützungslinie und die Rückkehrlinie eine Widerstandslinie dar. Ein weiteres Beispiel soll verdeutlichen, warum es sinnvoller ist, nicht nur beim oben besprochenen Aufwärtstrendkanal, sondern auch bei einem Abwärtstrendkanal zur Kurszielbestimmung nicht blindlings rechnerisch vorzugehen, sondern eine Kursziellinie zu nutzen.

Betrachten Sie hierzu die Abbildung 53. Abgebildet ist der Kursverlauf der Deutschen Telekom AG von 12/1999 bis 10/2003. Der kräftige, langfristige Abwärtstrendkanal wurde im November 2002 verlassen. Auch hier konnte die

Schwankungsbreite verdoppelt werden, um ein Kursziel nach Ausbruch aus dem Trend herzuleiten. Beachten Sie aber bitte Folgendes: Nach einem langfristigen Abwärtstrend ist oftmals das Vertrauen in steigende Kurse derart vernichtet, dass es einer längeren Bodenbildungsphase bedarf, um auch wieder einen Aufwärtstrend zu etablieren. Letztlich ist es eher die Regel als die Ausnahme, dass nach langfristigen Abwärtstrends, die gebrochen werden, nochmals ein Rücksetzer erfolgt. Die überwiegende Mehrheit der Börsianer »traut dem Braten« nicht und verkauft lieber in die Erholung hinein. So setzen oftmals nach einem Bruch eines Abwärtstrends und einer nur kurzfristigen Erholung Verkäufe ein. Kurzfristig war der Bruch des langfristigen Abwärtstrends auch ein Kaufsignal in der Aktie der Deutschen Telekom. Das rechnerische Kursziel aus der kompletten Schwankungsbreite des Trendkanals wurde aber nicht erreicht. Vielmehr trat eine volatile Seitwärtsbewegung über mehrere Monate ein. Mit Erreichen der Kursziellinie war dann die Wirkung des Trendbruchs auch vollständig abgearbeitet. Dieses Signal spielte somit für die weitere Entwicklung des Kurses keine Rolle mehr.

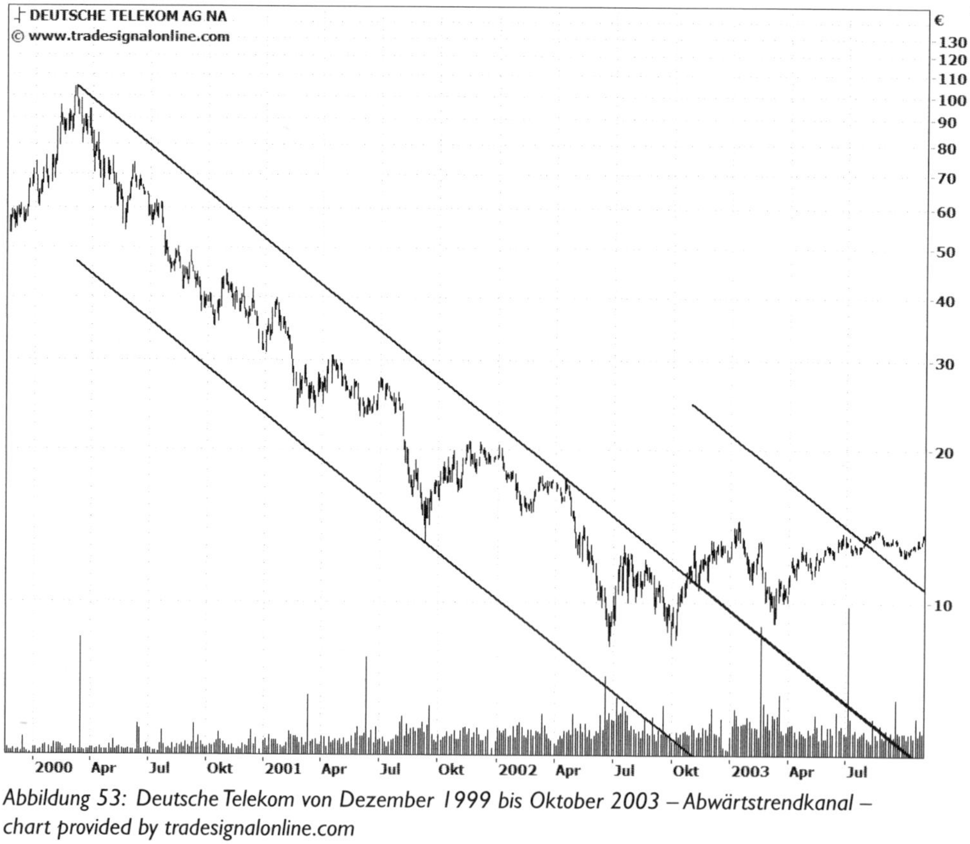

Abbildung 53: Deutsche Telekom von Dezember 1999 bis Oktober 2003 – Abwärtstrendkanal – chart provided by tradesignalonline.com

Der Kreuzwiderstand

In den vorherigen Abschnitten wurden Trendkanäle besprochen. Selbstverständlich können Sie auf allen Zeitebenen, ob in den Wochen- oder Tageskursen bis hin zum Day-Trading Trendkanäle konstruieren. Innerhalb eines langfristigen Aufwärtstrendkanals sind mittel- oder kurzfristige Gegenbewegungen normal. Sie können somit innerhalb von langfristigen Aufwärtstrendkanälen auch Abwärtstrendkanäle – oder gar weitere, steiler und kurzfristig verlaufende Aufwärtstrendkanäle konstruieren. Verläuft innerhalb eines langfristigen Aufwärtstrendkanals ein kurzfristigerer, steilerer Aufwärtstrendkanal, so treffen sich deren Rückkehrlinien, sie kreuzen sich. Entsprechende Schnittpunkte zweier Rückkehrlinien werden als Kreuzwiderstand bezeichnet.

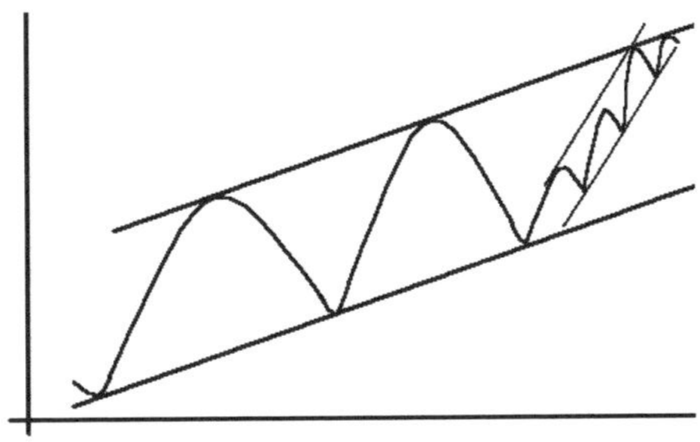
Abbildung 54: Kreuzwiderstand – Schnittpunkt zweier Rückkehrlinien von gleichgerichteten Trendkanälen mit verschiedener zeitlicher Ausprägung.

Da die Rückkehrlinie in einem Aufwärtstrendkanal als Widerstand angenommen wird, und zwei Rückkehrlinien, die sich kreuzen, diese Wirkung noch verstärken, gelten entsprechende Kreuzwiderstände als sehr aussagekräftige Widerstandslinien. Diese Niveaus sind selten überwindbar. Kurse werden von Kreuzwiderständen jedoch geradezu magisch angezogen und stellen damit sehr aussagekräftige Kursziele dar. Im umgekehrten Fall von zwei Abwärtstrendkanälen kann von einer Kreuzunterstützung gesprochen werden.

Ein interessantes Beispiel für einen Kreuzwiderstand zeigt der Kursverlauf des DAX im Jahre 2010 (Abbildung 55). Nach einer volatilen Phase bis in den Herbst hinein und einem Ausbruch über eine Widerstandslinie konnte Mitte September 2010 ein langfristiger Aufwärtstrendkanal konstruiert werden. Zusätzlich konnte mit einem neuen Hoch am 13.10.2010 auch ein seit Anfang September 2010 laufender kurzfristiger Aufwärtstrendkanal gezeichnet werden. Die beiden Rückkehrlinien dieser Trendkanäle kreuzten sich in einem Bereich von circa 6.800 Punkten. Damit war nach einem Kauf Mitte Oktober im Bereich von 6.450 Punkten immerhin noch mindestens 350 Punkte Kurspotenzial vorhanden. Dieses Kursziel – ausgehend von der Trendanalyse – wurde unterstützt durch die Formationsanalyse. So konnte – ebenfalls im September und noch vor Ausbruch nach oben im Oktober 2010 – ein ansteigendes Dreieck im Chart erkannt werden. Dieses Dreieck ist im Chart gestrichelt dargestellt. Das ableitbare Kursziel ausgehend vom Dreieck lag oberhalb der 7.000er-Marke. So konnten Sie Mitte Oktober 2010 mit Bleistift und Lineal bewaffnet im DAX einen erfolgreichen Trade planen, der mit etwas Geduld zu einem kräftigen Gewinn führte. Dieses Beispiel zeigt Ihnen zwei Dinge: 1. Börse und Technische Analyse ist einfach und 2. verknüpfen Sie natürlich die bislang vorgestellte Trendanalyse mit der im weiteren Verlauf des Buches vorgestellten Formationsanalyse.

Abbildung 55: DAX von Januar bis Dezember 2010 mit Aufwärtstrendkanal und Kreuzwiderstand, Ausbruch aus einem Dreieck – chart provided by tradesignalonline.com

Die Kreuzunterstützung

Kreuzunterstützungen bilden sich hingegen, wenn sich die Rückkehrlinien zweier Abwärtstrendkanäle kreuzen. Im Gegensatz zu den oben vorgestellten Kreuzwiderständen sind Kreuzunterstützungen jedoch deutlich seltener, da Abwärtsbewegungen in der Regel dynamischer und unkontrollierter verlaufen als Aufwärtsbewegungen. Als Beispiel sei der Kursverlauf der Krones AG von Ende 2015 bis Anfang 2017 in Abbildung 56 erläutert. Der Wert erfuhr von einem Hoch ausgehend im Dezember 2015 eine deutliche Abwärtsbewegung. Diese beschleunigte sich nochmals ausgehend von dem zweiten Berührungspunkt der seit 12/2015 gültigen Abwärtstrendlinie im Juni 2016. Anfang August 2016 konnte sodann eine zweite, steilere Abwärtstrendlinie und letztlich zwei Abwärtstrendkanäle konstruiert werden.

Abbildung 56: Krones AG von November 2015 bis Februar 2017. Der Schnittpunkt der Rückkehrlinien zweier Abwärtstrendkanäle stellt sowohl ein Kursziel als auch eine Kreuzunterstützung dar – chart provided by Metastock

Die Kreuzung der beiden Rückkehrlinien im Bereich 83,90 Euro stellte somit ein Kursziel, aber auch eine mögliche Unterstützung dar. Im weiteren Verlauf wurden Erholungen verkauft und der Kurs erreichte im September 2016 das Kurszielniveau. Die eigentliche »Kreuzung« der beiden Rückkehrlinien wurde jedoch nicht direkt berührt. Interessant an diesem Chart ist hingegen, dass die Rückkehrlinie des zeitlich längeren Abwärtstrends als Unterstützung fungierte und sich der Aktienkurs der Krones AG auch nach Break des kurzfristigeren Abwärtstrends deutlich erholen konnte. Nach einer mehrwöchigen Stabilisierung setzte sich sodann eine Bodenbildung durch und auch der langfristige Abwärtstrend konnte verlassen werden.

Kreuzwiderstand und Kreuzunterstützung – In Verbindung mit horizontalen Marken

Die obigen Beispiele von Kreuzwiderstand und Kreuzunterstützung beziehen sich lediglich auf die Nutzung von Auf- oder Abwärtstrendkanälen. In Verbindung mit dem Konzept der horizontalen Widerstände sowie Unterstützungen kann auch von einem Kreuzwiderstand gesprochen werden, sofern zum Beispiel eine Abwärtstrendlinie auf einen schon bestehenden Widerstand oder eine Widerstandszone triff. So könnte sodann eine Erholung (Korrektur im Abwärtstrend) an den Widerstand UND die Abwärtstrendlinie hieran wieder nach unten abprallen. Wird ein solcher Kreuzwiderstand gebrochen, ist von stärkeren Kurssteigerungen auszugehen, da eben dann sowohl ein Abwärtstrend als auch eine horizontale Widerstandslinie oder gegebenenfalls Widerstandszone geknackt werden kann.

Im umgekehrten Falle einer Kreuzunterstützung geht der Chartist davon aus, dass eine Aufwärtstrendlinie eine waagerechte Unterstützungslinie oder -zone schneidet. Die Kurse befinden sich also im Aufwärtstrend über der Unterstützung und laufen sodann in einer Korrektur an die Abwärtstrendlinie UND die Unterstützung heran. Letztlich erhalten entsprechende Kreuzungspunkte eine hohe Aussagekraft, da hier mindestens zwei Unterstützungen verlaufen – eben die Aufwärtstrendlinie als auch die horizontale Unterstützungslinie. Würde ein solch bullisher Kreuzungspunkt unterschritten, wäre dies ein Hinweis auf das Fehlen von potenziellen Käufern und wäre bei Break dementsprechend ein Verkaufssignal.

Die Idee von Kreuzungspunkten, die eine starke Aussagekraft hinsichtlich der Häufung von Bullen oder Bären aufweisen, lässt sich natürlich noch weiterentwickeln. So könnten auch psychologisch bedeutsame Zahlen, wie runde Tausender zum Beispiel im DAX (10.000er-Marke, 13.000 Punkte et cetera) in Verbindung mit Trendlinien oder Trendkanälen Kreuzungspunkte darstellen.

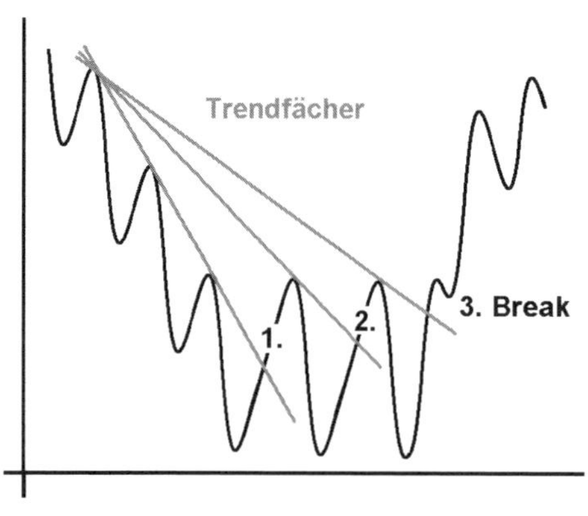

Abbildung 57: Abwärts-Trendfächer

Der Trendfächer

Der Trendfächer oder auch Trendlinienfächer zeigt an, dass die vorherrschende Marktrichtung an Kraft verliert und eine Bodenbildung (Abwärtstrendfächer) oder eine Gipfelbildung (Aufwärtstrendfächer) vorliegen könnte.

Ausgeprägte Trends haben die Eigenschaft, gegenteilige Marktmeinungen vollständig auszulöschen. So ist nach längeren Abwärtstrends viel Vertrauen in eine Aktie oder in den Markt zerstört worden. Es besteht ein ausgesprochenes Misstrauen der Masse der Marktteilnehmer in steigende Kurse. So ist es nach einem ausgeprägten Abwärtstrend relativ selten, dass das Vertrauen der Marktteilnehmer in steigende Kurse sehr schnell wiederkehrt und sich ein neuer Aufwärtstrend direkt an einen Trendbruch eines Abwärtstrends anschließen kann. Erst nach einer meist längeren Bodenbildung können eine entsprechende Gegenbewegung und ein neuer Aufwärtstrend beginnen. Eine Bodenbildung ist letztlich der Aufbau von Vertrauen darin, dass die Kurse nicht weiter fallen werden und die Chance auf wieder steigende Kurse besteht. Eine Form der möglichen Bodenbildung stellt daher der abwärtsgerichtete Trendfächer dar.

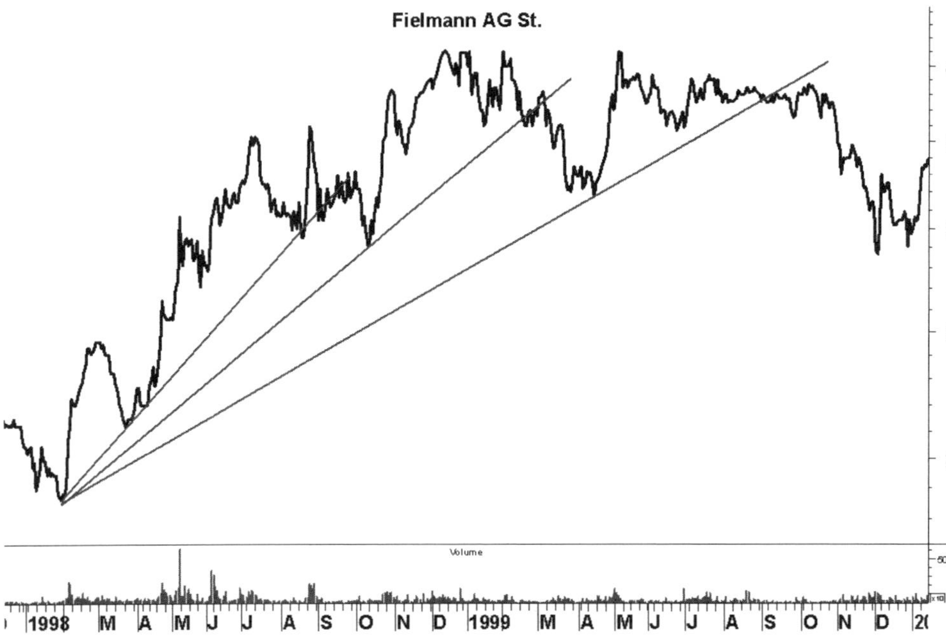

Abbildung 58: Fielmann AG von Ende 1997 bis Anfang 2000 – Trendfächer – nach Break der dritten Fächerlinie kommt es zu einer stärkeren Gegenbewegung – chart provided by Metastock

Im umgekehrten Falle eines unter Umständen mehrjährigen Aufwärtstrends wird derart viel Vertrauen in die positiven Marktkräfte geschaffen, dass sich die Masse der Marktteilnehmer kaum noch vorstellen kann, dass solch ein Trend zu Ende gehen kann. Rücksetzer werden daher vorerst von der Masse der Anleger als Einstiegsgelegenheit erachtet. So werden die ersten Abschwünge dazu genutzt, um entweder neu einzusteigen, Positionen zu verbilligen oder aufzustocken. Eine längere Seitwärtsphase und die Abflachung des Aufwärtstrends in Form eines Trendfächers zeigen an, dass ein langsamer Prozess der Stimmungsänderung eintritt. Neue Hochs werden nur noch ohne Dynamik nach oben erreicht. Es schwindet die positive Grundhaltung im Markt. Nicht selten beginnt nach einem aufwärtsgerichteten Trendfächer ein Abwärtstrend.

Allgemein wird angenommen, dass der Break einer dritten, flach verlaufenden Fächerlinie zur gegenläufigen Bewegung führt, da dann entweder genügend Vertrauen nach einem Aufwärtstrend zerstört oder nach einem Abwärtstrend aufgebaut wurde. Diese Regel ist jedoch eher eine »Faustformel«. Relevant ist zudem, dass eine Fächerlinie nicht der strengen Definition einer Trendlinie folgen muss. Insbesondere im Beispiel der adidas AG in Abbildung 59 können Sie erkennen, dass die zweite und dritte Trendfächerlinie nicht der Definition eines Abwärtstrends entspricht, da keine neuen Tiefs vorliegen. Trotz der eher schwammigen Definition eines Trendfächers, der auch für sich allein genommen nicht als Trendwende-Muster aussagekräftig ist, können Sie die Stimmung im Markt, das Verhältnis von Bullen und Bären ermitteln.

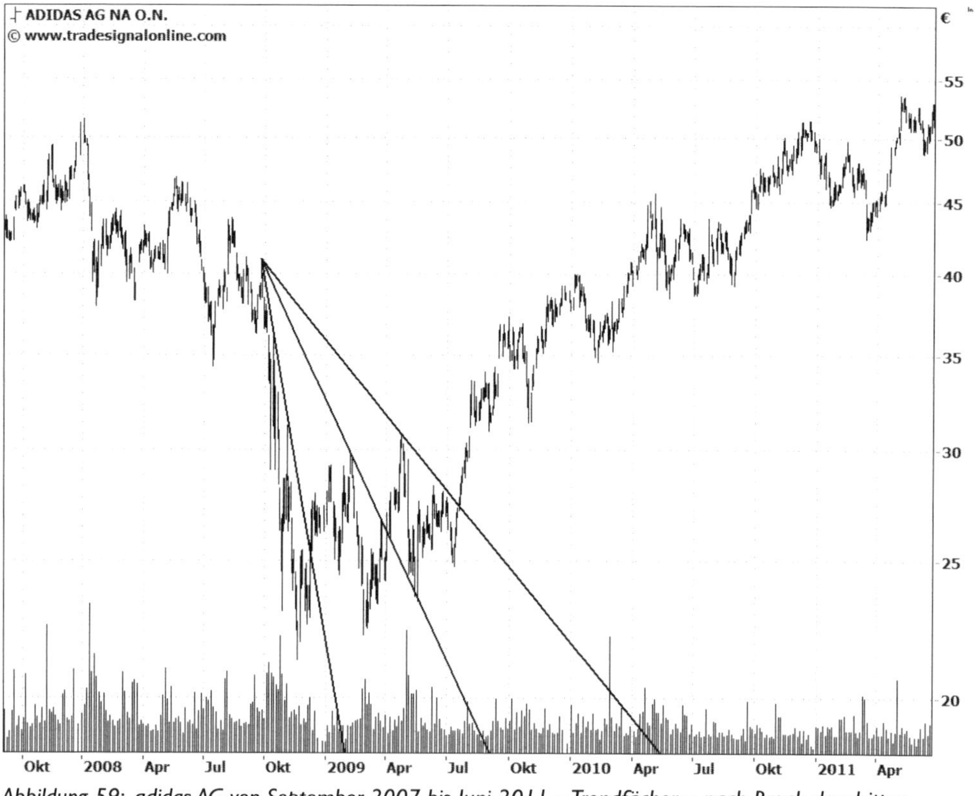

Abbildung 59: adidas AG von September 2007 bis Juni 2011 – Trendfächer – nach Break der dritten Fächerlinie entwickelt sich ein neuer Aufwärtstrend – chart provided by tradesignalonline.com

Letztlich erfolgreich sind stets die Verknüpfung von unterschiedlichen Zeitebenen (lang-, mittel- und kurzfristige Trendanalysen) sowie die Beachtung von

Fehlsignalen und die eigene Flexibilität hinsichtlich einmal getroffener Annahmen. Werden diese in Frage gestellt oder erweisen sich schlicht als falsch, so muss eben umgedacht werden. Zeigt Ihnen der Markt einen Stimmungswechsel, so muss unter Umständen gar eine Position geschlossen oder gedreht werden (zum Beispiel der Wechsel einer Long- in eine Shortposition).

Ein interessantes historisches Beispiel für einen solchen Stimmungswechsel mit einem aussagekräftigen Fehlsignal nach einem abwärtsgerichteten Trendfächer zeigt der Kursverlauf des Index des Neuen Marktes im Jahre 2000. So brachte der Break der dritten Linie des Abwärtstrendfächers im August 2000 im Nemax-All-Share ein Kaufsignal (Abbildung 60). Dieses wurde auch durch steigende Umsätze bestätigt. Doch kurz darauf wurden der kurzfristige Aufwärtstrend sowie darauffolgend auch die bis dahin stärkere Unterstützung bei 5000 Punkten unterschritten. Insbesondere der Bruch der Unterstützung war ein sehr ernst zunehmendes Verkaufssignal. Ein Technischer Analyst, der noch im August 2000 ein Kaufsignal identifizierte und damit steigende Kurse prognostizieren konnte, musste also schon einen Monat später seine Meinung revidieren und kundtun, dass die Reise wohl recht dynamisch gen Süden verlaufen würde. Das Kaufsignal erwies sich als klassisches Fehlsignal. Wie in den obigen Kapiteln schon angeführt, exemplarisch auch am Seitwärtstrend, sind Fehlsignale aussagekräftige Signale in der Technischen Analyse. Daher waren nach dem Rückfall der Kurse und der Enttäuschung der letzten verbliebenen Bullen deutlich fallende Kurse zu erwarten. Technische Analyse ist eben ein dynamischer Prozess, was heute gilt, kann morgen schon Schnee von gestern sein.

Abbildung 60: Nemax 50 von Februar bis Oktober 2000 – Trendfächer mit Fehlsignal – chart provided by Metastock

Absolut relevant ist es für Anleger und auch kurzfristige Trader, stets den groben Überblick zu behalten. Verzetteln Sie sich nicht in kleinsten Details und analysieren Sie nicht nur eine Zeitebene. In Abbildung 61 ist im Goldpreis ein Trendfächer dargestellt – basierend auf einem Wochen-Barchart. Der Bruch der dritten Fächerlinie Anfang Juli 2007 hätte nun dazu führen können, Gold zu verkaufen oder auf fallende Kurse zu wetten. In der Regel halten private Anleger dann zu lange fest an Ihrer Einschätzung – hier der Wette auf fallende Kurse – und versuchen, Verluste auszusitzen. Der nachfolgende leichte Anstieg und nochmals nachgebende Kurse Mitte August 2007 könnten dann Grund zur Hoffnung geben, dass die Einschätzung richtig ist und der Goldpreis fallen wird. Sie sehen natürlich auf einen Blick, dass dies nicht erfolgte und der Goldpreis eher kräftig ansteigen konnte. Wo lag nun der Fehler in der Analyse?

Abbildung 61: Gold in USD von September 2005 bis Mai 2008 – Trendfächer im Wochenschlusskurschart unter der 3. Fächerlinie – Ein Fehlsignal – chart provided by tradesignalonline.com

Der Fehler bei diesem Trendfächer und der Einschätzung fallender Kurse lag bei diesem Beispiel vor allem in der Vernachlässigung der langfristigen Perspektive.

In Abbildung 62 ist der langfristige Aufwärtstrendkanal im Goldpreis seit 2001 dargestellt. Dieser Aufwärtstrendkanal wurde Anfang 2006 nach oben verlassen. Das Kursziel, der nach oben verdoppelte Aufwärtstrendkanal, wurde recht dynamisch erreicht. Die nachfolgende Übertreibung der Kurse, die Euphorie im Goldpreis, wurde anschließend in einer längeren, volatilen Seitwärtsbewegung abgebaut. Die obere Begrenzung des Aufwärtstrendkanals fungierte hierbei als Unterstützungslinie. Ein nachhaltiger Rückfall in den zuvor verlassenen Aufwärtstrendkanal erfolgte nicht. Die Kraft der Aufwärtsbewegung seit 2001 hatte sich somit seit 2006 verstärkt. Der Trendfächer zeigte lediglich die Seitwärtsbewegung an. Erst ein deutlicher Rückfall in den Aufwärtstrendkanal wäre ein Verkaufssignal gewesen. So konnte der Anstieg im September und Oktober 2007 als Kaufsignal gelten, da sich die Kurse von einer langfristigen Unterstützungslinie nach oben ablösten. Versuchen Sie stets, erst die langfristigen Zeiträume zu analysieren.

Abbildung 62: Gold in USD von 2001 bis 2010 – Rückkehrlinie eines langfristigen Aufwärtstrendkanals als Unterstützung – chart provided by tradesignalonline.com

Beginnen Sie Ihre Analysen mit den übergeordneten Stimmungsbildern! Erst dann befassen Sie sich auch mit den mittel- und kurzfristigeren Zeitebenen. Eine Verknüpfung der Zeitebenen zeigt Ihnen ein umfassendes Stimmungsbild und lässt eine sehr gute Interpretation oder bei Vorlage geeigneter Signale auch eine entsprechend aussagekräftige Prognose des weiteren Kursverlaufs zu.

Kapitel 7: Umsatz

Alle machen mit – oder doch nicht? Das Volumen – der Umsatz!

Innerhalb der Technischen Analyse wird sehr viel Wert auf die Interpretation der Umsätze, auch bezeichnet als Volumen, gelegt. Aber was genau ist das Volumen, der Umsatz eigentlich? Betrachten Sie einmal den abgebildeten Chart der Aixtron AG (Abbildung 63).

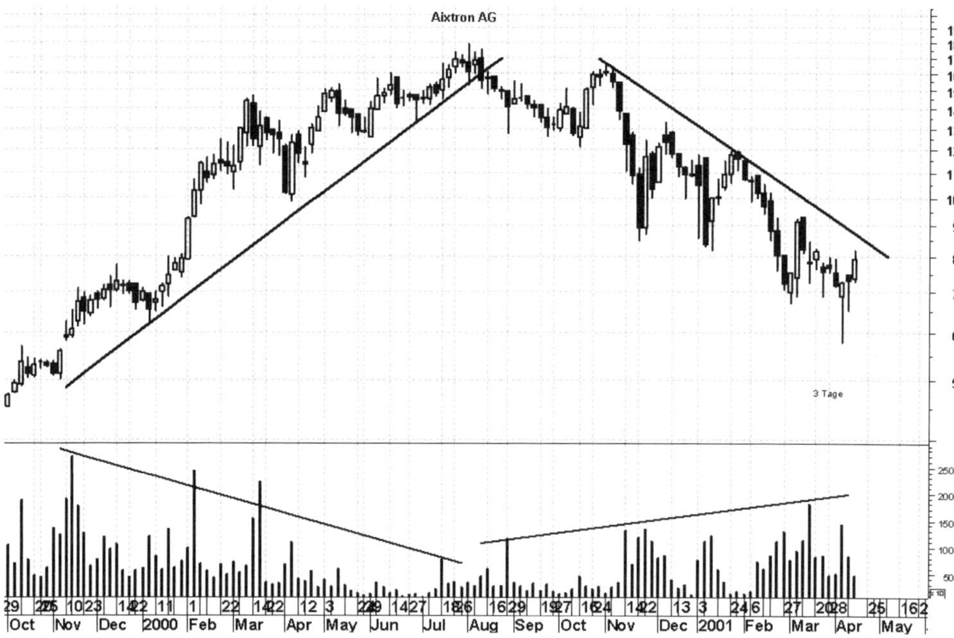

Abbildung 63: Aixtron AG von Oktober 1999 bis Mai 2001 – Innerhalb des Aufwärtstrends fielen die Umsätze kontinuierlich zurück. Kurz vor dem Trendbruch stagnierten die Kurse auf einem relativ hohen Niveau. Das gegenläufige Umsatzverhalten war somit eine Bestätigung für den folgenden Trendbruch. Im Abwärtstrend nahmen die Umsätze hingegen trendbestätigend stetig zu – chart provided by Metastock

Im oberen Teilbereich ist der Kursverlauf dargestellt. Im unteren Bereich dagegen finden Sie ein Balkendiagramm. Hier wird das »Volumen« oder der »Umsatz« abgebildet (in den meisten Chartanalyseprogrammen werden diese Bezeichnungen genutzt). Angegeben ist die Stückzahl der gehandelten Aktien. Es wird also nicht das Handelsvolumen in Währungseinheiten abgetragen. Erst multipliziert mit dem entsprechenden Handelskurs ergäbe sich auch der »Umsatz«. Auch bei Indizes und Futures wird nicht der Umsatz, sondern gewöhnlich nur die Stückzahl der gehandelten Kontrakte oder aller Aktien, die in einem Index vertreten sind, als Balkendiagramm aufgezeichnet. Die Bezeichnung »Umsatz« wird im eigentlichen Wortsinne falsch angewendet. Es ist jedoch von Vorteil, tatsächlich nur die Stückzahlen der gehandelten Werte festzuhalten. So kann auch in einem längerfristigen Trend mit deutlich steigenden (Aufwärtstrend) oder fallenden (Abwärtstrend) Kursen festgestellt werden, ob das Handelsinteresse anhand der getätigten Käufe und Verkäufe zu- oder abnimmt. Denn steigt das »Volumen« innerhalb eines Aufwärtstrends kontinuierlich an, so ist davon auszugehen, dass auch neue Käufer in den Markt gelangen. Also sich neue Käufer für eine Aktie interessieren. Steigendes »Volumen« ist damit trendbestätigend.

Fällt hingegen das »Volumen« bei steigenden Kursen, so flacht das Interesse der Marktteilnehmer an der Entwicklung ab, und es besteht das Risiko, dass der Trend gestoppt oder gar gebrochen wird. Nachlassende Umsätze lassen Desinteresse oder eine abwartende Haltung vermuten. Und eine solche Phase der Unsicherheit, eines abwartenden Marktes tritt auch oftmals vor einem Stimmungsumschwung, einer Trendwende auf.

Fallendes »Volumen« in einem Aufwärtstrend ist also ein Warnsignal, da sich keine neuen Käufer mehr finden. In einem Abwärtstrend gilt dies ebenfalls – nur umgekehrt. Steigt das »Volumen« an, so finden sich immer mehr Verkäufer und der Trend wird somit bestätigt. Fällt dagegen das »Volumen« mit fallenden Kursen, so besteht im Abwärtstrend die Chance, dass der Markt nun reif ist für eine Gegenbewegung. Das Angebot trocknet aus und neue Verkäufer sind nicht mehr vorhanden.

Nicht jeder Volumenrückgang muss jedoch auch als Warnsignal aufgefasst werden. Generell gilt zwar in der Technischen Analyse, dass das Volumen mit einem Trend ansteigt. Doch es gilt auch, dass das Volumen in Korrekturen des vorherrschenden Trends zurückgeht. Weiterhin bestätigen Volumenspitzen auch Extrempunkte in Trendverläufen. So werden markante Hoch- und Tiefpunkte in ihrer Aussagekraft untermauert. Werden Trends sowie Unterstützungs- oder Widerstandslinien gebrochen in Verbindung mit einem Volumenanstieg, so bestätigt der vermehrte »Handlungsbedarf« der Marktakteure den Durchbruch.

Generell gilt also, dass hohe Umsätze auch einen hohen Handlungsbedarf der Masse der Marktteilnehmer anzeigen und somit auch Signale, die in Verbindung mit hohen Umsätzen einhergehen, stets aussagekräftig sind. Umsatzspitzen bestätigen oder bilden zudem in Verbindung mit Hoch- und Tiefpunkten Widerstands- oder Unterstützungslinien. Ein Beispiel für einen Trendbruch sowie einen Fall unter eine Unterstützungslinie, die eine hohe Aussagekraft aufgrund eines begleitenden hohen Umsatzanstiegs hatten, zeigt Ihnen der Kursverlauf der Carrefour S.A. Anfang Dezember 2010 und im Juni 2011. Insbesondere das zweite Signal war für eine weitere Wette auf fallende Kurse interessant, da zu diesem Zeitpunkt auch mit dem hier schon konstruierbaren Abwärtstrend in Trendrichtung gewettet werden konnte. *The trend is your friend!*

Abbildung 64: Carrefour S.A. von Anfang 2009 bis September 2012 – Hohe Umsätze in Verbindung mit einem Trendbruch sowie einem Fall unter eine Unterstützungslinie zeigen die Signifikanz des Signals – chart provided by tradesignalonline.com

Hoher Handlungsbedarf ergibt sich jedoch nicht nur bei charttechnischen Signalen, sondern auch bei überraschenden Nachrichten, fundamentalen News oder externen Schocks (Terroranschläge et cetera). Letztlich kann Ihnen eine Trend- und Formationsanalyse aber auch hier wertvolle Hinweise geben, wie eine Reaktion der Marktteilnehmer einzuschätzen ist, welche Kursziele ableitbar sind und wie der weitere Kursverlauf nach einem solchen Ereignis sich fortsetzen wird. Ein interessantes Beispiel zeigt der Kursverlauf der Deutschen Börse AG (Abbildung 65). Am 10.02.2011 wurden Fusionsgespräche zwischen der Deutschen Börse AG und der NYSE bekannt. Der Kurs sprang bei hohen Umsätzen deutlich an. Ein Anleger, der den Wert jedoch schon einige Wochen vorab gekauft hatte, konnte durch die Trendanalyse eher überlegen, nun seine Position abzubauen. Denn ein zuvor ableitbares Kursziel war mit dem Kurssprung, den die Nachricht über die Fusionsgespräche ausgelöst hatte, erreicht worden. Weiteres Aufwärtspotenzial war aus dem Chart nicht zwangsläufig zu erwarten.

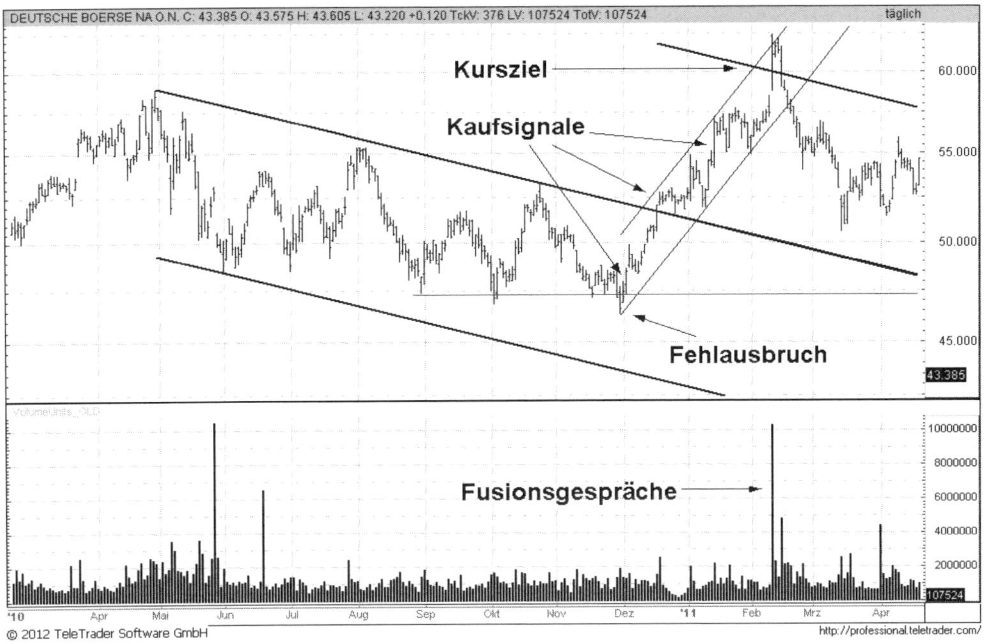

Abbildung 65: Deutsche Börse AG von Januar 2010 bis Mai 2011 – Tagesbarchart. Extrem hohe Umsätze zeigen hohen Handlungsbedarf im Markt an, nachdem Fusionsgespräche zwischen der Dt. Börse AG und der NYSE Euronext angekündigt wurden – chart provided by teletrader.com

Erläuterung: Ein erstes Kaufsignal ergab sich Anfang Dezember 2010, nachdem eine mehrfach getestete Unterstützung erst unterschritten und sehr zügig wieder zurückerobert wurde. Der Bruch der Unterstützung stellte sich somit schon einige Tage später als Fehlsignal heraus und auch ein kurzfristiger, seit Oktober 2010 laufender Abwärtstrend konnte gebrochen werden. Ein spekulatives Kaufsignal gegen den vorherrschenden langfristigen Abwärtstrend. Ziel war die langfristige Abwärtstrendlinie. Ein zweites Kaufsignal wurde generiert, nachdem auch die langfristige Abwärtstrendlinie Mitte Dezember geknackt wurde. Kursziel war nun die nach oben abgetragene Schwankungsbreite des vorherigen Abwärtstrendkanals. Jedes neue Hoch in einer Aufwärtsbewegung bestätigt nun natürlich auch die Aufwärtsbewegung. So konnte der Anstieg über 55 Euro Mitte Januar als drittes Kaufsignal gelten. Zu diesem Zeitpunkt konnte ein kurzfristiger Aufwärtstrendkanal konstruiert werden. Dessen Rückkehrlinie stellte ein weiteres Kursziel dar – das auch am 10.02.2011 erreicht wurde. Somit wurden die aus der Trendanalyse konstruierbaren Kursziele allesamt abgearbeitet. Eine Mitnahme von Teilgewinnen bot sich daher an. Ein Verkaufssignal ergab sich im weiteren Verlauf, nachdem der kurzfristige Aufwärtstrend wieder verlassen wurde UND sich auch der Kurssprung vom 10.02. in Luft auflöste.

Regeln zur Interpretation der Umsätze

- **Trendbestätigendes Umsatzverhalten:**

  Steigende Umsätze signalisieren Handlungsbedarf, zunehmendes Interesse sowie neue Käufer oder Verkäufer innerhalb eines Trends. Steigende Umsätze in Trendrichtung (auf- oder abwärts) oder einzelne Umsatzspitzen in Verbindung mit neuen Hoch- oder Tiefpunkten sind als trendbestätigend zu interpretieren.

- **Signifikanz von Signalen:**

  Werden Unterstützungs- oder Widerstandsbereiche (-linien-zonen) gebrochen in Verbindung mit einem Umsatzanstieg, so bestätigt der vermehrte Handlungsbedarf der Marktakteure den Durchbruch.

- **Umsatz-Warnsignale:**

  Fallende Umsätze zeigen an, dass sich die Marktteilnehmer vom Kriegsschauplatz zurückgezogen haben und abwarten, bis sich die Rauchschwaden verzogen haben und ein klarer Blick eine Entscheidung ermöglicht. Stagnierende oder fallende Umsätze sind daher oft vor Trendwenden (Stimmungsumschwung) anzutreffen.

- **Umsatzverhalten innerhalb eines Aufwärtstrends:**

  Volumen steigt: Trendbestätigend
  Volumen fällt: Warnsignal, da die Kaufneigung nachlässt

- **Umsatzverhalten innerhalb eines Abwärtstrends:**

  Volumen steigt: Trendbestätigend
  Volumen fällt: Warnsignal, da die Verkaufsneigung nachlässt

Die obigen Regeln sind in der Praxis nicht immer klar umzusetzen. Sie dienen allerdings als zusätzlicher methodischer Baustein innerhalb des Regelwerks der Technischen Analyse.

Vor allem bei Werten, die stärkere Liquidität vorweisen, sind die Umsätze aussagekräftig. In Deutschland sind dies die großen Dax-Werte – in den USA sind aufgrund der allgemein höheren Umsätze auch Nebenwerte mit dem Umsatzverhalten interessant zu analysieren.

In der Regel zeigen die umsatzstarken Aktien ein dem Lehrbuch entspringendes Umsatzverhalten. Betrachten Sie hierzu einmal den Kursverlauf von Apple in Abbildung 66, eine der wirklich stark gehandelten Aktien an der US-Börse NASDAQ.

Auf den ersten Blick ist ein stetig ansteigendes Umsatzverhalten im langfristigen Aufwärtstrend nicht zu erkennen. Eher schwankt der Umsatz, und Tiefs und Hochs wechseln sich ab. Zudem gibt es Verzerrungen durch Feiertage und die Weihnachtszeit.

Interessant sind allerdings die hohen Umsätze Ende 2008, die bis Anfang 2009 rückläufig sind. Hier tritt eine Bodenbildung ein, die Aktien werden bei hohen Umsätzen eingesammelt (**Akkumulationsphase nach der Finanzkrise 2008**), die Kurse brechen nicht weiter ein. Eine Phase, die hellhörig werden lässt.

Wirklich eindeutig ist dann Ende März 2009 der Ausbruch aus Sicht des Umsatzverhaltens als Kaufsignal nicht – relevanter als ein deutlich mit anziehendes Umsatzverhalten ist hier jedoch die Ablösung von der runden 100er-Marke und der Ausbruch aus der vorherigen mehrwöchigen Range nach oben. Ein Signal für steigende Kurse.

Im weiteren Aufwärtstrend, der sich zudem im Laufe der Zeit abflachte und diverse Konsolidierungen (Verschnaufpausen im Trend) durchlief, ist jedoch erkennbar, dass in Phasen der Konsolidierungen die Umsätze zurückgingen. Ein positiver Umstand, denn die überwiegende Zahl der Aktionäre hielt an der Aktie fest, und deutlicher Verkaufsdruck, einhergehend mit steigenden Verkäufen, setzte innerhalb des langfristigen Aufwärtstrends nicht ein.

Relevant ist allerdings für einen Aufwärtstrend, dass nach einer Konsolidierung und in neuen Hochs die Umsätze wieder ansteigen. Zur Vorsicht mahnte daher die Entwicklung im Bereich des letzten Hochs bei der Apple-Aktie im September 2012. Hier fehlte ein den Kursverlauf unterstützendes steigendes Umsatzverhalten. Neue Käuferschichten kamen nicht mehr in den Markt – der Trend wackelte. Bis Mitte 2013 fiel der Wert sodann und verlor fast die Hälfte seines Wertes, um in den Folgejahren wiederum kräftig anzusteigen.

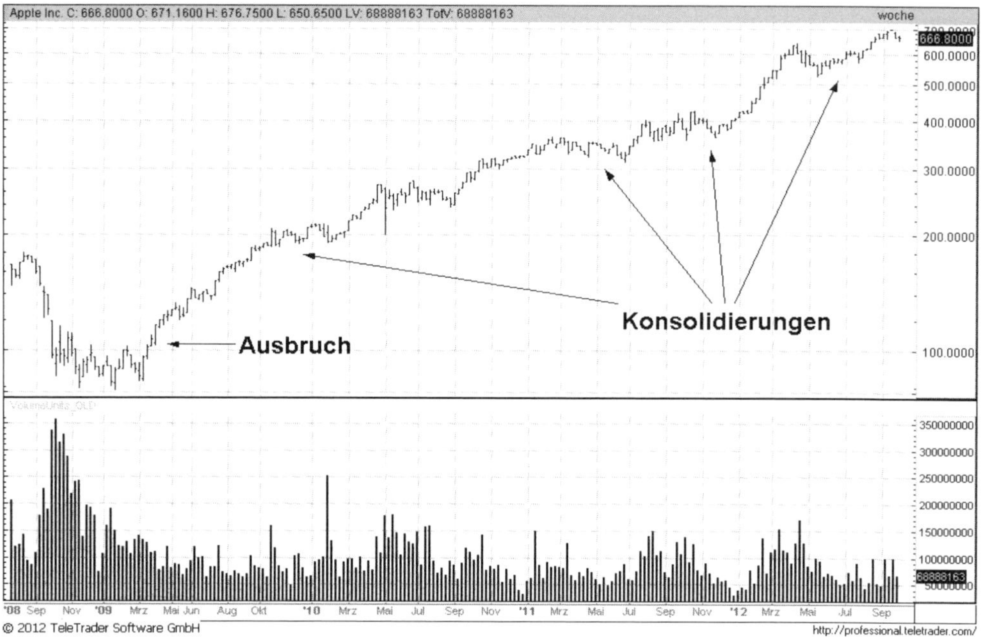

Abbildung 66: Umsatzverhalten Apple von August 2008 bis September 2012 – chart provided by teletrader.com

Ein »historisches« Beispiel für ein nicht immer eindeutig zu interpretierendes Umsatzgeschehen bei geringerer Liquidität ist der Kursverlauf der Infomatec AG von Juli 1998 bis April 1999 (Abbildung 67). Eine Aktie des Neuen Marktes, die bis ins Jahr 2013 als PennyStock ihr Dasein fristete, nachdem im Mai 2001 die Insolvenz angemeldet wurde (Delisting am 07.04.2013). Die steigenden Umsätze bei Ausbruch Mitte August 1998 über die Marke von 15 Euro bestätigten das Kaufsignal (Break der Widerstandslinie bei 15 Euro). Ebenso stiegen die Umsätze bei Ausbruch aus dem steigenden Dreieck Ende September 1998 an.

Doch als Warnsignal konnten die schwachen Umsätze ab Mitte Oktober 1998 bis Mitte Januar 1999, unterbrochen nur von einer kurzen Umsatzspitze Anfang Dezember 1998, betrachtet werden. Denn der Kurs stieg trotz des scheinbar nachlassenden Interesses an der Aktie stetig an. Der Aufwärtstrend erreichte Mitte Februar 1999 – mit steigenden Umsätzen – neue Höchstkurse. Ein weiteres Warnsignal sind die anschließend fallenden Umsätze auf dem erreichten hohen Niveau.

Ein klares Verkaufssignal ergab sich jedoch erst mit Bruch des langfristigen Aufwärtstrends, das allerdings nicht durch steigende Umsätze bestätigt wurde. Scheinbar steckten die Aktionäre den Kopf in den Sand und wollten das heraufziehende Ungewitter nicht wahrhaben. Als Anleger sollten Sie allerdings dem Trendverhalten und dessen Signalen stets Beachtung schenken. Ein Bruch eines langfristigen Trends ist in der Regel ein Verkaufssignal, auch wenn die Umsätze insbesondere bei kleineren Nebenwerten nicht mit anziehen sollten. Andererseits sind fallende oder stagnierende Umsätze innerhalb eines intakten Aufwärtstrends zwar Warnsignale, jedoch noch kein alleiniger Grund zu einem Verkauf einer bestehenden Position.

Am Beispiel der Infomatec AG sei aber nochmals der Hinweis gestattet, dass an der Börse eben auch die berühmten schwarzen Schafe ihr Unwesen treiben. Achten Sie neben der fundamentalen Analyse auch auf die Signale des Marktes, die Signale der einfachen Chartanalyse! So sind Sie der Masse der Anleger stets einen Schritt voraus.

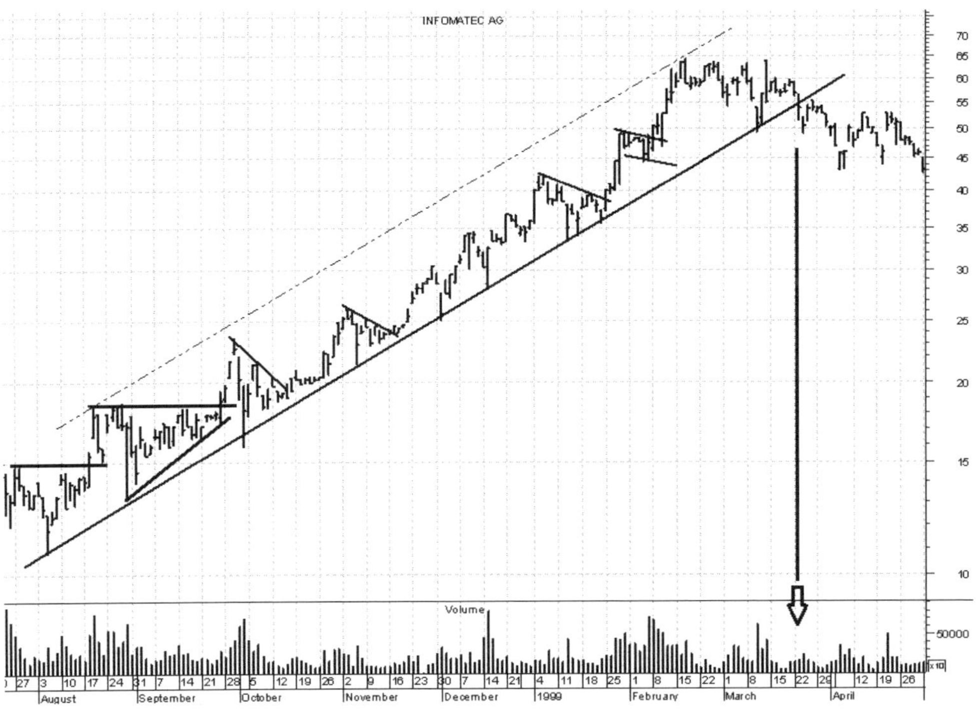

Abbildung 67: Infomatec AG von Juli 1998 bis April 1999 – Umsatzverhalten innerhalb eines Aufwärtstrends. Das Verkaufssignal (Bruch der Aufwärtstrendlinie) wurde nicht mit ansteigenden Umsätzen bestätigt. Insbesondere bei kleineren Nebenwerten, die in der Regel keine hohe Liquidität aufweisen, sind entsprechende Verkaufssignale jedoch auch ohne Umsatzbestätigung zu beachten – chart provided by Metastock

Kapitel 8: Formationsanalyse

Die zweite Grundannahme der Technischen Analyse: Chartmuster und deren Folgen wiederholen sich

Die erste Grundannahme der Technischen Analyse ist die Annahme, dass sich Kurse stets in Trends bewegen. Von dieser Grundannahme leitet sich die im vorherigen Kapitel besprochene Trendanalyse ab.

Die zweite Grundannahme geht davon aus, dass sich die Masse aller Börsenakteure in ähnlichen Marktsituationen stets gleich verhält. Das Verhalten der Masse spiegelt sich in Kursverläufen wider. Hierbei wird vorausgesetzt, dass die Masse aller Marktteilnehmer trotz der einzelnen Individuen und den sicherlich stark abweichenden individuellen Meinungen als homogen zu betrachten ist.

Die zweite Grundannahme der Technischen Analyse wird durch die Methode der Formationsanalyse untersucht. Bekannte Kursverlaufsmuster und deren bekannte Folgen bilden die Grundlage der Formationsanalyse. Neben der Trendanalyse ist die Formationsanalyse der wichtigste Bereich der Technischen Analyse.

Die klassische Formationsanalyse wird auch als Barchartanalysetechnik bezeichnet. Denn die einzelnen Chartmuster (oder auch als Formationen bezeichnet), die nachfolgend näher erläutert werden, sind mit Hilfe der Barcharts (Balkencharts) entstanden. Zur Formationsanalyse gehören Trendbestätigungs- und Trendumkehrformationen sowie neutrale Formationen. Auch Kurssprünge, sogenannte Lücken, im Englischen als *Window* oder *Gap* (oder GAP) bezeichnet, werden neben dem Volumen in Verbindung mit dem Kursverlauf in der Formationsanalyse untersucht.

Die im folgenden Kapitel vorgestellte Candlestick-Methode kann durchaus zur Formationsanalyse gezählt werden, weist doch diese Chartdarstellungsform auch eine Vielzahl von selbstständigen Formationen (ebenso die Point & Figure-Methode) auf. Sowohl Candlesticks als auch Point & Figures werden jedoch innerhalb der Technischen Analyse als eigenständige Methoden betrachtet.

Einführung in die Formationsanalyse

Woran denken Sie bei dem Begriff Formation? Schließen Sie einmal für fünf Sekunden die Augen und stellen Sie sich bitte Ihre Idee einer Formation vor Ihrem geistigen Auge vor.

Woran haben Sie gerade gedacht? An ein Chartmuster? Derjenige, der sich noch nicht am Börsenbazillus vollends infiziert hat, denkt vielleicht beim Begriff »Formation« auch an den Tanzsport und die Bewegungen im Formationstanzen. An Tänzerinnen und Tänzer, die ein anmutiges, bewegtes Bild schwingender Körper im harmonischen Gleichklang hervorbringen. Harte Arbeit und viel Übung, Spaß an der Sache und eine gehörige Portion Engagement gehören dazu, um eine Gruppe von unterschiedlichsten Menschen beim Formationstanz zu einem homogenen und dabei auch dynamischen Bild zusammenzufügen. Dynamischer Tanz und eine klare Definition des Tanzablaufes, des Charakters eines Tanzes, passen oftmals nicht zusammen. Doch die Definition der Formation, des Handlungsablaufes eines Tanzes ist festgelegt. Mit entsprechenden Freiheitsgraden der Gestaltung und des Ausdrucks der Tänzer und Tänzerinnen.

An der Börse ist das ähnlich. Eine Kursformation ist genau definiert. In der Definition ist das Aussehen des Bildes, der zeitliche Ablauf sowie das Wesen, der Charakter der Formation enthalten. Da jedoch ein Kursverlauf ein dynamisches Gebilde darstellt, wird kaum eine Formation stets exakt einer anderen, gleichartigen Formation entsprechen.

Der Technische Analyst muss mit entsprechenden »Freiheitsgraden« die Formation im Kursverlauf erkennen und deren Aussagekraft ergründen. Die Erfahrung des Analysten beziehungsweise des engagierten Privatanlegers ist dabei durchaus ausschlaggebend.

Erfahrung resultiert aus einem Lernvorgang. Sie sollten also möglichst viele Bilder von Formationen lernen. Ihr Gehirn speichert diese Bilder und ruft diese bei aktuellen Chartsituationen ab. Sie sind dann in der Lage, aktuelle Verlaufsmuster mit den abgespeicherten Bildern zu vergleichen. Die Rechenleistung, die dabei unser Gehirn vollbringt, ist geradezu erstaunlich. Bisher ist es nicht in befriedigendem Maße gelungen, diese Eigenschaft des Gehirns oder die Leistung eines versierten Chartisten mittels eines Computerprogrammes zu ersetzen. Unterschätzen Sie sich selbst hierbei nicht. Schon ein wenig Übung, Disziplin und eine kleine Portion Selbstvertrauen reichen aus, um Formationen im Kursverlauf zu entdecken und Erfolg an der Börse zu haben.

Einige Hinweise zum schnellen Erlernen von Formationen erhalten Sie am Ende des Kapitels Formationsanalyse.

Was ist eine Formation, ein Chartmuster?

Eine Formation ist ein bekanntes Verlaufsmuster im Chart mit bekannten Folgen, aufgrund derer eine Prognose über den zukünftigen Kursverlauf möglich sein sollte.

Formationen haben folgende Eigenschaften:

- definierter Kursverlauf,
- Klassifikation nach erwarteten Folgen,
- zeitlich definierte Ausprägung,
- bestimmtes Umsatzverhalten innerhalb der Formation sowie bei Ausbruch aus der Formation.

Klassifikation von Formationen:

- Trendumkehrformationen,
- Trendbestätigende Formationen,
- Trendneutrale Formationen.

Die Klassifikation richtet sich nach den erwarteten Folgen eines Verlaufsmusters, einer Formation. Da diese Folgen nach einem entsprechenden Muster in der Vergangenheit am häufigsten aufgetreten sind, wird einfach davon ausgegangen, dass sich diese Folgen auch bei einer aktuellen Situation wiederholen. Dies ist zwar statistisch annehmbar, aber keine Garantie. Mit Statistik ist vieles berechenbar und die Angabe eines prozentualen Wertes, wie wahrscheinlich eine bestimmte Folge eines bekannten Musters ist, stellt keine Garantie dar, dass diese Folge tatsächlich so eintrifft. Chartanalyse oder Technische Analyse – jedwede Methode, die Börse und deren Kursverläufe scheinbar zu kontrollieren, ist nur ein Hilfsmittel, um Aussagen über mögliche Kursverläufe zu treffen.

Eine weitere Warnung: Ein sehr häufiger Fehler bei Technischen Analysten ist es, dass aufgrund einer sich unter Umständen erst bildenden Formation sowohl die noch nicht vollendete Formation als auch schon deren Folgen vorweggenommen werden. Um hinterher verwundert zu erkennen, dass der Markt ja völlig anders reagiert hat und die angenommene Formation sich nicht mehr vollendete. Die Antizipation von Formationen vor Vollendung dieser ist ein klarer methodischer Fehler.

Sicherlich besteht im praktischen Alltag eines Anlegers oder Traders auch die Möglichkeit, innerhalb einer sich potenziell bildenden Formation zu handeln. So zum Beispiel, um ein besseres Chance-Risiko-Verhältnis für einen eventuell bevorstehenden Ausbruch zu erlangen. Dies erfordert aber auch Disziplin und ein flexibles Handeln des Börsianers, denn das Risiko einer Fehlannahme, einer Nichterfüllung der getroffenen Annahme der Ausbildung einer Formation muss dabei stets berücksichtigt werden.

Die nachfolgende Klassifizierung der wichtigsten Formationen teilt diese in trendumkehrende, trendbestätigende und trendneutrale Formationen ein. Beachten Sie aber bitte: Der Übergang zwischen den einzelnen Klassifizierungen ist fließend. So sind insbesondere Dreiecke, obwohl diese in einem intakten Trend in der Regel Trendfortsetzungs-Charakter besitzen, auch häufig Trendwendemuster.

Übersicht und Klassifizierung der relevantesten Formationen

Die Stimmung kippt – Trendumkehrformationen

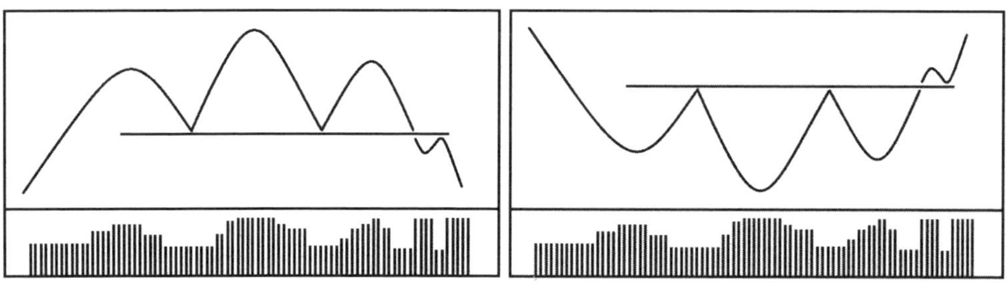

Abbildung 68: Schulter-Kopf-Schulterformation umgekehrte oder inverse SKS-Formation (head-and-shoulders-top/-bottom) – idealer Verlauf entweder nach einem langfristigen Aufwärts- oder Abwärtstrend.

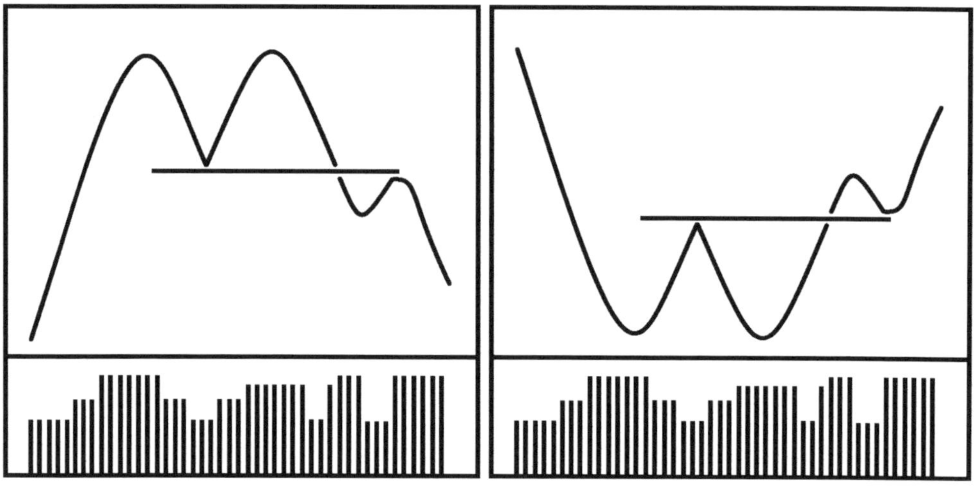

Abbildung 69: M- und W-Formation – Doppelhoch Doppeltief (double top/double bottom) – Zwei Hochs oder Tiefs als Trendumkehrformationen sind »normal«, letztlich können sich auch mehrere Tops oder Tiefs ausbilden, so zum Beispiel eine »Dreifache Spitze« oder ein »Dreifacher Boden« (triple top/triple bottom)

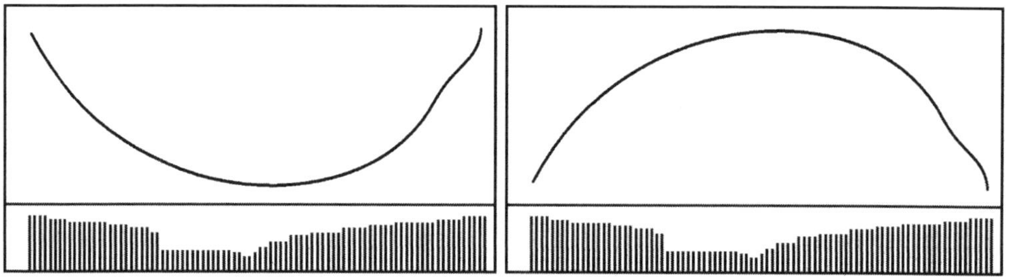

Abbildung 70: Untertassen (rounding top/rounding bottom) – Längerfristige Trendumkehr, ein eher seltenes Muster

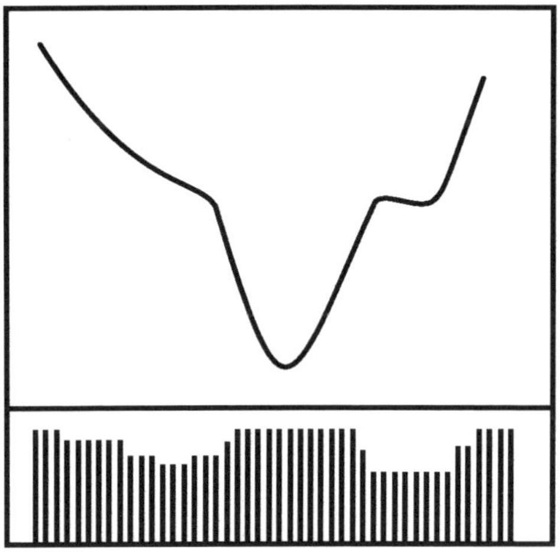

Abbildung 71: V-Formation als Bodenbildung – Panikreaktion mit schneller Erholung

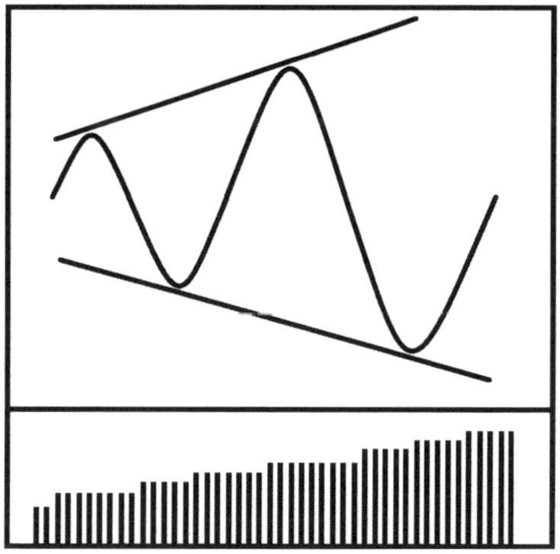

Abbildung 72: Umgekehrtes oder inverses symmetrisches Dreieck (broadening top) – Insbesondere nach langfristigen Aufwärtstrend eine Gipfelbildung mit der Eigenart von Fehlausbrüchen nach oben

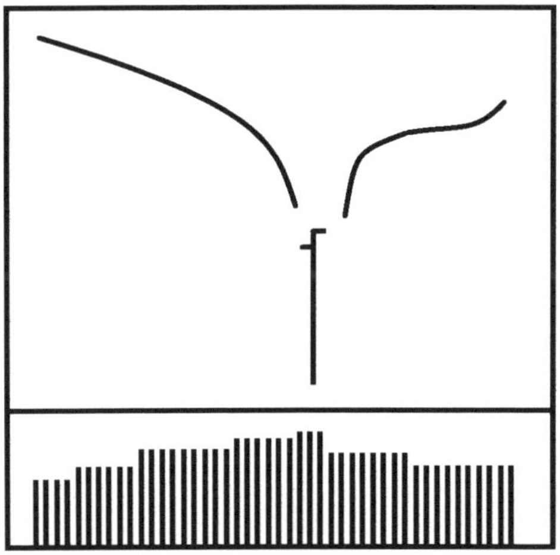

Abbildung 73: Umkehrtage (reversal days, intraday reversal) – Sehr kurzfristige Stimmungsumschwünge innerhalb eines Tages oder innerhalb von wenigen Perioden (Umkehrinseln)

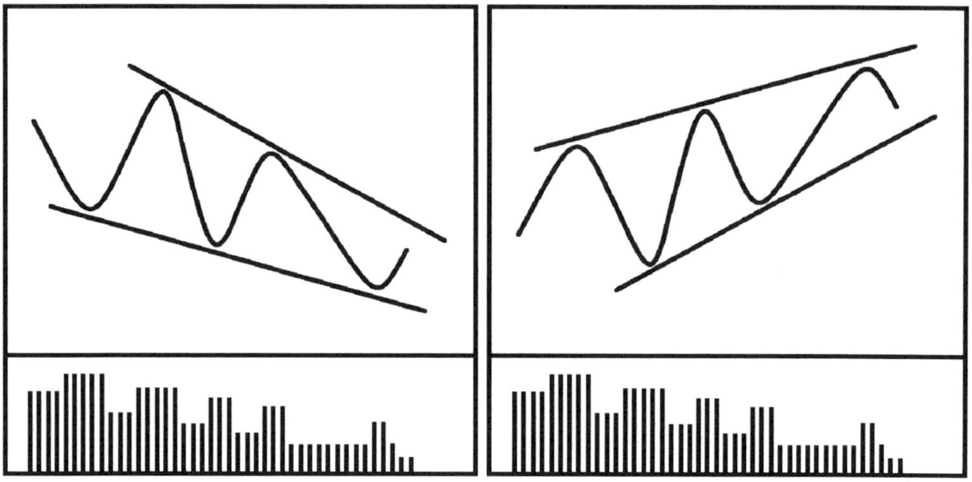

Abbildung 74: Keile (wedge formation) – Die Schwankungsbreite lässt in Trendrichtung nach, zwei zueinander laufende Linien bilden Keil-Formationen

Der Trend ist intakt – trendbestätigende Formationen

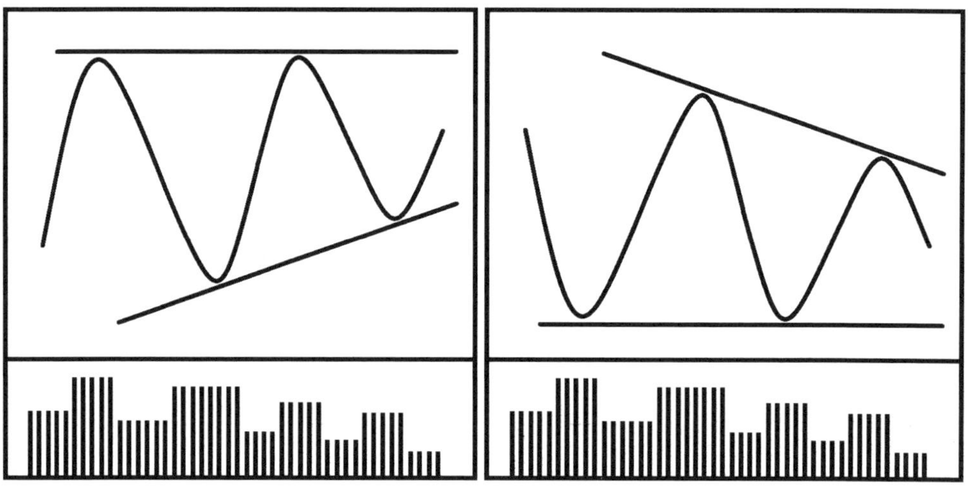

Abbildung 75: Rechtwinklige Dreiecke (right angel triangle) – Bei ansteigenden Dreiecken (ascending formation) wird ein Widerstand angegriffen, bei absteigenden, fallenden Dreiecken (descending triangle) hingegen eine Unterstützung attackiert. Daher gelten diese Dreiecke im Auf- beziehungsweise Abwärtstrend jeweils als potenziell trendbestätigend

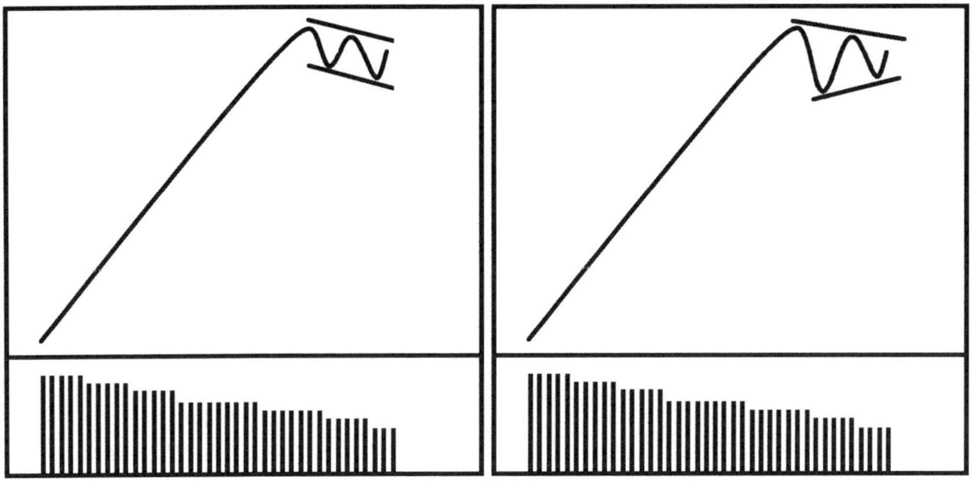

Abbildung 76: Kurzfristige und Wimpel (flags and pennants) nach einer kräftigen Aufwärts- oder umgekehrt nach einer Abwärtsbewegung sind in der Regel Trendfortsetzungsmuster!

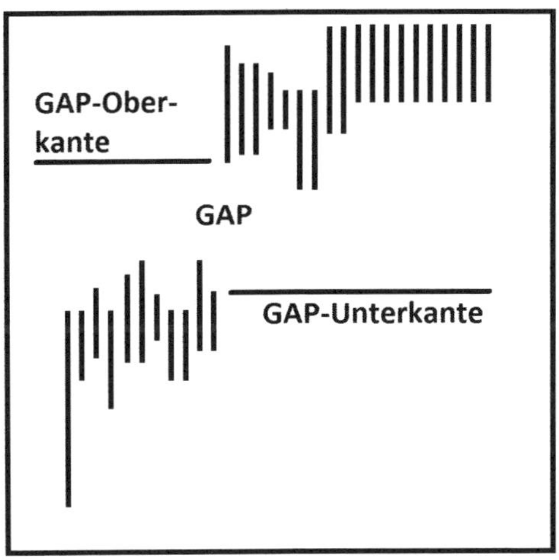

Abbildung 77: Kurslücken, Fenster (Gaps, Windows) sind Kurs- und umsatzlose Bereiche im Chart, die durch einen Kurssprung von einer Periode zur nächsten entstehen – der Trend verstärkt sich somit in der Regel (Ausnahmen sind hierbei nach der Anzahl der Kurslücken im Chart zu beachten!)

Unsicherheit – trendneutrale Formationen

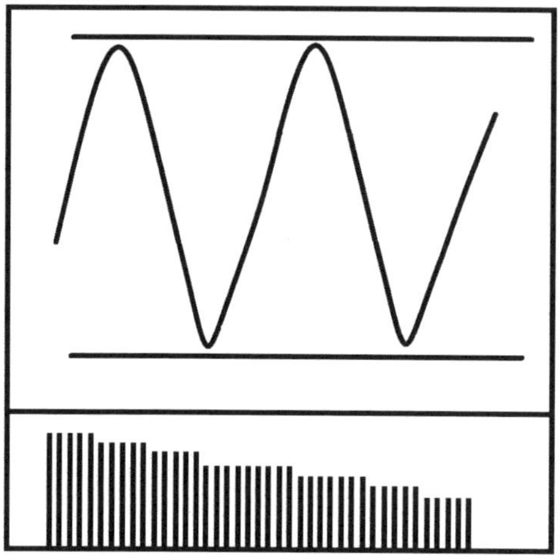

Abbildung 78: Rechtecke (rectangle/trading range) stellen Seitwärtsbewegungen im Kursverlauf dar, eine Phase der Unsicherheit mit unklarer Ausbruchsrichtung

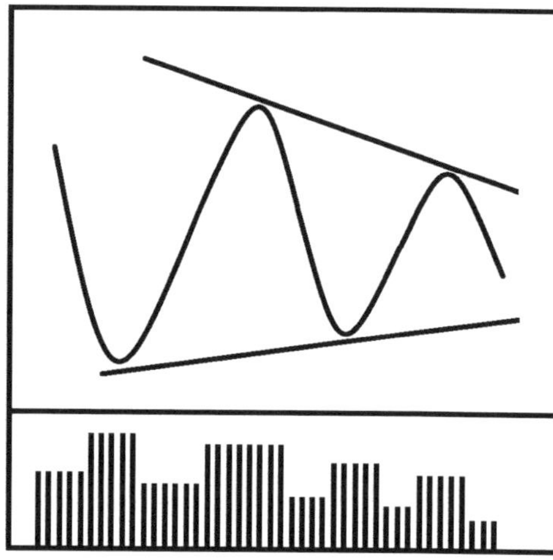

Abbildung 79: Symmetrische Dreiecke (symmetrical triangle) stellen eine ausgeprägte Phase der Unsicherheit im Markt dar

Euphorie im Markt – die Schulter-Kopf-Schulter-Formation

Die Schulter-Kopf-Schulter-Formation (*head-and-shoulders top* oder *bottom* – abgekürzt SKS) ist eine der bekanntesten und leider auch sehr oft missverstandenen Formationen. Dabei ist sie eine der aussagekräftigsten Formationen innerhalb der Methodik der Technischen Analyse, die eine Gipfelbildung oder eine Bodenbildung (inverse SKS) anzeigen kann.

Bei einer Schulter-Kopf-Schulter-Formation ist die Masse der Marktteilnehmer nach einem ausgeprägten Aufwärtstrend in einer euphorischen Stimmung (»die Kurse können nur noch steigen«). Eine entsprechende Phase der Euphorie ist oftmals der Beginn vom Ende eines Aufwärtstrends, eine SKS zeigt somit eine Gipfelbildung an.

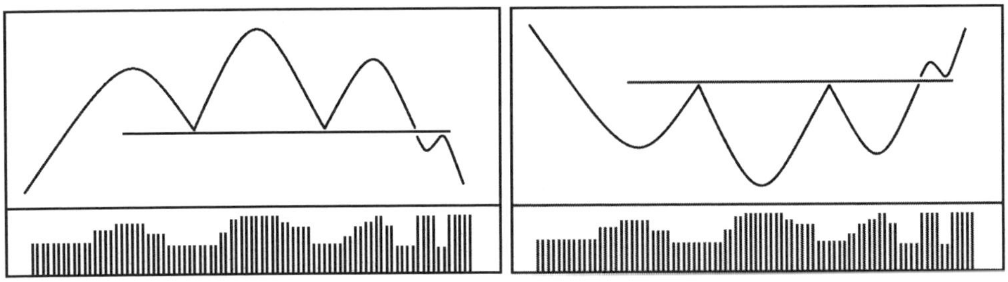

Abbildung 80: Schulter-Kopf-Schulterformation umgekehrte oder inverse SKS-Formation (head-and-shoulders-top/-bottom) – Eine der bekanntesten und oftmals falsch angewendeten Gipfelbildungen! Die horizontale Linie wird als Nackenlinie bezeichnet, ein Ausbruch unter beziehungsweise über diese Linie sollte mit steigenden Umsätzen einhergehen und bestätigt den Ausbruch.

Eine Bodenbildung liegt dagegen vor, sofern sich die Schulter-Kopf-Schulter-Formation nach einem ausgeprägten Abwärtstrend umgekehrt ausbildet. Die Marktteilnehmer sind dann in der Regel in einer panischen (»die Kurse können nur noch fallen«) oder depressiven (»Aktien lohnen sich nicht«) Stimmung. Wichtig: Die SKS oder inverse SKS erhält ihre Aussagekraft nur, wenn bestimmte Merkmale vorliegen, wenn der Charakter der Formation, eine Gipfelbildung nach Euphorie oder Bodenbildung nach Depression auch erfüllt ist!

Merkmale der Schulter-Kopf-Schulter-Formation

Kursverlauf: Die Formation bildet sich nach einem ausgeprägten Aufwärtstrend mit drei Hochs aus. Das mittlere Hoch ist das höchste und wird als Kopf bezeichnet. Die umgebenden Hochs werden Schultern genannt. Schulter-Kopf-Schulter-Formationen können abweichend von der idealen Form auch komplexere Kursverläufe mit mehreren Schultern annehmen. Idealtypisch ist die Höhe der Schultern und somit der Abstand der beiden Schultern vom Kopf annähernd gleich. Die Unterstützungslinie, die die Korrekturtiefs zwischen den Hochs verbindet, wird als Nackenlinie bezeichnet. Diese verläuft im Idealfall waagerecht. Auch auf- oder abwärtsgeneigte Nackenlinien sind regelkonform.

Zeitliche Ausdehnung: mindestens ein Monat bis zu mehrere Jahre.

Umsatzverhalten: Das Volumen ist rückläufig und in der linken Schulter und dem dortigen Hoch am höchsten. Insbesondere das dritte Hoch (rechte Schulter) weist deutlich schwächere Umsätze als bei den beiden davor liegenden Hochs auf. Ein Umsatzanstieg bei Durchbruch der Nackenlinie bestätigt die Relevanz des Richtungssignals.

Charakter: Innerhalb der ersten beiden Hochs ist im Gesamtmarkt beziehungsweise für den entsprechenden Wert nach einem längerfristigen Aufwärtstrend eine Phase der Euphorie der Marktteilnehmer zu beobachten. Es findet ein umfangreicher Distributionsprozess statt.

Besonderheiten: Die Schulter-Kopf-Schulter-Formation (SKS) erhält nur dann eine sichere Aussagekraft, wenn ein ausgeprägter, idealerweise auch langfristiger Aufwärtstrend vorangeht und ein Bruch desselben im Kopf oder im Bereich der rechten Schulter vorliegt. Dieses ist das wesentliche Merkmal einer aussagekräftigen SKS. Je nach gewählter Zeitebene können jedoch auch kurzfristige oder mittelfristige Aufwärtstrends innerhalb der Schulter-Kopf-Schulter-Formation verlassen werden. Die Aussagekraft ist dann allerdings eingeschränkt. Relevant ist zudem, dass die zeitliche Spanne und die Kursdimension des vorangegangenen Aufwärtstrends einen deutlich höheren Umfang (mindestens den Faktor 2, besser 3) als die der SKS aufweisen sollte. Nur so kann sich die Phase der Euphorie im Markt ausbilden. Aussagekräftiger sind natürlich noch höhere Verhältnisse, da sich dann in der Aufwärtsbewegung mehr Euphorie im Markt entwickeln kann und die nachfolgende Ernüchterung umso stärker ausgeprägt ist.

Signal: Die Formation ist vollendet, wenn die Nackenlinie durchbrochen wird. Nach Durchbruch erfolgt oftmals ein Pullback, ein kurzfristiger Rücklauf der Kurse an die Nackenlinie.

Kursziel: Die horizontale Differenz zwischen dem mittlerem Hoch und der Nackenlinie wird nach unten an das Ausbruchsniveau (in der Regel die Nackenlinie) abgetragen.

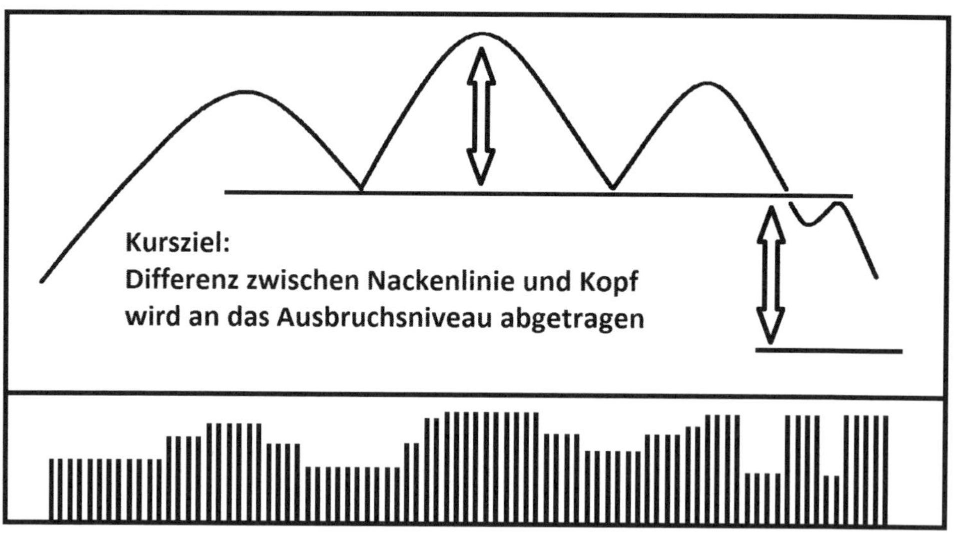

Abbildung 81: Ableitung des Kursziels bei einer SKS

Beispiele für Schulter-Kopf-Schulter-Formationen

Eine idealtypische Schulter-Kopf-Schulter-Formation bildete sich von 1996 bis 1997 im Kursverlauf von NIKE aus, einem US-amerikanischen Sportartikelhersteller. Nachfolgend eine umfassende Erläuterung des Kursverlaufs mit Beginn eines Kaufsignals 1994:

Nach einem kurzfristigen Abwärtstrend Ende 1993 erhielt der Technische Analyst Anfang 1994 ein Kaufsignal. Eine vollendete W-Formation (Erläuterung nachfolgend) zeigte an, dass die Mehrzahl der Marktteilnehmer sich in Kauflaune befand und der vormalige Verkaufsdruck sein Ende gefunden haben sollte. Zu Beginn eines neuen Aufwärtstrends steigen die Marktteilnehmer in der Regel noch vorsichtig ein. Doch mit weiterhin steigenden Kursen wachsen die Zuversicht und das Vertrauen auch der eher ängstlichen Marktteilnehmer an. Die stetig steigenden Kurse zogen auch völlig neue Käuferschichten an, die unter Umständen NIKE bisher als uninteressante Aktie betrachtet hatten. Die Kauflust der Masse der Marktteilnehmer und deren Vorliebe für NIKE nahmen zu. Der Aufwärtstrend beschleunigte sich und Ende 1996 (linke Schulter) erreichte der Kursverlauf neue Höchstwerte. Der anschließende Rückgang von circa 64 US-Dollar bis auf circa 53 US-Dollar war jedoch noch nicht das Ende des Aufwärtstrends.

Ein Anleger, der zum Beispiel erst bei einem Niveau von rund 35 US-Dollar in NIKE eingestiegen war, konnte sich weiterhin getrost zurücklehnen und seinen Gewinn laufen lassen. Das Niveau um 53/55 erwies sich als Unterstützung und wurde genutzt, um in diese Aktie einzusteigen. Diejenigen, die bisher diesen Expresszug des schnellen Geldverdienens verpasst hatten, wollten nun endlich »zum Zuge kommen« und investieren. Denn was schon so lange gestiegen war, konnte doch nur weiter steigen. Der Rücksetzer wurde gekauft, wie schon die vorherigen Rücksetzer im Aufwärtstrend.

Abbildung 82: NIKE von 1993 bis 2001, Schulter-Kopf-Schulter-Formation als Gipfelbildung nach langfristigem Aufwärtstrend – chart provided by CQG

Diese scheinbare Sicherheit führte letztlich zur Euphorie, und Anfang 1997 kam es zu einem weiteren starken Anstieg. Die Kurse erreichten einen Höchststand von circa 76 US-Dollar (Kopf der SKS). Mit den neuen Höchstkursen war auch die Definition eines Aufwärtstrends (jedes neue Hoch liegt höher als das vorangegangene Hoch) bestätigt. Der Anleger konnte beruhigt seine Gewinne weiter laufen lassen. Nun schien jedoch im Kursverlauf eine Wende einzutreten. Die Kurse fielen recht dynamisch zurück auf das ursprüngliche Ausgangsniveau des letzten Kursanstiegs, auf circa 53 US-Dollar. Innerhalb dieses Rückfalls waren zudem zwei steile langfristige Trendlinien gebrochen worden. Dies waren die ersten zwei Verkaufssignale im Kursverlauf. Weiterhin stimmte der Rückfall auf das alte Tief bei rund 53 US-Dollar nicht mehr mit der Aufwärtstrenddefinition überein (jedes neue Tief liegt höher als die vorangegangenen Tiefs). Unser Anleger begann nun, aufgrund der ersten Verkaufssignale, seine NIKE-Aktien langsam zu verkaufen (erste Teilgewinnmitnahmen). Doch vor allem sind bei einem entsprechenden Kursverlauf die letzten »Euphoriker« sämtlich im Verlust. Hier tritt in der Regel Ernüchterung ein.

Doch der langjährige Aufwärtstrend in NIKE hatte die meisten Anleger bis dahin gut behandelt und es gab nicht wenige neue Anleger, die nochmals auf weiterhin steigende Kurse vertrauten und nicht glauben wollten, dass der Aufwärtstrend vorbei sein könnte.

Der folgende Anstieg Mitte 1997 stellte das letzte Gefecht dar. Hier stiegen die Anleger ein, die entweder mit NIKE schon Gewinne gemacht hatten und eventuell zu früh verkauft hatten – also nochmals mit ihrer geliebten Aktie Geld machen wollten – oder es investierten Anleger, die bisher nur zugeschaut hatten und meinten, dass es in jeder Korrektur sinnvoll sei, nun endlich NIKE kaufen zu müssen. Doch die Masse der Marktteilnehmer nahm eher eine abwartende Haltung ein. Nach der starken Euphorie kehrte allgemeine Ernüchterung ein, neue Käufermassen traten nicht aufs Parkett. Das heißt, nur eine kleine Anzahl von Anlegern trieb nochmals den Kurs auf rund 64 US-Dollar nach oben. Doch gerade dieses Niveau wurde von den langjährig investierten Anlegern genutzt, um NIKE abzustoßen. Da der Verkaufsdruck größer, die Nachfrage immer kleiner wurde, fielen die Kurse wiederum auf das Niveau um 53 US-Dollar. Diese Zone hatte sich in der Vergangenheit als Käuferzone dargestellt, als Unterstützung (in der Schulter-Kopf-Schulter-Formation als Nackenlinie bezeichnet). Doch es gab dort plötzlich keine Käufer mehr. Das Interesse war verflogen. Die Enttäuschung derjenigen, die in den Jahren 1996 und 1997 eingekauft hatten in der trügerischen Sicherheit eines langfristigen Aufwärtstrends, war dagegen umso größer. Der Handlungsbedarf der Marktteilnehmer steigt im Idealfall nach Bruch einer Nackenlinie deutlich an. Nach der Euphorie hieß es bei Kursen unter 53 US-Dollar: »Rette sich wer kann.« Doch auch die Langfristanleger, die bisher noch nicht aufgrund der vorherigen Verkaufssignale aktiv geworden waren, sahen nun ihre Felle davonschwimmen und mussten handeln, wenn sie ihre Gewinne noch retten wollten. Die Masse begann zu verkaufen.

Interessant ist bei diesem Beispiel, dass das ableitbare Kursziel, die nach unten abgetragene Schwankungsbreite der SKS, im vorliegenden Fall erst nach einer erneuten deutlichen Erholung erreicht wird. Sofern Sie also einmal eine Wette auf fallende Kurse nach Ausbildung einer SKS eingehen, denken Sie bitte immer daran, dass ein Kursziel nicht immer erreicht werden MUSS.

Typisch für viele Anleger ist es, Verluste aussitzen zu wollen. Dies kann durchaus über mehrere Jahre erfolgen. Werden die alten Kursniveaus nach zuvor deutlichen Verlusten wieder erreicht – so wie bei NIKE 1999 oder 2001 – werden diese Aktien dann mit einem Seufzer der Erleichterung verkauft. Der Anleger ist froh, ohne oder mit nur kleineren Verlusten ausgestiegen zu sein. Daher haben idealtypische Schulter-Kopf-Schulter-Formationen und deren Bandbreite auch eine nicht zu unterschätzende Langzeitwirkung. Das Schulterniveau erwies sich bei NIKE als langfristiges Widerstandsniveau.

Die Hoffnung, Verluste auszusitzen, hätte bei NIKE durchaus im Laufe der Jahre Früchte getragen. Die Aktie stieg in den letzten Jahren über das Niveau der Höchstkurse der SKS deutlich an. Hoffnung hat jedoch an der Börse nichts verloren. Es kann sein, dass es durchaus einmal gut geht und Sie nach Jahren des Wartens und Bangens Ihre Verluste in einen Gewinn verwandeln können. Sinnvoller ist es allerdings, bei Verkaufssignalen auch aktiv zu werden. Denken Sie stets daran: Vorrang hat stets der Substanzerhalt Ihres Depots. Schmerzvolle Verluste haben die Anleger nicht nur in der Finanzkrise 2008 oder anderen Crashs, sondern vor allem in der DOT-COM-Blase zur Jahrtausendwende erfahren. Ein bekanntes Beispiel hierfür ist die Aktie der EM.TV AG.

Der Kursverlauf der EM.TV AG zeigte nach einem längeren Aufwärtstrend und Euphorie im Markt im Jahre 2000 eine komplexe und auch nicht vollkommen ideale SKS. Die Nackenlinie war schräg aufwärts gerichtet. Die Höhe der Schultern war nicht auf gleichem Niveau und die rechte Schulter wies noch eine kurze Erholung ausgehend von der Nackenlinie auf, eine kleine zweite rechte Schulter. Die Symmetrie stimmte jedoch und der Bruch der langfristigen Aufwärtstrendlinie innerhalb des Kopfes (Euphorie) ist ein wesentliches Merkmal der SKS. Die anschließende Vollendung der SKS zog weitere Kursverluste nach sich. Das Kursziel aus der SKS wurde mehr als übertroffen.

Doch nicht nur Privatanleger sind in Gefahr, in Euphorie zu geraten. Auch Profis sind Menschen und können sich emotional nicht immer gegen den Mainstream stemmen. So zeigte sich Ende der 90er-Jahre im Zins- und Anleihemarkt eine Phase der Euphorie. Steigende Zinsen und damit ein fallender Deutscher Renten-Index wurden allgemein nicht mehr erwartet.

Abbildung 83: EM.TV & Merchandising AG von Juni 1998 bis November 2000, Wochenbarchart, Schulter-Kopf-Schulter-Formation als Gipfelbildung nach langfristigem Aufwärtstrend – chart provided by Metastock

Abbildung 84: Deutscher Renten-Index von 1994 bis 2000, Monatsbarchart. Eine mehrmonatige SKS zeigte eine Gipfelbildung nach einem langfristigen Aufwärtstrend an. Innerhalb der SKS wird eine über einjährige langfristige Trendlinie gebrochen – chart provided by Metastock

Der deutsche Rentenindex (REX) spiegelt die Wertentwicklung deutscher Staatsanleihen wider. Fallen die Zinsen, steigt der Index und vice versa. Eine Schulter-Kopf-Schulter-Formation beim deutschen REX trat 1998/1999 als Gipfelbildung nach mehrjährigem Aufwärtstrend auf. In dieser Phase war eine gewisse Euphorie bei den Marktteilnehmern zu spüren. Die Masse der Marktteilnehmer rechnete nicht mehr mit stark steigenden Zinsen. Ein erstes Warnsignal war der Bruch des seit Anfang 1999 bestehenden Aufwärtstrends (gestrichelt dargestellt), doch der deutsche REX erholte sich anschließend. Das vorangegangene Hoch konnte allerdings nicht mehr überschritten werden, es bildete sich eine rechte Schulter. Ein weiteres Verkaufssignal war der Bruch des etwas flacher verlaufenden circa 1,5-jährigen Aufwärtstrends innerhalb der rechten Schulter. Die Vollendung der Schulter-Kopf-Schulter-Formation war der Bruch der Nackenlinie kurz nach dem Bruch des Aufwärtstrends. Entsprechend der Kurszielbestimmung aus der Schulter-Kopf-Schulter-Formation konnte ein Rutsch bis auf den langjährigen Aufwärtstrend, der seit 1994 Bestand hatte, prognostiziert werden. Doch auch dieses »Mindestkursziel« wurde nach unten durchschritten.

Hinweis zum Kursziel bei einer SKS

Bei einer Schulter-Kopf-Schulter-Formation wird das errechnete Kursziel als »Mindestkursziel« bezeichnet. Dies bedeutet, dass dieses Kursziel nicht nur erreicht, sondern auch übertroffen werden kann. Beachten Sie dabei jedoch, dass jedes Kursziel immer nur eine Annahme über ein mögliches Szenario darstellt. Ein Kursziel stellt keine Garantie für den prognostizierten Ablauf dar.

Wesentlich bei einer Formationsanalyse ist es zudem, dass die entsprechenden Annahmen auch oftmals nur dann bestätigt werden und eintreffen, sofern eine exakte Analyse und Interpretation im Einklang mit den idealtypischen Verhaltensmustern erstellt wird. Und für die Schulter-Kopf-Schulter-Formation gilt: Aussagekräftig ist diese Formation nur in einer Phase der Euphorie im Markt. Auch vermeintliche Profis wenden die SKS einfach falsch an, wenn dieser Parameter nicht berücksichtigt wird (vorhergehender ausgeprägter Aufwärtstrend), und lediglich die grafische Struktur einer SKS beachtet wird. Ein Beispiel soll Letzteres verdeutlichen:

Versetzen Sie sich hierzu einmal zurück in die Zeit vor der Jahrtausendwende. In 1998 fiel der DAX dramatisch – um sich Ende 1998 wieder zu erholen. Skepsis gegenüber der Erholung war eher im Markt zu finden als Euphorie. Nach dem drastischen Vertrauensverlust in steigende Kurse durch die Baisse in 1998 setzte sich im weiteren Verlauf ein ausgedehnter Sägezahnmarkt durch. In dessen Verlauf wurden im DAX zwischen Oktober 1998 bis Oktober 1999 von einigen Technischen Analysten in den Medien drei Schulter-Kopf-Schulter-Formationen ausgemacht.

Die erste SKS: Eine kurzfristige Schulter-Kopf-Schulter-Formation im Zeitraum von Oktober bis Dezember 1998. Übersehen wurde hierbei, dass der vorangegangene starke Abwärtstrend (Juli – Oktober 1998) keinerlei Euphorie aufkommen ließ. Ein zweites wesentliches Merkmal fehlte zudem: ein langfristiger Aufwärtstrend, der innerhalb der Formation hätte gebrochen werden können. Und auch die Proportionen zwischen der zeitlichen Dauer der vorangegangenen Aufwärtsbewegung und der zeitlichen Dauer der SKS passten einfach nicht. Damit waren die SKS und das Verkaufssignal, der Bruch der vermeintlichen Nackenlinie, nicht aussagekräftig.

Abbildung 85: DAX von Oktober 1998 bis Oktober 1999 mit drei fehlerhaften Interpretationen von potenziellen Schulter-Kopf-Schulter-Formationen – chart provided by Metastock

Die zweite SKS: Eine kurzfristige Schulter-Kopf-Schulter-Formation im Zeitraum von April bis Juni 1999. Da der DAX in einem übergeordneten Seitwärtstrend verlief und der Schulter-Kopf-Schulter-Formation wiederum kein langfristiger Aufwärtstrend voranging, war auch diese SKS ohne jedwede Aussagekraft. Die Bandbreite (Höhe) der Schulter-Kopf-Schulter-Formation war zudem nicht größer als der gesamte vorherige kurzfristige Aufwärtstrend. Auch dieses Merkmal einer fehlerhaften Symmetrie war ein Zeichen für eine sehr untergeordnete Rolle und geringste Aussagekraft der Formation.

Die dritte SKS: Eine langfristige Schulter-Kopf-Schulter-Formation im Zeitraum April bis September 1999 mit »prognostiziertem« Kursziel bis 3.200 Punkte. Die erste Schulter war die oben beschriebene zweite SKS – der Kopf das Hoch im Juli 1999 und die rechte Schulter der Bereich im September 1999. Doch auch hier war kein ausgeprägter Aufwärtstrend im Verhältnis zu der Formationshöhe erkennbar. Euphorie fehlte gänzlich und langfristige Aufwärtstrends wurden innerhalb der Formation nicht gebrochen. Der Schwachpunkt der letzten angenommenen Schulter-Kopf-Schulter-Formation war vor allem, dass hier eine Formation vorweggenommen wurde, die noch gar nicht vollendet war. Die Nackenlinie, welche bei circa 4.950 Punkten verlaufen sollte, wurde nie durchbrochen.

Publiziert von Experten im Internet oder auch im Börsen-Fernsehen jagten die entsprechenden negativen Prognosen aufgrund der Schulter-Kopf-Schulter-Formationen natürlich dem Börsenlaien einen gehörigen Schrecken ein. Relevant für Sie als Anleger ist es daher, stets die Interpretationen der »Profis« kritisch zu hinterfragen. Denn wie dargestellt, ist eben eine rein grafische Formation kein Garant für die Aussagekraft der eigentlich sehr passablen Schulter-Kopf-Schulter-Formation, sofern diese eben auch die Ernüchterung nach einer Euphoriephase anzeigt. Achten Sie immer auf den einer Formation innewohnenden Charakter.

Nur ein Trend kann umgekehrt werden!

Wie oben dargelegt, treten die rein grafischen Gebilde einer Chartformation auch in Seitwärtstrends auf. Wenn Sie jedoch ein klassisches Umkehrmuster wie eine Schulter-Kopf-Schulter-Formation in einem Sägezahnmarkt entdecken, seien Sie bitte vorsichtig in der Interpretation. Denn dann befindet sich die Masse der Marktteilnehmer nicht in einer gleichgerichteten aufwärtsgerichteten Verhaltenstendenz. Es zeigt sich eher eine Pattsituation zwischen Bullen und Bären. Umkehrsignale und Umkehrformationen bedingen also auch eines vorhergehenden Trends. In einem trendlosen, unsicheren Markt ist die Aussagekraft einer Trendumkehrformation entsprechend eingeschränkt oder gar völlig bedeutungslos.

Ein weiteres Beispiel für die falsche Anwendung einer vermeintlichen SKS aus der jüngeren Vergangenheit zeigt der DAX in 2009:

Im Sommer 2009 wurde im Kursverlauf des DAX von manchen Chartisten und Börsianern eine SKS ausgemacht. Das Ende der Erholung nach der Finanzkrise – das Vertrauen in steigende Kurse war allgemein noch sehr angeschlagen – wurde schon ausgerufen. Die grafische Interpretation war durchaus korrekt. Zudem wurde ein jedoch eben nur kurzfristiger Aufwärtstrend im Kopf der SKS gebrochen. Es fehlte aber auch hier wieder Euphorie im Markt, um dieser SKS eine nachhaltige Aussagekraft zu geben. Spätestens nach dem nur sehr kurzzeitigen Ausbruch unter die vermeintliche Nackenlinie mit sodann sehr schneller Erholung UND dem Bruch des kurzfristigen Abwärtstrend-Kanals nach oben hätte hier ein Umdenken erforderlich sein müssen. Der Ausbruch aus dem Abwärtstrendkanal konnte zudem als klares Kaufsignal gedeutet werden – der Abwärtstrendkanal stellte eine Flagge (Erläuterung nachfolgend) dar. Die Annahme einer SKS war hier einfach schlicht und ergreifend falsch gewesen.

Abbildung 86: DAX von Oktober 2008 bis August 2009 mit fehlerhafter Interpretation des Kursverlaufs – chart provided by Metastock

Wie kann eine Phase der Euphorie festgestellt oder gemessen werden?

Einerseits zeigt Ihnen die allgemeine Marktstimmung, ob eine Phase der Euphorie vorliegt. Sofern Ihr Nachbar, Ihre Schwiegermutter oder der Taxifahrer über Aktien sprechen und selbst die großen Boulevard-Zeitungen Anlageempfehlungen thematisieren, dann ist das Ende einer Hausse nicht mehr weit. Eine allgemeine Blase ist entstanden, entsprechend den massenpsychologischen Ansteckungseffekten. Aber auch die Technische Analyse zeigt Ihnen mit einfachen Hilfsmitteln an, ob ein Markt oder eine Aktie sich in einem eher euphorischen, überbewerteten oder auch in einem depressiven, vollends ausgebombten Zustand befindet.

Hierzu können Sie einen Indikator, den gleitenden Durchschnitt verwenden. Ein gleitender Durchschnitt ist das arithmetische Mittel einer Reihe von Kursen. Ein gleitender Durchschnitt über 200-Tage rechnet sämtliche Schlusskurse dieser 200 Handelstage zusammen und dividiert diese Summe durch 200. In Abbildung 87 ist der DAX von 1998 bis 2010 dargestellt mit seinem 200-Tage gleitenden Durchschnitt (kurz 200-GD oder auch 200-Tagelinie genannt). Sie können gut erkennen, dass diese Linie den Kursverlauf des DAX sehr stark glättet. In einem kräftigen Aufwärtstrend verläuft dieser Indikator, der 200-GD, unterhalb der Kurse und in einem Abwärtstrend oberhalb der Kurse. Pendelt dagegen der Kurs um die 200-Tagelinie, so liegt eher eine Phase der Unsicherheit vor.

Je schneller der DAX steigt oder auch fällt, nimmt der Abstand des DAX von der 200-Tagelinie zu, entweder mit einem positiven oder negativen Vorzeichen. Je größer nun dieser Abstand ist (berechnet als prozentualer Abstand des DAX von der 200-Tagelinie), desto höher ist auch im positiven Fall die Möglichkeit einer Euphorie im Markt oder im negativen Fall die Wahrscheinlichkeit einer depressiven Verstimmung. Eine Schulter-Kopf-Schulter-Formation, die ja eigentlich eine Trendumkehr anzeigen sollte, die jedoch in einer Phase auftritt, bei der der DAX in der Nähe des 200er-GD notiert, hat somit auch keine sonderlich hohe Aussagekraft. Denn es liegt weder eine Euphorie noch eine Depression (mit einer inversen SKS) im Markt vor.

Im unteren Teil des dargestellten Charts (Abbildung 87) ist der prozentuale Abstand des DAX-Schlusskurses zum 200er-GD abgetragen. Dieser Indikator wird als Disparitätsindex oder auch als KAIRI, je nach Chartsoftware unterschiedlich, bezeichnet. In der Vergangenheit zeigte sich im DAX stets eine ausgeprägte Euphorie-Situation, sofern dieser Indikator einen Wert von über 20 Prozent erreichte. Eine starke depressive Stimmung dagegen darf bei einem Wert unter -15 Prozent angenommen werden.

Diese Angaben sind Erfahrungswerte. Letztlich können Sie dies jedoch als grobe Richtschnur betrachten. Erhalten Sie ein Verkaufssignal, einen Trendbruch oder einen Ausbruch aus einer Trendumkehrformation in einer Phase der »Euphorie« mit einem hohen positiven Wert des Indikators, dann ist die Aussagekraft dieses Signals einfach höher als bei einem gleichartigen Verkaufssignal, welches direkt in der Nähe des 200er-GD auftritt, so wie im Falle der vermeintlichen SKS im Jahre 2009. Interessant natürlich auch die Phase 1998/99. Auch hier war keine starke Übertreibung nach oben festzustellen, die einer SKS eine hohe Aussagekraft verliehen hätte. Nachfolgend ein Beispiel für eine aussagekräftige Schulter-Kopf-Schulter-Formation. Betrachten Sie hierzu bitte den Kursverlauf des Hang-Seng-Index (Abbildung 88).

Abbildung 87: DAX von 1996 bis 2013 mit 200-Tage gleitendem Durchschnitt. Eingekreist sind die Phasen mit fehlerhaften SKS-Interpretationen – chart provided by Metastock

Dieser verlief von 2003 bis 2007 in einem langfristigen Aufwärtstrendkanal. In Form einer Übertreibung (Euphorie) brach der Kurs noch Ende 2007 kurz über die obere Begrenzung des Aufwärtstrendkanals nach oben aus, um sodann aber eine Kehrtwende einzuleiten. Der Ausbruchsversuch scheiterte und stellte somit auch ein Fehlsignal dar, mit entsprechend negativen Konsequenzen. Nach Test der Aufwärtstrendlinie in 2008 und leichter Erholung hiervon kam der Kurs nochmals zurück. So zeigte sich Anfang 2008 eine SKS mit schräg verlaufender Nackenlinie. Der Aufwärtstrend wurde kurz vor dem Bruch der Nackenlinie in der rechten Schulter verlassen. Der Bruch der Nackenlinie stellte sodann ein Verkaufssignal dar. Entsprechend der Ableitung des Kurszieles konnte auf fallende Kurse gewettet oder Aktienengagements verkauft werden.

Abbildung 88: Hang Seng von 2002 bis 2012 – Eine SKS im Zeitraum 2007/2008 mit vorherigem Fehlausbruch über die obere Trendkanalbegrenzung (Anzeichen von Euphorie) – chart provided by Metastock

Schulter-Kopf-Schulter-Formationen sind sehr aussagekräftige Trendwendemuster, sofern alle Parameter stimmig sind. Abbildung 89 zeigt den Kursverlauf der RIB Software AG. Dieser Wert bildete in 2014 in den Wochenkerzen eine potenzielle Schulter-Kopf-Schulter-Formation aus. Der langfristige Trend wurde im Kopf gebrochen. Anfang Oktober 2014 bestand somit das Risiko weiterer Verluste.

Doch Vorsicht! Ein Merkmal für eine sehr hohe Aussagekraft der Formation fehlte hier – die zeitliche Dimension der SKS selbst betrug circa sieben Monate (von März bis Oktober 2014), der vorherige Aufwärtstrend lief von Juni 2013. Somit war die zeitliche Dimension des Aufwärtstrends bis zum Beginn der SKS von rund acht bis neun Monaten nur unwesentlich länger als die eigentliche SKS. Die Seitwärtsbewegung seit März 2014 konnte somit auch nur eine einfache Konsolidierung darstellen.

Abbildung 89: RIB Software AG von März 2013 bis Oktober 2014 – Eine potenzielle SKS in den Wochenkerzen. Die Aussagekraft war jedoch eingeschränkt. Abgebildet sind drei mögliche Szenarien sowie Widerstands- und Unterstützungszone – chart provided by guidants.com

Abbildung 89 stellt sowohl die potenzielle SKS dar als auch mögliche Szenarien (Richtungspfeile) sowie eine Unterstützungs- und Widerstandszone. Der Chart entstammt einer Analyse, die der Autor am 09.10.2014 auf der Internetplattform www.godmode-trader.de veröffentlichte.

Im weiteren Verlauf des Oktobers 2014 wurde die SKS auch vollendet mit Bruch der Nackenlinie (Abbildung 90). Doch weiteres Verkaufsinteresse kam nicht mehr auf. Auch ein wiederholter Bruch der Nackenlinie im November 2014 lockte keine Verkäufer mehr. Vielmehr zeigte sich, dass der Markt bereinigt war und all die Verkäufer, die bereit gewesen waren, den Wert aus ihren Depots zu jagen, nun allein dastanden. Es gab nachfolgend keine Verkäufer mehr und der Wert konnte in den Folgemonaten kräftig ansteigen. Der »Fehlausbruch« unter die Nackenlinie zeigte eher an, dass nun die Bullen das Zepter in die Hand nahmen und der Weg insbesondere nach Bruch des Abwärtstrendkanals nach oben frei war.

Abbildung 90: RIB Software AG von Ende 2013 bis Oktober 2015 – Fehlausbrüche unter die potenzielle SKS in den Wochenkerzen ließen nach Bruch des Abwärtstrendkanals wieder steigende Kurse erwarten – chart provided by guidants.com

Neben den oben besprochenen Schulter-Kopf-Schulter-Formationen in idealer grafischer Ausprägung mit linker und rechter Schulter sowie einem Kopf können sich auch komplexere Formationen ausbilden, mit mehreren Schultern.

Ein Beispiel für eine recht komplexe SKS bildete sich im Kursverlauf der KRONES AG von 2015 bis 2016 aus (Abbildung 91). Nach einem langfristigen Aufwärtstrend, der in 2012 begann, konsolidierte der Wert innerhalb eines langfristigen Aufwärtstrendkanals und bildete hierbei zwei linke Schultern, einen Kopf und eine breit gezogene rechte Schulter aus.

Mit Bruch der Nackenlinie, die in diesem Beispiel eher als breitere Unterstützungszone ausgemacht werden konnte, setzten sodann auch deutlichere Verkäufe ein. Zudem wurde vorab der langfristige Aufwärtstrend verlassen. Interessant ist allerdings, dass Ende Oktober 2016 der Wert ein doppeltes Tief ausbildete und sich mit Break des hier gültigen Zwischenhochs eine W-Formation ausbildete. Diese wurde nachfolgend auch vollendet und der Abwärtstrend verlassen – die Aktie konnte in den Folgemonaten wieder in Richtung der alten Tops ansteigen. Das Kursziel aus der komplexeren SKS wurde nicht erreicht.

Abbildung 91: KRONES AG von 2013 bis Oktober 2016 – Eine komplexe SKS im Kursverlauf im Zeitraum mehrerer Monate von 2015 bis Mitte 2016 mit sich bildender W-Formation Ende Oktober 2016 – chart provided by guidants.com

Börse und Chartanalyse ist daher stets als dynamischer Prozess zu verstehen. Aus dem Bruch des langfristigen Aufwärtstrends und der Unterstützungszone (Nackenlinie) der SKS ein Verkaufssignal abzuleiten war richtig – ebenso sinnvoll wäre jedoch dann ein Kauf nach Vollendung der W-Formation UND nach Bruch des Abwärtstrends gewesen. Letztere Entscheidung auch im Einklang mit der langfristigen Perspektive der Monatskerzen. In Abbildung 92 ist die langfristige Zeitebene der Monatskerzen (Candlestick-Darstellung) abgebildet. Die in den Tageskerzen komplexe SKS wird in den Monatskerzen »geglättet« und kann hier gut als SKS erkannt werden. Relevant ist jedoch auch stets ein Tief einer längeren weißen Monatskerze als potenzielles Unterstützungs- und somit Käuferniveau. Das Tief vom März 2015 (lange weiße Kerze) bei 86,25 Euro fungierte als wesentliche Unterstützung, die Ende 2016 auch bestätigt wurde. Ein Kauf in Verbindung mit der W-Formation in den Tageskerzen erhielt somit auch aus langfristiger Perspektive eine erhöhte Aussagekraft! Versuchen Sie stets, die lang- und kurzfristigen Zeitebenen zu verknüpfen.

Abbildung 92: KRONES AG von 2011 bis 2017 – Verknüpfung von kurz- und langfristigen Zeitebenen als Erfolgsfaktor in der Chartanalyse. Relevante Unterstützung in den Monatskerzen UND eine W-Formation in den Tageskerzen als Chance einer Bodenbildung Ende 2016 – chart provided by guidants.com

Fortsetzungs-SKS

Eine weitere Möglichkeit, das grafische Bild einer SKS als Signalgeber zu nutzen, besteht in der »Fortsetzungs-SKS«. Die Schulter-Kopf-Schulter-Formation wird hierbei als Fortsetzungsmuster im Abwärtstrend betrachtet. Die Sinngebung mag allerdings eher fraglich erscheinen, da im Abwärtstrend Euphorie als der SKS innewohnendes Charaktermerkmal völlig fehlen sollte.

Die Idee ist vielmehr, dass der Glaube der Marktteilnehmer an weiterhin fallende Kurse innerhalb der Formation abnimmt und Erholungen, also die Schultern sowie der Kopf der Formation, Kaufneigung widerspiegeln, die jedoch bei Bruch der Nackenlinie arg enttäuscht wird und dementsprechend auch Handelsnotwendigkeit bei den vorherigen Käufern erzwingt. Ein Beispiel zeigt der Kursverlauf der E.ON-Aktie innerhalb eines langfristigen Abwärtstrendkanals Anfang 2016 in den Tageskerzen.

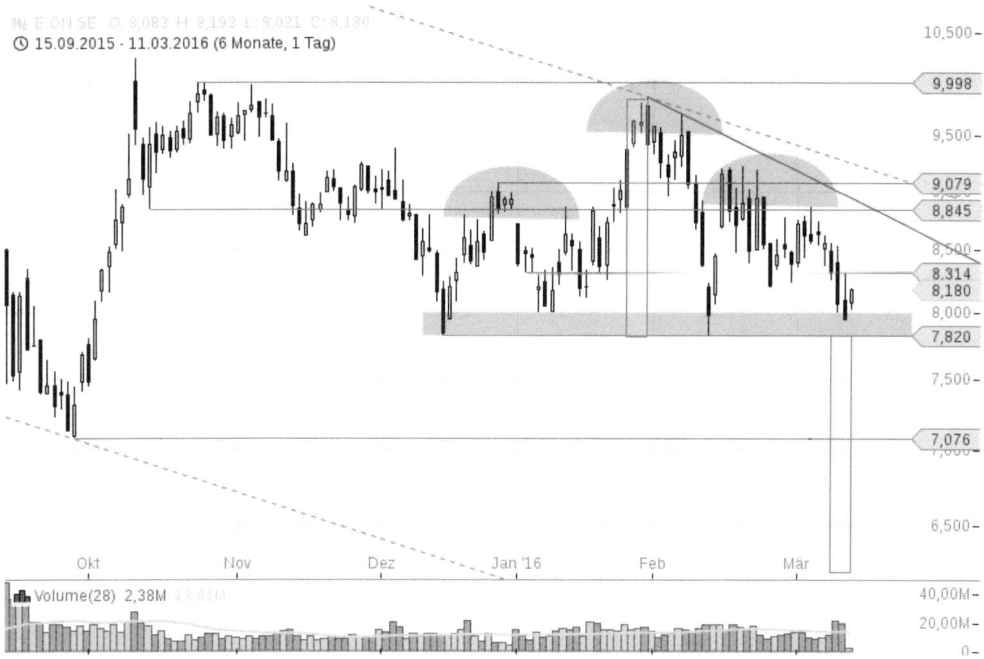

Abbildung 93: E.ON SE von September 2015 bis März 2016 – Eine potenzielle »Fortsetzungs-SKS« im Kursverlauf, die jedoch nicht mehr vollendet wurde – chart provided by guidants.com

Die Formation wäre jedoch erst bei einem Fall unter die Nackenlinie bei circa 7,82 Euro vollendet – das Kursziel aus der SKS im Chart wurde grafisch abgeleitet. Im weiteren Verlauf wurde diese potenzielle Formation jedoch nicht mehr vollendet. Die E.ON-Aktie lief noch über den Sommer 2016 seitwärts und fiel erst im September 2016 deutlich abwärts. Zum späteren Zeitpunkt war die Fortsetzungs-SKS hinfällig. Der Ausbruch aus der rund einjährigen Kursbandbreite (*Range*) war allerdings ein kräftiges Verkaufssignal, und der Kurs rutschte sodann deutlich nach unten.

Grundsätzlich können Sie alle Formationen in allen beliebigen Zeitebenen nutzen, um entsprechende Richtungssignale zu erhalten. So können Sie auch im Day-Trading im 5-Minuten-Chart Formationen nutzen. Diese haben dann selbstverständlich nur eine sehr kurzfristige zeitliche Aussagekraft. Sehr kurzfristige Signale können für den kurzfristig orientierten Day-Trader auch die Stundenkerzen erbringen. Achten Sie jedoch darauf, dass Sie die Zeitebenen nie isoliert für sich betrachten, sondern die Zeitebenen (zum Beispiel Monat, Woche, Tag, Stunde) miteinander verknüpfen. Im kurzfristigen Chart ist es dann sinnvoll, in Richtung der mittel- und langfristigen Trends zu handeln.

Für den privaten Anleger jedoch gilt ein relevanter Grundsatz: **Große Formationen haben große Auswirkungen, kleine Formationen nur kleine Wirkungen.** Achten Sie, um zu investieren, auf die aussagekräftigen lang- und mittelfristigen Formationen, die sich über mehrere Wochen oder gar Monate ausbilden. Haben Sie Geduld und handeln Sie stets die Signale, mit denen Sie sich wohlfühlen, die aussagekräftig sind und mit denen Sie sich schon längere Zeit beschäftigt haben.

Abbildung 94: E.ON SE von September 2015 bis Oktober 2016 – Chartanalyse als dynamischer Prozess. Die Fortsetzungs-SKS wurde nicht vollendet – Erst mit Ausbruch aus der einjährigen Range ergab sich ein kräftiges Verkaufssignal – chart provided by guidants.com

Depression im Markt – Die umgekehrte Schulter-Kopf-Schulter-Formation

Für die Bodenformation einer Schulter-Kopf-Schulter-Formation, der umgekehrten oder inversen SKS, gelten die gleichen Merkmale wie bei der oben besprochenen bullishen Variante – analog jeweils umgekehrt. Statt eines Distributionsprozesses läuft der Markt in eine umfassende Akkumulationsphase hinein, einer Umverteilung von Wertpapieren von den »zittrigen« in die »starken« Hände.

Ein interessantes Beispiel für eine solche Akkumulationsphase zeigt der Kursverlauf des US-Unternehmens Caterpillar in Abbildung 95. Im Zuge der Finanzkrise 2008 rutschte der Kurs ordentlich in den Keller. Eine erste Erholung Ende 2008 erwies sich als Strohfeuer. Die Kurse purzelten Anfang 2009 nochmals drastisch. Von dieser Abwärtsbewegung erholte sich der Kurs jedoch und brach auch im Kopf der Formation den recht steilen Abwärtstrend. Anschließend fiel der Kurs etwas zurück und bildete hierbei die rechte Schulter aus. Die Nackenlinie der umgekehrten SKS verläuft bei diesem Beispiel recht schräg, der Bruch der Nackenlinie erwies sich als gutes Kaufsignal. Beachten Sie bitte, wie dynamisch, mit viel Kraft die Nackenlinie nach oben genommen wird. Zudem zeigt sich auch ein deutlicher Umsatzanstieg bei Ausbruch aus der umgekehrten SKS. Damit war hier ein interessantes Kaufsignal gegeben.

Abbildung 95: Caterpillar von April 2007 bis Ende 2010 – Eine inverse, nicht idealtypische SKS mit nach unten schräg laufender Nackenlinie – chart provided by tradesignalonline.com

Lediglich die Proportionen stimmen nicht. Der zeitliche Umfang der umgekehrten SKS ist hier sogar ausgedehnter als der gesamte vorherige Abwärtstrend. Auch der Umfang der Kursspanne der inversen SKS ist in etwa gleich der Kursspanne der vorherigen Abwärtsbewegung. Damit war die Aussagekraft durchaus eingeschränkt, das maximal ableitbare Kursziel fraglich. Für eine gute Aussagekraft sprachen hingegen die deutliche Depression im Markt im Kopf der inversen SKS und natürlich das idealtypische Umsatzverhalten.

Letztlich konnte hier nach Bruch der Nackenlinie ein Kauf gewagt werden, denn der der Formation innewohnende Charakter, die Akkumulation in einer depressiven Phase, war gegeben. Innerhalb der Formation wurde ein Abwärtstrend verlassen, nachfolgend wurde ein weiterer Abwärtstrend geknackt und es bildete sich ein neuer Aufwärtstrendkanal. Entsprechend der wichtigen Börsenregel: Gewinne laufen lassen – konnte auch im weiteren Verlauf ein schöner Gewinn erzielt werden. Kursziele waren einerseits die Rückkehrlinie des seit dem Tief konstruierbaren Aufwärtstrendkanals als auch für das beste anzunehmende Szenario das Kursziel aus der inversen SKS. Übung: Zeichnen Sie einmal Abwärts- und Aufwärtstrendlinien oder Kanäle in den Kursverlauf ein.

Eine ebenfalls nicht idealtypische inverse SKS sei nachfolgend in Abbildung 96 vorgestellt. Letztlich bringt nicht immer der lehrbuchhafte Verlauf einer Formation den Erfolg mit sich, sondern eher das richtige Erkennen des Charakters der Formation im Marktkontext.

Abbildung 96: Celesio AG von Januar 2011 bis März 2012 – Komplexe inverse SKS als Bodenbildung – chart provided by Metastock

Im Kursverlauf der Celesio AG bildete sich ein rund halbjähriger Abwärtstrend aus. Nicht ungewöhnlich ist es, wenn nach einem Abwärtstrend der Versuch einer Bodenbildung vorerst in Form einer Seitwärtsbewegung beginnt. Die Marktteilnehmer sind sich unsicher über die weitere Richtung. Kurzfristige Erholungen werden so verkauft und einige Bullen halten dagegen und kaufen eine vermeintliche Unterstützung. So bildete sich eine Range, eine Seitwärtsbewegung aus. Im Kursverlauf der Celesio AG wurde die anfängliche Range von August bis Ende September 2011 jedoch nach unten verlassen. Ein Verkaufssignal. Mit der recht zügigen Erholung und der Rückkehr in die vorherige Range konnte dieses Verkaufssignal als Fehlsignal, als Bärenfalle interpretiert werden. Die Chance auf eine Bodenbildung stieg damit an. Das Vertrauen in steigende Kurse war jedoch noch nicht wiederhergestellt, immerhin hatte die Aktie zuvor rund die Hälfte ihres Wertes eingebüßt.

Neues Vertrauen in steigende Kurse nach einem derartigen Kurseinbruch bedarf auch der Zeit. So pendelte der Kurs bis zum Ende des Jahres 2011 innerhalb der Range hin und her. Das gesamte Verlaufsmuster seit August 2011 bis Ende 2011 konnte hierbei als umgekehrte SKS interpretiert werden. Eine komplexe umgekehrte Schulter-Kopf-Schulter-Formation mit mehreren linken und rechten Schultern. Die beiden konstruierbaren Abwärtstrendlinien wurden in den rechten Schultern gebrochen, die obere Begrenzung der Range konnte als Nackenlinie bezeichnet werden. Der Ausbruch aus der umgekehrten SKS war somit in Verbindung mit dem Bruch der Trendlinien ein Kaufsignal. Interessant auch hier der kurzfristige Rücklauf an die Nackenlinie nach vorherigem Ausbruch, ein mustergültiger Pullback. Das ableitbare Kursziel wurde erreicht.

Ein weiteres Beispiel für eine umgekehrte SKS ist in Abbildung 97 dargestellt (Währungspaar Euro zum US-Dollar). Innerhalb eines ausgeprägten Abwärtstrendkanals bildete sich eine umgekehrte, allerdings nicht ideale Schulter-Kopf-Schulter-Formation heraus. Denn die Nackenlinie ist nicht horizontal, sondern deutlich abwärtsgerichtet. Innerhalb der SKS wurde ein kurzfristiger, rund viermonatiger Abwärtstrend im Bereich der rechten Schulter getestet und auch mit Bruch der Nackenlinie deutlich gebrochen. Erstes Kursziel war hierbei die Abwärtstrendlinie sowie als zweites Kursziel sodann das aus der inversen SKS ableitbare Aufwärtspotenzial.

Somit konnte auch eingeplant werden, dass der Abwärtstrendkanal verlassen werden könnte. Mithin konnte auch ein drittes Kursziel, entsprechend der nach oben abgetragenen Schwankungsbreite des potenziell verlassenen Trendkanals, konstruiert werden. Letztlich läutete der Bruch der Nackenlinie eine Kehrtwende ein, die nachfolgend in Verbindung mit dem Bruch des langfristigeren Abwärtstrends ein gutes Kaufsignal darstellte. Ein Vorgriff auf die Erläuterung der Candlesticks sei hier erwähnt: Der Bruch der Nackenlinie mit einer langen weißen Wochenkerze unterstreicht hier das Kaufsignal als aussagekräftig, da eine lange weiße Kerze, die insbesondere einen Widerstand knackt, eine deutliche Stimmungsverbesserung darstellt.

Das Kursziel aus der inversen SKS wurde relativ schnell erreicht. Anzumerken bleibt, dass im besprochenen Beispiel des EUR/USD diese Formation nur eine eher kurzfristige Bedeutung hatte und kein gegenteiliger langfristiger Aufwärtstrend eintrat. Denn einerseits war im Gegensatz zur Schulter-Kopf-Schulter-Formation bei NIKE (Abbildung 82) der Zeitraum des direkt vor der SKS befindlichen Abwärtstrends hier auch kürzer, damit jedoch auch dem Prognosezeitraum entsprechend kurzfristiger. Und andererseits war das Vertrauen in steigende Kurse nach der kräftigen Abwertung des Euro gegenüber dem US-Dollar in den vorherigen Jahren noch nicht wiederhergestellt. Erst nach einer längeren Phase der Unsicherheit bis ins Jahr 2002 und mit Ausbruch aus einem langfristigen symmetrischen Dreieck konnte der Euro ab Mitte 2002 wieder zugewinnen (Abbildung 98).

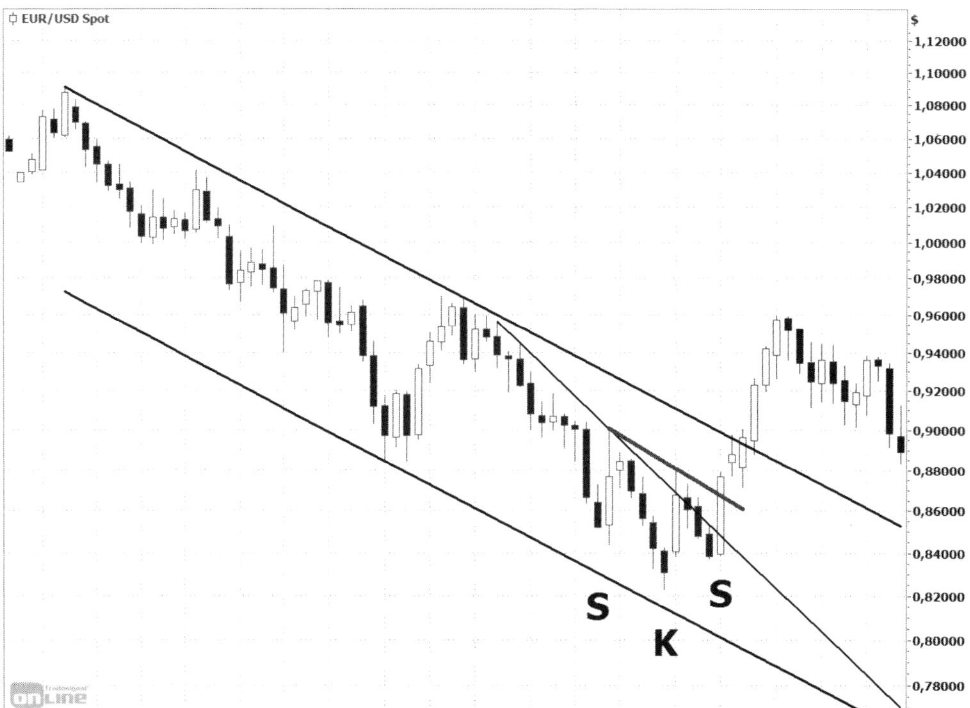

Abbildung 97: Währungspaar EUR/USD von September 1999 bis März 2001 – Candlesticks auf Wochenbasis. SKS im Zeitraum September bis Dezember 2000 – chart provided by tradesignalonline.com

Abbildung 98: Währungspaar EUR/USD von September 1999 bis Juli 2003 – Candlesticks auf Wochenbasis – chart provided by tradesignalonline.com

Einen interessanten Kursverlauf zeigte die Aktie des französischen Medienkonzerns Videndi S.A. im Zeitraum 2008 bis 2016. Im Laufe der Finanzkrise bildete sich ein Abwärtstrendkanal, der erst 2013 verlassen wurde. Von Mitte 2011 bis Mitte 2013 bildeten die Monatskerzen eine inverse Schulter-Kopf-Schulter-Formation (Abbildung 99).

Als Nackenlinie fungierte statt einer horizontalen Widerstandslinie eine Widerstandszone. Mit einer Pendelbewegung um die Abwärtstrendlinie zum Jahreswechsel 2012/2013 und längeren weißen Monatskerzen im Juli, September und Oktober 2013 wurde die inverse SKS vollendet und der Wert konnte weiter zugewinnen. Allerdings wurde das grafisch abgeleitete Kursziel aus der inversen SKS erst nach einem nochmaligen Rücksetzer zum Ende des Jahres 2014 hin erreicht. Die vorherige Nackenlinie (Widerstandszone) wurde sodann zur Unterstützungszone. Nachdem jedoch das Kursziel Mitte 2015 erreicht wurde, setzte wiederum eine Trendwende ein (mit Bruch eines im Chart allerdings nicht eingezeichneten langfristigen Aufwärtstrends wurde diese Trendwende untermauert).

Vorsicht besteht letztlich stets bei nicht idealtypisch ausgeprägten Formationen, bei denen einzelne Merkmale der Definition fehlen. Die Aussagekraft ist sodann eingeschränkt, die ableitbaren Kursziele fragwürdig. Da Trendwende-Formationen jedoch oftmals mit Euphorie im Markt nach Aufwärtstrends oder Depression nach Abwärtstrends auftreten, somit nach Phasen einer Übertreibung im Kursverlauf und die nachfolgenden Reaktionen (Ernüchterung oder Erleichterung) in der Regel dynamisch verlaufen, können auch nicht ideal ausgeprägte Formationen einen Hinweis auf starke Kursbewegungen geben – sofern andere Merkmale im Markt, zum Beispiel mathematisch vom Kursverlauf abgeleitete Indikatoren oder Stimmungsindikatoren auf Über- oder Untertreibungen hinweisen. Hier sei nochmals auf Seite 147 ff. verwiesen und die Anwendung der 200-Tagelinie und deren prozentualer Abstand zum eigentlichen Kurs, um eine Über- oder Untertreibung zu erkennen.

Abbildung 99: Vivendi S.A. von Ende 2005 bis Anfang 2016 – Inverse SKS im langfristigen Bild der Monatskerzen – chart provided by guidants.com

Daneben können aber auch Tageszeitungen und deren Überschriften, als weitere Mosaikbausteine für eine Analyse des Marktes, einen Aufschluss über die allgemeine Stimmung der Börsianer geben. Als Beispiel (Abbildung 100) sei dies am Kursverlauf des 100 Werte umfassenden britischen Leitindex FTSE 100 dargestellt. So fehlt hier ein langfristiger Abwärtstrend – die Zeitspanne der inversen

SKS ist deutlich länger als die des vorangegangenen Abwärtstrends. Die inverse SKS somit nicht ideal.

Abbildung 100: FTSE 100 von Ende 2012 bis Mitte 2017 – Inverse SKS im britischen Leitindex – chart provided by guidants.com

Doch schon vor dem britischen Referendum zum Brexit am 23. Juni 2016 war die Stimmung im Markt von Skepsis und großer Unsicherheit geprägt. Unsicherheit mögen die Marktteilnehmer nicht und halten sich in der Regel vor größeren Events zurück. Nachdem jedoch der Brexit beschlossen wurde, fiel die Unsicherheit über die weitere Richtung von den Anlegern ab. Der Londoner Aktienmarkt stieg nach der Entscheidung der Briten zum Brexit kräftig an. Zudem wurden in Verbindung mit einem kräftig fallenden britischen Pfund britische Aktien wieder attraktiv.

Im Markt schienen die Verkäufer zu fehlen – diese hatten sich scheinbar schon vor dem Referendum vom britischen Markt verabschiedet. Unter diesen Aspekten wurde der Ausbruch aus einer inversen SKS im FTSE 100 ein aussagekräftiges Signal. Zudem ließ der Kursverlauf des britischen Pfunds zum US-Dollar (GBP/USD) auch eine weitere Abwertung des britischen Pfunds erwarten, nachdem sich im dortigen Kursverlauf im ersten Halbjahr 2016 eine inverse SKS ausgebildet hatte (nach langfristigem Abwärtstrend), die jedoch nach dem Brexit-Referendum als Bodenbildung mit neuen Tiefs hinfällig wurde (Abbildung 101). Mit weiterhin fallenden Kursen im GBP/USD auch mit Ausbruch aus dem Abwärtstrendkanal nach unten konnte so von einer dynamischen Abwertung ausgegangen werden, die wiederum die Exportchancen der britischen Aktien steigern sollte.

Die Stimmung für britische Aktien und somit für den Leitindex FTSE 100 hellte sich zusehends auf. Diese Entwicklung war durchaus prognostizierbar. Technische Analyse erklärt nicht hinterher, was vorher niemand wusste! Als Beispiel sei es erlaubt, auf eine Chartanalyse vom 08. Juli 2016 hinzuweisen, die der Autor mit dem Titel *FTSE 100 – Vollendete inverse SKS!* und der Aussicht eines Kursziels bis circa 7.000 Punkten auf dem Internetportal www.wallstreet-online.de veröffentlichte.

Abbildung 101: GBP/USD von Mitte 2014 bis Mitte 2017 – Inverse SKS im ersten Halbjahr 2016 im Währungspaar GBP/USD wurde nach dem Brexit-Referendum als potenzielle Bodenbildung hinfällig. Mit Ausbruch aus dem Trendkanal nach unten ergab sich weiteres Abwärtspotenzial entsprechend der nach unten abgetragenen Schwankungsbreite des Trendkanals – chart provided by guidants.com

Der Trend am Ende – M- und W-Formationen

M- oder W-Formationen signalisieren das Ende eines Trends und sind daher Trendumkehrformationen. Idealerweise bilden M- oder W-Formationen den Abschluss eines langfristigen Trends.

- M-Formationen werden auch als *double-top* oder Doppel-Hoch bezeichnet.
- W-Formationen werden auch als *double bottom* oder Doppel-Boden bezeichnet.

Merkmale der M- /W-Formation

Kursverlauf: Bildet zwei Hochs (Tiefs) auf annähernd gleichem Niveau nach einem Auf- oder Abwärtstrend aus.

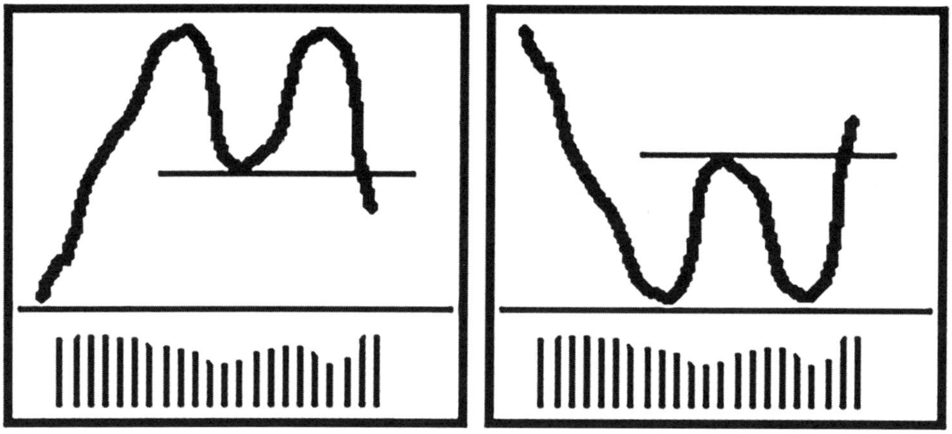

Abbildung 102: M- und W-Formation – Doppelhoch beziehungsweise ein Doppeltief (double-top/double bottom) nach einem ausgeprägten Trend als Umkehrformationen

Komplexere Formationen mit drei Hochs (Tiefs) werden als dreifaches Hoch (Tief) beziehungsweise *triple top* beziehungsweise *triple bottom* bezeichnet. Die Unterstützungs- (Widerstands-) linie, die am Korrekturtief (-hoch) zwischen den beiden Hochs (Tiefs) liegt, wird als Nackenlinie bezeichnet.

Das Volumen nimmt oftmals beim zweiten Hoch in der M-Formation und beim zweiten Tief der W-Formation ab. Der Durchbruch der Nackenlinie bei der M/W-Formation erfolgt mit höheren Umsätzen.

Zeitliche Ausdehnung: mindestens zwei Wochen bis zu einem Jahr.

Umsatzverhalten: Das Volumen ist innerhalb der Formation rückläufig. Die Umsätze nehmen beim zweiten Hoch (Tief) ab. Der Durchbruch der Nackenlinie erfolgt mit höheren Umsätzen und bekräftigt dann das Verkaufs- beziehungsweise Kaufsignal.

Charakter: Die M-Formation stellt meist den Abschluss von primären Trends dar. Innerhalb des ersten Hochs ist im Gesamtmarkt beziehungsweise für den entsprechenden Wert eine Phase der Euphorie der Marktteilnehmer zu beobachten. Bei W-Formationen liegen dagegen eher mittel- bis kurzfristigere Trends vor. W-Formationen, die innerhalb eines übergeordneten langfristigen Aufwärtstrends auftreten, bilden dabei oft den Abschluss einer Korrektur, das Ende eines kurz- bis mittelfristigen Abwärtstrend im übergeordneten Bullenmarkt aus.

Signal: Die Formation ist vollendet, wenn die Nackenlinie durchbrochen wird. Nach Durchbruch erfolgt oftmals ein Pullback.

Kursziel: Die horizontale Differenz zwischen dem Hoch (Tief) der M- beziehungsweise W-Formation und der Nackenlinie wird nach unten (oben) an der Ausbruchsstelle abgetragen.

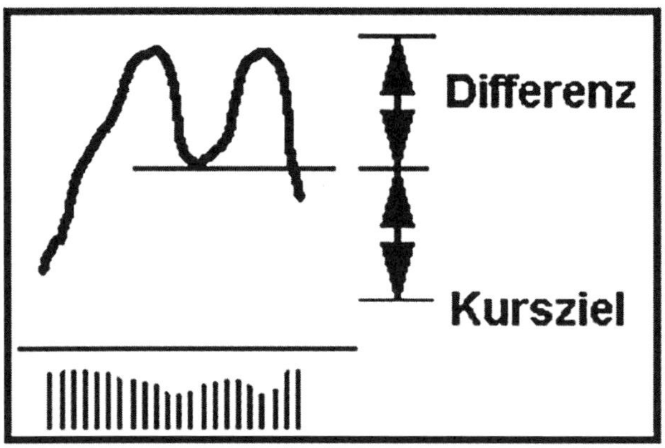

Abbildung 103: grafische oder rechnerische Kurszielableitung bei einer M-Formation – Entsprechend umgekehrt bei einer W-Formation

Die Definitionen der vorgestellten Formationen beziehen sich in der Regel auf Charts, die mit Tagesschlusskursen (im Linienchart) oder mit den Eröffnungs-, Hoch-, Tief- und Schlusskursen (zum Beispiel bei Tageskerzen oder Tages-Barchart) erstellt worden sind. Selbstverständlich treten diese Formationen, auch alle anderen Chartformationen, wie schon bei der Schulter-Kopf-Schulter-Formation beschrieben, auch in kurzfristigeren Zeiträumen auf. So können M- oder W-Formationen, Dreiecke, Keile oder auch eine SKS mit entsprechend kurzfristiger Aussagekraft im Swing- oder Day-Trading genutzt werden. Formationen in den sehr kurzfristigen Zeitebenen von zum Beispiel Stundenkerzen bis hin zu den 5-min-Kerzen sind durchaus praktikabel für den erfahrenen Anwender.

Beispiele für M- und W-Formationen

Nachfolgend einige Beispiele für M- und W-Formationen. So bildete sich im Kursverlauf der Südzucker AG nach einer Abwärtsbewegung ein erstes Tief im November 2016 aus, welches als Unterstützung nochmals im Dezember 2016 bestätigt wurde. Interessant ist hierbei, dass sich nach dem zweiten Tief eine sehr lange weiße Kerze ausbildete, die auf die Kraft der Bullen hinwies.

Abbildung 104: Südzucker AG von September 2016 bis Februar 2017 – W- und eine potenzielle, noch nicht vollendete M-Formation – chart provided by guidants.com

Nachdem Rücksetzer zudem im weiteren Verlauf aufgefangen wurden (lange Lunte an der zweiten schwarzen Kerze nach der sehr langen weißen Kerze) und der Kurs folgend ein Gap (Kurslücke) nach oben ausbildete, pendelte der Wert zwar kurzfristig um die Nackenlinie, doch letztlich konnte sich das positive Szenario weiter durchsetzen (Abbildung 104). So wurde Ende 2016 innerhalb eines langfristigen Aufwärtstrendkanals eine W-Formation nach oben verlassen. Das Kursziel aus der W-Formation wurde erreicht und noch übertroffen, doch die Erholung war von kurzer Dauer. Schon im Januar und Februar 2017 zeigten zwei Hochs auf annähernd gleichem Niveau deutliche Verkaufsneigung (Widerstandszone) an. Eine sehr lange schwarze Tageskerze Ende Februar stellte nun wiederum die Kraft der Bären dar und signalisierte die Möglichkeit einer Trendwende in Verbindung mit einer potenziellen M-Formation.

Zum Zeitpunkt des dargestellten Kursverlaufs war die M-Formation jedoch noch nicht vollendet – erst der Break der Nackenlinie stellte das Verkaufssignal der M-Formation dar. Als relevant im weiteren Verlauf ist auch das Gap Mitte Januar 2017 zu bewerten. Ein Gap (Kurslücke) ist erst einmal eine klare Kundgebung einer starken Stimmung im Markt – hier einer positiven Stimmungsverbesserung. Im Umkehrschluss wäre im weiteren Verlauf ein Fall unter die Gap-Unterkante sehr negativ, da sich dann die vorherigen Käufer aus dem Markt beziehungsweise dem Wert verabschiedet hätten. In Verbindung mit der potenziellen M-Formation wären so weiterhin fallende Kurse ein deutliches Verkaufssignal. Das negative Szenario setzte sich im weiteren Verlauf auch durch. Die Südzucker-Aktie verlor kräftig und fiel bis Mitte 2017 unter 20 Euro.

Im langfristigen Bild der Südzucker-Aktie (Abbildung 105) wird auch deutlich, dass die M-Formation und deren Tops unter dem Oktober-Hoch 2016 blieben. Das Kaufinteresse nahm ab, das Unvermögen der Bullen, das Oktober-Hoch 2016 zu erreichen und zu knacken, wies auf eine Schwäche im Aufwärtstrend hin. Auch der Umstand, dass die obere Begrenzung des langfristigen Aufwärtstrendkanals Anfang 2017 nicht mehr erreicht werden konnte, stellte eine sich abschwächende Kraft in der Aufwärtsbewegung dar. Eine Vollendung der M-Formation als Verkaufssignal erhielt somit eine hohe Aussagekraft als Verkaufssignal.

Abbildung 105: Südzucker AG von Ende 2014 bis Ende 2017 – Trendwende nach M-Formation – chart provided by guidants.com

Eine typische M-Formation als »historisches« Beispiel können Sie im Chart der adidas-Salomon AG erkennen (Abbildung 106). Hier sind zudem die abnehmenden Umsätze im zweiten Hoch der M-Formation gut ersichtlich. Das Interesse an adidas-Salomon ging zurück, die Mehrzahl der Marktteilnehmer nahm eine abwartende Haltung ein. Ein neues Hoch und damit eine Bestätigung des Aufwärtstrends kamen nicht zustande. Nachdem im weiteren Verlauf die Unterstützungslinie (Nackenlinie) der M-Formation UND der langfristige Trend gebrochen wurden, stieg der Handlungsbedarf extrem an. Mit ausgesprochen hohen Umsätzen stürzte die Aktie innerhalb von zwei Monaten um über die Hälfte ihres Wertes ab. Für den starken Kursrückgang gab es selbstverständlich auch fundamentale Fakten.

Die Unsicherheit über die weitere wirtschaftliche Entwicklung der adidas AG nach der Fusion 1997 mit dem defizitären Sportartikelhersteller Salomon war der ausschlaggebende Grund für den Verkaufsdruck auch der großen institutionellen Anleger. Im weiteren Verlauf erwies sich die Akquisition des vorwiegend auf den Wintersport fokussierten Unternehmens Salomon als sehr verlustreiches Geschäft. 2005 wurde Salomon wieder verkauft. Der Charttechniker konnte jedoch schon frühzeitig klare Verkaufssignale identifizieren und zum Ausstieg spätestens bei einem Niveau um 140 Euro raten (Anmerkung: Der Euro als »Buch-Währung« trat erst Anfang 1999 in Kraft, der Kursverlauf ist jedoch rückwirkend auch für 1997/98 in Euro angegeben).

In den Folgejahren konnte sich sodann in der adidas-Aktie eine Bodenbildung durchsetzen und im weiteren Verlauf der letzten Jahre ein langfristiger Aufwärtstrend ausbilden. Langfristige Trends bauen Vertrauen in eine Bewegung auf. Insofern ist es stets etwas mit Vorsicht zu betrachten, wenn kurzfristige Formationen auftreten. Diese können, müssen aber nicht zwangsläufig zu einer übergeordneten Trendwende führen. Kurzfristige Korrekturbewegungen sind allerdings einzuplanen.

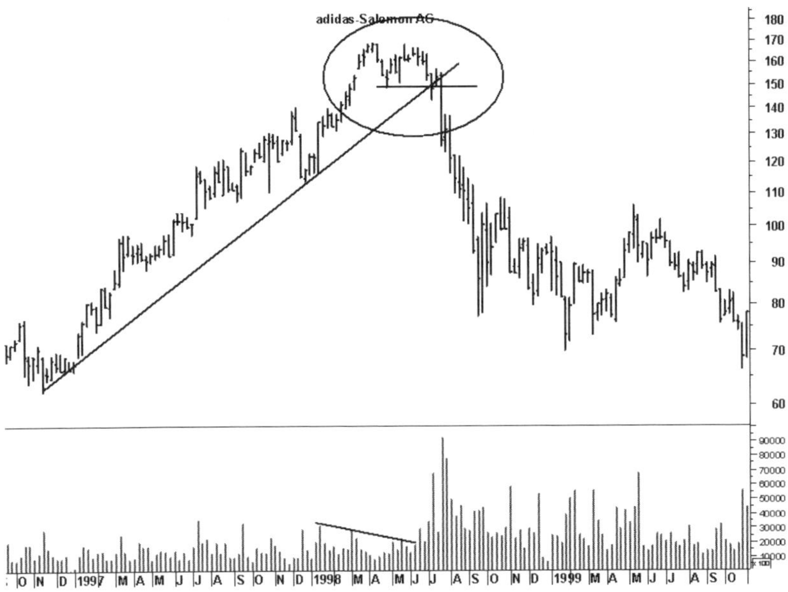

Abbildung 106: adidas-Salomon AG von September 1996 bis Oktober 1999 – M-Formation als Gipfelbildung – chart provided by Metastock

So zeigte sich in der adidas-Aktie eine M-Formation im Herbst 2016 von August bis Oktober 2016 (Abbildung 107). Rücksetzer wurden jedoch recht zügig aufgefangen, das Kursziel aus dieser M-Formation wurde nicht erreicht und mit neuen Hochs im März 2017 konnte der Wert kräftig zulegen. Eine weitere M-Formation bildete sich jedoch direkt anschließend im März/April 2017, die Anfang Mai 2017 vollendet wurde. Mit Break der Nackenlinie und eines Rückfalls in einen vorherigen kurzfristigen Aufwärtstrendkanal konnte zumindest von kurzfristigen Gewinnmitnahmen mit Test (Berührung) der Aufwärtstrendlinie ausgegangen werden entsprechend der Kurszielableitung aus der M-Formation. Letztlich wurde das Kursziel, die Aufwärtstrendlinie auch erreicht – doch erst nach einer volatilen Pendelbewegung. Die Aufwärtstrendlinie selbst wurde erfolgreich Ende Mai 2017 verteidigt (nicht abgebildet).

Die vorgestellten M-Formationen zeigten daher jeweils nur kurzfristige Bewegungen an, aber noch keine Trendwenden aus langfristiger Sicht. Um sich vor entsprechenden Fehlsignalen zu schützen, kann es sinnvoll sein, die Zeitebenen miteinander zu verknüpfen. Eine Möglichkeit wäre es, die Monatskerzen der Candlesticks zu nutzen. Diese zeigen sehr gut die »Grundstimmung« der Börsianer in einem Markt oder in einer Aktie an. Und die Grundstimmung in der adidas-Aktie war durchaus positiv, lange weiße Monatskerzen, die steigende Kurse darstellten, trafen auf nur vereinzelte kleinere schwarze (negative) Monatskerzen (Abbildung 108).

Abbildung 107: adidas von Mitte 2016 bis Mai 2017 – M-Formationen mit kurzfristiger Aussagekraft – chart provided by guidants.com

Zudem definieren lange weiße Monatskerzen zwei wesentliche Unterstützungsniveaus:

1. Die Mitte einer langen weißen Kerze und
2. das Tief einer langen weißen Kerze stellen relevante Unterstützungsmarken dar.

Sie können in Abbildung 108 erkennen, dass nach Vollendung der M-Formationen in den eher kurz- bis mittelfristigen Tageskerzen zwar Gewinnmitnahmen/Verkäufe erfolgten (eingekreiste Bereiche in den Monatskerzen stellen die kurzfristigen Bereiche der M-Formationen in den Tageskerzen dar). Doch jeweils im Bereich der Mitte der langen weißen Monatskerzen Juli 2016 und März 2017 wurden »die Hände aufgehalten« (Käufer nutzten schwächere Tage, also Kurs-Rücksetzer, um in den Wert einzusteigen). Für den langfristig orientierten Anleger ist zudem relevant, dass vor allem auch die Tiefs dieser Monate nicht unterschritten wurden. Der lange, vertrauensbildende Aufwärtstrend gepaart mit der positiven Grundstimmung ließ eine Trendwende noch nicht zu.

Abbildung 108: adidas von 2014 bis 2017. Monatskerzen – Eine positive vertrauensbildende langfristige Aufwärtsbewegung – chart provided by guidants.com

Kontext der Trendanalyse

Letztlich gilt es also, die auftretenden Formationen, ob SKS, M- oder W-Formationen, Dreiecke et cetera stets in den Kontext der Trendanalyse zu stellen sowie relevante Widerstands- oder Unterstützungszonen mit zu beachten. Ein hierfür interessantes Beispiel liefert die Aktie von Microsoft (Abbildung 109).

Nachdem der Kurs in der Finanzkrise 2008 kräftig unter die Räder kam, schloss sich ab 2009 wieder eine Aufwärtsbewegung an, die jedoch Ende 2009 bis Anfang 2010 von einer M-Formation beendet wurde. Diese erhielt wiederum in Verbindung mit den Hochpunkten der Vorjahre (Widerstandszone) als auch aufgrund des hohen prozentualen Abstands (Indikator KAIRI oder Disparitätsindex genannt) zwischen dem Kurs der Microsoft-Aktie und der 200-Tagelinie (*moving average simple*) und der somit vorhandenen »überkauften« Chartsituation eine besondere Aussagekraft.

Die Anleger, die den Wert über die Finanzkrise hinaus gehalten hatten, waren unter Umständen erleichtert, ihre Einstiegskurse oder Buchgewinne wiederzusehen und verkauften aus dem Gefühl der Sicherheit. Die Anleger, die wiederum in 2009 sowie der nachfolgenden Aufwärtsbewegung eingestiegen waren, nahmen nun an bekannten Widerstandsmarken ihre Gewinne mit. So setzte sich zum Sommer 2010 eine kurzfristige Abwärtsbewegung ein, das Kursziel aus der M-Formation wurde erreicht oder abgearbeitet, wie der Chartanalyst sagen würde.

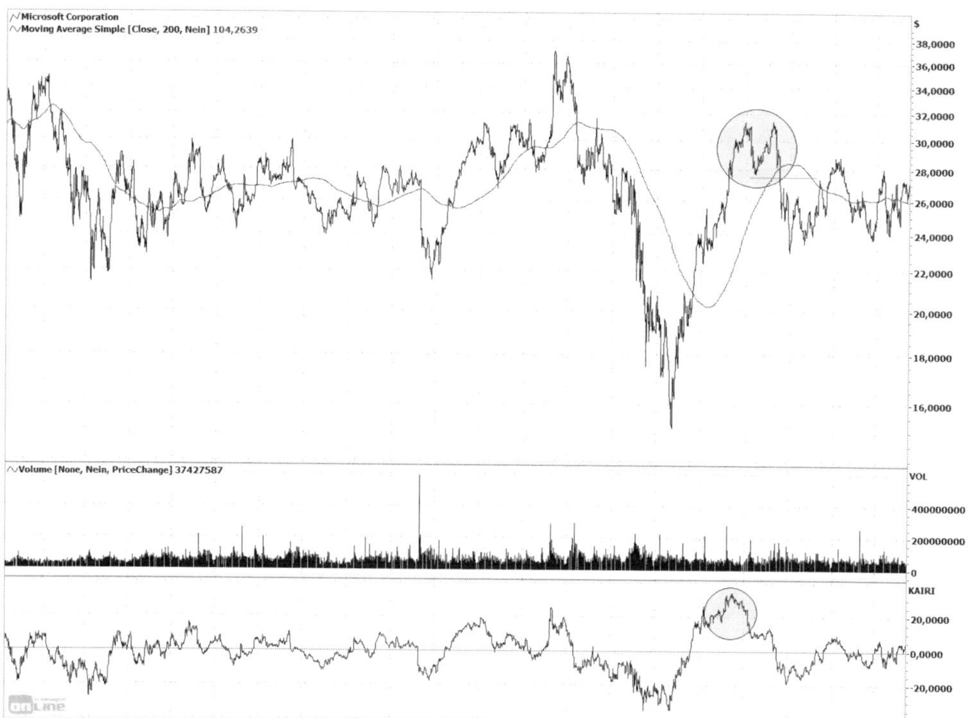

Abbildung 109: Microsoft von 2001 bis 2011 – M-Formation beendet 2010 Aufwärtsbewegung – hohe Aussagekraft der M-Formation in Verbindung mit einem hohen positiven Wert eines Indikators (KAIRI oder Disparitätsindex) – chart provided by tradesignalonline.com

Beachten Sie aber stets Folgendes: Sehr wichtig für den Chartanalysten ist es, dass erst der Bruch der Nackenlinie eine M- oder W-Formation auch vollendet. Versuchen Sie bitte nicht, diese Formationen vorwegzunehmen, zu antizipieren. Sie betreten dann gefährliches Pflaster! Kaufen Sie zum Beispiel eine Aktie in der Vermutung, dass sich eine W-Formation bilden könnte, so brauchen Sie dabei durchaus eine Portion Glück. Unter Umständen erweist sich die vorweggenommene W-Formation im weiteren Verlauf als Rechteck mit Ausbruch nach unten. Ebenso könnte sich eine vermeintliche Gipfelbildung als bloße Pause in der Aufwärtsbewegung entpuppen.

So bildeten sich in der Aktie des chilenischen Bergbaukonzerns, der ANTOFAGASTA PLC innerhalb einer Aufwärtsbewegung diverse doppelte Hochs aus, die jedoch keineswegs zur Vollendung einer M-Formation führten (Abbildung 110). Ein frühzeitiger Verkauf oder gar eine Wette auf fallende Kurse wären somit in der Regel nicht optimal gewesen.

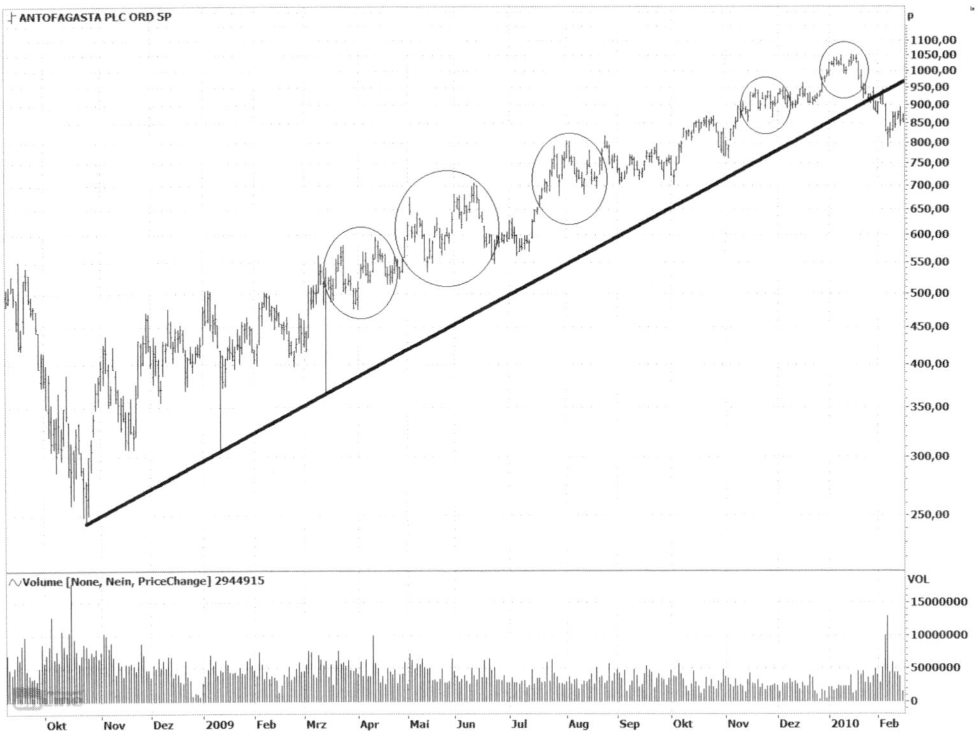

Abbildung 110: ANTOFAGASTA PLC von September 2008 bis Februar 2010 – Auf Vollendung einer Formation achten! Erst eine kleine vollendete M-Formation UND der Bruch des langfristigen Aufwärtstrends führten zu einem Ende desselben – chart provided by tradesignalonline.com

Die Aussagekraft einer Formation kann neben Indikatoren (Stichwort zum Beispiel KAIRI beziehungsweise Disparitätsindex) oder mithilfe der Trendanalyse und dem Konzept von Unterstützung und Widerstand auch aufgrund der Reaktion des Marktes nach Bruch der Signallinie bestimmt werden. Fällt die Abwärtsbewegung nach Bruch der Nackenlinie sehr dynamisch aus in Verbindung mit hohen Umsätzen, entsteht also im Markt recht hoher Handlungsbedarf bei den Börsianern, so darf davon ausgegangen werden, dass sich eine solche Bewegung auch weiter fortsetzt und dass in diesem Falle das negative Verkaufssignal auch eine hohe Signifikanz besitzt.

Als Beispiel sei hierfür der Kursverlauf der ProSiebenSat1 Media SE erläutert (Abbildung 111). Der Wert befand sich seit 2015 in einer Abwärtsbewegung, deren Dynamik sich zum Ende 2016 hin nochmals beschleunigte. Der wiederholte Ausbruch aus dem Abwärtstrendkanal nach unten im November 2016 ließ Panik im Wert aufkommen und ein Ausverkauf setzte ein. Im Dezember 2016 waren die Verkäufer jedoch aus dem Markt gefegt und eine dynamische Erholung konnte sich durchsetzen (V-Formation – Erläuterung nachfolgend). Mit einer Rückkehr (*Rebreak*) in den Abwärtstrendkanal konnte sich der Wert anschließend weiter erholen – Ziel wäre hier aus technischer Sicht die Abwärtstrendlinie gewesen. Diese wurde auch nach einer volatileren Pause Anfang 2017 im weiteren Verlauf Ende März 2017 erreicht.

Doch auch in Verbindung mit einer relevanten Widerstandszone – resultierend aus mehreren Tiefs und Hochs 2016 – konnte der Wert die Abwärtstrendlinie nicht mehr nachhaltig knacken. Es bildeten sich zwei Tops, eine M-Formation, die mit einem dynamischen Bruch der Nackenlinie vollendet wurde. Sowohl der Abprall an der relevanten Widerstandszone als auch das Unvermögen, die Abwärtstrendlinie nachhaltig in Verbindung mit der Widerstandszone zu knacken, erhöhten hier die Aussagekraft der M-Formation. Zudem fiel der Wert mit Bruch der Nackenlinie auch wieder deutlich in seinen Abwärtstrendkanal zurück, ein weiteres Schwächeanzeichen. Interessant sind auch der hohe Umsatzanstieg einhergehend mit Bruch der Nackenlinie und auch der nachfolgende Pullback.

Die vorherigen Beispiele der M-Formationen wurden in der Regel mit einem Candlestick-Chart oder einem Barchart dargestellt. Hierbei werden auch die volatilen Bewegungen innerhalb der gewählten Periode (zum Beispiel Tag oder Woche) aufgezeigt. Trendlinien, Widerstands- oder Unterstützungslinien werden damit auch an die jeweiligen teils extremen Hoch- oder Tiefpunkte angelegt. In den vergangenen Jahren haben sich vor allem als Darstellungsweise die Candlesticks als Standard-Darstellung eingebürgert. Barcharts gerieten hingegen in den letzten Jahren in den Hintergrund und sehr selten werden von Technischen Analysten oder in den Chartanalysen, die in den Medien veröffentlicht werden, auch Liniencharts verwendet.

Dabei kann Ihnen ein Linienchart durchaus wertvolle Hinweise liefern. Ein Linienchart basiert in der Regel nur auf Schlusskursen, die dann als fortlaufende Linie dargestellt werden. Somit wird allerdings das »Rauschen« der Börse, die volatilen Irrungen und Wirrungen innerhalb einer Periode auch geglättet. Die Stimmung an der Börse oder in einem Wert wird so fokussiert auf den Schlusskurs dargestellt. Die »Glättung« der Stimmung kann durchaus in der Suche nach Formationen und Anlagechancen von Vorteil sein.

Abbildung 111: ProSiebenSat1 Media SE von Ende 2015 bis Mitte 2017 – Eine M-Formation (Pfeil) am Abwärtstrend beendet die Korrekturbewegung nach einer V-Formation – chart provided by guidants.com

Linienchart glättet die Stimmung – Vorteil bei Formationen

Ein Linienchart ist in der Regel schneller visuell zu erfassen als ein komplexer Candlestick- oder Barchart. So können sie schneller alle Titel eines Index nach von Ihnen gewünschten Formationen untersuchen. Zudem gilt, dass eine Formation, die im Linienchart deutlich auftritt, oftmals aussagekräftiger ist, als wenn die Formation lediglich im Candlestick- und/oder Barchart definiert werden kann. Sinnvoll ist es sodann, die jeweiligen Chartdarstellungsformen miteinander zu verknüpfen. Finden Sie im Linienchart Formationen, so können die komplexeren Darstellungsformen die Formationen bestätigen und als Timing-Instrument dienen. Ein schönes Beispiel für die Verknüpfung von Linien- und Candlestick-Chart bietet der Kursverlauf der Symrise AG (Abbildungen 112 und 113).

Eine W-Formation im Linienchart zeigte 2009 eine potenzielle Trendwende an. In Verbindung mit einem Candlestick-Chart zeigte sich, dass die Tiefs der W-Formation eine schon bestehende Unterstützung (Luntenspitze) bestätigten. Die W-Formation erhielt somit eine höhere Aussagekraft. Auch der »Farbwechsel« der Candlesticks von vorwiegend negativen, fallenden Kerzen hin zu längeren positiven Kerzen auch nach Vollendung der W-Formation zeigte an, dass sich eine Bodenbildung und Trendwende vollzog. Weiterhin kann natürlich auch eine Analyse des Gesamtmarktes stets sinnvoll sein. Steigt Butter, steigt Käse! So zeigten sich Anfang 2009 in diversen Aktien und Kursverläufen Trendwendemuster, die auf ein Ende der Finanzkrise hindeuteten. Ein Kauf der Symrise-Aktie erschien somit aus charttechnischer Sicht mit W-Formationen im Linien- und Candlestick-Chart als eine erfolgversprechende Investition.

Abbildung 112: Symrise AG von 2007 bis 2010 – Linienchart mit W-Formation – chart provided by tradesignalonline.com

In der Symrise-Aktie kam es nach Vollendung der W-Formation zu keinen kräftigen Rücksetzern mehr, die Nackenlinie der W-Formation fungierte in den darauffolgenden ein bis zwei Wochen als Unterstützung.

Abbildung 113: Symrise AG von September 2007 bis Mitte 2010 – Candlestick-Chart mit W-Formation Anfang 2009 – chart provided by tradesignalonline.com

Es kann allerdings auch anders kommen! So bildete sich 2005 im Kursverlauf der Walt Disney-Aktie nach einem allerdings eher mittel- bis kurzfristigen Abwärtstrend eine W-Formation aus (Abbildung 114). Mit Bruch der Nackenlinie konnte der Wert auch erst dynamisch ansteigen, scheiterte sodann aber an der Abwärtstrendlinie. Auch ein kräftiger Fall unter die Nackenlinie, die nun eine Unterstützung darstellte, mahnte mit einer deutlichen Rückkehr in den Abwärtstrendkanal zur Vorsicht. Anleger, die hier nach Vollendung der Nackenlinie in den Wert eingestiegen waren, sahen ihre Felle davonschwimmen und dürften auch verkauft haben. Erst der nochmalige Ausbruch aus dem Abwärtstrend Anfang 2006 und in Folge ein Anstieg über die Tops im Bereich 26 US-Dollar bei hohen Umsätzen hellte die Chartsituation auf.

Abbildung 114: Walt Disney von Januar 2005 bis April 2006 – Eine W-Formation September/Oktober 2005 im Abwärtstrend – chart provided by tradesignalonline.com

Entsprechende kräftigere Rücksetzer nach einer W-Formation sind durchaus im Abwärtstrend einzuplanen. Auch ist es natürlich immer sinnvoll, bei Aktien deren fundamentale Situation mit zu berücksichtigen und insbesondere bei bestehenden Abwärtstrends nicht nur aus rein charttechnischen Aspekten eine Aktie kaufen zu wollen. Ein mahnendes Beispiel hierfür ist der Kursverlauf der Solarworld AG (Abbildung 115). Diese Modeaktie und Anlegers-Liebling noch in den Jahren 2003 bis 2007 mit deutlich ansteigenden Kursen kam in den Folgejahren unter die Räder. Der Wettbewerbsdruck nagte am Gewinn – mittlerweile ist das Unternehmen pleite und beantragte im Mai 2017 Insolvenz. Die vermeintlichen Bodenbildungen im Kursverlauf als W-Formationen zum Beispiel 2008/2009 (eher die Idee der W-Formation als eine ideale Ausbildung) oder 2011 erwiesen sich sämtlich als Fehlsignale. Zwar konnten Kurssteigerungen jeweils nach Bruch der Nackenlinien verzeichnet werden. Doch der jeweilige Rückfall unter die Nackenlinie mahnte zur Vorsicht, liegt dann doch auch ein Fehlausbruch, eine »Bullenfalle« im Kursverlauf vor. Ein deutliches Verkaufssignal wiederum stellt der Fall unter ein Tief einer W-Formationen dar.

Letztlich gilt: Vor Fehlsignalen in den Chartdarstellungen eines Barcharts oder auch Candlestick-Charts kann Ihnen die Verknüpfung zwischen der geglätteten Stimmung eines Liniencharts und den anderen Chartformen hilfreich sein!

Abbildung 115: Solarworld AG von 2007 bis 2012 – W-Formationen als Fehlsignale im Kursverlauf als trendbestätigende Muster – chart provided by Metastock

W-Formationen als Trendbestätigung

Das aus der W-Formation nach oben ableitbare Kursziel (Abtragen der Schwankungsbreite der W-Formation an das Ausbruchsniveau) kann im negativen Fall (siehe oben Solarworld) nach unten an das Ausbruchsniveau abgetragen werden. Denn all die Käufer, die hoffnungsvoll innerhalb der W-Formation oder bei Bruch der Nackenlinie in den Wert eingestiegen sind, erhalten eine kalte Dusche und die Ernüchterung über fallende Kurse zwingt sodann in der Regel zu Verkäufen.

W-Formationen können somit auch als »Trendbestätigungs-Formationen« gelten! Sofern das Tief einer W-Formation unterschritten wird, ist der Charakter der Bodenbildung, des Aufbaus von Vertrauen in eine Aktie hinfällig und die Verkäufer übernehmen wieder das Zepter. Wird also, wie im Beispiel der Solarworld-Aktie, die sich in einem übergeordneten Abwärtstrend befand, ein neues Tief generiert, so bestätigt dieses Tief natürlich auch entsprechend der Trenddefinition einen Abwärtstrend oder Abwärtstrendkanal. Im letzteren Falle ist sodann die untere Begrenzung des Trendkanals ein weiteres Kursziel.

Aussagekräftig hingegen sind W-Formationen, die innerhalb eines langfristigen Aufwärtstrend auftreten und eher kurz- bis mittelfristige Korrekturbewegungen beenden.

Betrachten Sie hierzu den Kursverlauf der Kuka-Aktie, eines deutschen Nebenwertes, spezialisiert auf die Herstellung von Robotern für die Industrie und seit 2016 überwiegend in chinesischer Hand (Abbildung 116). In 2011 konnte sich eine Bodenbildung durchsetzen, die sodann in 2012 einen Aufwärtstrend ausbildete. Kurzfristige W-Formationen, die allerdings nicht der idealen Definition eines doppelten Tiefs entsprachen (unter anderem, da deutliche Abwärtstrends fehlten), beendeten Korrekturbewegungen, und der Bruch der Nackenlinien der Formationen versprachen jeweils eine Fortsetzung der Aufwärtsbewegung, die sich Ende 2012 mit Ausbruch aus dem Aufwärtstrendkanal zudem noch beschleunigte.

Abbildung 116: Kuka AG von August 2011 bis Februar 2013 –
Nicht ideale W-Formationen als Kaufsignale – chart provided by tradesignalonline.com

Im Chart der US-Software-Aktie Check Point Software auf Wochenbasis (Barchart – Abbildung 117) ergab sich 2010 ein ähnliches Muster, eine W-Formation, die mit zwei markanten Tiefs einen langfristigen Aufwärtstrend berührte als auch kurzzeitig nach unten verließ. Diese W-Formation ist streng genommen eigentlich keine – zumindest nicht nach der herkömmlichen Definition. Doch wie immer man den Kursverlauf bezeichnen möchte. Relevant ist nicht immer die Definition, sondern die Idee, der Charakter einer Formation. Im Beispiel der Check Point-Aktie baute sich nach einem Kurseinbruch und Test des Aufwärtstrends wieder langsam Vertrauen auf und mit Bruch der »Nackenlinie« sowie Rückkehr in den Aufwärtstrendkanal war der Wert bereinigt, die potenziellen Verkäufer aus dem Wert gedrängt und die Chance auf eine Fortsetzung der Aufwärtsbewegung war gegeben. So konnte die Aktie im weiteren Verlauf auch wieder an das natürliche Kursziel eines Aufwärtstrendkanals ansteigen, an die obere Begrenzung des Trendkanals (Rückkehrlinie).

Am Beispiel der Check Point-Aktie wird jedoch nochmals deutlich: Beachten Sie auch stets die langfristigen Perspektiven und verknüpfen Sie diese mit den mittel- oder kurzfristigen Zeitebenen.

Abbildung 117: Check Point Software von 2008 bis 2010 – Wochenbarchart – Nicht ideale W-Formation als »Idee« und erfolgreichem Test der langfristigen Aufwärtstrendlinie – chart provided by tradesignalonline.com

Ein »historisches« Beispiel aus dem Jahre 1997: Gut zu erkennen ist auch die W-Formation im Chart der Preussag AG (Abbildung 118). Die zeitliche Differenz zwischen den beiden Tiefpunkten von vier Monaten zeigte eine aussagekräftige W-Formation in der Preussag-Aktie Ende 1996 an. Anfang 1997 wurde das Niveau der Zwischenerholung, die Nackenlinie überschritten. Das Kursziel wurde relativ schnell erreicht, ein zusätzliches Kaufsignal nach dem Bruch der Nackenlinie stellte auch das Überwinden des langfristigen Abwärtstrends dar.

Interessant zudem, dass das erste Tief der W-Formation nur knapp oberhalb der Rückkehrlinie des Abwärtstrendkanals auftrat. Da die Rückkehrlinie, die untere Begrenzung des Trendkanals, nicht mehr erreicht wurde, erhält der Chartanalyst die Information, dass die Kraft der Abwärtsbewegung sich langsam erschöpft haben könnte. Da sodann das zweite Tief das erste Tief als Unterstützung bestätigte und nachfolgend auch eine Kurslücke nach oben gebildet wurde, erhielt die W-Formation in diesem Szenario eine höhere Aussagekraft. Mit Bruch der Nackenlinie war sodann ein Kursziel oberhalb der Aufwärtstrendlinie ableitbar und somit letztlich auch ein zweites Kursziel möglich, die nach oben gespiegelte Schwankungsbreite des Abwärtstrendkanals, das ebenfalls recht zügig abgearbeitet wurde.

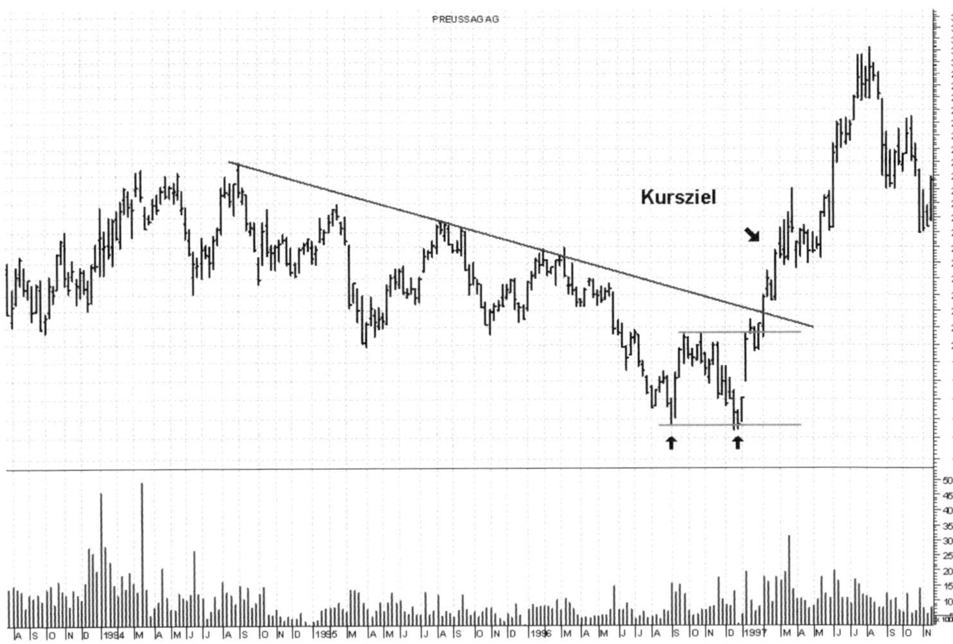

Abbildung 118: Preussag AG von 1993 bis 1997 – W-Formation mit Kurslücke und Bruch einer Abwärtstrendlinie, Unterstützung im Bereich der Rückkehrlinie des Abwärtstrendkanals – chart provided by Metastock

An der Börse wechseln sich Phasen der Übertreibung mit Phasen der Untertreibung ab. Im Kursverlauf der Allianz-Aktie wird dieses Phänomen durchaus sichtbar. Im langfristigen Bild der Monatskerzen (Abbildung 119 – eine »Candle« stellt jeweils den Zeitraum eines Monats dar) ist ein langfristiger Aufwärtstrend von 2012 bis Ende 2015 erkennbar, der zum Jahreswechsel 2016 mit zwei längeren schwarzen Monatskerzen im Januar und Februar 2016 verlassen wurde. Zudem kann der Zeitraum von Anfang 2015 bis Anfang 2016 als eine langfristige M-Formation interpretiert werden. Diese wurde mit einem Monatsschlusskurs unter der Nackenlinie im Juni 2016 vollendet. Eine lange schwarze Monatskerze wie im Juni 2016 signalisiert eine bearishe, negative Grundstimmung im Markt. Die Börsianer sind eher depressiv und verkaufen. Auch die vorherige, rund einjährige Pendelbewegung mit Ausbildung der M-Formation lässt die Marktteilnehmer verzagen und die Hoffnung auf steigende Kurse schwindet.

Ein Aufwärtstrend lag im Sommer 2016 nicht mehr vor. Doch mit den nachfolgenden Monaten Juli, August und September 2016 setzte sich die depressive Stimmung nicht mehr fort und der Wert stabilisierte sich. Die M-Formation als langfristiges Trendwendemuster brachte hier keinen weiteren Verkaufsdruck empor. Die negative Grundstimmung noch vom Juni 2016 änderte sich in eine neutrale Verfassung, die sodann umschlug in eine positive Erwartungshaltung mit zwei weißen, positiven Monatskerzen im Oktober und November 2016. Im Oktober 2016 wurde auch der Abwärtstrend geknackt. Der Ausbruch aus der M-Formation erwies sich somit als Fehlsignal, der Markt war bereinigt und die lange schwarze Monatskerze vom Juni 2016 konnte rückblickend als »Sell-off«, als Verkaufspanik klassifiziert werden.

Fehlausbrüche oder Fehlsignale sind in der Chartanalyse ein wertvolles Instrument! Denn hier handelt es sich in der Regel um »Bullen-« oder »Bärenfallen«. Der Markt ist sodann bereinigt und der Kurs kann sich oftmals dynamisch in die dem Fehlsignal entgegengesetzte Richtung durchsetzen. Im vorliegenden Beispiel zeigen die Monatskerzen die »Grundstimmung« in einem Wert oder Markt an. Für Anlageentscheidungen hingegen wäre die Verknüpfung mit Wochen- oder Tageskerzen zu empfehlen.

Abbildung 119: Allianz von 2012 bis 2019 – Monatskerzen mit langfristiger M-Formation als Fehlsignal – chart provided by guidants.com

Daher werfen wir einen Blick auf die Tageskerzen im Zeitraum August 2015 bis Dezember 2016 (Abbildung 120). Der Kurs verlief innerhalb eines Abwärtstrends, der sich nach dem zweiten Hoch der langfristigen M-Formation ausgebildet hatte. Innerhalb dieses Abwärtstrends ist auch eine »Trendfortsetzungs-SKS« zu erkennen und im Juni/Juli 2016 eine kleine, kurzfristige W-Formation. Da die Tiefs der W-Formation nur knapp oberhalb der unteren Begrenzung eines Abwärtstrendkanals verliefen, deutete dieser Umstand wiederum auf eine Schwäche der Abwärtskraft hin. Die Vollendung der W-Formation gelingt allerdings nicht im ersten Anlauf, doch auch der nachfolgende Ausbruch aus der Kursbandbreite (Range) von Mitte August bis Oktober 2016 mit Bruch der Abwärtstrendlinie ist positiv zu vermerken. Eine hohe Aussagekraft erhielten diese Kaufsignale dann in Verbindung mit den Monatskerzen, die auf eine Bärenfalle ausgehend von der M-Formation in der langfristigen Perspektive hinwiesen.

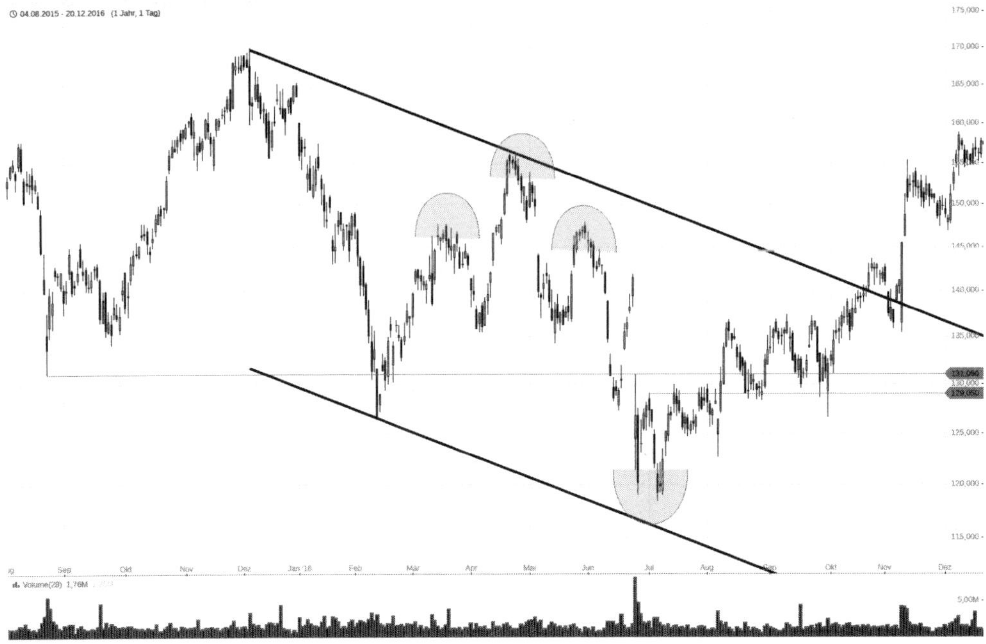

Abbildung 120: Allianz August 2015 bis Dezember 2016 – Tageskerzen mit »Trendfortsetzungs-SKS« und einer W-Formation – chart provided by guidants.com

Empfehlung zur M- und W-Formation

M/W-Formationen sind wie alle anderen Formationen auch bei kürzeren Zeitebenen anwendbar. Relevant bleibt letztlich bei allen Formationen, das Verhalten der Masse der Marktteilnehmer zu erkennen. Versuchen Sie stets, nicht einfach schematisch vorzugehen, sondern das der Formation und dem Kursverlauf innewohnende Verhaltensmuster zu identifizieren. Versuchen Sie hierfür, den Kursverlauf mit einfachen Worten zu beschreiben. Eine erste Beschreibung des Kursverlaufs ohne Interpretation hilft Ihnen, den Zustand des Marktes zu erkennen und sich vor Fehlinterpretationen zu schützen.

Fragen Sie sich zuerst: Was sehe ich? Beschreiben Sie dann ohne Meinung, ohne Wertung den Kursverlauf mit einfachen Worten. Erst anschließend fragen Sie sich dann bitte: Wie ist meine Schlussfolgerung aus der Beschreibung des Kursverlaufs? So können Sie sich davor schützen, etwas in den Chart hineinzuinterpretieren, was Sie unter Umständen gern sehen möchten. Denn ist erst einmal eine Aktie gekauft, so wird der Anleger nach positiven Nachrichten Ausschau halten und negative Nachrichten verdrängen. So wird auch gern in einem Chart eine positive Meinung hinein »gewünscht« – obwohl der Chart vielleicht klar und eindeutig verrät: verkaufen.

So handeln Sie die M- und W-Formation

Beispiele in Lehrbüchern behandeln oftmals die ideal-typischen Formationen und zeigen eher die Theorie an. Die Praxis hält dann Überraschungen vor. Doch ohne einen »theoretischen Unterbau« wird auch ein Praktiker nicht erfolgreich handeln können. Anhand einiger weiterer Beispiele für die M- und W-Formationen sei aufgezeigt, wie diese Formationen gehandelt werden können.

Die nachfolgenden grundsätzlichen Ausführungen können Sie natürlich auch für jede andere Formation nutzen. In Abbildung 121 ist der Kursverlauf der Petro Welt Technologies AG dargestellt – die zum Zeitpunkt der Bildung einer W-Formation noch als C.A.T. Oil AG fungierte. Nach einem knapp halbjährigen Abwärtstrendkanal und Bildung der W-Formation wurde sowohl die Nackenlinie als auch die Abwärtstrendlinie mit einer längeren weißen Tageskerze Mitte Mai 2014 geknackt. Das hieraus ableitbare Kursziel konnte mit circa 20 Euro angegeben werden – entsprechend der Kurszielableitung aus der W-Formation als auch entsprechend der Kurszielableitung nach Ausbruch aus dem Abwärtstrendkanal. Zudem verlief bei circa 20 Euro eine kräftige Widerstandszone.

Abbildung 121: Petro Welt Technologies AG von Ende 2013 bis Mitte 2014 – W-Formation und Bruch eines Abwärtstrends mit einer weißen Tageskerze = Kaufsignal – chart provided by guidants.com

Die lange weiße Tageskerze zeigte hier die Kraft der Bullen an – der Markt hatte sich für ein positives Szenario entschieden. Als Faustregel darf gelten: lange weiße Kerze bricht Widerstand = Kaufsignal. So hätte hier eine erste Position gekauft werden können, die bei einem durchaus zu erwartenden Pullback (Rücklauf an die Nackenlinie) nochmals hätte aufgestockt werden können. Die Dynamik des Ausbruchs führte dann allerdings zu weiteren Kursgewinnen ohne Pullback. Ein Stoppkurs – das heißt eine Änderung in der Annahme weiterhin steigender Kurse – hätte hier unter den vorherigen Luntenspitzen in den Tageskerzen zum Beispiel unter 15,30 oder unter 14,80 Euro gelegt werden können. Mit weiterhin ansteigenden Kursen verminderte sich allerdings das Chance-Risiko-Verhältnis eines Neueinstiegs. Denn mit einem Ziel von circa 20 Euro und weiterem Positionsaufbau bei Kursen über dem Hoch der zweiten weißen Tageskerze nach Ausbruch bei 17,74 Euro sowie Stoppkursen im Bereich der Mitte der ersten Tageskerze (die Mitte einer längeren weißen Kerze stellt in der Regel ein Unterstützungsniveau dar) versprach der Kursverlauf kein überragendes Verhältnis mehr zwischen Risiko und Chance. Insofern hätte die erste Position nicht weiter aufgebaut werden müssen.

Sehr schön zu sehen ist im weiteren Verlauf in Abbildung 122, dass zwar das Ziel von 20 Euro auch erreicht wurde, doch im weiteren langfristigen Verlauf der Wert deutliche Kurseinbußen hinnehmen musste. Daher gilt: Bauen Sie eine Position an erreichten Kurszielen durchaus in Verbindung mit Verkaufssignalen oder Signalen, die auf eine Stagnation hindeuten, auch ab. Laufen Sie den Kursen nicht hinterher. Verpassen Sie einmal den »Zug« oder einen optimalen Einstand, wenden Sie sich anderen Chancen zu. Zusätzlich sind natürlich die fundamentalen Daten zu berücksichtigen und bei der damaligen C.A.T. Oil AG kam es zu einigen Unwägbarkeiten hinsichtlich der weiteren geschäftlichen Entwicklung. Die Anleger nahmen daher Gewinne mit und nutzen den Kursanstieg im Mai und Juni 2014 dazu, um bestehende Positionen abzubauen. Der Kurs fiel anschließend, bis sich Anfang 2016 eine weitere kleine W-Formation bildete.

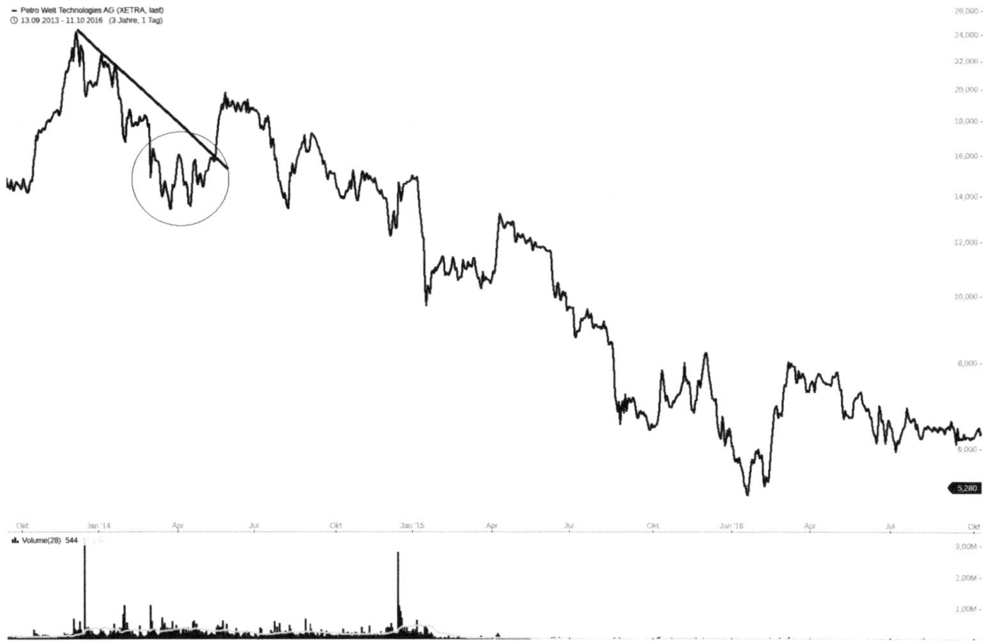

Abbildung 122: Petro Welt Technologies AG von Oktober 2013 bis Oktober 2016 – Eine W-Formation muss nicht den Beginn einer neuen langfristigen Aufwärtsbewegung darstellen, Chartanalyse ist ein dynamischer Prozess, der einer stetigen Anpassung an das aktuelle Geschehen bedarf – chart provided by guidants.com

Interessant wäre es natürlich stets, die Ausbruchsrichtung aus einer Formation schon vor einem möglichen Ausbruch zu handeln. Sofern man die Zeitebenen miteinander verknüpft, ist es durchaus möglich, im kurzfristigeren Zeitfenster entsprechend kurzfristige Signale umzusetzen. Bildet sich zum Beispiel in den übergeordneten, langfristigen Zeitebenen (Monats-, Wochenkerzen) eine Formation, die jedoch noch im Begriff ist, sich zu entwickeln, so darf der Anleger Ausschau halten nach Signalen in den untergeordneten Zeitebenen (Tages- und Stundenkerzen). Liegt zum Beispiel in den mittel- bis kurzfristigen Zeitebenen eine weitere Formation oder ein Trend vor, so können in den untergeordneten Zeitebenen sodann Kauf- oder Verkaufssignale generiert werden, die zumindest einen Ausbruch aus der übergeordneten Formation andeuten.

Ein sehr schönes Beispiel hierfür liefert der Kursverlauf der BASF-Aktie Ende 2014 Anfang 2015 (Abbildung 123). In den Wochenkerzen bildete sich nach einer Abwärtsbewegung und an einer schon bestehenden Unterstützungszone eine nicht ideale W-Formation aus. Nicht ideal daher, da der vorherige Abwärtstrend einfach zu kurz ist. Doch längere weiße Wochenkerzen mit Break der Nackenlinie bei 76,53 Euro unterstrichen die Kraft der Käufer. Der Wert konnte nicht nur das Kursziel aus der W-Formation erreichen, sondern noch deutlich überbieten, bevor es im April 2015 wieder zu rückläufigen Kursen kam.

Abbildung 123: BASF von November 2012 bis Mai 2015 – W-Formation in den Wochenkerzen – chart provided by Metastock

Die Tageskerzen (Abbildung 124) hingegen bildeten schon Ende 2014 eine kurzfristige kleine W-Formation aus, die nach Vollendung mit Bruch der Nackenlinie bei 71,01 Euro ein Kaufsignal generierte mit dem Anlageziel 75 bis 76 Euro. Somit war nach Vollendung der kleinen W-Formation zumindest die Chance gegeben, dass sich eine größere W-Formation ausbildet und ein Bruch der dann vorliegenden Nackenlinie bei 76,53 Euro sich eine nochmals kräftigere Aufwärtsbewegung anschließen könnte. Die »kleine« W-Formation bildete hierbei das rechte Tief der »größeren« W-Formation.

Trotzdem gilt natürlich: Antizipieren Sie keine Formation! Zwar ist es legitim, ausgehend von kurzfristigeren Signalen auf die Bildung und eine mögliche Vollendung einer Formation in einem übergeordneten Zeitrahmen zu wetten - doch kurzfristige Signale haben in der Regel eine kurzfristige Wirkung. Vorsicht ist daher natürlich immer anzuraten und im Zweifel gilt, dass man sich stets für sein Depot entscheiden sollte. Depoterhalt ist relevant. An der Börse sollte man sich nie fragen, was man gewinnen kann, sondern stets, was man verlieren könnte.

Abbildung 124: BASF von Juni 2014 bis März 2015 – Kleine W-Formation zum Jahreswechsel 2014/15 deutet die Bildung der größeren W-Formation an – chart provided by Metastock

Vor allem bei Aktien ist zudem nicht nur die charttechnische Perspektive zu beachten, sondern auch zu fragen, wann welche Zahlen zu erwarten sind. So zeigte sich in der Fraport-Aktie Anfang August 2014 eine potenzielle Bodenbildung (Abbildung 125). Die Kurse bildeten ein zweites Tief, doch eine Ablösung nach oben und eine klare Bildung einer W-Formation war noch nicht erkennbar. Die Börsianer warteten vielmehr auf die Bekanntgabe der neuesten Quartalszahlen, die am 07. August 2014 veröffentlicht werden sollten. Nun kann der Anleger jedoch Szenarien ausgehend vom Chartbild entwickeln. Ein Fall unter das bisherige Tief bei 48,78 Euro dürfte sodann weiteres Abwärtspotenzial durchsetzen – ein Anstieg hingegen über 50 Euro eine Erholung an das Zwischenhoch bei 51,30 Euro offerieren und ein Break dieser Marke sodann eine W-Formation vollenden mit Potenzial in Richtung 54 Euro. Letzteres positive Szenario wäre zudem verbunden gewesen mit der Chance auch weitere Kursgewinne, da dann die gesamte zeitliche Spanne der W-Formation sich als Bärenfalle, als Fehlausbruch unter eine relevante Unterstützung bei circa 51,30 Euro (Ausbildung von November 2013 bis April 2013), entpuppen würde.

Abbildung 125: Fraport von Oktober 2013 bis August 2014 – Vor Bekanntgabe von Zahlen mit drei möglichen Szenarien – chart provided by guidants.com

Doch die Zahlen wurden direkt nach Bekanntgabe negativ aufgenommen (Abbildung 126). Der Wert fiel zuerst – um sich anschließend wieder zu erholen. Eine W-Formation bildete sich jedoch im Kursverlauf zu keinem Zeitpunkt. Anmerkung: In den beiden Charts der Fraport-Aktie ist zusätzlich ein ansteigendes Dreieck eingezeichnet mit entsprechend abgeleitetem Kursziel – auch hier ist gut zu erkennen, dass das Kursziel nicht innerhalb eines adäquaten Zeitrahmens erreicht wurde.

Abbildung 126: Fraport Oktober 2013 bis September 2014 – Nach Bekanntgabe der Zahlen mit kurzfristigen Abgaben – chart provided by guidants.com

Anhand der Fraport-Aktie wird auch deutlich, dass Chartanalyse ein dynamischer Prozess ist. Annahmen über die Richtung von Kursen, Formationen et cetera können sich recht schnell als Trugschluss erweisen, Szenarien werden hinfällig. Insofern kommt es stets darauf an, nicht an einmal getroffenen »Wunsch-Szenarien« festzuhalten, sondern flexibel mit dem Markt mitzuschwingen.

Als Erfolgsfaktor und um die Aussagekraft von Chartanalysen und deren wahrscheinlichstes Szenario zu erhöhen, bietet sich jedoch die Verknüpfung von Zeitebenen an.

Hierzu eine Erläuterung: Ausgehend von den Wochenkerzen und der Trendanalyse konnte noch Anfang Februar 2017 im DAX mit weiterhin steigenden Kursen ausgegangen werden (Abbildung 127). Ausgehend von einem Tief im Juni 2016 über die Tiefs im November 2016 konnte im deutschen Leitindex ein Aufwärtstrendkanal konstruiert werden. Dessen obere Begrenzung (Rückkehrlinie) stellte hierbei ein Kursziel dar.

Auch die vor allem seit Dezember 2016 überwiegend positiven weißen Wochenkerzen zeigten eine bullishe Grundstimmung im Markt an. Demzufolge war es sinnvoll aus Sicht der lang- und mittelfristigen Perspektive, Rücksetzer grundsätzlich aufzufangen oder kurzfristige Kaufsignale zu beachten, um in den bestehenden übergeordneten Aufwärtstrend einzusteigen.

Zusätzlich konnte nach Ausbruch aus dem breiten Abwärtstrendkanal Anfang August 2016 die Schwankungsbreite des Trendkanals nach oben abgetragen werden. Neben der Rückkehrlinie des Aufwärtstrendkanals stellte somit die Kurszielllinie (im Chart gestrichelt dargestellt) ein weiteres Kursziel dar. Die Kreuzung sowohl der Kurszielllinie mit der Rückkehrlinie des Aufwärtstrendkanals mit der Widerstandslinie, die aus dem Hoch bei 12.390 Punkten vom April 2015 resultierte, war somit ein zusammengefasstes Kursziel. Die Tageskerzen wiederum bestätigten Anfang Februar 2017 eine Unterstützungszone (Käuferzone) im Bereich 11.500 Punkten. Ein sehr kurzfristiger, korrektiver Abwärtstrend wurde verlassen.

Abbildung 127: DAX von Januar 2015 bis September 2017 – Wochenkerzen mit Aufwärtstrendkanal und Kursziel nach Ausbruch aus dem Abwärtstrendkanal – chart provided by Metastock

Abbildung 128: DAX von Juni 2016 bis Juni 2017 – Tageskerzen bestätigen Anfang Februar 2017 eine Unterstützungszone und ein kurzfristiger Abwärtstrend (korrektiv) wurde verlassen, ein Kaufsignal in Verbindung mit dem Kursziel aus der Trendanalyse – chart provided by Metastock

Die Aussagekraft der Analyse wurde noch durch ein sehr kurzfristiges Kaufsignal in den Stundenkerzen erhöht (Abbildung 129). Hier bildete sich eine kleine W-Formation und der in den Tageskerzen schon sichtbare korrektive Abwärtstrend wurde verlassen mit Break der Nackenlinie der W-Formation. So konnte Anfang Februar der vorherige Rücksetzer – der auch als Marktbereinigung interpretiert werden durfte – gekauft werden, um in Richtung des übergeordneten Ziels von circa 12.390 Punkten zu investieren. Das positive Szenario wäre erst bei einer Rückkehr in den Abwärtstrend sowie folgend mit neuen Februar-Tiefs hinfällig geworden.

Abbildung 129: DAX vom 24. Januar bis 15. Februar 2017 – Stundenkerzen mit W-Formation als Timing-Instrument im übergeordneten Aufwärtstrend der Wochen- und Tageskerzen – chart provided by guidants.com

Eine komplexe Chartanalyse, die auf der Verknüpfung unterschiedlicher Zeitebenen beruht, ist letztlich aussagekräftiger als ein Bild allein. Eine Chartanalyse besteht aus mehreren Mosaikbausteinen, um einen Gesamtüberblick über das Marktgeschehen und die Stimmung an der Börse zu erhalten. Hierfür ist es je nach Geschmack des Anlegers oder Chartisten allerdings nicht unbedingt erforderlich, Monats-, Wochen- und Tageskerzen oder gar Stundenkerzen zu verwenden. Auch die Verknüpfung eines langfristigen Tagesliniencharts mit einem kurzfristigen Tages-Barchart wäre eine weitere Möglichkeit, lohnende Investment- oder Trading-Chancen zu erkennen.

Dreiecke: Ruhe vor dem Sturm – abwartende Unsicherheit

Unsicherheit im Markt über die weitere Richtung ist ein sehr häufiges Verhaltensmuster. Unsicherheit kann hierbei sowohl eine Pause in einer Trendbewegung darstellen als auch oftmals eine Trendwende einleiten. Denn nach einer kräftigen Auf- oder Abwärtsbewegung bedarf es in der Regel einer gewissen Zeit, bis sich im Markt ein Stimmungsumschwung durchsetzen kann. Wird die Phase der Unsicherheit sodann verlassen, entscheidet sich also der Markt in die eine oder andere Richtung, so treten auch die Marktteilnehmer auf den Plan, die bislang an der Seitenlinie dem Marktgeschehen eher zugeschaut haben. Als recht häufige Formationen deuten Dreiecke, ob ansteigende, fallende oder symmetrische sowie umgekehrte Dreiecke generell auf Unsicherheit der Börsianer hin. Die schwankende Erwartungshaltung der Börsianer über die zukünftige Kursrichtung spiegelt sich in Dreiecken wider. Dreiecke treten in allen Zeitebenen auf.

Abbildung 130: Aixtron SE von 2011 bis 2016 – Monatskerzen mit einem langfristig fallenden Dreieck – chart provided by Metastock

Bei rechtwinkligen Dreiecken erfolgt meist ein Ausbruch in Richtung der waagerechten Begrenzung eines Dreiecks, die entweder einen Widerstand bei ansteigenden oder eine Unterstützung bei fallenden Dreiecken darstellt. Diese Annahme resultiert aus den vorherigen höheren Hochs oder tieferen Tiefs eines rechtwinkligen Dreiecks. Zudem können diese Formationen als Pause im intakten Trend interpretiert werden und sind sodann kurzfristiger Natur. Selbstverständlich können sich rechtwinklige Dreiecke auch über mehrere Monate entwickeln und als Trendumkehrformation entpuppen, so über die Jahre 2012, 2013 und 2014 in der Aktie der Aixtron SE. Derartig langfristige Formationen haben in der Regel sehr starke Auswirkungen bei einem Ausbruch (Abbildung 130).

Abbildung 131: Rational AG von 2010 bis 2019 – Zwei ansteigende Dreiecke als Trendfortsetzungsmuster – chart provided by guidants.com

Bei allen Formationen gilt jedoch, dass der Marktkontext, die Trendsituation, nicht außer Acht gelassen werden sollte. So bildete sich im SDAX-Wert Rational AG über 2013 bis 2015 (Abbildung 131) nach einem ausgeprägten Aufwärtstrend ein ansteigendes Dreieck, das sehr kurzfristig Ende 2015 erst nach unten verlassen wurde. Dieses Verkaufssignal wurde allerdings von den Marktteilnehmern nicht angenommen und entpuppte sich sehr zügig als Bärenfalle, als technischer Fehlausbruch mit der Konsequenz kräftig steigender Kurse und eines Ausbruchs aus dem Dreieck nach oben. Diese Entwicklung war mit Rückkehr (*Rebreak*) in das Dreieck prognostizierbar! Sowohl das Kursziel aus dem Dreieck als auch die obere Begrenzung des nun konstruierbaren langfristigen Aufwärtstrendkanals als zweites Kursziel wurden erreicht.

Nach einer Euphorie-Situation (Ausbruch aus dem langfristigen Aufwärtstrendkanal nach oben) setzte jedoch ab Anfang 2016 eine Konsolidierung ein, die wiederum ein zweites langfristiges ansteigendes Dreieck hervorbrachte. Der Ausbruch aus diesem Dreieck Mitte 2017 erwies sich nochmals als übergeordnetes

Kaufsignal mit steigenden Kursen. Doch zu beachten war, dass der Kursverlauf ebenso wie Anfang 2016 nochmals aus dem Trendkanal nach oben ausbrach (Euphorie). Demzufolge war nach Abarbeitung des Kursziels aus dem Dreieck auch durchaus mit neuerlichen Gewinnmitnahmen zu rechnen. Ende 2017 wurde so die Luft vorerst »dünner«.

Abbildung 132: Goldpreis in USD vom 18. Mai bis 30. Mai 2017 – Symmetrisches Dreieck in den Stundenkerzen – chart provided by guidants.com

Symmetrische Dreiecke spiegeln die im Markt bestehende Unsicherheit noch drastischer wider. Bei einem symmetrischen, also zulaufenden Dreieck, nehmen die Marktteilnehmer langsam eine abwartende Haltung ein und warten auf eine Entscheidung. Allgemein gilt, dass sich natürlich die Trend- und Formationsanalyse auch für die sehr kurzfristigen Zeitebenen des »Day-Trading« eignet. So können vor allem Dreiecke nicht nur in den mittel- bis langfristigen Zeitebenen der Tages-, Wochen- oder gar Monatskerzen verwendet werden, sondern auch in den Stundenkerzen oder noch kurzfristigeren Zeiträumen. In Abbildung 132 sehen Sie den Goldpreis auf Stundenbasis. Jede Kerze umfasst also den Zeitraum einer Handelsstunde. Im Kursverlauf bildete sich ein symmetrisches Dreieck, welches sodann recht dynamisch mit weißen Stundenkerzen nach oben verlassen wurde. Für den kurzfristigen Händler ein Kaufsignal.

Abbildung 133: DAX von September 2012 bis November 2013 – Tagesbarchart. Umgekehrtes (inverses) Dreieck mit Fehlausbruch nach oben und nachfolgend deutlichen Kursverlusten. Doch eine langfristige Trendwende trat nicht ein – chart provided by Metastock

Bei einem umgekehrten symmetrischen Dreieck (inverses Dreieck) hingegen nimmt die Unsicherheit deutlich im Zeitablauf zu und zerstört eher das Vertrauen in einen Trend. Daher ist das umgekehrte Dreieck häufig ein Trendumkehrmuster mit Fehlausbrüchen nach oben nach einem Aufwärtstrend.

Chartanalyse funktioniert – und doch sollte der geneigte Leser stets auf Überraschungen vorbereitet sein. Vorsicht ist in der Praxis durchaus angebracht. Denn letztlich gilt: »Handle, was Du siehst!« Bildet sich im Kursverlauf ein umgekehrtes Dreieck, so wie in der Abbildung 133 im DAX von Anfang 2013 bis Mitte 2013, mit einem Fehlausbruch nach oben, so besteht selbstverständlich entsprechend der Statistik und Erfahrung des Chartanalysten eher die Möglichkeit deutlich fallender Kurse und einer Trendwende.

Doch im vorliegenden Beispiel konnte sich der deutsche Leitindex nach einer ersten kräftigen Abwärtsbewegung an der 200-Tagelinie stabilisieren und sich von dort aus wieder erholen. Ende 2013 wurden gar neue Tops im DAX erzielt. Chartanalyse ist daher immer ein dynamischer Prozess – Annahmen werden getroffen und bei Vorlage neuer Erkenntnisse, die ein Festhalten an der ursprünglichen Annahme verhindern, über Bord geworfen. Verhält sich der Kursverlauf nicht wie erwartet, sollte der Anleger seine Analyse stets überdenken und alternative Szenarien einplanen.

Relevant ist es bei Dreiecken (und allen Formationen, die Unsicherheit darstellen), dass die Hoch- und Tiefpunkte alternierend sind. Erst die Pendelbewegung macht ein Dreieck aus, denn die volatilen Bewegungen spiegeln die Unsicherheit des Marktes wider. Diese Unsicherheit ist bei symmetrischen Dreiecken in der Regel noch stärker ausgeprägt als bei rechtwinkligen Dreiecken.

Dreiecke sind sehr häufige und aussagekräftige Formationen. Die unterschiedlichen Ausprägungen der Dreiecke werden nachfolgend einzeln erläutert.

Rechtwinkliges ansteigendes Dreieck *(ascending triangle)* – die Kaufneigung nimmt zu

Ein rechtwinkliges, ansteigendes Dreieck ist als eine trendbestätigende Formation innerhalb eines Aufwärtstrends und als eine Trendumkehrformation innerhalb eines Abwärtstrends zu interpretieren. Dies ist eher eine Faustregel, denn das eigentliche Richtungssignal ergibt sich erst bei Ausbruch aus dem Dreieck.

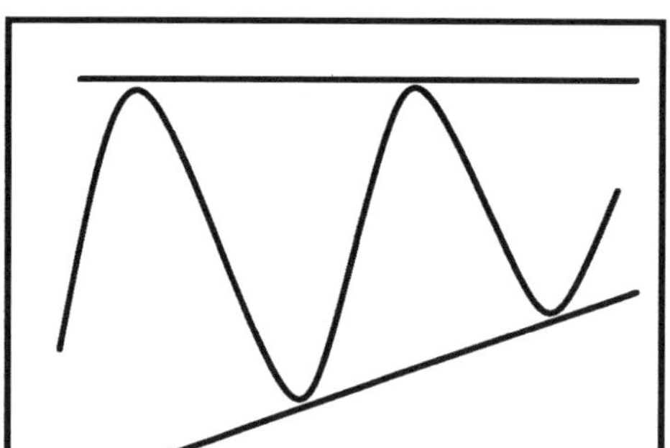

Abbildung 134: Ansteigendes Dreieck

Die untere Begrenzung des Dreiecks stellt per Definition keine Trendlinie dar, da keine neuen Hochpunkte vorliegen. Die obere Begrenzung ist eine Widerstandslinie. Gegen diese rennen die Bullen an und kaufen im Verlauf auf stets höheren Tiefs nach. Damit besteht die höhere Chance auf einen Ausbruch nach oben (Kaufsignal) über den Widerstand. Ein Verkaufssignal ergibt sich natürlich bei Break der unteren Begrenzung.

Merkmale des rechtwinkligen, ansteigenden Dreiecks

Kursverlauf: Das rechtwinklige, ansteigende Dreieck weist mindestens zwei Hochpunkte auf annähernd gleichem Niveau sowie mindestens zwei Tiefpunkte auf. Das zweite Tief liegt höher. Wichtig: Die Hoch- und Tiefpunkte wechseln sich ab.

Zeitliche Ausdehnung: zwei Wochen bis zu mehrere Jahre. Dreiecke sind generell aber auch bei kürzeren Zeitebenen, so im Day- oder Swing-Trading zum Beispiel auf Basis von Stundencharts anwendbar.

Umsatzverhalten: Das Volumen stagniert oder ist innerhalb der Formation rückläufig. Der Ausbruch aus einem Dreieck erfolgt mit höheren Umsätzen und bekräftigt das jeweilige Richtungssignal.

Charakter: Ein Dreieck stellt vor allem eine Phase der Unsicherheit im Markt dar. Das rechtwinklige, ansteigende Dreieck zeigt jedoch ein leichtes Übergewicht der Bullen und somit die Chance auf einen Ausbruch nach oben an.

Besonderheiten: Das Dreieck verliert an Bedeutung, wenn die Kurse in die Spitze des Dreiecks und somit in das letzte Viertel der zeitlichen Gesamtausdehnung des Dreiecks hineinlaufen. Die vorherrschende Unsicherheit setzt sich in diesem Szenario einfach weiter fort, ohne dass sich der Markt entscheidet.

Signal: Das Dreieck ist erst bei Ausbruch vollendet. Ein Ausbruch nach oben generiert ein Kaufsignal, ein Ausbruch nach unten ein Verkaufssignal. Nach Ausbruch erfolgt oftmals ein Pullback.

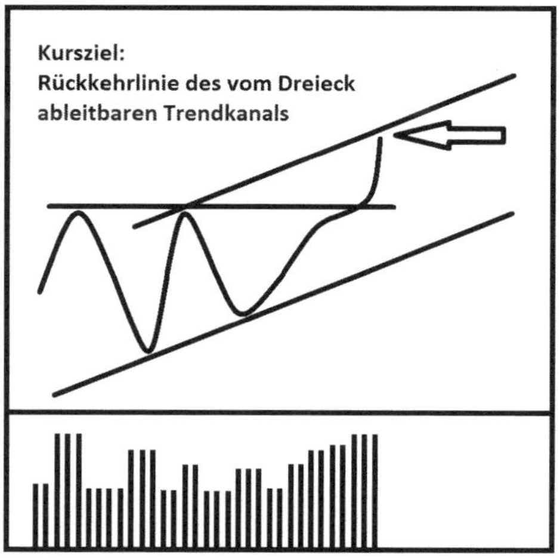

Abbildung 135: Kurszielbestimmung bei einem rechtwinkligen, ansteigenden Dreieck mithilfe der Trendanalyse

Kursziel: Die Kurszielbestimmung kann auf zweierlei Weiseerfolgen. Bei der ersten Methode wird die horizontale Differenz zwischen dem zweiten Punkt des Dreiecks und der gegenüberliegenden Begrenzung an das Ausbruchsniveau abgetragen. Die zweite Möglichkeit der Kurszielbestimmung ergibt sich aus der Trendanalyse. Denn bei einem Ausbruch über den Widerstand entsteht ein neues Hoch. Damit kann dann die untere Begrenzung des Dreiecks als Aufwärtstrendlinie definiert werden und mit ihr ein Aufwärtstrendkanal konstruiert werden. Dessen Rückkehrlinie stellt das hieraus ableitbare Kursziel dar.

Anmerkung zur Kurszielbestimmung entsprechend der Schwankungsbreite des Dreieck: Die Chartanalysten sind sich nicht immer einig, ob der erste oder der zweite Punkt eines Dreiecks (oder auch anderer Formationen wie zum Beispiel eines Keils oder eines Wimpels) zur Kurszielbestimmung herangezogen werden sollte. Nach meiner Auffassung beginnt jedoch das eigentliche Dreieck erst mit dem zweiten Punkt. Die »zweite« Linie der Formation kann erst am zweiten Punkt angelegt werden – somit ist der erste Punkt nicht sinnvoll, um eine mögliche »Energie« beziehungsweise Handlungsnotwendigkeit der Masse der Marktteilnehmer, die sich innerhalb der Formation aufbaut und bei Ausbruch entlädt, abzuschätzen. Letztlich müsste die zweite Linie nach links verlängert werden, um eine mögliche Schwankungsbreite der Formation ausgehend vom ersten Berührungspunkt zu ermitteln.

Doch ebenso wie bei Trendkanälen ist es methodisch nicht korrekt, Trendlinien als auch Begrenzungslinien von Formationen nach links zu verlängern. Denn als Chartanalyst wollen wir die Stimmung des Marktes einfangen, wir wollen erkennen, in welchem Zustand sich unser »manisch-depressiver Patient« befindet. Ist er unsicher? Oder doch euphorisch oder eher zu Tode betrübt? Im Dreieck und auch anderen Formationen kristallisiert sich die Stimmung erst im weiteren Zeitablauf nach Beginn einer Formation.

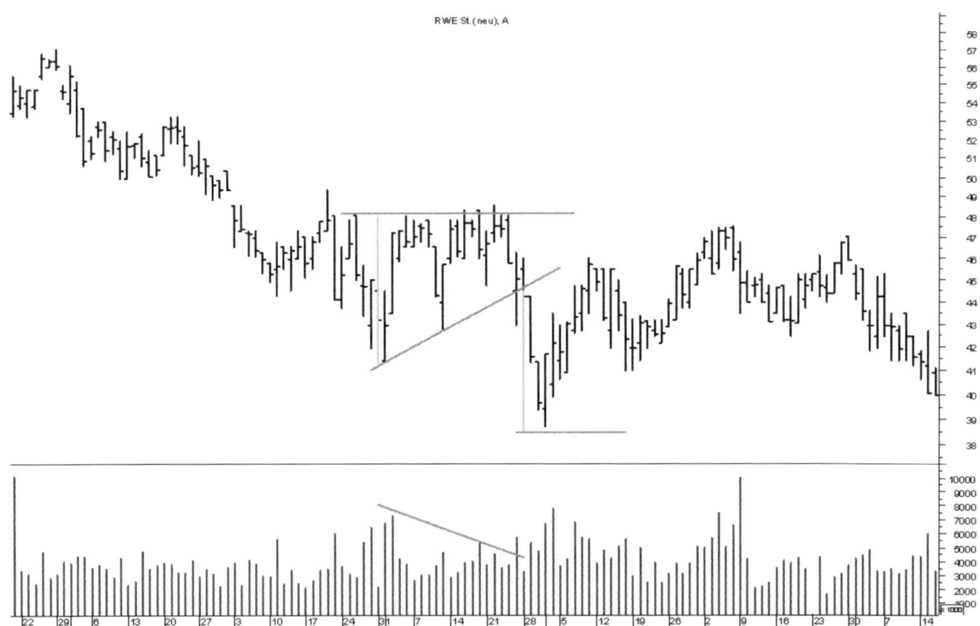

Abbildung 136: RWE von Juni bis Dezember 1998 – Ansteigendes Dreieck mit Ausbruch nach unten in Richtung der vorherigen Abwärtsbewegung – chart provided by Metastock

In der Regel signalisieren ansteigende Dreiecke ein bullishes Szenario. Dies ist jedoch keine Garantie dafür, dass es nicht anders kommen könnte. Bei der RWE-Aktie trat nach einem kurzfristigen Abwärtstrend im Oktober 1998 ein ansteigendes Dreieck auf, das nach unten aufgelöst wurde (Abbildung 136). Auch ein sehr langfristiges ansteigendes Dreieck 2007 markierte das Ende einer langfristigen Aufwärtsbewegung im DAX (Abbildung 137). So bildete sich vor der Finanzkrise 2008 im DAX ein recht langgezogenes Dreieck seit Juli 2007 aus sowie eine ideale kurzfristige M-Formation mit Nackenlinie bei 7.777 Punkten von Ende November bis Anfang Januar 2008 aus. Der Ausbruch aus dieser kurzfristigen M-Formation nach unten war hier ein erstes Verkaufssignal mit Kursziel »untere Dreiecksbegrenzung«.

Abbildung 137: DAX von März 2007 bis Mai 2008 – Eine kurzfristige M-Formation (welche allerdings erst den zweiten oberen Berührungspunkt des langfristigen Dreiecks bildet) innerhalb eines ansteigenden Dreiecks. Ein Vorbote für eine drastische Abwärtsbewegung – chart provided by tradesignalonline.com

Das heißt, der Anleger hätte schon Anfang 2008 nach Vollendung der M-Formation einerseits auf fallende Kurse wetten oder andererseits Gewinne der Vorjahre absichern können. Der dynamische Bruch des langfristigen Dreiecks verhieß sodann weitere Kursverluste. Aufgrund der vorherigen kurzfristigen M-Formation konnte jedoch schon zuvor ein entsprechender kräftiger Kursverfall prognostiziert werden - entsprechend der Kurszielableitung der M-Formation war durchaus mit einem Ausbruch aus dem Dreieck mit Kursen in Richtung 6.600 Punkten zu rechnen. Die Verknüpfung der Zeitebenen, die Verknüpfung von zum Beispiel Tages- mit Wochencharts oder Stunden- mit Tagescharts ist letztlich ein Erfolgsfaktor an der Börse. Kurzfristige Signale und kurzfristige Formationen können somit die Entstehung einer langfristigen Formation sowie die Ausbruchsrichtung aus einer übergeordneten Formation andeuten oder entsprechend den Kurszielableitungen der kurzfristigen Formationen gar prognostizieren.

Handeln Sie, was Sie sehen!

Grundsätzlich gilt: Ansteigende Dreiecke nach einem Aufwärtstrend sind in der Regel Trendfortsetzungsformationen. Doch wie schon im obigen Beispiel des DAX 2007/2008 gut erkennbar, rennen die Bullen gegen einen Widerstand an, und ein Scheitern nach oben verspricht dann eher fallende Kurse.

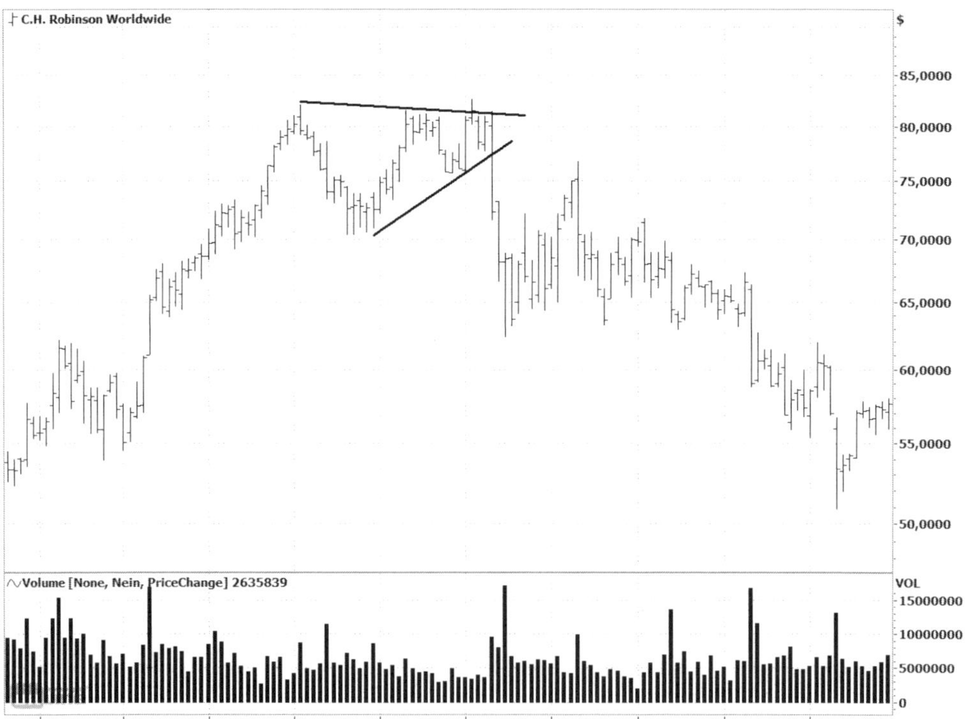

Abbildung 138: C.H. Robinson Worldwide von März 2010 bis August 2011 – Ansteigendes Dreieck (mit leicht fallender oberer Begrenzung) mit Ausbruch nach unten – chart provided by tradesignalonline.com

Vor allem kurzfristige »Bullenfallen« sind zu beachten. Sofern die obere Begrenzung eines ansteigenden Dreiecks zwar nach oben verlassen wird, nachfolgend aber die Optimisten und somit Anschlusskäufe fehlen UND der Kurs wieder in das Dreieck zurückfällt, besteht eher die Aussicht auf deutlich fallende Kurse. Dementsprechend gilt, dass Sie als Anleger stets das handeln sollten, was Sie sehen! Auch Statistiken oder Lehrbuch-Meinungen über die Signalqualität von Formationen helfen im praktischen Alltag eines Börsianers nicht immer weiter. Nur der Markt hat Recht!

So bildete sich in der US-Aktie C.H. Robinson Worldwide Inc. in 2011 ein Dreieck aus (Abbildung 138). Die obere Begrenzung konnte entweder als Widerstandszone oder als leicht fallende Begrenzungslinie konstruiert werden. Diese wurde im Sommer 2011 kurzfristig nach oben verlassen, doch nachfolgend erfolgte ein Bruch der unteren Dreiecksbegrenzung. In Verbindung mit dem Unvermögen der Bullen, den Wert nach oben zu treiben, war der Ausbruch aus dem Dreieck nach unten sodann ein relevantes Verkaufssignal, welches zudem mit einem kräftigen Abwärtsgap (Kurslücke nach unten) an Aussagekraft gewann.

Rechtwinklig fallendes Dreieck *(descending triangle)* – die Unterstützung hält?

Das rechtwinklige, fallende Dreieck weist die gleichen Merkmale auf wie das ansteigende Dreieck – nur eben umgekehrt. Es sollte daher mindestens zwei Tiefpunkte auf annähernd gleichem Niveau sowie mindestens zwei Hochpunkte aufweisen. Das zweite Hoch liegt tiefer. Es gilt als eher trendbestätigende Formation innerhalb eines Abwärtstrends und als eine Trendumkehrformation innerhalb eines Aufwärtstrends. Denn die untere Begrenzung stellt nun eine Unterstützung dar, gegen die die Bären Sturm laufen. Das Risiko eines Ausbruchs nach unten ist aufgrund der fallenden Hochpunkte (Übergewicht der Bären) innerhalb des Dreiecks größer als ein Ausbruch nach oben. Beachten Sie aber stets: Ein Signal ergibt sich erst bei Ausbruch aus dem Dreieck.

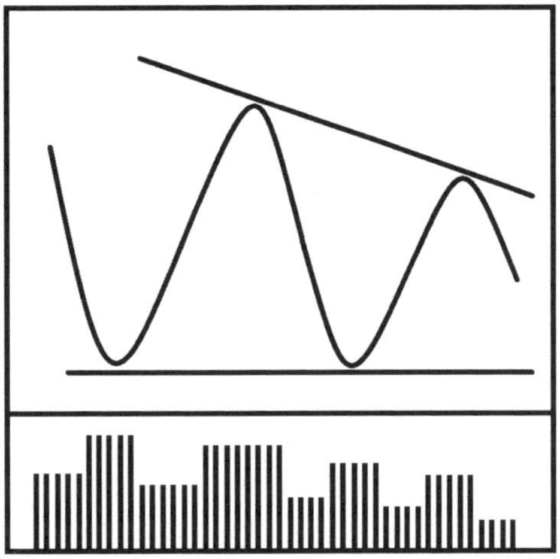

Abbildung 139: Fallendes Dreieck

Die Kurszielbestimmung erfolgt ebenso wie bei einem rechtwinkligen ansteigenden Dreieck entweder aufgrund der Schwankungsbreite des

Dreiecks – abgetragen an das Ausbruchsniveau oder entsprechend der Trendanalyse. Bei einem Fall unter die Unterstützung entsteht ein neues Tief. Damit kann dann die obere Begrenzung des Dreiecks als Abwärtstrendlinie definiert werden und mit ihr ein Abwärtstrendkanal konstruiert werden. Dessen Rückkehrlinie stellt sodann ein weiteres Kursziel dar.

Rechtwinklige, fallende Dreiecke – oder kurz lediglich fallende Dreiecke genannt – eignen sich sowohl für die sehr kurzfristige Analyse, bis hin zum »Day-Trading«, als auch für die langfristige Chartanalyse eines konservativen Anlegers.

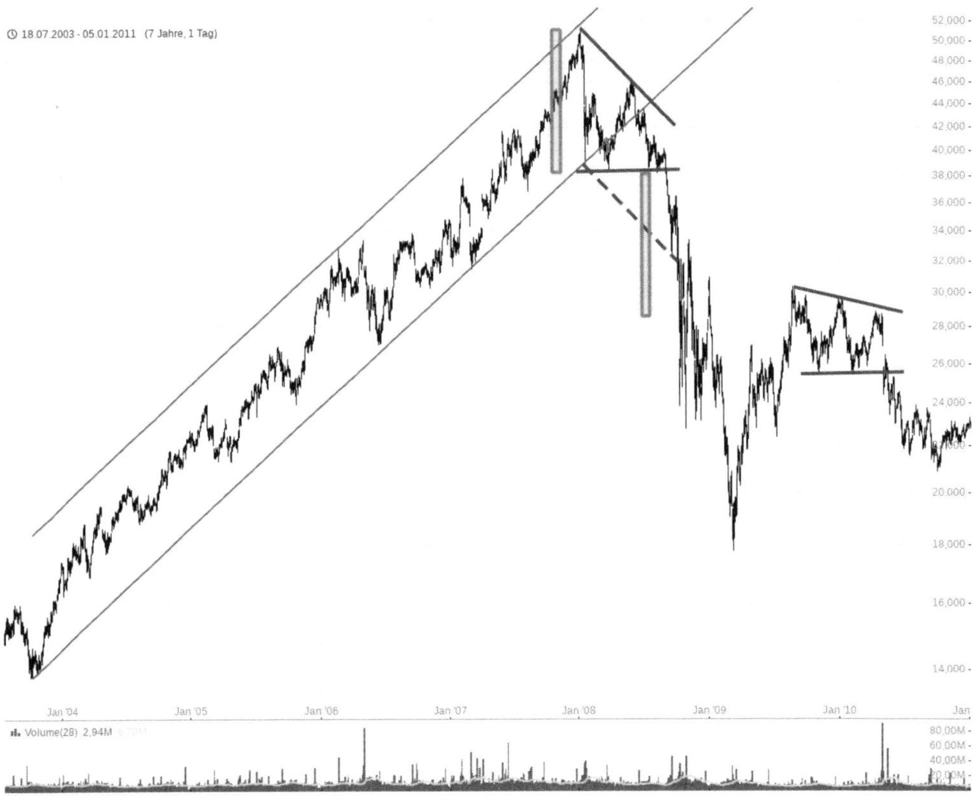

Abbildung 140: E.ON von 2003 bis 2011 – Fallende Dreiecke als langfristige Gipfelbildungen nach Aufwärtsbewegungen – chart provided by guidants.com

Ein Beispiel für die Anwendung von fallenden Dreiecken präsentiert der Kursverlauf der E.ON SE von 2003 bis 2011 (Abbildung 140). Ein fallendes Dreieck von Anfang 2008 bis September 2008 zeigte eine potenzielle Gipfelbildung nach einem sehr langfristigen Aufwärtstrend an. Zudem prallte der Kurs zum Jahreswechsel 2007/2008 an der oberen Begrenzung eines Aufwärtstrendkanals nach unten ab und der Kurs lief sodann unter kräftigen Schwankungen seitwärts aus dem Trendkanal heraus – unter Bildung des fallenden Dreiecks.

Mit Ausbruch aus dem Dreieck wurde die Gipfelbildung vollendet und die Kursziele aus dem Dreieck wurden abgearbeitet. Sowohl die nach unten abgetragene Schwankungsbreite des Dreiecks als auch die untere Begrenzung des Abwärtstrendkanals, der sich unter der Annahme, dass die obere Begrenzung des Dreiecks mit neuen Tiefs auch eine Abwärtstrendlinie darstellte. Im Zuge der Finanzkrise rutschte der Wert zudem weiter abwärts. Die nachfolgende Erholung in 2009 wurde wiederum mit einem leicht fallenden Dreieck von August 2009 bis Mai 2010 mit einem Verkaufssignal nach Ausbruch aus diesem zweiten Dreieck nach unten beendet.

Langfristig fallende Dreiecke spiegeln in der Regel sehr aussagekräftig die zunehmend abwartende Tendenz der Marktteilnehmer wider. So bildete sich im Kursverlauf von Cisco Systems über mehrere Jahre hinweg ein fallendes Dreieck (Abbildung 141). Eingeschlossen war hier auch die Finanzkrise 2008. Nachdem sich die Aussichten für den Wert 2012/2013 aufhellten, war letztlich der Ausbruch aus dem langfristigen Dreieck auch ein langfristig wirkendes Kaufsignal. Der Wert konnte in den vergangenen Jahren seit Ausbruch kontinuierlich ansteigen und seinen Wert verdoppeln. Das aus dem Dreieck ableitbare Kursziel wurde bis Mitte 2018 allerdings nur knapp erreicht. Relevant ist im dargestellten Chart, dass der Wert Ende 2017/Anfang 2018 an der oberen Trendkanalbegrenzung stoppte. Somit konnte der langfristig orientierte Anleger hier auch Teilgewinne knapp unter dem Kursziel aus dem langfristigen Dreieck aktiv mitnehmen oder Stoppkurse gestaffelt nachziehen.

Bildet sich im Kursverlauf ein langfristiges Dreieck aus, so kann der Anleger natürlich schon innerhalb des Dreiecks bei einem Bruch eines eher kurz- bis mittelfristigen Abwärtstrends auch auf einen Test der oberen Begrenzung des langfristigen Dreiecks spekulieren. Hierbei muss aber der Anleger stets im »Hinterkopf« behalten, dass schnelle Richtungswechsel innerhalb eines Dreiecks aufgrund der vorhandenen Unsicherheit, die das Dreieck ja widerspiegelt, stets auftreten können. Eine klare Risikobegrenzung durch Stoppkurse und Gewinnabsicherungen sind daher oberste Pflicht des Anlegers!

Abbildung 141: Cisco Systems von 2007 bis 2019 – Langfristiges fallendes Dreieck – chart provided by guidants.com

Ein weiteres Beispiel für ein langfristiges fallendes Dreieck: Abbildung 142 – Bayer AG. Der Kursverlauf spiegelt Unsicherheit durch hohe und schnelle Schwankungsbewegungen seit April 2017 bis Januar 2018 (rechtes Dreieck im Chart) wider. Die Unsicherheit im Markt über die weitere Richtung der Aktie entwickelte sich vor allem nach Bruch eines Aufwärtstrends im Sommer 2017. Anfang Februar 2018 kam es sodann bei höheren Umsätzen zu einer kräftigen Abwärtsbewegung, die wiederum im April 2018 aufgefangen wurde. Das Kursziel aus dem fallenden Dreieck wurde nach Ausbruch nicht mehr erreicht. Doch die nachfolgende Erholung stoppte im Bereich der unteren Dreiecksbegrenzung, die nun statt einer Unterstützung als Widerstandszone zu betrachten war. Letztlich war der Ausbruch aus dem Dreieck nach unten ein Verkaufssignal. Interessant im Kursverlauf der Bayer-Aktie ist auch der vorherige Zeitraum vom Juni bis Dezember 2017.

Abbildung 142: Bayer AG von Dezember 2015 bis Juni 2018 – Symmetrisches und fallendes Dreieck – chart provided by Metastock

Hier entwickelte sich ein symmetrisches Dreieck (erstes Dreieck im Chart). Nach Ausbruch aus dieser Formation zum Jahresende 2017 konnte die Bayer-Aktie kräftig ansteigen und innerhalb eines Aufwärtstrendkanals auch das Kursziel aus dem symmetrischen Dreieck deutlich übertreffen. Beachten Sie: Das Umsatzverhalten innerhalb der hier dargestellten beiden Dreiecke entspricht nicht unbedingt dem idealen Verlauf. Umsatzanstiege bei Ausbruch zeigten allerdings Handlungsbedarf im Markt an und erhöhten so die Aussagekraft der jeweiligen Kauf- und Verkaufssignale. Das symmetrische Dreieck wird im nachfolgenden Abschnitt behandelt.

Symmetrisches Dreieck – der Markt schaut zu

Das symmetrische Dreieck ist eine trendneutrale Formation.

Im symmetrischen Dreieck drückt sich die schwankende und deutlich unsichere Erwartungshaltung der Börsenakteure über die zukünftige Marktrichtung aus. Innerhalb eines symmetrischen Dreiecks herrscht eine Pattsituation zwischen

Angebot und Nachfrage vor. Die Schwankungsbreite nimmt jedoch kontinuierlich ab, die Börsenakteure nehmen eine zunehmend abwartende Haltung ein. Die Unsicherheit über die weitere Richtung bleibt jedoch bestehen. Daher ist bei dieser Formation die Richtung des Ausbruchs vollkommen im Unklaren. Ein Ausbruch erfolgt sodann allerdings oftmals dynamisch, da bei Ausbruch sich der Markt entscheidet und die abwartenden Marktteilnehmer mit Ausbruch wieder aktiv werden.

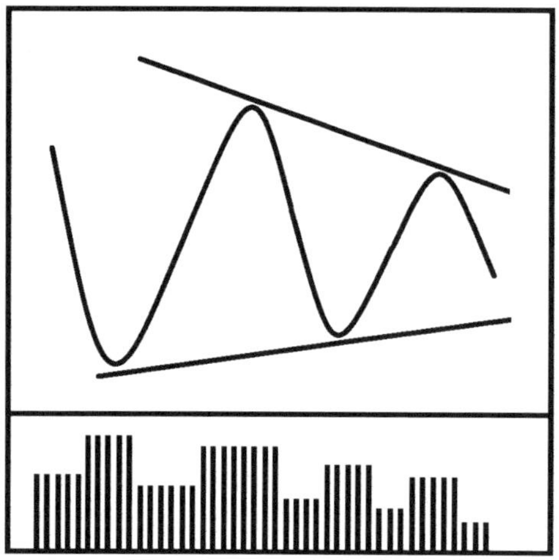

Abbildung 143: Symmetrisches Dreieck

Merkmale des symmetrischen Dreiecks

Kursverlauf: Das symmetrische Dreieck weist mindestens zwei Tiefpunkte sowie mindestens zwei Hochpunkte auf. Das zweite Tief liegt höher als das vorangegangene Tief und das zweite Hoch notiert unter dem ersten Hoch. Achten Sie besonders darauf, dass sich die Hoch- und Tiefpunkte abwechseln – die Pendelbewegung steht für den Charakter der Formation, die Unsicherheit im Markt.

Zeitliche Ausdehnung: zwei Wochen bis zu mehrere Jahre.

Umsatzverhalten: Das Volumen stagniert oder ist innerhalb der Formation rückläufig. Der Ausbruch aus einem Dreieck erfolgt mit höheren Umsätzen und bekräftigt dann das jeweilige Richtungssignal.

Charakter: Da aufgrund von fallenden Hoch- und steigenden Tiefpunkten weder die Bullen noch die Bären ein Übergewicht im Markt haben, stellt das symmetrische Dreieck eine umfassende Phase der Unsicherheit im Markt dar. Mit zunehmender Dauer dieser Phase halten sich immer mehr Marktteilnehmer zurück, die Schwankungsbreite nimmt ab.

Besonderheiten: Das Dreieck verliert vollkommen an Bedeutung, wenn die Kurse in die Spitze des Dreiecks und somit in das letzte Viertel der zeitlichen Gesamtausdehnung des Dreiecks hineinlaufen.

Signal: Das Dreieck ist erst bei Ausbruch vollendet. Ein Ausbruch nach oben generiert ein Kaufsignal, ein Ausbruch nach unten ein Verkaufssignal. Nach Ausbruch erfolgt oftmals ein Pullback.

Kursziel: Die horizontale Differenz zwischen dem zweiten Punkt des Dreiecks und der gegenüberliegenden Begrenzung wird an das Ausbruchsniveau abgetragen.

Symmetrische Dreiecke sind in der Regel sehr aussagekräftige Formationen. Die Unsicherheit der Marktakteure über die weitere Richtung, die sich im Dreieck widerspiegelt, baut über den Zeitraum des Dreiecks auch Handlungsnotwendigkeiten bei den Akteuren auf. Diejenigen, die sich innerhalb des Dreiecks auf steigende Kurse vorbereitet haben, sehen sich bei einem Ausbruch nach oben bestätigt und bauen sodann Positionen auf oder kaufen nach – die Pessimisten hingegen müssen ihre Wetten auf fallende Kurse glattstellen. So wird die Aufwärtsbewegung noch unterstützt.

Im umgekehrten Fall eines Ausbruchs nach unten mit fallenden Kursen setzt auch eine erste Panikreaktion bei den Optimisten ein. Positionen mit Wetten auf steigende Kurse oder bestehende Longpositionen werden verkauft. Der Abgabedruck steigt somit eher an. Auch fühlen sich die Bären in ihrer Einschätzung bestätigt und verkaufen unter Umständen nochmals den Markt beziehungsweise gehen Wetten auf fallende Kurse ein. Symmetrische Dreiecke eignen sich zudem hervorragend als Richtungsgeber in allen Zeitebenen. So sind auch sehr langfristige Zeiträume mit symmetrischen Dreiecken aussagekräftig, ebenso können diese Formationen in den sehr kurzfristigen Zeitebenen, so zum Beispiel Stunden- bis 5-Minuten-Kerzen angewendet werden.

Ein Beispiel: Im Währungspaar EUR/USD bildete sich in den Monatskerzen, die die sehr langfristige Perspektive darstellen und auch die »Grundstimmung« in einem Markt wiedergeben, in den Jahren 2009 bis 2014 ein symmetrisches Dreieck aus (Abbildung 144). Die kräftigen Schwankungen im Währungspaar spiegelten die übergeordnete Verunsicherung der Devisenhändler über die weitere Entwicklung des Euro gegenüber dem US-Dollar wider. Mit alternierenden Hoch- und Tiefpunkten Ende 2009, Mitte 2010, Mai 2011 und Juli 2012 passten auch die zeitlichen Proportionen, die ein aussagekräftiges Dreieck ausmachen. Nach dem vierten Berührungspunkt im Juli 2012 konnte sich eine mehrmonatige Aufwärtsbewegung, ein Aufwärtstrendkanal innerhalb des Dreiecks durchsetzen. Mit Bruch dieses Aufwärtstrendkanals mit einer schwarzen Monatskerze und in Folge weiterer schwarzer Monatskerzen war zumindest ein Test der unteren Dreiecksbegrenzung in 2014 zu erwarten. Der dann erfolgte Ausbruch aus dem Dreieck im Dezember 2014 mit einer weiteren längeren schwarzen Monatskerze war somit ein übergeordnetes Verkaufssignal.

Entsprechend der Kurszielableitung aus dem Dreieck (Schwankungsbreite des Dreiecks gemessen am zweiten Berührungspunkt abgetragen an das Ausbruchsniveau) musste auch mit der Parität von 1 EUR/USD gerechnet werden. Ein weiteres Kursziel war allerdings auch die untere Begrenzungslinie (Rückkehrlinie) des neuen Abwärtstrendkanals in den Monatskerzen. Dieses Kursziel wurde auch erreicht – die Parität hingegen nicht mehr. Vielmehr entwickelte sich in den Jahren 2015 bis 2017 ein weiteres symmetrisches Dreieck. Dieses wurde auch Ende 2016 nach unten verlassen. Doch hierauf setzten keine weiteren Anschlussverkäufe mehr ein. Ganz im Gegenteil. Der Ausbruch aus dem zweiten Dreieck wurde vom Markt nicht mehr als Verkaufssignal angenommen.

Abbildung 144: EUR/USD von 2003 bis 2018 – Zwei langfristige symmetrische Dreiecke in den Monatskerzen – chart provided by guidants.com

Die Stimmung war zudem auf einem Tiefpunkt, und auch die Bankenschätzungen für den EUR/USD wiesen eher nach unten. Selbst Kursziele deutlich unter der Parität wurden in dieser Phase der »Depression« von Devisenexperten der Banken genannt. Doch der EUR/USD konnte sich in den nachfolgenden Monaten stabilisieren und mit einer Reihe von weißen Monatskerzen zulegen. Das Verkaufssignal Ende 2016 erwies sich so als Fehlausbruch, als Bärenfalle. Dieses technische Fehlsignal ließ jedoch dann die Prognose zu, dass ein Boden gefunden war und der Markt eher bereit war, wieder anzusteigen. Der Ausbruch aus dem symmetrischem Dreieck Mitte 2017 nach oben war somit nur folgerichtig und ein Kaufsignal. Das abgeleitete Kursziel wurde jedoch in den Folgemonaten nicht mehr vollumfänglich abgearbeitet.

WICHTIG: Die übergeordnete Stimmung in einem Markt geben die Monatskerzen oder die langfristige Perspektive gut wieder. Der Anleger als auch der kurzfristig orientierte Trader sollte diese Tendenz stets beachten. Der Erfolgsfaktor an der Börse liegt in der Verknüpfung der Zeitebenen. Zeigen Ihnen die Monatskerzen ein deutliches Verkaufssignal mit klaren Kurszielen an, so können Sie die kurzfristigen Zeitebenen (Tages- und/oder Stundenkerzen) als Timing-Instrument nutzen, um in einen Trend zu investieren. Im vorliegenden Beispiel konnte der sonst eher kurzfristig orientierte Devisenhändler versuchen, bei Ausbruch aus den vorliegenden langfristigen Dreiecken dann auch mittel- bis langfristige Positionen aufzubauen.

Bleiben wir bei dem Währungspaar EUR/USD. Nach der kräftigen Erholung in 2017 stoppte die Aufwärtsbewegung Anfang 2018. Eine Pendelbewegung innerhalb einer Range zwischen circa 1,25 bis 1,22 EUR/USD folgte dem Anstieg (Abbildung 145). Diese Pendelbewegung konnte in den Wochenkerzen wiederum als symmetrisches Dreieck eingefasst werden. Eine abermalige Phase der Unsicherheit zeichnete sich ab. Diese Phase wurde sodann mit einer langen schwarzen Wochenkerze (der Markt hatte sich entschieden) nach unten verlassen. Ausgehend von dem Kursziel des Dreiecks konnte mindestens mit einem Test der runden 1,20 EUR/USD gerechnet werden.

Ein weiteres Kursziel, die nach unten abgetragene Schwankungsbreite des gebrochenen Aufwärtstrendkanals, offerierte hingegen ein Kursziel in den Bereich um 1,17 EUR/USD. Somit konnte der Trader entsprechend diesen Kurszielen Wetten auf fallende Kurse (Shortpositionen) aufbauen, um im Bereich 1,17 EUR/USD dann anfangen, diese abzubauen, in Verbindung mit kurzfristigen Kaufsignalen oder Hinweisen auf eine Stabilisierung.

Sehr schön zu sehen ist die Phase der Unsicherheit innerhalb des Dreiecks in den Wochenkerzen anhand der sehr kleinen Kerzenkörper von Ende Februar bis Mitte April 2018. Kleine Kerzenkörper, ob weiß oder schwarz, mit Dochten und Lunten, spiegeln hier die Unsicherheit der Marktakteure wider. Der Anleger und Trader sollte sich bei entsprechenden Phasen und vor allem bei Dreiecken auf eine kräftige anschließende Bewegung einstellen. Erkennen Sie zum Beispiel in den Wochenkerzen ein Dreieck und eine aussagekräftige Verunsicherung der Börsianer, so können Sie letztlich die Tages- und Stundenkerzen als Timing-Instrument nutzen, als Richtungssignalgeber. So brach am 23. April 2018 der EUR/USD mit einer längeren schwarzen Tageskerze nach unten aus dem Dreieck aus, ein Verkaufssignal (Abbildung 146). Da auch nachfolgend die schwarzen, also negativen Tageskerzen überwogen, wurden auch die Kursziele (Dreieck, Trendkanal) stets wahrscheinlicher. Erholungen konnten so im Abwärtstrend stets verkauft werden.

Abbildung 145: EUR/USD von Februar 2017 bis August 2018 – Wochenkerzen – Symmetrisches Dreieck als Gipfelbildung in Verbindung mit einem Bruch eines Aufwärtstrendkanals – chart provided by Metastock

Abbildung 146: EUR/USD von Dezember 2017 bis Juni 2018 – Symmetrisches Dreieck wird mit einer längeren schwarzen Tageskerze am 23. April 2018 nach unten verlassen: Ein Verkaufssignal! – chart provided by Metastock

Symmetrische Dreiecke treten in allen Zeitebenen und in allen börsennotierten Wertpapieren, Rohstoffen, Devisenkursen sowie Indizes auf. Getreu dem Motto der Technischen Analyse, dass sich Kursmuster und deren Folgen wiederholen, möchte ich Ihnen nun ein Beispiel für ein klassisches und besonders ideales symmetrisches Dreieck vorstellen. In Abbildung 147 sehen Sie ein symmetrisches Dreieck im DAX.

Abbildung 147: DAX von Juni bis November 1999 – Symmetrisches Dreieck mit Ausbruch nach oben – chart provided by Metastock

Im Verlauf des Jahres 1999 nahm die Masse der Börsenakteure eine abwartende Haltung gegenüber dem DAX ein. Die Schwankungsbreite ging vom Juli bis Oktober 1999 zurück, und erst bei Ausbruch aus dem symmetrischen Dreieck Ende Oktober 1999 bei circa 5.400 Punkten mit einer langen weißen Tageskerze stieg der Handlungsbedarf der Marktteilnehmer an. Der dynamische Ausbruch war ein klares Kaufsignal. Kursziele ergaben sich nun nach mehreren Deutungsmöglichkeiten. Einerseits natürlich ein Kursziel von circa 6.100 Punkten entsprechend der Schwankungsbreite des Dreiecks nach oben abgetragen. Zuvor war ein etwas geringeres Kursziel noch einzuplanen, die obere Trendkanalbewegung eines kurzfristigen Aufwärtstrendkanals mit der unteren Dreiecksbegrenzung als Aufwärtstrendlinie (gestrichelt dargestellt).

Abbildung 148: DAX von Dezember 1998 bis März 2000 – Symmetrisches Dreieck im Kontext der übergeordneten Chartsituation – chart provided by Metastock

Nicht zu vergessen ist jedoch stets das übergeordnete langfristige Bild (Abbildung 148). So verlief die untere Dreiecksbegrenzung annähernd gleich mit einer langfristigen Aufwärtstrendlinie, die im Dezember 1998 startete. Mithin war zusätzlich die obere Trendkanalbegrenzung dieses Aufwärtstrendkanals ein weiteres Kursziel. So ergaben sich zudem mit der Schwankungsbreite des Dreiecks UND dem übergeordneten Aufwärtstrendkanal zwei Kursziele im Bereich 6.100 bis circa 6.500 Punkten. Interessant zudem die nach dem Ausbruch erfolgte kräftige Aufwärtsbewegung, die fast nur aus weißen Tageskerzen mit einer Reihe von Tageshöchstkursen bis an die runde 6.000er-Marke.

Diese Aufwärtsbewegung kann als »Fahnenstange« definiert werden. Die kurzfristige Konsolidierung mit Gewinnmitnahmen bis 6.000 Punkte stellte somit noch keinen generellen Stimmungsumschwung dar. Vielmehr bildete sich mit schnellen Richtungswechseln ein sehr kleines symmetrisches Dreieck Ende November 1999 aus, ein »Wimpel« (Erläuterung ab Seite 227 ff.). Der nachfolgende Ausbruch aus dem Wimpel mit einer langen weißen Tageskerze war somit ein weiteres Kaufsignal, ebenso der Ausbruch aus dem langfristigen Aufwärtstrendkanal nach oben. Die hieraus ableitbaren Kursziele aus dem Wimpel als auch nach Ausbruch aus dem Aufwärtstrendkanal wurden zügig in 2000 erreicht.

In Abbildung 149, der Aktie der DMG MORI AG, vormals Gildemeister AG, können Sie gut erkennen, dass sich über das Frühjahr 2011 ein Abwärtstrend etablierte und kräftige Kursverluste bis Ende 2011 zu verzeichnen waren. Verkaufssignale ergaben sich unter anderem mit Vollendung eines allerdings nicht idealen fallenden Dreiecks im Sommer 2011 sowie nachfolgend mit Ausbruch aus einer volatilen Seitwärtsbewegung Ende September 2011. Dieses letzte Verkaufssignal wurde vom Markt jedoch nicht mehr angenommen. Der Wert konnte sich bis Ende 2011 unter Schwankungen stabilisieren. Diese schnellen Richtungswechsel auch in Verbindung mit der vorherigen Seitwärtsbewegung spiegelten die Unsicherheit im Markt über die weitere Entwicklung des Unternehmens und des Aktienkurses wider. Der Kursverlauf bildete hierbei zwei symmetrische Dreiecke aus – ein längeres und ein kürzeres. Anfang 2012 wurden beide Dreiecke UND der langfristige Abwärtstrend geknackt – ein Kaufsignal nach einer mehrmonatigen Bodenbildung, die den Börsianern das Vertrauen in das Unternehmen und in steigende Kurse zurückbrachte.

Im Chart der DMG MORI AG kann man nun darüber diskutieren, welche Signale wirklich entscheidend waren für die weitere Kursentwicklung. Waren die Ausbrüche aus den beiden symmetrischen Dreiecken relevanter als der Bruch des langfristigen Abwärtstrends? Oder doch umgekehrt? Letztlich erhält der Anleger mit mehreren positiven Signalen natürlich eine höhere Aussagekraft für ein positives Szenario.

Abbildung 149: DMG MORI AG (Gildemeister AG) von April 2011 bis März 2012 – Symmetrische Dreiecke als Bodenbildung und Kaufsignal nach Ausbruch sowie Bruch eines langfristigen Abwärtstrends sowie vorab einem fallenden Dreieck mit Verkaufssignal und einer volatilen Range mit Fehlausbruch nach unten – chart provided by tradesignalonline.com

Auch können bei mehreren Signalen durchaus mehrere unterschiedliche Kursziele abgeleitet werden. Bei der DMG MORI AG konnten Kursziele entsprechend den jeweiligen Schwankungsbreiten der beiden Dreiecke als auch eines recht breiten Abwärtstrendkanals an das Ausbruchsniveau abgetragen werden.

Ein weiteres Beispiel für ein symmetrisches Dreieck als Bodenbildung in Verbindung mit einem Bruch eines Abwärtstrends bildet der Kursverlauf des Währungspaares USD/JPY im Zeitraum Juni bis Oktober 2012 dar (Abbildung 150). Im Oktober 2012 konnte das Währungspaar USD/JPY aus einem Dreieck in Verbindung mit einem Abwärtstrend nach oben ausbrechen. Hierbei verlief die obere Begrenzung des Dreiecks recht ähnlich wie die Abwärtstrendlinie. Letztlich ein Kaufsignal, welches zudem noch untermauert wurde aufgrund der Tatsache, dass ein Tief von Anfang Juni 2012 noch im September zweifach »getestet« wurde. Der Markt schien kein weiteres Abwärtspotenzial mehr aufzuweisen, die Unterstützungslinie ausgehend vom Juni-Tief wurde verteidigt und nachfolgend konnte der US-Dollar gegenüber dem japanischen Yen kräftig aufwerten. Grundsätzlich gilt jedoch: Große (lang- bis mittelfristige) Formationen haben große Auswirkungen, kleine (kurzfristige) Formationen haben kleine Auswirkungen.

Abbildung 150: USD/JPY von Mai bis Dezember 2012 – Symmetrisches Dreieck, Unterstützung und Bruch eines Abwärtstrendkanals – chart provided by Metastock

Insofern sollte der Anleger und auch Trader stets nach langfristigen, größeren Formationen Ausschau halten. Ein Beispiel hierfür ist die Aktie des US-Unternehmens United Technologies Corp. Nach der Finanzkrise konnte der Wert kräftig zulegen. Diese Aufwärtsbewegung stoppte jedoch Mitte 2011 und es entwickelte sich eine volatile Pendelbewegung im langfristigen Bild über die Jahre 2011 bis Anfang 2013. Mit einem Ausbruch aus dieser Pendelbewegung, einem symmetrischen Dreieck (Abbildung 151), wurde die Konsolidierung abgeschlossen und der Weg war wieder frei für eine Fortsetzung der Aufwärtsbewegung entsprechend dem Kursziel aus dem Dreieck nach oben.

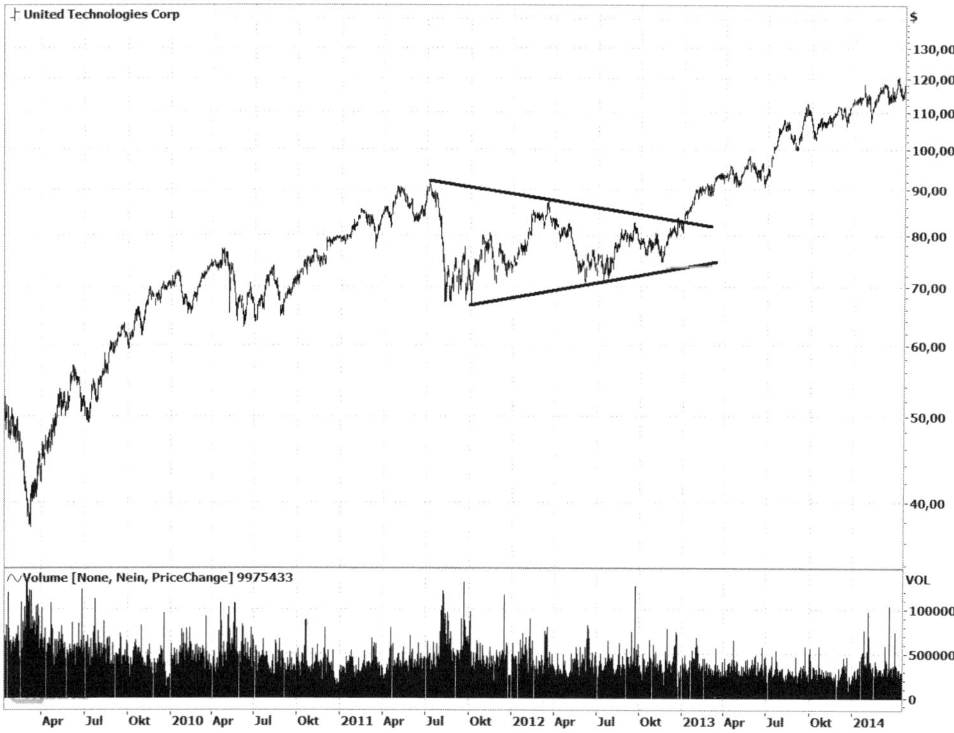

Abbildung 151: United Technologies Corp. von Anfang 2009 bis Ende 2014 – Symmetrisches Dreieck als Konsolidierung – chart provided by tradesignalonline.com

Wie schon erwähnt: Selbstverständlich können Sie alle Formationen nicht nur im lang- und kurzfristigen Zeitfenster eines Anlegers nutzen, sondern auch im sehr kurzfristigen Trading bis hin zum Day-Trading anwenden. Aussagekräftig sind im kurzfristigen Trading Stundenkerzen. Formationen und Dreiecke, die sich hier über einige Tage ausbilden und in den Stundenkerzen gut erkennbar sind, jedoch eher nur eingeschränkt in den Tageskerzen ersichtlich sind, erhalten demzufolge eine gute Aussagekraft für einen Trader, der nur einen Zeithorizont von wenigen Stunden oder ein bis drei Tagen hat.

So bildete sich im Dow Jones Industrial Average, dem US-Leitindex auf Stundenbasis vom 27. Juni 2018 bis zum 06. Juli 2018 ein kleines symmetrisches Dreieck aus (Abbildung 152). Dieses wurde mit einer längeren weißen Stundenkerze nach oben verlassen. Die kurzfristige Verunsicherung hatte sich gelegt, und der Dow Jones konnte trotz des Handelsstreits zwischen den USA und China zulegen. Das Kursziel aus dem Dreieck wurde recht zügig abgearbeitet. Ein kurzfristig orientierter Trader konnte hier auf steigende Kurse setzen. Nachdem das Kursziel erreicht wurde, fiel der Index jedoch wieder, nach der Androhung weiterer Strafzölle durch US-Präsident Trump, zurück. Ein Lehrbeispiel für die Anwendung der

Formation auch für das kurzfristige Trading, aber ebenso ein Lehrbeispiel, dass Anleger und Trader auch aktiv Gewinne oder zumindest Teilgewinne an erreichten Kurszielen mitnehmen sollten.

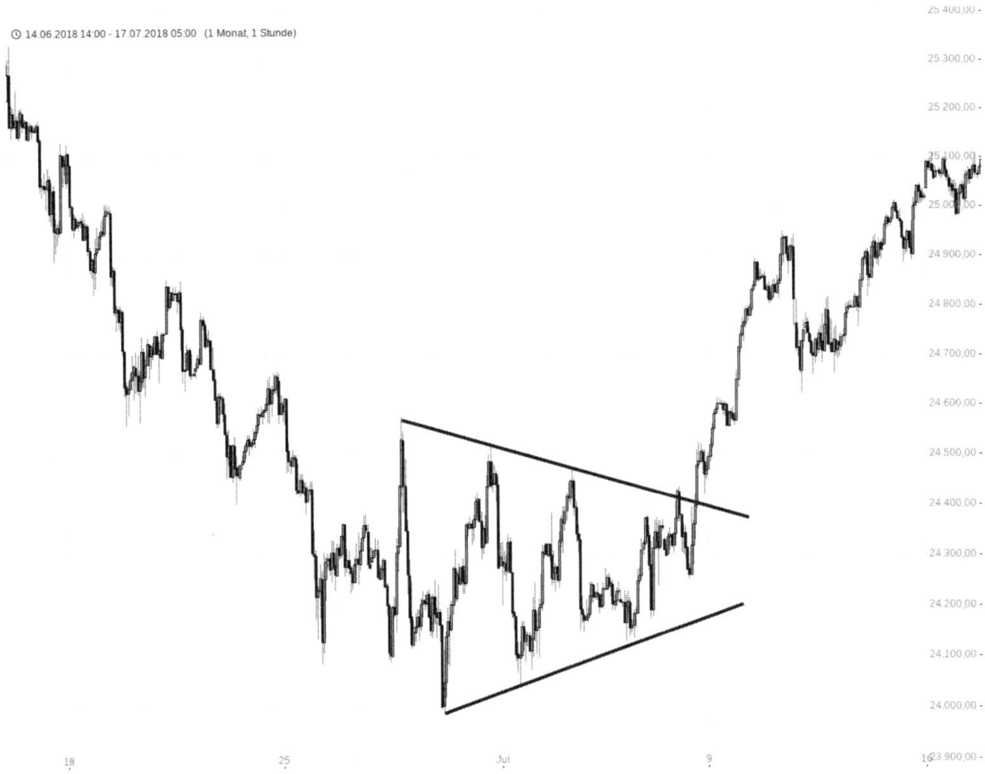

Abbildung 152: Dow Jones vom 14. Juni bis 17. Juli 2018 – Symmetrisches Dreieck in den Stundenkerzen als Trading-Instrument – chart provided by guidants.com

Umgekehrtes symmetrisches Dreieck *(broadening top)* – Gefühlschaos der Anleger

Zwei auseinanderstrebende Begrenzungslinien zeigen an, dass die Schwankungsbreite und somit die Unsicherheit der Marktteilnehmer zunimmt. Tritt eine derartig zunehmende Unsicherheit nach einem mittel- bis langfristigen Trend auf, so kann davon ausgegangen werden, dass das umgekehrte Dreieck eine Trendwende andeutet. Denn eigentlich steigt ja nach längerfristigen Aufwärtstrends die Sicherheit an. Das umgekehrte Dreieck zeigt allerdings eine Zunahme der Verwirrung an, aufgrund der Zunahme der schnellen Richtungsänderungen, der Zunahme der Schwankungsbreite im Markt. Das Vertrauen der Masse in steigende Kurse nach einer Zunahme der Emotionen und schnellen Richtungswechseln muss als arg eingeschränkt gelten. Unsicherheit über die weitere Richtung ist hier die

Folge. Da keine klare Richtung erkennbar ist, wird eine Gipfelbildung nach einem Aufwärtstrend wahrscheinlicher.

Merkmale des umgekehrten symmetrischen Dreiecks

Kursverlauf: Das umgekehrte symmetrische Dreieck weist mindestens zwei Tiefpunkte sowie mindestens zwei Hochpunkte auf, die abwechselnd auftreten. Das zweite Tief liegt tiefer als das erste. Das zweite Hoch notiert höher als das erste Hoch.

Zeitliche Ausdehnung: mindestens ein Monat bis zu ein Jahr. Dreiecke sind generell aber auch bei kürzeren Zeitebenen, so im Day-Trading anwendbar.

Umsatzverhalten: Das Volumen steigt innerhalb der Formation an. Der Ausbruch aus einem umgekehrten Dreieck erfolgt nicht unbedingt mit höheren Umsätzen. Die Marktteilnehmer haben schon innerhalb des Dreiecks ihre Bestände getauscht.

Charakter: Steigende Hoch- und fallende Tiefpunkte spiegeln die zunehmende Unsicherheit und hohe Emotionalität der Akteure wider. Das umgekehrte Dreieck stellt eine umfassende Phase der Unsicherheit im Markt dar.

Besonderheiten: Das Dreieck verliert vollkommen an Bedeutung, wenn die Kurse sich in der Mitte des Dreiecks wieder beruhigen und einen neuen, kurzfristigen Auf- oder Abwärtstrend ausbilden. Ein aussagekräftiges umgekehrtes Dreieck als Gipfelbildung nach einem Aufwärtstrend liegt insbesondere dann vor, wenn ein Fehlausbruch über die obere Begrenzung erfolgt.

Signal: Das Dreieck ist erst bei Ausbruch vollendet. Ein Ausbruch nach oben generiert ein Kaufsignal, ein Ausbruch nach unten ein Verkaufssignal. Auf Fehlsignale beziehungsweise Fehlausbrüche nach oben nach vorherigen langfristigen Aufwärtstrends ist besonders zu achten.

Kursziel: Die horizontale Differenz zwischen dem mindestens vierten oder bei komplexeren Abläufen dem vorletzten Punkt des Dreiecks und der gegenüberliegenden Begrenzung wird an das Ausbruchsniveau abgetragen.

Ein ausgesprochen lehrreiches inverses Dreieck trat im deutschen Aktienindex, dem DAX von November 2017 bis Januar 2018 auf (Abbildung 153). Nach einer kräftigen Aufwärtsbewegung und einem Hoch bei 13.537 Punkten am 07. November 2017 konsolidierte der DAX unter volatilen Schwankungen hin und her. Die vorherige Hausse-Stimmung verhinderte einen schnellen Absturz. Die Optimisten unter den Börsianern nutzten die Rücksetzer unter die runde 13.000er-Marke als vermeintliche Kaufchance. Die Pessimisten hingegen nahmen lieber Gewinne mit und sicherten sich zudem mit Wetten auf fallende Kurse über Aktien- und Index-Optionen oder den DAX-Future ab. Am 23. Januar konnte der DAX sodann mit Ausbruch aus dem inversen Dreieck zwar ein neues Hoch bei 13.596 Punkten erreichen. Doch Anschlusskäufe fehlten und am folgenden Handelstag trumpften die Bären auf.

Abbildung 153: DAX von September 2017 bis März 2018 – Ein umgekehrtes Dreieck mit Fehlausbruch als Gipfelbildung – chart provided by Metastock

Es bildete sich eine längere schwarze Kerze mit Rückkehr in das umgekehrte Dreieck. Die lange schwarze Tageskerze signalisierte ein Übergewicht der Bären, der Verkäufer und wies auf das Fehlen von Käufern hin. Damit war schon zu diesem Zeitpunkt die Aussage möglich, dass aufgrund des Fehlausbruchs aus dem Dreieck die Party ihr Ende finden dürfte und der DAX sich in einer Gipfelbildung befand. Diese Annahme wurde durch weiterhin fallende Kurse bestätigt. Letztlich fiel der DAX im weiteren Verlauf auch aus dem Dreieck sehr dynamisch nach unten heraus. Direkt nach dem ersten Handelstag nach Ausbruch nach unten konnte der DAX zwar eine Erholung starten, doch diese Erholung erwies sich lediglich als Strohfeuer, als Pullback. Das aus dem Dreieck abzuleitende Kursziel wurde jedoch vollumfänglich erst nach einer kurzfristigen Erholung Anfang März 2018 erreicht. Auch wenn sich der DAX im Mai 2018 wieder erholte und kurzfristig über 13.000 Punkte anstieg.

Für den Anleger ist es durchaus sinnvoll, entsprechende Signale einer Gipfelbildung wie im Falle eines umgekehrten Dreiecks zu nutzen, um Gewinne mitzunehmen oder Positionen zum Teil mitzunehmen. Im Vordergrund steht stets, das Depot abzusichern und das Kapital zu erhalten. Selbst wenn der DAX in den kommenden Jahren das Hoch vom Januar 2018 überwindet, so war der Hinweis auf eine Gipfelbildung zum aktuellen Zeitpunkt des Verkaufssignals ernst zu nehmen.

Anmerkung: Berücksichtigen Sie bei der Analyse des deutschen Aktienindex auch die Chartsituation der US-Leitindizes Dow Jones, Nasdaq 100 und S&P 500. Kommt es in diesen Indizes zu Gipfelbildungen und verzeichnet auch der DAX eine ebensolche, so erhält natürlich die Gipfelbildung im DAX eine weitaus höhere Aussagekraft, als wenn die US-Indizes weiter aufwärtsstreben. Im besprochenen Kursverlauf Ende 2017/Anfang 2018 wies zum Beispiel der Dow Jones eine starke Übertreibungsphase, eine Euphoriesituation auf. Somit erhielt die Gipfelbildung im DAX eine recht hohe Aussagekraft. Chartanalyse ist aber immer ein dynamischer Prozess. Der Analyst trifft eine Annahme. Wird diese Annahme jedoch nicht bestätigt, tritt also ein alternatives oder gänzlich nicht erwartetes Szenario ein, so muss der Analyst auch ein neues Szenario und neue Annahmen treffen.

So bildete der DAX im Jahr 2013 ein inverses Dreieck aus (im abgebildeten Chart das rechte inverse Dreieck). Dessen obere Begrenzung wurde auch erst geknackt, anschließend ging es wieder abwärts. Der Ausbruch nach oben war ein Fehlsignal, eine Bullenfalle *(Abbildung 154)*.

Somit musste Ende Mai 2013 von einer Gipfelbildung ausgegangen werden und selbst ein Ausbruch aus dem Dreieck nach unten unter die runde 7.000er-Marke als Worst-Case-Szenario war anzunehmen. Nach fallenden Kursen im Juni 2013 stabilisierte sich der Kurs allerdings, und nach einer mehrwöchigen Seitwärtsbewegung konnte der DAX im Herbst 2013 neue Hochs erklimmen. Ein erstes Signal, dass das umgekehrte Dreieck an Aussagekraft verliert und somit als Gipfelbildungsformation in Frage gestellt wird, erhielt hier der Chartanalyst bei einem Verlassen des kurzfristigen Abwärtstrends innerhalb des Dreiecks in Verbindung mit der Rückeroberung der 8.000er-Marke Anfang Juli 2018

Abbildung 154: DAX von August 2012 bis Mai 2013 – Umgekehrte Dreiecke im Kursverlauf – chart provided by Metastock

Umgekehrte, inverse Dreiecke treten allerdings nicht nur als potenzielle Gipfelbildungen auf, sondern können auch einen Boden darstellen. Im letzten Quartal 2012 präsentierte sich der DAX mit einer mehrwöchigen Konsolidierung und Mitte November 2012 fallenden Kursen und einem Ausbruch nach unten aus einem inversen Dreieck (im abgebildeten Chart das linke inverse Dreieck). Die zunehmende Schwankungsbreite nach dem vorherigen Aufwärtstrend zeigte die Emotionalität und Unsicherheit der Börsianer im deutschen Aktienmarkt an. Der Break der unteren Dreiecksbegrenzung war hierbei ein weiteres Verkaufssignal. Doch der tags darauf eintretende Stimmungsumschwung mit Rückkehr in das umgekehrte Dreieck sowie folgend weißen Tageskerzen (positive Stimmung, Übergewicht der Bullen) signalisierte, dass das vorherige Verkaufssignal eine Panikreaktion der letzten verbliebenen Bären war. Der Markt war bereinigt und mit der Bärenfalle, dem Fehlausbruch nach unten konnte der DAX sodann wieder aufwärts klettern.

Flaggen und Wimpel *(flags and pennants)* – kurze Verschnaufpausen im Trend

Flaggen und Wimpel sind Trendbestätigungsformationen.

Wimpel und Flaggen zeigen stets Gewinnmitnahmen an. Die zeitliche Ausdehnung ist jedoch sehr kurzfristig. Die Flagge stellt hierbei eine Sonderform eines sehr kurzfristigen Ab- oder Aufwärtstrendkanals dar. Der Wimpel wiederum darf als Sonderform eines sehr kurzfristigen und kleinen symmetrischen Dreiecks verstanden werden.

Erläuterung: Laufen Kurse in einem sehr steilen, schnellen Trend auf- oder abwärts (Fahnenstange), so nimmt die Neigung zu Gewinnmitnahmen bei kurzfristig agierenden Börsenhändlern und Anlegern natürlich zu. Es werden schnelle Gewinne mitgenommen. Verharren die Kurse sodann in einer relativ engen Bandbreite, so zeigen diese kurzfristigen Gewinnmitnahmen noch keine Trendwende an. Es liegt lediglich eine Pause in der kräftigen Auf- ober Abwärtsbewegung vor. Insbesondere, wenn die Fahnenstange eine Abfolge von weißen oder schwarzen Tageskerzen aufweist, kann bei einem Ausbruch aus der kurzfristigen Pause in Trendrichtung davon ausgegangen werden, dass die Kurse mit in etwa gleicher Intensität wie zuvor weiterlaufen. Hier regiert dann die Kaufpanik (Angst, etwas zu verpassen) oder die Verkaufspanik (Angst vor weiteren Verlusten).

Wimpel und Flaggen zeigen entsprechende Pausen nach einer Fahnenstange an. Im idealen Fall einer Fahnenstange mit Wimpel oder Flagge kann demzufolge die gesamte Kursbandbreite der Fahnenstange an das Ausbruchsniveau des Wimpels oder der Flagge abgetragen werden. Fehlt indes eine eindeutige Fahnenstange, so erhält der Chartist zwar jeweils ein Richtungssignal bei Ausbruch aus einer Flagge oder einem Wimpel, dieses hat sodann allerdings nur eine kurzfristige Bedeutung entsprechend der Schwankungsbreite der Flagge oder des Wimpels.

Merkmale von Flaggen und Wimpeln

Kursverlauf: Der Wimpel ist ein kleines, sehr kurzfristiges symmetrisches Dreieck mit entsprechenden Eigenschaften, eine Flagge hingegen ist ein enger, sehr kurzfristiger Ab- oder Aufwärtstrendkanal. Relevant hierbei ist allerdings nicht, wie bei den bisherigen Formationen oder einem Trendkanal, dass die Tiefs und Hochs alternierend sind. Oftmals weisen die sehr kurzfristigen Wimpel und Flaggen eher eine Häufung von Kursen innerhalb einer Range auf, die die Form eines kleinen symmetrischen Dreiecks oder eines Ab- beziehungsweise Aufwärtstrendkanals besitzt.

Zeitliche Ausdehnung: wenige Tage bis drei Wochen.

Umsatzverhalten: Das Volumen stagniert oder ist innerhalb der Formation rückläufig. Der Ausbruch aus der Pause (Wimpel, Flagge) im vorherrschenden Trend erfolgt mit höheren Umsätzen und bekräftigt dann das jeweilige Richtungssignal. So der Idealfall – aufgrund der eher kurzfristigen Ausrichtung der Formationen ist jedoch der Idealfall selten und das Umsatzverhalten nicht eindeutig.

Charakter: Kurzfristige Gewinnmitnahmen deuten eine Pause im Trend an.

Besonderheiten: In der Regel sind Flaggen dem jeweiligen vorherigen Trend oder der Fahnenstange entgegengerichtet. Seltener sind hingegen Flaggen in Richtung des vorherrschenden Trends, diese weisen, sofern auch eine Fahnenstange voraus läuft, nochmals auf die Stärke des jeweiligen Trends hin. Letztlich steht der Charakter der Formation und nicht die ideale Ausprägung des Kursverlaufs im Vordergrund.

Signal: Das Dreieck ist erst bei Ausbruch vollendet. Ein Ausbruch nach oben generiert ein Kaufsignal, ein Ausbruch nach unten ein Verkaufssignal. Nach Ausbruch erfolgt oftmals ein Pullback.

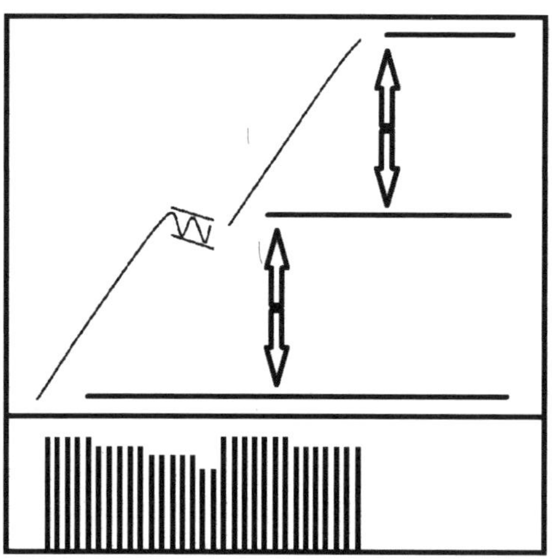

Abbildung 155: Kurszielbestimmung bei Flagge und Wimpel

Kursziel: Nach Ausbruch aus der Formation (in Trendrichtung) geht es in etwa gleicher Intensität weiter. Die Kursbandbreite einer vorangegangen »Fahnenstange« stellt – abgetragen am Ausbruchsniveau – das Kursziel dar. Fehlt eine Fahnenstange, ist jedoch ein vorherrschender Trend vorhanden, so kann die Schwankungsbreite der Formationen als Kursziel genutzt werden.

Ein idealer Wimpel trat im DAX Ende 1999 auf (Abbildung 156). Nach einer Seitwärtsbewegung konnte der deutsche Leitindex durchstarten und beendete mit einer kräftigen Aufwärtsbewegung eine Phase der mehrwöchigen Unsicherheit. Die Ende Oktober bis Mitte November 1999 wie an einer Perlenschnur aufgereihten weißen Tageskerzen mit stets ansteigenden Tagestiefs konnten als eine ideale »Fahnenstange« identifiziert werden. Das nachfolgende kleine symmetrische Dreieck stellte einen Wimpel dar, der lediglich eine Pause im kräftigen Aufwärtstrend signalisierte mit kurzfristigen Gewinnmitnahmen. Mit Ausbruch aus dem Wimpel mit einer langen weißen Tageskerze konnte sodann die Kursdifferenz der Fahnenstange an das Ausbruchsniveau abgetragen werden. Dieses Kursziel wurde recht zügig Ende Dezember 1999 abgearbeitet.

Abbildung 156: DAX Ende 1999 – Ideale Fahnenstange mit Wimpel und Kursziel – chart provided by Metastock

Eine interessante Flagge trat im Währungspaar EUR/USD zum Jahreswechsel 2010 auf (Abbildung 157). Nachdem ein Aufwärtstrend Anfang Dezember 2009 gebrochen wurde, wertete der Euro kräftig ab. Ende 2009/Anfang 2010 pausierte diese Abwärtsbewegung im EUR/USD und bildete hierbei einen kurzfristigen Aufwärtstrendkanal aus, der zudem nach oben nur an wenigen Tagen gebrochen wurde. Dieser Ausbruch erwies sich jedoch sehr schnell als Bullenfalle und mit einem Bruch des kurzfristigen Aufwärtstrends (Flagge) konnte die Schwankungsbreite der vorangegangenen Abwärtsbewegung (Fahnenstange) an das Ausbruchsniveau der Flagge zur Kurszielableitung abgetragen werden. Dieses Kursziel wurde sodann zügig erreicht und noch übertroffen.

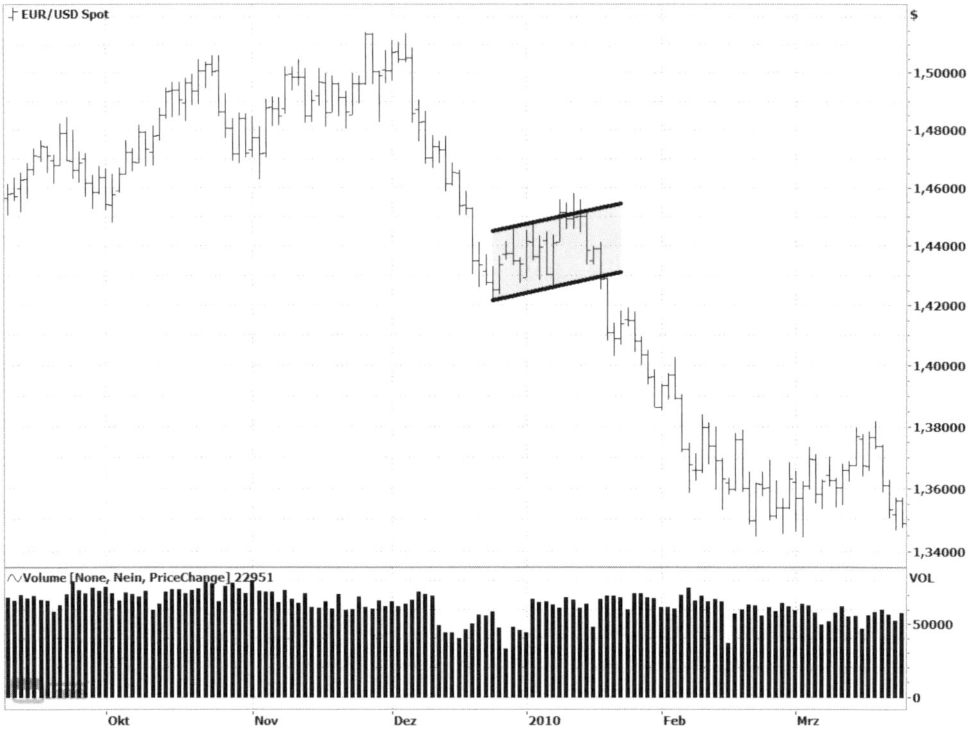

Abbildung 157: EUR/USD von September 2009 bis März 2010 – Flagge im Abwärtstrend nach Fahnenstange – chart provided by tradesignalonline.com

Als Beispiel für Flaggen als kurzfristige Gegenbewegungen innerhalb eines Abwärtstrends ist der Kursverlauf des DAX vom Juli bis Oktober 1998 dargestellt (Abbildung 158). Innerhalb des dynamischen Abwärtstrends im DAX 1998 traten drei Flaggen auf. Die erste Flagge nach Fahnenstange ließ auch nach Ausbruch aus dieser mit einer langen schwarzen Tageskerze (deutliches Übergewicht der Verkäufer) weitere Kursverluste erwarten. Die zweite und vor allem auch die dritte Flagge traten nicht mehr nach einer Fahnenstange auf. Insofern war die Stabilisierung und nachfolgende Erholung im Oktober 1998 durchaus einzuplanen. Im Oktober 1998 bildete sich eine kleine W-Formation.

Abbildung 158: DAX von Juli bis Oktober 1998 – Drei Flaggen im Abwärtstrend – chart provided by Metastock

Bei der Formationsanalyse ist es auch relevant, die Formationen als solche nicht exakt nach dem »Lehrbuch« zu identifizieren, sondern das der Formation innewohnende Verhaltensmuster zu erkennen. Im Abwärtstrend des Dax stellten die Flaggen drei kurze Erholungsversuche dar. Diese wurden von Marktteilnehmern genutzt, um Positionen abzubauen oder um Gewinne aus kurzfristigen Long-Positionen mitzunehmen. Nach der dritten Flagge hingegen und einem Kursverlust von knapp 2.000 Indexpunkten war das Pulver der Bären verschossen.

Keilformation – *(wedge formation)* die Lage spitzt sich zu

Trendumkehrformation

Erläuterung: Dreiecke spiegeln grundsätzlich Unsicherheit im Kursverlauf wider – ebenso Keile oder auch Rechtecke. Im Gegensatz zu vor allem symmetrischen Dreiecken stellen Keile auch eine Tendenz dar, da bei Keilen beide Begrenzungslinien in die gleiche Richtung laufen. Fallende Keile (falling wedge) haben somit eine Abwärtstrendlinie und eine untere Begrenzungslinie mit zwei fallenden

Tiefpunkten, steigende Keile (rising wedge) wiederum eine Aufwärtstrendlinie mit einer oberen Begrenzungslinie, die an mindestens zwei steigenden Hochpunkten angelehnt wird.

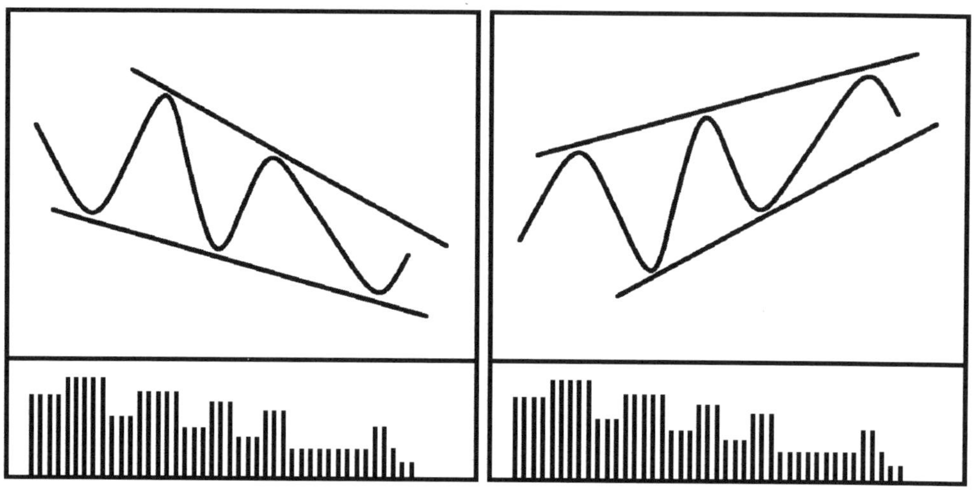

Abbildung 159: Fallender und steigender Keil (wedge formation) – Die Schwankungsbreite lässt in Trendrichtung nach, zwei zueinander laufende Linien bilden Keil-Formationen

Steigende oder fallende Keile gelten jedoch, obwohl die Kurse auf- beziehungsweise abwärts streben, als potenzielle Trendwendemuster. Denn die obere Begrenzungslinie des aufwärtsgerichteten sowie die untere Begrenzungslinie des abwärtsgerichteten Keils deuten an, dass die Kurse nicht mehr die Kraft haben, einen Trendkanal auszubilden. Keile könnten somit auch als Sonderfall eines Trendkanals aufgefasst werden, bei dem jedoch eine Schwäche in der Trendrichtung festgestellt werden kann. Wird daher ein aufwärtsgerichteter Keil nach unten verlassen, so ist dies bearish zu werten, da dann natürlich auch die Aufwärtstrendlinie, als untere Begrenzung des Keils, gebrochen wird. Die zuvor erlahmenden Aufwärtskräfte verstärken hier den Bruch des Aufwärtstrends als Verkaufssignal. Steigende Keile mit Ausbruch nach unten erhalten zusätzlich eine höhere Aussagekraft als Trendwendemuster, sofern der Keil im mittel- bis kurzfristigen Zeitfenster nach einer langfristigen Aufwärtsbewegung auftritt. Wird jedoch der steigende Keil nach oben verlassen, so deutet dies auf eine Beschleunigung der Aufwärtsbewegung hin.

Umgekehrt gilt die obige Erläuterung natürlich für fallende Keile. Wird ein mittel- bis kurzfristig fallender Keil nach einem langfristigen Abwärtstrend nach oben verlassen, so besteht die Chance auf eine Bodenbildung und einen neuen Aufwärtstrend. Wird der Keil hingegen hier in Trendrichtung nach unten verlassen, so muss mit einer Beschleunigung der Abwärtsbewegung gerechnet werden.

Die zuvor fallenden Hochpunkte in Verbindung mit der grundsätzlichen Abwärtsbewegung zeigen die Schwäche der Bullen in einer Abwärtsbewegung an.

Merkmale von Keilen

Kursverlauf: Zwei zueinanderstrebende aufwärts- oder abwärtsgerichtete Begrenzungslinien zeigen an, dass die Schwankungsbreite nachlässt und der vorherrschende Trend an Kraft verliert (mindestens jeweils zwei alternierende Hoch- und Tiefpunkte).

Zeitliche Ausdehnung: mehrere Wochen bis Monate.

Umsatzverhalten: Das Volumen stagniert oder ist innerhalb der Formation rückläufig. Der Ausbruch aus einem Keil erfolgt mit höheren Umsätzen und bekräftigt dann das jeweilige Richtungssignal.

Charakter: Die Kraft eines Trends nimmt ab. Das Handelsinteresse lässt nach, die Schwankungsbreite nimmt ab.

Besonderheiten: Eine Keilformation verliert vollkommen an Bedeutung, wenn die Kurse in die Spitze des Keils hineinlaufen.

Signal: Der Keil ist erst bei Ausbruch vollendet. Ein Ausbruch nach oben generiert ein Kaufsignal, ein Ausbruch nach unten ein Verkaufssignal. Nach Ausbruch erfolgt oftmals ein Pullback.

Kursziel: Die horizontale Differenz zwischen dem zweiten Punkt des Keils und der gegenüberliegenden Begrenzung wird an das Ausbruchsniveau abgetragen.

In Abbildung 160 können Sie eine langfristige Keilformation im Goldpreis erkennen. Diese Formation wurde Mitte 2015 nach unten verlassen – ein weiteres Verkaufssignal, welches sich jedoch schon recht schnell mit Rückkehr in die Keilformation als Bärenfalle erwies. Doch der Goldmarkt schwächelte im Herbst 2015 nochmals und der wiederholte Ausbruch aus der Keilformation Ende 2015 deutete auf Verkaufsdruck hin. Es fehlten jedoch Verkäufer – der wiederholte Ausbruch aus der Keilformation nach unten erwies sich wiederum als Bärenfalle.

Fehlsignale sind wie schon weiter oben angeführt durchaus sehr aussagekräftige Signale der Chartanalyse, da diese eher eine Marktbereinigung widerspiegeln. Im Markt gab es nach der zweiten Verkaufswelle zum Ende 2015 hin keine weiteren

Verkäufer mehr. Die Bullen hatten sodann leichtes Spiel. Die Fehlausbrüche aus diesem Keil zeigten eine Bodenbildung an. Mit Rückkehr in die Keilformation wurde ein Kaufsignal generiert – im besten Szenario konnte somit nicht nur ein Test, sondern auch ein Ausbruch aus der Keilformation nach oben angenommen werden. Es folgte auch eine kräftige Aufwärtsbewegung bis Mitte 2016. Im langfristigen Bild bewegte sich der Goldpreis mit der oberen Begrenzung der Keilformation zusätzlich seit 2013 in einem Abwärtstrend. Mit Ausbruch aus der Keilformation dementsprechend ein langfristig positives Signal.

Abbildung 160: Goldpreis in USD von Anfang 2013 bis Ende 2016 als Linienchart und Fehlausbrüchen Ende 2015 aus einer langfristigen Keilformation – Bodenbildung mit einem doppelten Tief – chart provided by Metastock

Die Bodenbildung zum Jahreswechsel 2015/2016 war zudem mit einem doppelten Tief im Tages-Barchart aussagekräftig (Abbildung 161). Diskussionswürdig ist, ob dieses doppelte Tief im Dezember 2015 als W-Formation interpretiert wird oder nicht. Formationen treten eben in der Praxis nicht immer entsprechend der genauen Definition eines Musters auf. Relevanter ist es, das der Formation innewohnende Verhaltensmuster zu erkennen. Dass nach Euphorie und einer starken Sicherheit über die weitere Richtung eben in der M-Formation im Markt Ernüchterung einsetzt – und die Käufer fehlen.

Im umgekehrten Fall des doppelten Tiefs und einer W-Formation nach einer Phase der Depression im Markt, haben die Verkäufer ihr letztes Pulver verschossen und der ist Markt leergefegt. Somit konnte vom Gesamtbild im Goldpreis Anfang 2016 einerseits eine Bodenbildung in Form einer nicht idealen W-Formation und zusätzlich ein Fehlausbruch aus einer langfristigen Keilformation als Kaufsignal angenommen werden. Ziele waren demzufolge einerseits die obere Begrenzung der Keilformation sowie andererseits die an das Ausbruchsniveau abgetragene Schwankungsbreite der Keilformation nach oben. Diese Ziele wurden jedoch nicht vollumfänglich erreicht. Interessanterweise beendete sodann ein fallendes Dreieck die Aufwärtsbewegung von Anfang bis Mitte 2016.

Abbildung 161: Goldpreis in USD von Juni 2015 bis Oktober 2016 – Ein doppeltes Tief im Tages-Barchart zeigt eine potenzielle Bodenbildung an – Ein fallendes Dreieck beendete die Aufwärtsbewegung – chart provided by Metastock

Der Kurs von International Paper (Abbildung 162) verlief innerhalb mehrerer Monate in einem klaren Abwärtstrend, dessen Kraft jedoch nachließ. Dies verdeutlichte die sich dem Abwärtstrend annähernde untere Begrenzung des Kursverlaufes. Ein Keil als Trendwendeformation konnte festgestellt werden. Ein kräftiges Kaufsignal ergab sich in Verbindung mit hohen Umsätzen bei Ausbruch aus dem Keil, interessant auch hier, ähnlich wie im vorab besprochenen Goldpreis, die vorherigen leichten Fehlausbrüche (Bärenfallen) aus der Keilformation nach unten.

Abbildung 162: International Paper von Januar 2000 bis Februar 2001 – Keil als langfristige Bodenbildung – chart provided by Metastock

Rechtecke *(trading range, congestion area)* – Pattsituation zwischen Bären und Bullen

Trendneutrale Formation

Zwei waagerechte Linien (jeweils durch mindestens zwei Hochs und Tiefs gekennzeichnet) bilden eine Bandbreite, eine Range oder auch einen »Sägezahnmarkt«, in deren Bereich die Kurse hin und her pendeln. Innerhalb dieser Bandbreite herrscht eine Pattsituation zwischen Angebot und Nachfrage, daher ist bei dieser Formation die Richtung eines Ausbruchs nicht prognostizierbar.

Merkmale von Rechtecken

Kursverlauf: Das Rechteck weist mindestens zwei Tiefpunkte sowie mindestens zwei Hochpunkte auf. Die Tiefs als auch Hochpunkte liegen jeweils auf annähernd gleichem Niveau. Im Idealfall liegen so zwei waagerechte Begrenzungslinien vor, die eine Bandbreite ausbilden, in deren Bereich die Kurse hin und her pendeln. Die Pendelbewegung steht für den Charakter der Formation, der abwartenden Haltung und Unsicherheit im Markt.

Zeitliche Ausdehnung: zwei Wochen bis zu mehrere Monate, auch langfristige »Sägezahnmärkte« mit mehreren Jahren sind möglich.

Umsatzverhalten: Das Volumen stagniert oder ist innerhalb der Formation rückläufig. Der Ausbruch aus einem Rechteck erfolgt mit höheren Umsätzen und bekräftigt dann das jeweilige Richtungssignal.

Charakter: Da aufgrund von fallenden Hoch- und steigenden Tiefpunkten eine Pattsituation zwischen Käufern und Verkäufern vorliegt, stellt das Rechteck eine neutrale Formation dar, in der sich die abwartende Haltung der Marktteilnehmer ausdrückt. Je länger das Rechteck andauert, desto stärker wandelt sich jedoch der Charakter von »abwartend« hin zu »Unsicherheit«.

Besonderheiten: Ein Ausbruch aus einem länger bestehenden Rechteck erfolgt oft nach einem Fehlausbruch in die entgegengesetzte Richtung und verläuft sodann sehr dynamisch.

Signal: Ein Ausbruch aus dem Rechteck nach oben generiert ein Kaufsignal, ein Ausbruch nach unten ein Verkaufssignal. Nach Ausbruch erfolgt oftmals ein Pullback. Auf Fehlsignale ist zu achten!

Kursziel: Die horizontale Differenz zwischen dem zweiten Punkt des Rechtecks und der gegenüberliegenden Begrenzung wird an das Ausbruchsniveau abgetragen.

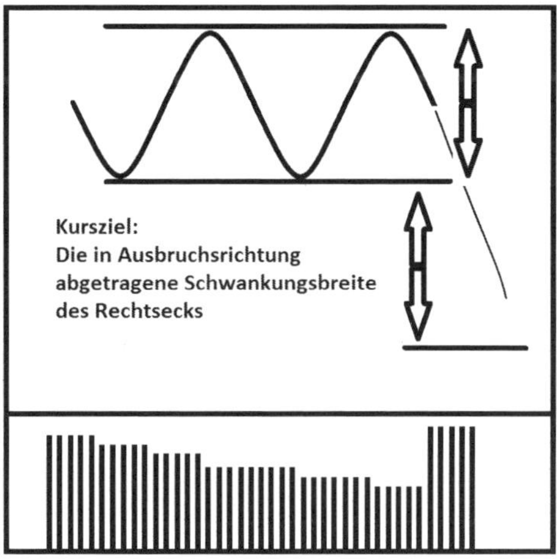

Abbildung 163 : Kurszielbestimmung bei einem Rechteck

Rechtecke können sehr aussagekräftige Richtungssignale generieren, sofern sich diese klar definiert im Kursverlauf offenbaren. Die abwartende Haltung im Markt spiegelt hierbei wider, dass im Zeitablauf des Rechtecks eher die kurzfristigen Marktteilnehmer tätig sind, die mittel- bis langfristig orientierten Anleger hingegen an der Seitenlinie stehen und eine abwartende Haltung eingenommen haben. Wird sodann die abwartende Haltung verlassen, entscheidet sich also der Markt in die eine oder andere Richtung, treten auch die sich bislang zurückhaltenden Marktteilnehmer wieder auf den Plan und investieren – oder verkaufen bei fallenden Kursen. Auch Absicherungsgeschäfte sowie Wetten auf nachgebende Kurse drücken die Kurse. Bei steigenden Kursen wiederum werden Longpositionen aufgebaut, Optionen und Wetten auf steigende Kurse eingenommen oder gar Wetten auf fallende Kurse müssen glattgestellt werden. Dies unterstützt in der Regel eine Aufwärtsbewegung.

Ein Beispiel für ein kurzfristiges Rechteck, einer Seitwärtsbewegung mit Hochpunkten als Widerstandszone und Tiefpunkten, die eine Unterstützungszone generierten, zeigt Abbildung 164, die E.ON SE-Aktie in 2013. Nach einem kräftigen Kursverfall liefen die Kurse von Anfang Mai 2013 bis Mitte Juni 2013 innerhalb eines Rechtecks, welches sodann mit einer längeren schwarzen Tageskerze nach unten verlassen wurde. Das hieraus ableitbare Kursziel wurde noch leicht übertroffen. Im weiteren Verlauf zeigte sich allerdings eine Bodenbildung und der Kurs konnte wieder kräftig anziehen. Kurzfristige Formationen haben kurzfristige Auswirkungen – langfristige Formationen haben hingegen langfristige Auswirkungen!

Abbildung 164: E.ON SE von März bis November 2013 – Ein kurzfristiges Rechteck mit Verkaufssignal sowie Kursziel nach unten – chart provided by guidants.com

Entscheidend für den Börsenerfolg ist allerdings nicht immer die Idealform einer Formation. Vielmehr sollte dem Charakter der Formation der Vorzug bei der Interpretation gegeben werden. So bildete sich im US-Leitindex Dow Jones Industrial Average im Jahre 2105 eine längere Seitwärtsbewegung aus, die auch als Rechteck interpretiert werden konnte (Abbildung 165). Anfang März 2015 konnte der Dow mit einem nochmaligen Ausbruch aus einem Aufwärtstrendkanal ein neues Hoch verbuchen. Doch Anschlusskäufe fehlten anschließend. So pendelte der Dow erst einmal seitwärts.

Der langfristige Aufwärtstrend schaffte Vertrauen in steigende Kurse und Rücksetzer wurden so aufgefangen. Die abwartende Haltung der Marktteilnehmer nahm jedoch zu, die Seitwärtsbewegung zwischen rund 17.580 Punkten als Unterstützung und dem März-Hoch bei 18.2886 Punkten als Widerstand verlief recht schwankend. Im Mai 2015 konnte der Index dann ein neues Hoch erreichen, doch dieser nur sehr leichte Ausbruch nach oben verlief im Sande. Die nachfolgenden Hochpunkte lagen zudem stets etwas tiefer und die Tiefs tiefer – mit erstem Ausbruchsversuch nach unten Anfang Juli 2015. Allerdings vollzog sich der entscheidende Ausbruch erst Mitte August 2015 nach unten.

Abbildung 165: Dow Jones von September 2013 bis September 2015 – Ausbruch aus einem längerfristigen Rechteck nach unten – chart provided by Metastock

In Verbindung jedoch mit den Wochenkerzen, die erst mit einem Wochenschlusskurs Anfang August 2015 einen Ausbruch signalisierten sowie der Trendanalyse (Abprall an der oberen Trendkanalbegrenzung nach Fehlausbrüchen nach oben) konnte ein aussagekräftiges Verkaufssignal nach einer längerfristigen Seitwärtsbewegung, einem Rechteck identifiziert werden (Abbildung 166). In Folge wurde das Kursziel aus dem Rechteck als auch der langfristige Aufwärtstrend erreicht und noch deutlich überschritten.

Abbildung 166: Dow Jones von August 2013 bis Dezember 2015 – Wochenkerzen zeigen Verkaufssignal mit Wochenschlusskurs unterhalb des Rechtecks! – chart provided by Metastock

Chartanalyse funktioniert – doch als Analyst, Anleger oder Trader sollte man stets die Trend- und Formationsanalyse als Fundament jeder Analyse kombinieren sowie unterschiedliche Zeitebenen miteinander verknüpfen. Trotzdem ist man nicht dagegen gefeit, einmal »falsch« zu liegen. So bildete sich in der Lanxess-Aktie von Anfang 2017 bis Anfang 2018 eine langfristige Seitwärtsbewegung aus, die man nun entweder als Rechteck oder auch als ansteigendes Dreieck interpretieren konnte (Abbildung 167).

Mitte Januar 2018 konnte der Wert mit einer langen weißen Wochenkerze aus diesen Formationen nach oben ausbrechen – doch Anschlusskäufe fehlten und zwei Wochen später rutschte die Aktie wieder deutlich abwärts. Der Ausbruch erwies sich als Bullenfalle, als Fehlsignal der Chartanalyse. Nun hätte man aufgrund des Fehlausbruchs auch mit einem Ausbruchsversuch unter das untere Niveau des Rechtecks rechnen müssen! Doch im weiteren Verlauf des Jahres 2018 pendelte der Wert lediglich weiterhin seitwärts und testete wiederholt die obere Rechteckbegrenzung. Erst im weiteren Verlauf Mitte Oktober 2018 kam es zu deutlichen Verlusten! Beachten Sie bitte stets: Technische Analyse untersucht das Massenverhalten der Börsianer. Sie ist aber keine Wissenschaft mit exakten Folgen der jeweils untersuchten Verhaltensmuster. Irrungen und Wirrungen gehören dazu und eben auch Fehlsignale. Nur der Markt hat Recht! Richten Sie Ihr Handeln am Markt aus!

Abbildung 167: Lanxess AG von Juni 2016 bis Dezember 2018 – Rechteck mit Fehlsignal Anfang 2018 – chart provided by Metastock

Ein Beispiel für diese Handelsrichtschnur sei an der Aktie des US-Unternehmens Immunex Corp. erläutert (Abbildung 168). Der Aktienkurs dieses Biotech-Unternehmens verlief in 1999 innerhalb eines Seitwärtstrends, einem Rechteck. Nach einem Aufwärtstrend warteten die Marktteilnehmer auf neue Nachrichten. In der Regel sind Rechtecke nach ausgeprägten Trends eher trendbestätigend, es hätte hier ein Ausbruch nach oben erwartet werden können. In diesem Falle wurde jedoch ein Verkaufssignal nach Break der unteren Rechteckbegrenzung generiert. Das Kursziel wurde auch erreicht.

Der nachfolgende Rebreak in die Bandbreite des Rechtecks stellte Ende Oktober 1999 wiederum ein Kaufsignal dar, ebenso das Überwinden der oberen Widerstandslinie im Dezember 1999. Der Rücksetzer nach Ausbruch aus dem Rechteck nach unten erwies sich somit als Marktbereinigung, es gab keine Verkäufer mehr! Der Anleger durfte also flexibel bleiben und sich stets am Markt orientieren. Mit dieser Handelsrichtschnur (Nur der Markt hat Recht!) konnte sodann auch der kräftige Aufwärtstrend bis ins Frühjahr 2000 mitgenommen werden. Anschließend allerdings krachte der Wert wieder zurück, nachdem Medikamente nicht den Erwartungen entsprachen. 2002 wurde das Unternehmen sodann vom Konkurrenten Amgen übernommen.

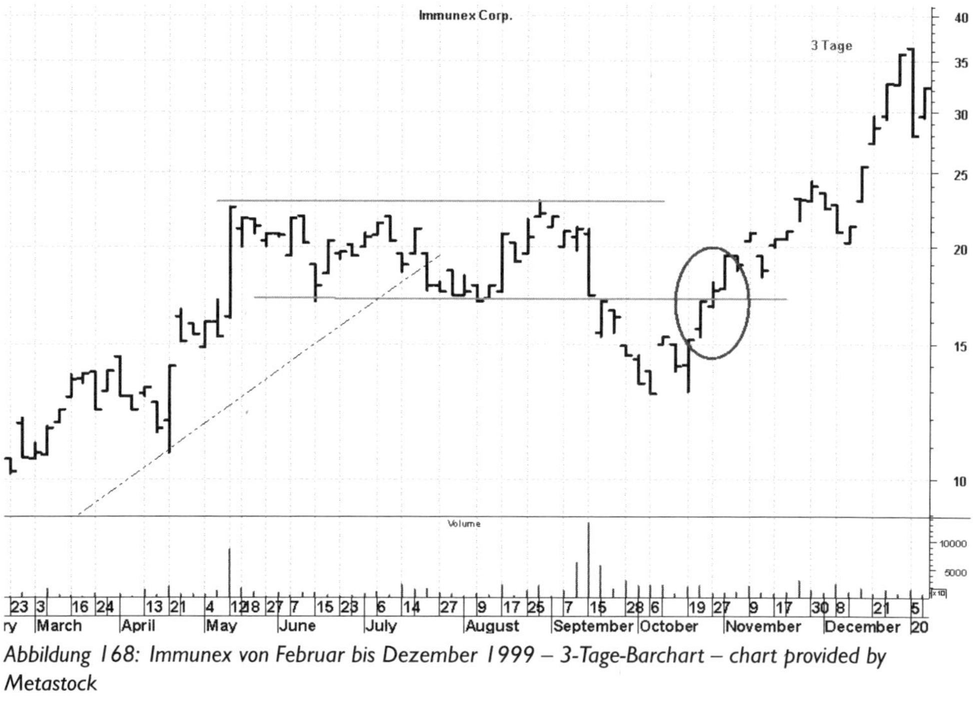

Abbildung 168: Immunex von Februar bis Dezember 1999 – 3-Tage-Barchart – chart provided by Metastock

Rechtecke können natürlich auch für das kurzfristige Trading aussagekräftige Signale hervorbringen. So bildete sich im DAX in den Stundenkerzen vom 15. Februar 2018 bis zum 26. Februar 2018 ein Rechteck aus. Dieses wurde nach oben verlassen. Ein Kaufsignal! Doch im Chart (Abbildung 169) können Sie gut erkennen, dass das aus dem Rechteck ableitbare Kursziel in den nachfolgenden Stundenkerzen nicht mehr erreicht wurde.

Vor allem mit einer Rückkehr der Kurse in das Rechteck wies dies auf eine Schwäche der Bullen hin. Vorsicht war somit angebracht. Der Ausbruch nach oben ein Fehlausbruch, eine Bullenfalle! Der anschließende Ausbruch aus dem Rechteck nach unten mit einer längeren schwarzen Stundenkerze war somit nur konsequent und stellte sodann ein Verkaufssignal für den kurzfristig orientierten Händler dar.

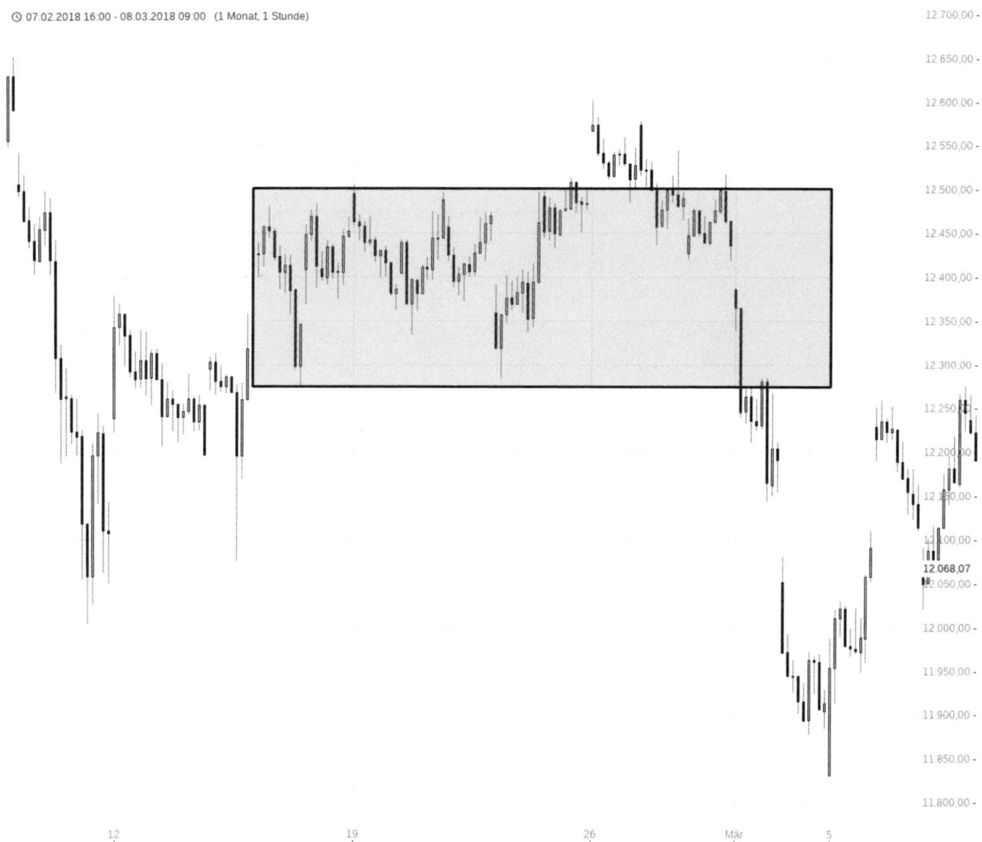

Abbildung 169: DAX vom 07. Februar bis 08. März 2018 – Rechteck als Signalgeber im Stundenchart – chart provided by guidants.com

Letztlich gelten die Methoden der Trend- und Formationsanalyse in allen Zeitebenen. Kurzfristige Formationen und Zeitebenen haben jedoch nur entsprechend kurzfristige Auswirkungen, langfristige Zeitebenen hingegen langfristige Auswirkungen. Eine hohe Aussagekraft gewinnen Formationen jedoch stets in Verbindung mit Kurslücken (Erläuterung der Gaps gesondert im Abschnitt »Der Sprung der Masse – das Gap«). Entscheidet sich der Markt nach einer Phase der Unsicherheit oder einer abwartenden Haltung dynamisch in die eine oder andere

Richtung, steigt also der Handlungsbedarf der Börsianer kräftig an, so ist auch das Ausbruchssignal relevant.

Abbildung 170: Wal-Mart von Oktober 2011 bis Juli 2012 mit Gap innerhalb des Rechtecks nach Bärenfalle – chart provided by Metastock

Im Kursverlauf der Aktie des US-Einzelhandelsunternehmens Wal-Mart Stores Inc. bildete sich im Frühjahr 2012 ein Rechteck aus (Abbildung 170). Nach einem kleinen Rücksetzer (Fehlausbruch nach unten bei hohen Umsätzen) konnte der Wert innerhalb der Formation einen kräftigen Kurssprung von einem Tag auf den anderen verzeichnen. Dieses Gap wies auf weiterhin steigende Kurse mit der Chance auf einen Ausbruch aus dem Rechteck nach oben hin.

Ein klassisches Break-away-Gap (Ausbruchslücke) zeigte sich hingegen bei der britischen Supermarktkette Tesco PLC (Abbildung 171). Nach einer abwartenden Haltung (Rechteck) fiel der Wert nach Bekanntgabe negativer Nachrichten kräftig. Ein Gap nach unten wies auf eine einseitige starke Stimmungsverschlechterung hin. In Verbindung mit dem Ausbruch aus dem Rechteck ein starkes Verkaufssignal!

Abbildung 171: Tesco PLC von August 2011 bis März 2012 – Ausbruchslücke nach unten als Verkaufssignal – chart provided by tradesignalonline.com

Die hohe Schule der Panik: V-Formation

Trendumkehrformation

V-Formationen sind Panikreaktionen einer Masse von Börsenteilnehmern. Hier regiert entweder die Angst oder die Gier. Bei V-Formationen gerät die Masse in eine kollektive Depression oder in einen kollektiven Kaufrausch. Diese Panik tritt meist am Ende eines längeren Trends auf. Wesentliches Merkmal der V-Formation ist, dass entweder ein *sell-off* (Ausverkauf) oder bei einer umgekehrten V-Formation ein *blow-off* (Blasenbildung) stattfindet. Der Markt erfährt eine Bereinigung. Die wirklich letzten Pessimisten beziehungsweise Optimisten aus der Masse aller Marktteilnehmer haben ihre Ressourcen in den Markt geworfen. Diese Übertreibungen werden entsprechend schnell korrigiert.

Nach der Gegenreaktion, die ein Bestandteil der V-Formation ist, entsteht oftmals eine seitwärts gerichtete »Plattform« mit geringer Schwankungsbreite. Beachten Sie bitte, dass häufig keine fundamentalen Neuigkeiten beim Eintreten einer V-Formation verfügbar sind. Es handelt sich im Idealfall der V-Formation um reine Börsenpsychologie. Trotzdem gilt natürlich, dass auch im Zuge von Unternehmensmeldungen, News et cetera sich eine V-Formation ausbilden kann. Überaus hilfreich kann es allerdings sein, bei kräftigen Marktbewegungen, bei sehr schnellen Kursbewegungen von Aktien, entweder in den Medien zu recherchieren oder direkt das Unternehmen zu konsultieren, um zu erfahren, ob eine fundamentale Neuigkeit den Kurs getrieben hat, eine wichtige Sitzung (Aufsichtsrat-Sitzung) stattgefunden hat und wann die nächsten Zahlen oder Meldungen veröffentlicht werden. Fehlen fundamentale Nachrichten, so ist die Bildung einer V-Formation zumindest möglich.

Da V-Formationen die Angst und Gier der Börsianer vortrefflich widerspiegeln, soll nachfolgend ein Versuch der Erklärung gegeben werden, wie sich diese zwei außerordentlich wichtigen Triebkräfte an der Börse entwickeln.

Angst – schnelle Antriebskraft

Ist ein Anleger in einer Aktie, Rohstoff, Devise oder Index et cetera investiert, die nur den Weg nach unten kennt, so wird gemeinhin die Hoffnung eine Weile hochgehalten. Der Anleger wird jede kleine Kurserholung als Anzeichen einer Trendwende interpretieren. Doch jedes neue Tief wirft ihn unweigerlich auf den Boden der Realität zurück und die Hoffnung auf eine Kehrtwende schwindet. Irgendwann wird er der Meinung sein, dass die Kurse nur noch fallen können. Das bislang vergebliche Abwarten auf Besserung, die ansteigenden Buchverluste im Depot zehren an den Nerven. Der psychologische Druck des Verlustes, der nach neuesten wissenschaftlichen Untersuchungen nicht nur seelische, sondern durchaus auch körperliche Schmerzen verursachen kann, sucht nach Erlösung, nach Entspannung. Diese wird jedoch nur bei einem Ausstieg aus der Verlust-Position gewährt.

Sofern auch der psychologische Druck der Masse der Anleger ansteigt, entsteht Angst im Markt. Diese übernimmt nun die Regie des Handelns und die Masse der Anleger verkauft panikartig. Die Devise lautet: Rette sich, wer kann. Eine Beschleunigung eines Abwärtstrends tritt meist dann ein, wenn neue Tiefstkurse erreicht werden und die Masse der Anleger keinerlei Gewinne mehr vorzuweisen hat in einer Aktie oder im breiten Gesamtmarkt. Die Panikreaktion tritt auch ein, wenn nach langfristigen Abwärtstrends Unterstützungen gebrochen werden. Stop-loss-Aufträge können diese Entwicklungen zudem noch anheizen. Wenn relevante Unterstützungslinien gebrochen werden, wird aufgrund von Stop-loss-Aufträgen unlimitiert und automatisiert verkauft. Treffen diese Verkaufsaufträge sodann auf nur wenige Käufer, rauschen die Kurse abwärts und der Verkaufsdruck der bislang noch investierten Anleger nimmt zu.

Gier frisst Hirn

Im umgekehrten Fall einer Aufwärtsbewegung ist der Anleger unter Umständen noch nicht investiert. Der Anleger hat die Aufwärtsbewegung schon längere Zeit verfolgt, doch bisher nicht den Mut gefunden einzusteigen. Er hat aber womöglich eine geraume Zeit damit zugebracht, sich über entgangene Gewinne zu ärgern. Verpasste Chancen sind für die meisten Menschen fast schwerer zu ertragen als echte Verluste. So baut sich vergleichbar mit einer Abwärtsbewegung ein psychologischer Druck auf, der eine psychische Entlastung erst mit einem Kauf erfährt. Denn je höher die Kurse steigen, umso größer werden die verpassten Gewinne. Entgangene Gewinne interpretiert unser Gehirn als Verlust – ein angeborenes menschliches Verhaltensmuster.

Irgendwann werden alle Regeln über Bord geworfen und panikartig wird in den Markt investiert. Der Anleger möchte um nichts in der Welt diesen Trend verpassen. Denn morgen gibt es keine Aktien mehr. Eine Beschleunigung eines Aufwärtstrends tritt dann ein, wenn eine Masse von Marktteilnehmern von neuen Höchstkursen, meist auch Allzeithochs oder auch dem Bruch von relevanten historischen Widerständen angelockt wird und ein langfristiger Trend vorliegt, der scheinbare Sicherheit von ewig steigenden Kursen vorgaukelt. Sofern die letzten potenziellen Käufer ihre Ressourcen in den Markt geworfen haben, fehlt es an neuen Käufern und der Trend kippt um – Ernüchterung greift um sich.

Merkmale der V-Formation

Kursverlauf: Eine kräftige Abwärts- oder Aufwärtsbewegung, der sich eine ebensolche schnelle Gegenbewegung anschließt, bildet im Kursverlauf ein V aus. In der Regel bildet sich nach der Panikreaktion eine Seitwärtsphase, eine »Plattform« mit geringer Schwankungsbreite aus. V-Formationen sind jedoch auch ohne Plattform möglich.

Zeitliche Ausdehnung: eine Woche bis maximal drei Monate.

Umsatzverhalten: Das Volumen schwillt in der anfänglichen Bewegung der V-Formation an. Ein sehr hohes Volumen im Bereich der Spitze gibt der V-Formation eine hohe Aussagekraft.

Charakter: V-Formationen sind Panikreaktionen des breiten Börsenpublikums. Nach einem längeren Abwärtstrend tritt Verkaufs- oder nach einem langfristigen Aufwärtstrend Kaufpanik ein.

Besonderheiten: Die Übertreibung im Kursverlauf nach unten oder oben wird recht schnell korrigiert. Der anfängliche Ausbruch erfolgt oftmals auch mit einem Ausbruch aus einem Trendkanal. Dieser Ausbruch erweist sich dann in Folge als Fehlsignal.

Signal: Das eigentliche Signal ist ein Verlassen der Plattform in Richtung der vorherigen Gegenbewegung.

Kursziel: Die horizontale Differenz zwischen dem Extrempunkt der V-Formation und der Mitte der Plattform wird an das Ausbruchsniveau der Plattform abgetragen.

Über- und Untertreibungen gehören an den Börsen zum normalen Verhaltensmuster. Trotzdem ist eine klassische Ausprägung einer V-Formation eher selten. Vor allem in den vergangenen Jahren gewann die Formation an Seltenheitswert. Denn im Zeitalter des schnellen Börsenhandels, gepaart mit einer hohen Informationsdichte, werden Rücksetzer als auch schnelle Kursanstiege, denen eine gewisse fundamentale Begründung fehlt, recht schnell zum Kauf oder Verkauf genutzt.

Ein Beispiel für eine V-Formation stellt der Zeitraum im Herbst 2016 der ProSiebenSat.1 Media SE dar. Nach einem längerfristigen Abwärtstrendkanal rutschte der Wert aus diesem nach unten heraus (Abbildung 172). Die Verkaufspanik nahm zu – doch bis Jahresende erholte sich der Wert wieder deutlich. Nach Ausbildung einer Plattform und Ausbruch aus dieser nach oben konnte die Aktie an Wert zugewinnen. Das Kursziel aus der V-Formation wurde allerdings erst nach weiteren leichten Rücksetzern sodann im Mai 2017 erreicht. Mit einem Fehlausbruch aus dem Abwärtstrendkanal nahm der Wert hingegen seit dem Sommer 2017 seine Abwärtsbewegung wieder auf. Dies verdeutlicht wiederum, dass sich ein Anleger stets flexibel verhalten sollte. Sofern das gewünschte Szenario – in diesem Falle eine Erholung entsprechend der V-Formation – eintritt und Kursziele oder Abwärtstrendlinien erreicht werden, sollte stets eine Neubewertung erfolgen. Neue Signale erzwingen eine Neueinschätzung. Im vorliegenden Chart der ProSiebenSat.1 Media SE trat mit zwei Hochpunkten im April und Mai 2017 eine M-Formation auf, eine Gipfelbildung.

Aussagekräftig sind V-Formationen in Verbindung mit einem längerfristigen Abwärtstrend. Die Panik nimmt zum Ende einer Abwärtsbewegung hin zu. Die Sicherheit über die Trendstärke wächst an, die Masse der Marktteilnehmer geht davon aus, dass die Kurse nur noch fallen können.

Abbildung 172: ProSiebenSat.1 Media SE von Ende 2015 bis Mitte 2016 – Erholung nach V-Formation, M-Formation als Ende der Erholung – chart provided by guidants.com

Abbildung 173 zeigt ein weiteres Beispiel für eine V-Formation, die auf Angst und Panik im Markt hindeutete. Mit Bruch einer relevanten Unterstützungslinie kam die Aktie des britischen Pumpenherstellers Weir Group im Herbst 2011 unter die Räder. Unlimitierte Stop-loss-Aufträge unter relevanten Unterstützungslinien werden sodann recht häufig ausgelöst und verstärken eine Abwärtsbewegung. Nach einer kräftigen aber sehr kurzfristigen Abwärtsbewegung drehte die Stimmung, Schnäppchenjäger kauften den Wert, und der Ausbruch unter die Unterstützungslinie erwies sich im Nachhinein als Bärenfalle. Nach einer kurzen Verschnaufpause (Plattform der V-Formation) konnte sich die Erholung zudem recht stürmisch weiter fortsetzen.

Zwei klassische Beispiele stellen hierbei die Kursverläufe der Fresenius Medical Care SE (Abbildung 174) sowie der Henkel AG (Abbildung 175) dar.

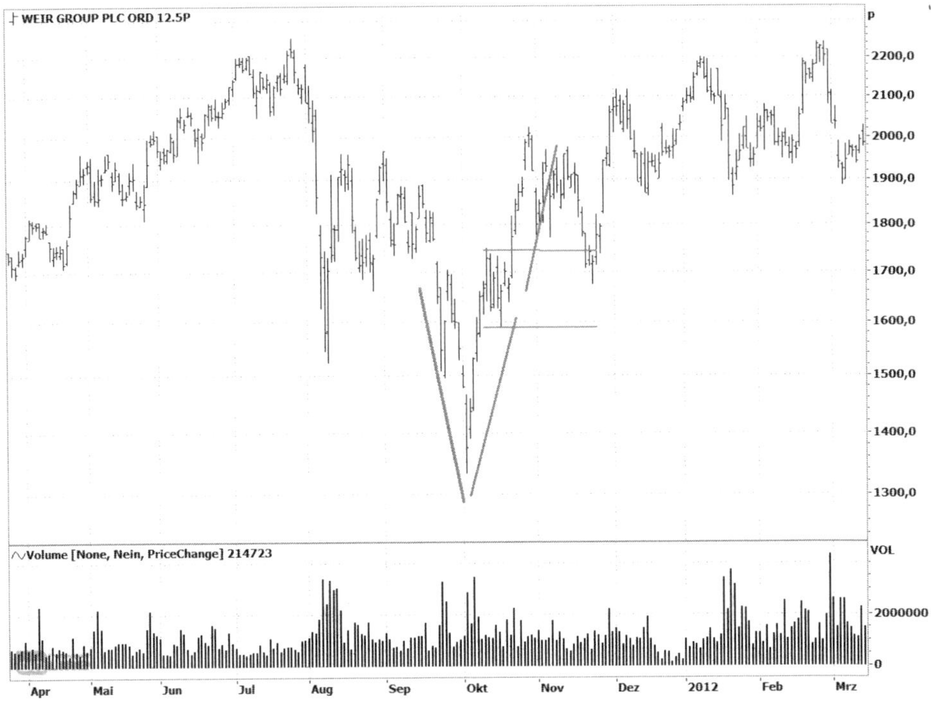

Abbildung 173: Weir Group von März 2011 bis März 2012 – V-Formation als Bärenfalle – chart provided by tradesignalonline.com

Abbildung 174: Fresenius Medical Care SE von März 1998 bis Mai 1999 – V-Formation als Ende eines Abwärtstrends – Panikverkäufe als Bereinigung im Markt – chart provided by Metastock

Im Oktober 1998 trat nach längerem Abwärtstrend ein starker Kursverfall in der Aktie der Fresenius Medical Care SE ein. Diese »Übertreibung« nach unten wurde innerhalb kürzester Zeit korrigiert – nach der ausgesprochen starken Gegenreaktion verharrte die Aktie Ende Oktober in einer engeren Seitwärtsbewegung, der Plattform. Anschließend mit Ausbruch aus der Plattform wurde das Kursziel aus der V-Formation erreicht und somit auch der langfristige Abwärtstrend gebrochen.

Im Chart der Henkel AG kam es Anfang 2000 zu einer ausgeprägten V-Formation. Nach einem seit Juli 1998 bestehenden Abwärtstrend durchbrach die Aktie Anfang 2000 eine wesentliche Unterstützung bei 55 Euro. Dieser Break löste eine Verkaufswelle aus. Die Gegenreaktion verlief ebenso schnell und heftig und brachte die Aktie wieder von circa 46 Euro auf über 60 Euro. Eine V-Formation signalisierte das Ende des Abwärtstrends nach einem Bruch der Abwärtstrendlinie. Als Plattform kann eine sehr volatile Pendelbewegung von Mai bis Juli 2000 gelten.

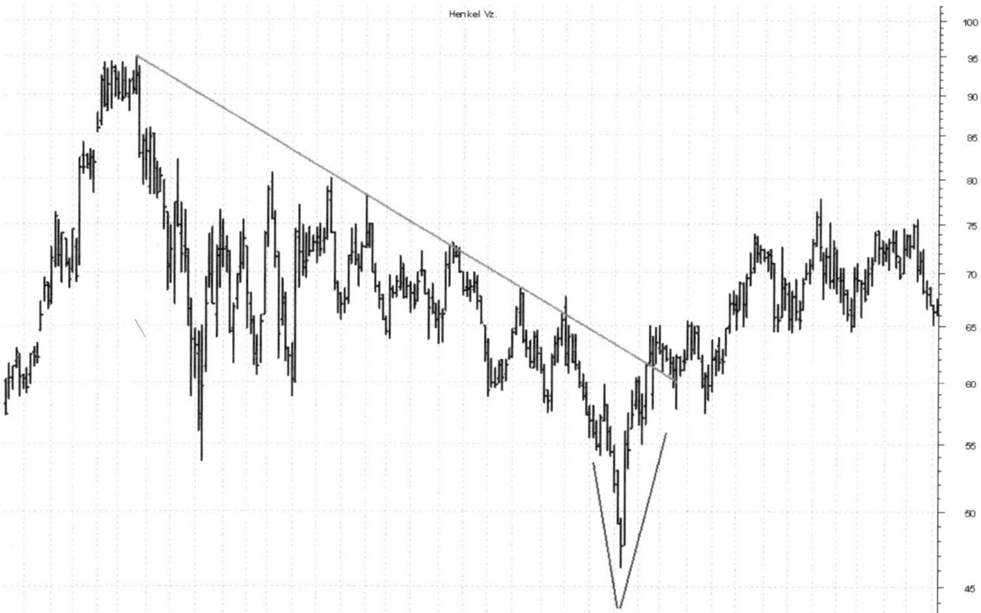

Abbildung 175: Henkel von Februar 1998 bis März 2001 – V-Formation nach Bruch einer relevanten Unterstützung beendet den Abwärtstrend (3-Tage-Barchart) – chart provided by Metastock

Letztlich gilt, wie bei allen anderen Formationen, dass nicht so sehr die grafische Idealform einer Formation relevant ist, sondern der Charakter des Verhaltensmusters! Insbesondere ist bei V-Formationen nicht immer eindeutig, wie die Plattform definiert werden kann, wie am obigen Beispiel der Henkel-Aktie deutlich wird. Am Kursverlauf der Kupferhütte Aurubis AG (Abbildung 176) ist dieses Verhaltensmuster im Chart jedoch gut zu erkennen. Nach einer Abwärtsbewegung setzte sich Verkaufspanik durch, der dann eine sehr schnelle Erholung folgte.

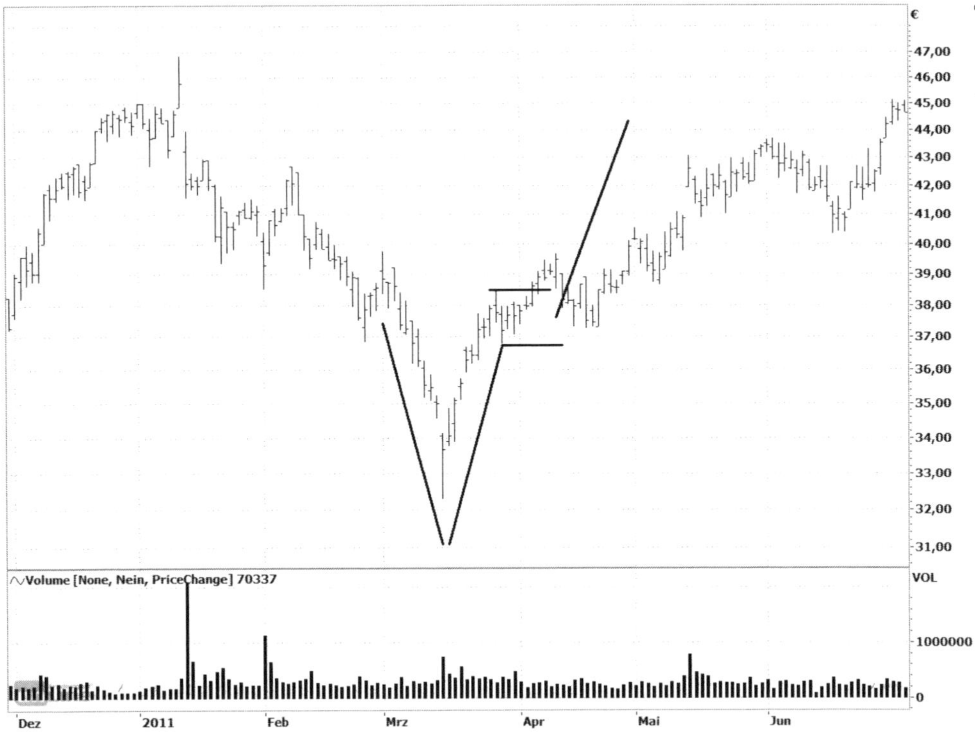

Abbildung 176: Aurubis von Dezember 2010 bis Juni 2011 – V-Formation als Panikreaktion des Börsenpublikums – chart provided by tradesignalonline.com

Eine kurze Plattform über einige Handelstage brachte ein Kaufsignal hervor – doch im April 2011 setzten nochmals leichte Gewinnmitnahmen ein. Erst ein Anstieg über das Aprilhoch konnte den Wert zu einer weiteren kräftigen Aufwärtsbewegung animieren. Die V-Formation stellte das Ende der Abwärtsbewegung mit einem Ausverkauf dar. Das umgekehrte Verhaltensmuster, eine Euphorie nach einer längeren Aufwärtsbewegung mit nachfolgender Ernüchterung, stellt die umgekehrte V-Formation dar. Allerdings sind inverse V-Formationen ausgesprochen selten. Denn Abwärtsbewegungen laufen in der Regel recht dynamisch ab, Aufwärtsbewegungen hingegen, die eine Kaufpanik oder Gier der Marktteilnehmer, eine Euphoriesituation darstellen, sind einfach seltener anzutreffen. Ein Beispiel könnte der Kursverlauf der Deutsche Telekom AG Anfang 2000 darstellen. Der Hype um Aktien und um die neue Volksaktie, die T-Aktie, erreichte das breite Börsenpublikum. Eher unerfahrene Börsianer sprangen auf den Zug auf. Im März 2000 erreichte die Euphorie ihren Gipfel und Ernüchterung machte sich breit. Im Kursverlauf der Abbildung 177 können Sie allerdings gut erkennen, dass das umgekehrte V eher als Idee zu verstehen wäre.

Abbildung 177: Dt. Telekom von Juni 1999 bis Januar 2001 – V-Formation als Idee als Ende der Aufwärtsbewegung im Frühjahr 2000 – chart provided by Metastock

Eine klare Plattform lässt sich nicht eindeutig identifizieren. Eine kurze Seitwärtsbewegung von Ende April bis Anfang Mai 2000 ließe sich am ehesten als solche definieren. Doch auch ohne V-Formation sind Verkaufssignale zu erkennen. So bildete sich eine Schulter-Kopf-Schulter-Formation aus, in deren rechter Schulter ein Aufwärtstrend gebrochen wurde. Im weiteren Verlauf wurde ein fallendes Dreieck als auch ein kurzfristiges symmetrisches Dreieck nach unten verlassen.

Wichtig: Der Chartanalyst trifft eine Annahme, sofern ein bestimmtes Verhaltensmuster im Kursverlauf mit bekannten Folgen erkennbar ist. Je klarer natürlich dieses Verhaltensmuster auch auftritt, desto größer ist auch die Aussagekraft. Die Schwierigkeit bei der V-Formation und insbesondere der inversen V-Formation ist allerdings die Seltenheit dieses Verhaltensmusters und somit auch der eingeschränkten statistischen Auswertung, gleiches gilt übrigens auch für das nachfolgend beschriebene Muster, der Untertasse.

Abbildung 178: South West Airlines Co. von November 2013 bis Februar 2015 – Inverse V-Formation, die sich als falsch herausstellt – chart provided by guidants.com

Ein letztes Beispiel für eine inverse V-Formation, die allerdings eine Fehlannahme war. Im Kursverlauf (Abbildung 178) der US-Billigfluglinie Southwest Airlines trat nach einer kräftigen Aufwärtsbewegung in 2014 von Mitte September 2014 bis Mitte Oktober 2014 eine kurzfristige Abwärtsbewegung auf. Diese Bewegung wurde von Analysten als V-Formation eingestuft. Doch nachdem der kurzfristige Abwärtstrend mit hohen Umsätzen gebrochen werden konnte, erreichte der Wert zum Jahresende 2014 neue Tops.

Untertasse – langsames Erwachen *(rounding top, rounding bottom)*

Trendumkehrformation

Eine ebenfalls seltene Formation stellt die Untertasse dar, die eine länger andauernde Boden- oder Gipfelbildung signalisiert. Der Meinungsumschwung tritt hier relativ langsam ein, erstreckt sich über Wochen bis zu mehrere Monate. Eine geringe Kursschwankungsbreite innerhalb der Boden-/Gipfelbildung ist als Merkmal zu beachten. Trotz der Seltenheit der Formation sei einmal eine Untertasse in Abbildung 179 vorgestellt. Der Aufwärtstrend verliert an Dynamik, wird seitwärts verlassen und nach einer Phase der Unsicherheit mit leicht fallenden Hochpunkten neigt sich die Waage gen Süden und der Kursverlauf verzeichnet leicht fallende Hochpunkte und tiefere Tiefs.

Letztlich kann der Anleger hier zwar eine inverse Untertasse als Gipfelbildung erkennen, doch auch der Bruch des Aufwärtstrendkanals und in Folge ein Fall unter relevante Unterstützungslinien lassen Verkaufssignale erkennen. Zusätzlich bedarf es bei einer »idealen« Untertasse eines »Henkels« am rechten Rang. Das heißt, laut Lehrbuch sollte sich nach dem langsamen Abschwung nach unten (respektive nach einem Aufschwung nach oben bei einer Untertasse als Bodenbildung) eine nochmalige Seitwärtsbewegung in engem Rahmen anschließen. Der Ausbruch aus diesem »Henkel« wiederum soll ein Signal generieren. Der »Henkel« kann allerdings auch als kurzfristiges Rechteck identifiziert werden. Eine Untertasse, ob als Gipfel- oder Bodenbildung, stellt daher eher eine Kombination von Auf- und Abwärtstrends sowie Rechtecken oder Phasen der Unsicherheit dar, die für sich zusammengenommen eine längere Boden- oder Gipfelbildung darstellen, die im Sonderfall eine Untertasse ausbilden.

Merkmale einer Untertasse

Kursverlauf: In Verbindung mit einer engeren Handelsbandbreite wechselt die Stimmung von einem Trend in den anderen. Anschließend bildet sich ein kurzfristiges Rechteck aus, das als »Henkel« der Untertasse bezeichnet wird.

Zeitliche Ausdehnung: mehrere Wochen bis zu mehrere Monate.

Umsatzverhalten: Das Volumen verringert sich zur Mitte der Untertasse hin, um anschließend stetig zu steigen. Ein Ausbruch aus einem »Henkel« erfolgt idealerweise mit einer Kurslücke bei ansteigenden Umsätzen.

Charakter: länger andauernde Boden-/Gipfelbildung. Der Meinungsumschwung tritt hier relativ langsam ein.

Besonderheiten: Eine recht seltene Formation, deren Kursverlauf zudem nicht klar definiert ist. Daher ist auch die Signalgenerierung nicht eindeutig, sofern ein »Henkel« fehlt.

Signal: Im Idealfall wird das Signal einer Untertasse bei Ausbruch mit einer Kurslücke aus der sich anschließenden Seitwärtsbewegung, dem »Henkel« generiert.

Kursziel: Die horizontale Differenz zwischen dem Scheitelpunkt der Untertasse und dem Ausbruch aus einem »Henkel« wird an das Ausbruchsniveau in Richtung des Ausbruchs abgetragen.

In Abbildung 179 ist eine Gipfelbildung bei American Express erkennbar, die sich über mehrere Monate hinzog. Dieser Gipfel kann als *rounding top* beziehungsweise umgekehrte Untertasse beschrieben werden. Die für eine Untertasse typische Plattform fehlt jedoch. Das Umsatzverhalten bestätigt dagegen die Gipfelbildung sowie die Trendwende. Allerdings darf im Kursverlauf sowohl der Bruch des langfristigen Aufwärtstrends als Verkaufssignal ebenso gewertet werden wie der dynamische Rutsch Anfang 2001 unter die runde Marke von 50 US-Dollar.

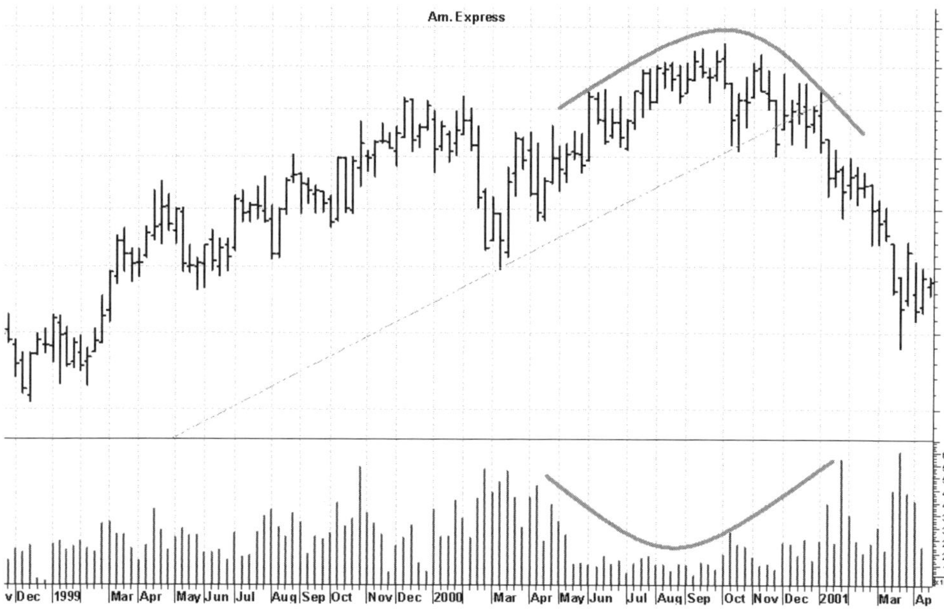

Abbildung 179: American Express von Ende 1998 bis April 2001 – Fragwürdige inverse Untertasse ohne Henkel – chart provided by Metastock

Die Untertasse wurde der Vollständigkeit halber mit aufgeführt. Und dient eher zur Veranschaulichung der Maxime »Weniger ist mehr!«

Denn Dreiecke, Rechtecke sowie Keile und letztlich eine aussagekräftige Schulter-Kopf-Schulter-Formation in Verbindung stets mit der Trend- und Formationsanalyse reichen aus, um an der Börse erfolgreich zu arbeiten. Auch weitere Formationen werden von den Chartisten oftmals besprochen, so zum Beispiel auch der Diamant, der jedoch noch seltener gebildet wird als eine Untertasse.

(Anmerkung: Der Diamant ist eine Kombination aus einem umgekehrten Dreieck, welchem sich direkt ein symmetrisches Dreieck anschließt.) Zudem sind diese Formationen in der Praxis derart unbestimmbar, dass der geneigte Leser sich bitte auf die Formationen konzentrieren sollte, die nicht nur in der Theorie, sondern vor allem in der Praxis erfolgreich angewendet werden können sowie eine statistisch hinlänglich verwertbare Anzahl an Mustern hervorbringen.

Abschließend sei ein Beispiel zum Diamanten gegeben. Der DAX bildete vom Sommer 2017 bis in den Sommer 2018 hinein eine volatile Seitwärtsbewegung aus (Abbildung 180). Auf ein umgekehrtes Dreieck (Zunahme der Unsicherheit und Volatilität) folgte ein symmetrisches Dreieck (Unsicherheit und zunehmend abwartende Haltung). Diese potenzielle Gipfelbildung konnte auch als Diamant betrachtet werden. In meinem Expertenstream auf der Internet-Plattform *Guidants* schrieb ich hierzu am 17. August 2018 folgende Antwort auf eine Frage eines Lesers:

DAX – Diamant, Dreieck, SKS oder nur eine Pause? Liebe Leser, die Frage wird heiß diskutiert. Hat sich im DAX im langfristigen Bild eine Schulter-Kopf-Schulter-Formation ausgebildet – oder doch eher ein Diamant beziehungsweise ein symmetrisches Dreieck? Nun nach meiner Ansicht ist ein Diamant ein derart seltenes Exemplar der Formationen, und zudem oftmals widersprüchlich definiert, dass vor allem die statistische Aussagekraft in Frage gestellt werden darf.

Letztlich ist es allerdings nicht so wichtig – denn ein Ausbruch aus der rechten Seite des Diamanten, dem symmetrischen Dreieck, wäre so oder so negativ. Allerdings muss noch die Frage gestellt werden, ob denn das vorliegende Dreieck idealtypisch ist – und das ist es aufgrund der Proportionen nicht unbedingt. Die ersten Berührungspunkte liegen doch recht weit entfernt von den jeweils zweiten Punkten. Trotzdem wäre natürlich ein Fall unter ca. 12.100 Punkten negativ. UND eine SKS? Naja – eine SKS wäre erst vollendet, wenn die Nackenlinie gebrochen werden würde – und im DAX wäre dies erst erfolgt, wenn entweder die Unterstützungszone als Nackenlinie und somit ein Fall unter 11.725 Punkten erfolgt oder man eine abwärtsgerichtete Nackenlinie konstruiert und diese dann gebrochen wird. Letztlich aber nicht so entscheidend, welchen Namen man dem Kind gibt, unter 12.100 etc. wird es kritisch … zumal dann auch die sehr langfristigen Aufwärtstrends kippen.

Soweit meine damalige Erläuterung. Die Chartsituation war natürlich brenzlig und eine Gipfelbildung musste eingeplant werden. Doch zum damaligen Zeitpunkt waren die Formationen entweder noch nicht eindeutig vollendet oder gar verlassen und ließen noch keine Verkaufssignale zu. Auch eine nochmalige Erholung ausgehend von der Unterstützungslinie (untere Dreiecksbegrenzung) war einzuplanen.

Abbildung 180: DAX von Oktober 2015 bis Februar 2019 – Dreiecke, Diamant oder gar eine SKS? Die Frage am 17. August 2018 – chart provided by Metastock

Fazit: Formationsanalyse ist ein wesentlicher Baustein in der Technischen Analyse, um langfristig erfolgreich zu handeln. Die Trend- und Formationsanalyse ist die Basis jeder Chartanalyse, die mit Bleistift und Lineal einfach umsetzbar ist. Große Formationen haben große Auswirkungen, kleine Formationen nur kurzfristige Aussagekraft. Der Anleger sollte daher gezielt nach lang- bis mittelfristigen Formationen suchen, um eine hohe Trefferquote zu erzielen.

Der Sprung der Masse – das *Gap*

Neben den oben besprochenen Formationen können auch Kurslücken als eigenständige Formationen, also Verhaltensmuster einer Masse von Marktteilnehmern mit bekannten Folgen betrachtet werden. Eine Kurslücke entsteht, wenn zum Beispiel von einem Tag zum anderen der Kurs plötzlich in die Höhe schnellt – oder in die Tiefe abtaucht – und sich so im Barchart oder in den Candlesticks über Nacht eine Lücke bildet. Eine solche Lücke kennzeichnet also einen umsatz- und kurslosen Bereich. Die Bezeichnung ist allerdings recht unterschiedlich. Lücken werden auch als Fenster oder im englischen Sprachgebrauch als *Window* sowie

Gap betitelt. Im weiteren Verlauf des Buches wird die Kurslücke entsprechend der gebräuchlichsten Verwendung in der Sprache der Chartisten als Gap bezeichnet.

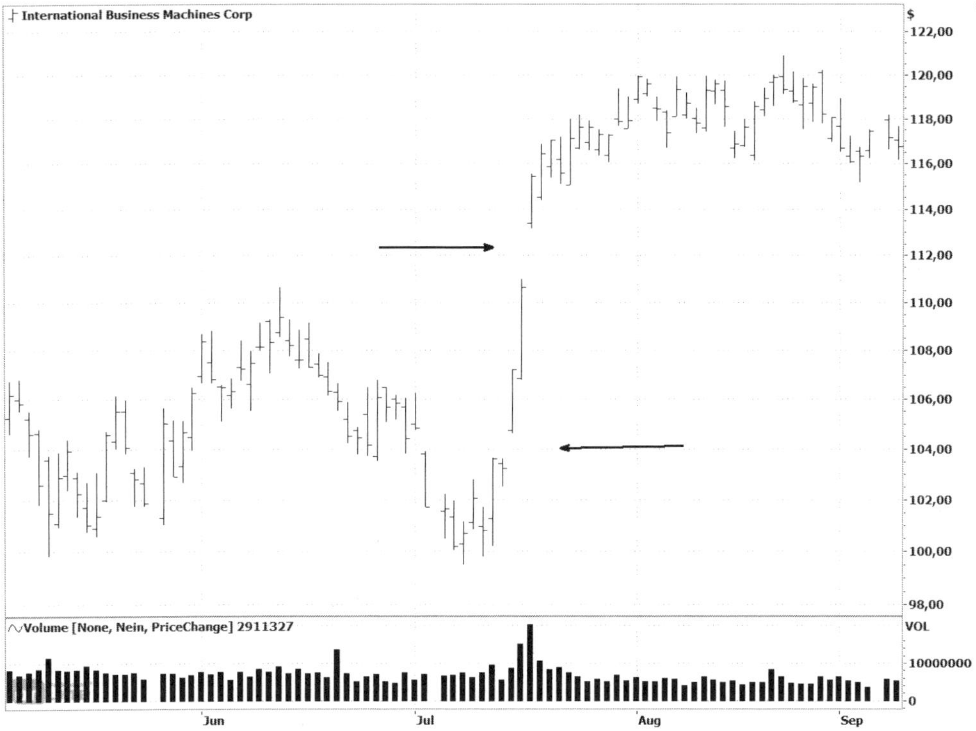

Abbildung 181: IBM von Mai bis September 2009 – Gaps nach oben als Kaufsignale – chart provided by tradesignalonline.com

Ein Gap drückt stets eine intensive Stimmungsverbesserung oder -verschlechterung aus. Denn ein Gap ist eine eindeutige Reaktion der Marktteilnehmer in eine Richtung. Gaps sind damit grundsätzlich einmal trendbestätigend (Beispiel Abbildung 181 – IBM sowie 182 – Comcast Corp.). Erst wenn ein Gap geschlossen wird und der Kurs eine dem Gap entgegengesetzte Richtung annimmt, wird die Wirkung des Gaps negiert und unter Umständen setzt gar eine Trendwende ein.

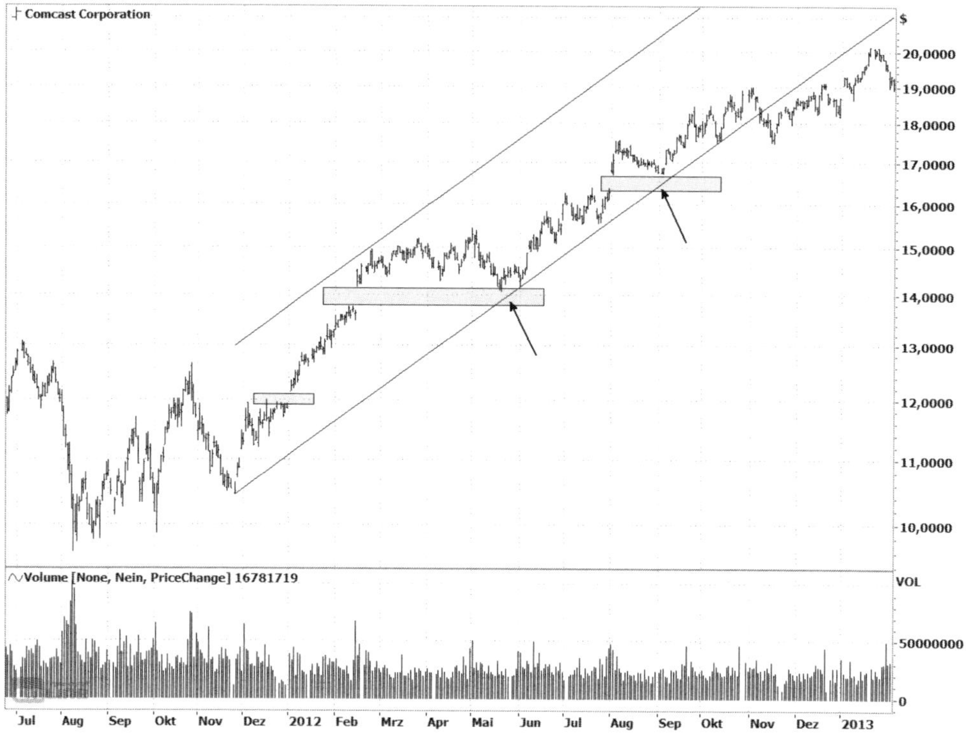

Abbildung 182: Comcast Corp. von Juni 2011 bis Januar 2013 – Trendbestätigende Gaps als Unterstützungen im Aufwärtstrend – chart provided by tradesignalonline.com

Gaps stellen auch wichtige Unterstützungs- oder Widerstandszonen dar. Liegt ein Aufwärtsgap vor, so werden die plötzlich steigenden Kurse auch das Interesse von Börsianern wecken, die sich bislang nicht mit diesem Wert befasst haben.

Auch Anleger, die vor einem Gap den Wert zwar beobachtet haben, aber noch nicht eingestiegen sind, könnten nun zu der Auffassung gelangen, dass es besser wäre, eher zu spät als gar nicht einzusteigen. Leichte Rücksetzer in den Bereich des Gaps werden so von diesen Marktteilnehmern aufgefangen.

Die Kurslücke wird so zu einer potenziellen Käuferzone, einer Unterstützung. Wird das Gap hingegen geschlossen – per Periodenschlusskurs, so wird auch die potenzielle Unterstützung gebrochen und die starke einseitige Meinungskundgebung kehrt sich ins Gegenteil um. Dies gilt letztlich auch im umgekehrten Falle eines abwärtsgerichteten Gaps (Abbildung 183 – Dell Inc.). Dieses Gap gilt als Widerstand. Börsianer, die bislang nicht aktiv waren, verkaufen nun oder wetten auf fallende Kurse. Bestehende Positionen, die in den Verlust laufen, erhöhen den Abwärtsdruck. Die Anleger sehen ihre Felle davonschwimmen.

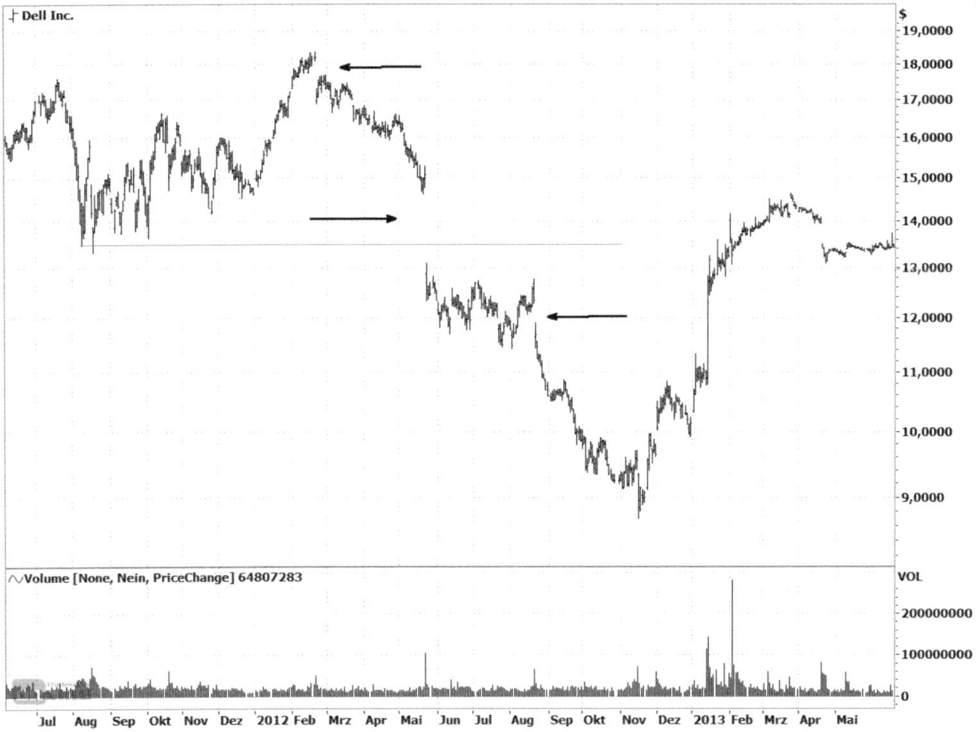

Abbildung 183: Dell Inc. von Juni 2011 bis Mai 2013 – Breites Gap nach unten als Verkaufssignal – chart provided by tradesignalonline.com

Im Idealfall versuchen diese Börsianer eine technische Gegenbewegung, eine Erholung in den Bereich des Gaps zu nutzen, um entweder bestehende Positionen zu verkaufen oder um auf fallende Kurse zu wetten. Wichtig ist allerdings, dass dies der Idealfall ist, dass Kurse sich kurzfristig für eine Gegenbewegung in den Bereich des Gaps bewegen. Je größer zudem das Gap, desto größer darf auch die damit einhergehende Stimmungsverbesserung oder -verschlechterung angenommen werden. Somit kann es nach einem Gap auch einfach ohne Gegenbewegung in Richtung des Gaps weitergehen. Somit ist auch die oftmals zu hörende Meinung: »Fenster wollen geschlossen werden.« in das Reich der Mythen einzuordnen. Insbesondere bei ausgeprägten Trends werden Gaps oftmals überhaupt nicht oder erst Wochen, Monate oder gar Jahre später geschlossen.

Ein Beispiel für ein Gap (Abbildung 184), das seit Jahren nicht geschlossen wurde, zeigt der Kursverlauf der Brenntag AG. Anfang 2012 konnte der Wert aus einem symmetrischen Dreieck nach oben ausbrechen und im Zuge dieses Ausbruchs auch ein Gap generieren. Diese Kurslücke wurde bis 2018 nicht mehr geschlossen.

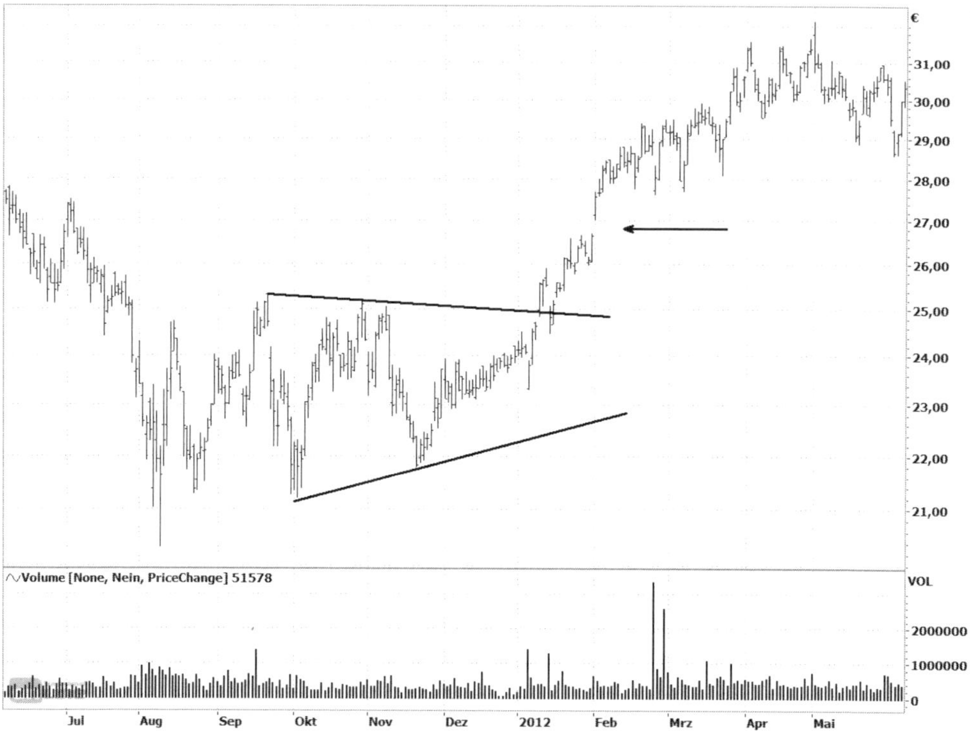

Abbildung 184: Brenntag AG von Juni 2011 bis Mai 2012 – Gap als Bestätigung der Aufwärtsbewegung nach Ausbruch aus einem symmetrischen Dreieck – chart provided by tradesignalonline.com

Werden hingegen Gaps geschlossen, so besteht grundsätzlich die Chance auf einen Stimmungsumschwung. Solange dieses aber nicht erfolgt, sind Gaps trendbestätigend zu interpretieren. Abbildung 185 zeigt den Kursverlauf der Hewlett-Packard-Aktie. Hier kam es von Anfang 2011 bis in den Herbst 2013 zu einer Abwärtsbewegung. Jeweils fünf Gaps unterstrichen die Abwärtsbewegung. Erst nach einem Ausverkauf Ende 2012 und einem Aufwärtsgap konnte der Wert wieder ansteigen.

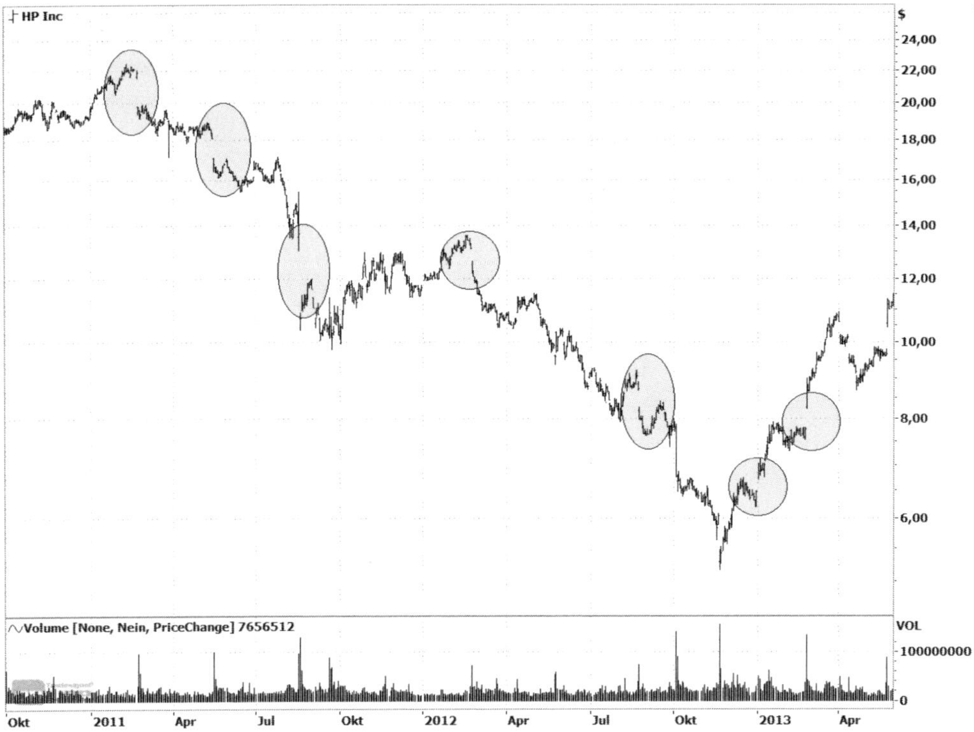

Abbildung 185: Hewlett-Packard von Oktober 2010 bis Mai 2013 – Gaps als trendbestätigende Muster – chart provided by tradesignalonline.com

Mit der Bildung eines Gaps verstärkt sich grundsätzlich ein Trend. Aus diesem Umstand ergeben sich folgende Investitionsregeln bei Fenstern:

Regeln bei Gaps

1. In Richtung des Gaps investieren!
2. Unterstützung und Widerstände bei Gaps:

Gaps bilden und bestätigen im Allgemeinen Unterstützungs- oder Widerstandszonen. Die vorherrschende Tendenz gilt erst dann als beendet, wenn Gaps auf Schlusskursbasis der gewählten Periode durchbrochen werden.

Im Allgemeinen gilt:

Oberkante bis zur Mitte eines Gaps = Unterstützung in einer Hausse

Unterkante bis zur Mitte eines Gaps = Widerstand in einer Baisse

3. Prognose nach der Anzahl der Gaps

Bei den Japanern gilt Folgendes: Wird ein Gap nach drei folgenden Sitzungen nicht geschlossen, gilt es als trendbestätigend (Die Zahl drei gilt unter japanischen Chartanalysten als magische Zahl).

Nach 6-8 Gaps innerhalb eines Trends gilt ein Markt als müde und erschöpft. Die Neigung zu Gewinnmitnahmen und einer Gegenbewegung wächst im Markt an.

Nach 8-10 Gaps innerhalb eines Trends ist der Markt vorerst ausgelaugt und bereit zu einer Trendwende oder einer ausgeprägten Korrektur.

Besonders aufmerksam sollten daher Trendwendeformationen oder neutrale Muster wie zum Beispiel Dreiecke, Island Reversal, Doji et cetera nach einer Reihe von Gaps beobachtet werden. Gaps sind auch Pausen im Trend und können damit Abschwächungen des vorherrschenden Trends sein.

4. Wird ein Gap nach einem Trend geschlossen, gilt der Trend als beendet.

Abbildung 186: The Travelers Co. von Ende 2011 bis Mitte 2013 – Ein erstes Gap nach oben im Oktober 2012 beendet den Aufwärtstrend, ein zweites Gap bestätigt den Ausbruch aus dem Dreieck – chart provided by tradesignalonline.com

Wenn Ereignisse oder Stimmungsänderungen eintreten, so dass der Aktienkurs von einem Tag auf den anderen auf einem neuen Niveau als angemessen gilt (Gapöffnung), müssen erst neue Ereignisse oder erneute Stimmungsänderungen eintreten (positive bei Schließen eines Baissefensters beziehungsweise negative bei Schließen eines Haussefensters), um den Aktienkurs wieder auf das alte Niveau (vor Eröffnung des Gap) zu bringen. Wenn der Markt diese Kraft (negativ oder positiv) aufbringt, vollzieht sich meist eine Trendwende nach ausgeprägtem Trendverlauf. Ausgesprochen deutlich wird dieses Verhalten, sofern auch Kursziele abgearbeitet sind, die aus Sicht der Trend- oder Formationsanalyse abgeleitet werden können. Abbildung 186 zeigt den Kursverlauf der The Travelers Co.-Aktie, einem US-Versicherer. Der Ausbruch aus einem Aufwärtstrendkanal im Oktober 2012 wies auf eine Euphorie-Situation hin. Der anschließende Rebreak in den Trendkanal UND das Schließen des vorherigen Gaps deutete auf eine Konsolidierung sowie weitere Gewinnmitnahmen im Aufwärtstrendkanal hin. Der Aufwärtstrend wurde selbst nicht mehr berührt (Stärke der Bullen) und nach einer Konsolidierung (symmetrisches Dreieck) konnte mit einem zweiten Gap auch der Aufwärtstrendkanal nach oben verlassen werden.

Merkmale von Gaps

Gaps treten innerhalb eines Tages in sehr kurzfristigen Zeitintervallen auf, so im Day-Trading auf Basis der 3- oder 5-Minuten-Kerzen. In Charts auf Tagesbasis von einem Tag auf den anderen, in Wochencharts hingegen treten Gaps seltener auf, da dann die Kurslücke nur bei einem Kurssprung von Freitag zu Montag auftreten kann.

Ein Gap ist also eine starke einseitige Markttendenz. Ein Gap hat natürlich kein Volumen. Folgt einem Gap jedoch ein hohes Volumen, so kann dies eine Bestätigung für die Richtung des Gap sein. Eine Kurszielableitung ist in der Regel ausgehend vom Gap nicht möglich, eine Ausnahme bildet das *running gap* (Fortsetzungslücke, siehe unten). Die Frage ist lediglich, ob man stets im Chart zweifelsfrei erkennen kann, mit welcher Art von Gap man es gerade zu tun hat. Ist das Gap eine »gewöhnliche Lücke« (*common gap*), zeigt es also lediglich eine kurze Pause oder eine zufallsbedingte Kursnotierung im Chart an oder liegt vielleicht doch eher eine andere Art vor? Die Chartisten haben auch hierzu Klassifizierungen vorgenommen, die zumindest eine Hilfestellung geben können, um aufgrund von Gaps die vorherrschende Stimmung der Börsianer zu ergründen:

Arten von GAPs (Lücken)

common gap (Bereichslücke, gewöhnliche Lücke): tritt innerhalb einer Seitwärtsbewegung oder einer Formation auf. Sie können die wahrscheinliche Ausbruchsrichtung andeuten, sind meist jedoch ohne Bedeutung.

breakaway gap (Ausbruchslücke): tritt beim Ausbruch aus einer Seitwärtsbewegung oder einer Formation auf sowie bei einem sprunghaften Bruch von Trendlinien sowie Widerstands- und Unterstützungs-Zonen und bestätigen den Ausbruch. Sie signalisieren oftmals den Beginn eines neuen Trends.

running gap (Fortsetzungslücke): auch bezeichnet als *runaway gaps, continuation gaps, measuring gaps*: tritt während eines stärkeren Trendverlaufs auf. Eine Faustregel besagt, dass ein solches Gap in der Mitte eines Trends auftritt. Hieraus folgt, dass Sie bei diesem Gap ein Kursziel ableiten können. Ähnlich der Flagge und des Wimpels kann insbesondere, wenn einem Gap eine Fahnenstange vorausgegangen ist, an die Gap-Oberkante die Schwankungsbreite der Fahnenstange als Kursziel abgetragen werden.

exhaustion gap (Erschöpfungslücke): tritt direkt vor dem Ende eines steilen Trends auf. Ein Anzeichen für eine bevorstehende Unterbrechung oder eine Wende innerhalb eines ausgeprägten Trends. Weist der jeweilige Trend auch andere Überhitzungsanzeichen auf (zum Beispiel eine hohe Anzahl vorheriger Gaps) so kann ein Gap das Ende des Trends anzeigen. Ein solches Gap ist allerdings nur ein Warnsignal, denn das eigentliche Trendwende-Signal ist das Schließen des Gaps per Periodenschlusskurs.

Umkehrinseln *(island reversal)*

Die Umkehrinsel – wie der Name schon verrät – gehört zu den Trendumkehrformationen. Die Besonderheit hierbei sind die Gaps. Ein Gap ist an sich eher trendfortsetzend. Bei einer Umkehrinsel wird jedoch ein Kursbereich von zwei gegensätzlich laufenden Gaps eingefasst, dem ein Trend vorausgelaufen ist. Letztlich könnten so auch die zuvor besprochenen Regeln von Gaps lauten. Denn das erste Gap ist hierbei noch trendbestätigend – wird jedoch im weiteren Verlauf geschlossen. Allein dieser Fakt darf als Warn- und oder je nach Trendstärke auch als Trendumkehrsignal gedeutet werden. Das zweite Gap verstärkt noch diese Annahme.

Merkmale einer Umkehrinsel

Grundsätzlich gilt: Umkehrinseln werden durch zwei Gaps auf annähernd gleichem Niveau vom übrigen Kursverlauf getrennt. So die ideale Ausprägung. Relevanter ist jedoch der Charakter der Umkehrinsel. Nach einem ausgeprägten Trend tritt nochmals eine starke Stimmungsfortsetzung mit dem ersten Gap ein. Das zweite Gap hingegen in entgegengesetzter Richtung weist auf einen Stimmungsumschwung hin. Bei einem Aufwärtstrend setzt eher Ernüchterung ein, Gewinnmitnahmen verstärken die Trendwende. Bei einer vorherigen Abwärtsbewegung hingegen ist der Markt unter Umständen bereinigt. Die letzten Bären haben fluchtartig das Feld verlassen und anschließend gibt es keine Verkäufer mehr. Schnäppchenjäger treten auf den Plan und kaufen. Ein klares Kursziel ist allerdings aus der Umkehrinsel nicht abzuleiten.

Abbildung 187: Schering von November 1998 bis April 1999 – Umkehrinsel mit Pullback – chart provided by Metastock

Damit gilt allerdings auch, dass Umkehrinseln nur in Verbindung mit einem Trend relevant sind und einen Gipfel oder einen Boden darstellen können. Je größer die Schwankungsbreite und je höher der Umsatz in der Umkehrinsel ist, desto stärker ist die Aussagekraft dieser Formation. Im Idealfall stellt eine Umkehrinsel eine Distributions- oder Akkumulationsphase dar. Der Zeithorizont ist hierbei allerdings eher kurzfristiger Natur mit einer maximalen Dauer von circa fünf Wochen. Eine Besonderheit stellt eine Umkehrinsel dar, die statt mehrerer Perioden nur eine Periodenlänge besitzt, also zum Beispiel nur eine Tageskerze oder eine Wochenkerze umfasst.

Beispiel (Abbildung 187): Anfang 1999 verstärkte sich der Aufwärtstrend von Schering durch einen Sprung (Gap) über einen bisherigen Widerstand. Das neue Niveau konnte jedoch nicht gehalten werden und circa eine Woche darauf kam es wiederum zu einem Sprung unter das vormalige Widerstandsniveau. Diese neuerliche Richtungsänderung signalisierte das Ende des Aufwärtstrends. Getrennt von zwei Gaps lagen die Kurse oberhalb des Widerstandsniveaus wie eine

»Insel« über dem breiten Kursverlauf. Auch der sich anschließende Versuch, nochmals nach oben zu laufen, änderte nicht mehr die starke Aussagekraft der Trendumkehrformation.

Eine klassische Insel zeigt auch der Chart der Verizon Communications Inc. im Sommer 2010 (Abbildung 188). Nach einer Abwärtsbewegung und einem Fall unter eine relevante Unterstützungszone generierte der Wert ein Gap. Die Aktie verlor daraufhin noch etwas, doch deutlicher neuer Verkaufsdruck kam nicht mehr auf. Vielmehr stabilisierte sich die Aktie knapp oberhalb der unteren Begrenzung des Abwärtstrendkanals und mit einem Gap nach oben konnte sich eine Erholung mit Test und Break der Abwärtstrendlinie durchsetzen. Der Ausbruch aus dem Abwärtstrendkanal bestätigte noch das positive Signal der Inselumkehr.

Abbildung 188: Verizon Communication Inc. von September 2009 bis Dezember 2010 – Inselumkehr beendet Abwärtsbewegung – chart provided by tradesignalonline.com

Sinnvoll ist natürlich stets die Interpretation von Kurssprüngen (Gaps) auch in Verbindung mit der Trend- und Formationsanalyse. Besteht ein Abwärtstrend, so sind fallende Gaps eben auch stets trendbestätigend. So zeigten sich zwei größere Gaps in einer Abwärtsbewegung von Procter & Gamble Co. in 2012 (Abbildung 189). Im Sommer 2012 konnte sich der Wert jedoch an der Rückkehrlinie des Abwärtstrendkanals stabilisieren und mit einem kleinen Gap nach oben eine Erholung starten. Eine eindeutige Inselumkehr lag hier allerdings nicht vor, da das vorherige abwärtsgerichtete Gap noch deutlich über dem kleineren aufwärtsgerichteten Gap lag.

Mit einem Break-away-Gap aus dem Abwärtstrendkanal wurde jedoch sodann ein Kaufsignal generiert. Die drei Gaps zusammen genommen konnten hier als »Idee« der Inselumkehr interpretiert werden – eines Stimmungsumschwungs nach einem Ausverkauf.

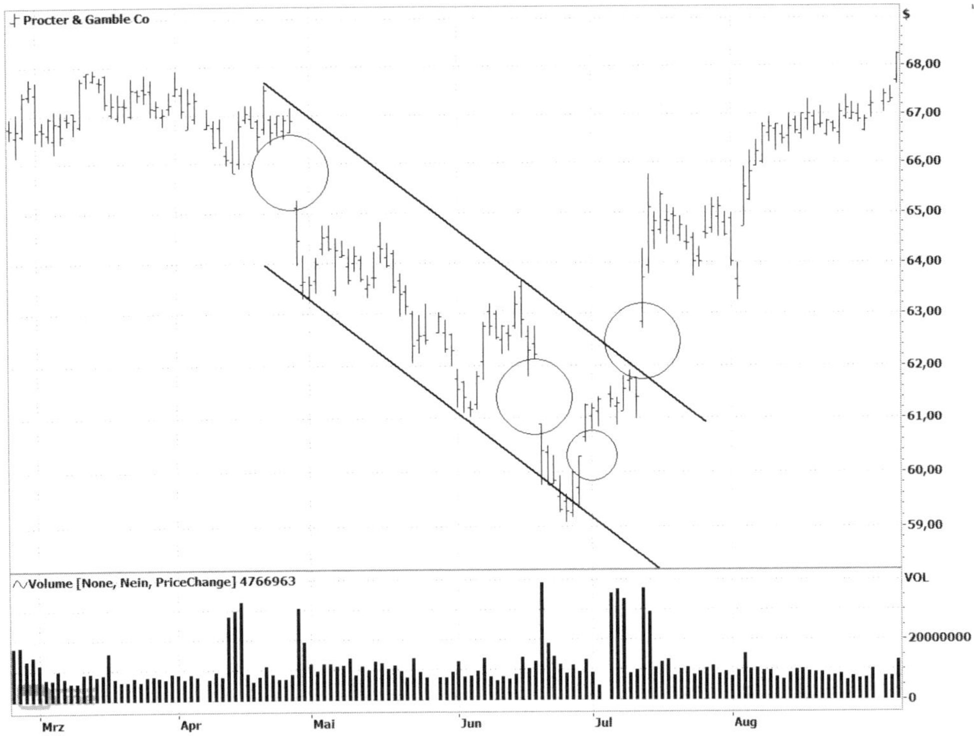

Abbildung 189: Procter & Gamble von Februar bis September 2012 – Drei Gaps als Idee einer Inselumkehr – chart provided by tradesignalonline.com

Umkehrtag *(reversal day, intraday reversal)*

Eine weitere Formation stellt im Repertoire des Chartanalysten der Umkehrtag dar. Auch als *reversal day* oder *intraday reversal* bezeichnet. Die Besonderheit dieser Formation ist es, dass nur eine einzelne Periode eines Barcharts (in der Regel eines Tages) betrachtet wird. Es tritt daher nur ein Balken auf in Verbindung mit einem Gipfel oder einer Bodenbildung. Ein oberer Umkehrtag eröffnet in der Nähe des Hochs des vorangegangenen Aufwärtstrends und erzeugt ein neues Hoch. Der Schlusskurs liegt jedoch weit von dem an diesem Tage erzeugten Hoch entfernt (meist in unmittelbarer Nähe zum Eröffnungskurs). Ein unterer Umkehrtag eröffnet in der Nähe des Tiefs des vorangegangenen Abwärtstrends und erzeugt ein neues Tief. Der Schlusskurs liegt jedoch weit von dem an diesem Tage erzeugten Tief entfernt (meist in unmittelbarer Nähe zum Eröffnungskurs). Je größer die Schwankungsbreite und je höher der Umsatz, desto stärker ist die Aussagekraft eines Umkehrtages.

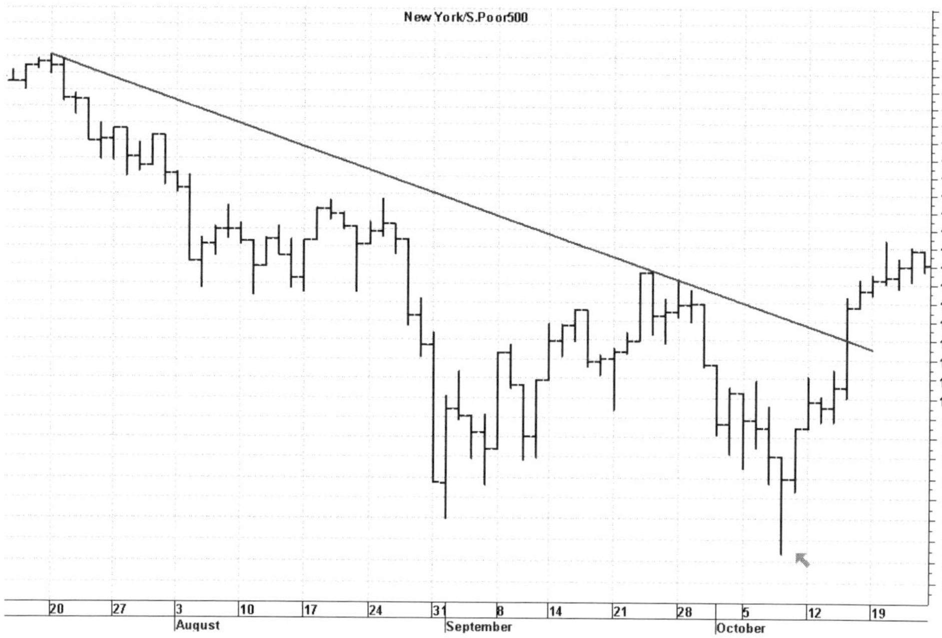

Abbildung 190: S&P 500 von Juli bis Oktober 1998 – Ein Umkehrtag Anfang Oktober 1998 mit nachfolgendem Trendbruch ein Kaufsignal im S&P 500 – chart provided by Metastock

Als Beispiel sei der Kursverlauf des S&P 500 aufgezeigt (Abbildung 190). Nach einem Abwärtstrend im Oktober 1998 kam es nochmals zu einem starken Verkaufsdruck, der innerhalb des Tages neue Tiefpunkte markierte. Dieser Tag wurde jedoch von der Masse der Marktteilnehmer genutzt, um günstig einzusteigen. Der Verkaufsdruck kehrte sich um und am Ende des Tages lag der Schlusskurs weit über den Tagestiefstständen. Innerhalb des Tages konnte eine Trendumkehr festgestellt werden, der Umkehrtag in Verbindung mit den anschließenden aufwärtsgerichteten Tagen zeigte die generelle Trendwende an. Umkehrtage werden in der japanischen Kerzenchartanalysetechnik auch als *Hammer* (nach einem Abwärtstrend) oder als *Shooting Star* (nach einem Aufwärtstrend) bezeichnet. Eine umfassende Erläuterung des Umkehrtages wird daher im Abschnitt Candlesticks vorgestellt.

In den bisherigen Kapiteln wurde die klassische Chartanalyse behandelt. In einigen Anmerkungen wurde schon auf die japanische Methodik, die Candlesticks, hingewiesen. Zu dieser Methodik könnte ein eigenes, umfangreiches Buch geschrieben werden. Nachfolgend erhalten Sie eine Einführung in diese Methode, die Ihnen als Anleger hilft, recht schnell und klar ein Übergewicht der Bären oder Bullen im Kursverlauf erkennen zu können. Um dem Markt einen Schritt voraus zu sein, eignen sich Candlesticks in Verbindung mit der klassischen Technischen Analyse exzellent. Das Verhältnis von Angebot und Nachfrage, die Marktstimmungen, können Sie mit Hilfe der Candlesticks recht schnell erfassen. Candlesticks geben hier wertvolle Hinweise auf eine unkomplizierte Art und Weise. Die japanische Kerzenchart-Technik wird im Folgenden kurz erläutert und deren praktische Anwendung besprochen. In den folgenden Kapiteln wird dargestellt, wie eine Chartanalyse relativ einfach nach einer Checkliste erstellt werden kann und welche Grundvoraussetzungen beachtet werden sollten.

Teil 3 – Candlesticks

Kapitel 9: Einführung Candlesticks

Im Kapitel »Candlesticks« erhalten Sie eine Kurzeinführung in die japanische Kerzencharttechnik mit ihren wesentlichen Grundkerzen sowie den vier wichtigsten Einzelkerzen: *Hammer, Hanging Man, Shooting Star* und *Inverted Hammer* sowie ausgewählten Formationen.

Einleitung und Grundkerzen der Candlesticks

Stellen Sie sich einmal vor, die Börse ist ein ausländischer Patient und Sie sind Psychologe, der eine Diagnose über die aktuell vorherrschende Stimmung des Patienten stellen soll. Um den Patienten zu verstehen, müssen Sie natürlich auch dessen Sprache sprechen. Eine Sprache lernt man unter anderem durch das Pauken von Vokabeln. Betrachten Sie daher die Candlestick-Formationen ebenso wie die zuvor besprochenen Verhaltensmuster, die Dreiecke, Wimpel, Flaggen oder Formationen wie die Schulter-Kopf-Schulter-Formation als Vokabeln, mit denen Sie die Börse, Ihren Patienten verstehen können. Sie werden dann höchstwahrscheinlich feststellen, dass Ihr Patient, das Börsenpublikum, einen recht flatterhaften Charakter besitzt und rationalen Argumenten kaum zugänglich ist. Mit den entsprechenden Vokabeln wissen Sie, was Ihr Patient wohl als Nächstes tun wird. Heilungschancen sind dabei jedoch ausgeschlossen.

Candlestick-Muster sind ein hervorragendes Repertoire an Börsenvokabeln. Hören Sie der Marktsprache, den Kursverläufen einfach zu und Sie sind der Masse der Marktteilnehmer einen Schritt voraus. So erlangen Sie ein tieferes Verständnis für die Börse und deren Stimmungen.

Was ist eine Candle?

Um eine Kerze zu zeichnen, werden die folgenden Grund-Informationen benötigt:

- Höchst- und Tiefstkurs,
- Eröffnungs- und Schlusskurs.

Zwischen Eröffnungs- und Schlusskurs wird ein Rechteck gezeichnet. Liegt der Eröffnungskurs unter dem Schlusskurs, ist der Kurs also gestiegen, zeichnet man die Kerze als weiße Kerze beziehungsweise das Rechteck bleibt unausgefüllt. Liegt der Eröffnungskurs dagegen über dem Schlusskurs, ist der Kurs also gefallen, zeichnet man die Kerze als schwarze Kerze (traditionell werden in Japan fallende Kerzen allerdings Rot dargestellt) beziehungsweise füllt das Rechteck aus.

An das Rechteck werden nun senkrechte Striche gezeichnet, die jeweils bis zum Höchst- beziehungsweise Tiefstkurs reichen.

Beispiel Tageskerze:

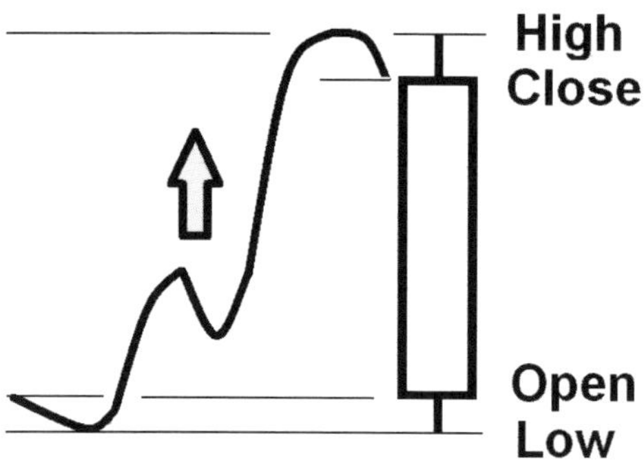

Abbildung 191: Angenommen, ein Kursverlauf innerhalb des Tages hätte den obigen Verlauf genommen. Die Tageskerze würde entsprechend den Grundinformationen als eine weiße längere Kerze gezeichnet werden.

Die Bezeichnungen der Kerze

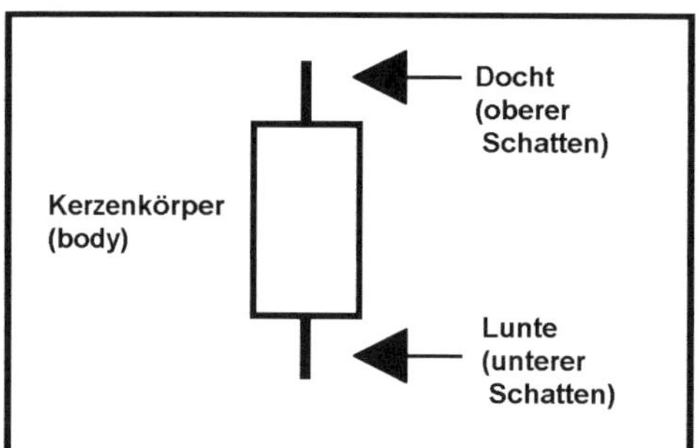

Abbildung 192: Bezeichnungen einer Kerze, einer Candle

Das Rechteck zwischen Eröffnungskurs und Schlusskurs wird auch als Kerzenkörper oder im Englischen als *body* bezeichnet. Docht und Lunte sind in Deutschland die am häufigsten benutzten Begriffe für die »Striche« zur Markierung der Höchst- und Schlusskurse. Im englischen Sprachgebrauch dagegen heißen Docht und Lunte jeweils obere oder untere Schatten (*shadows*).

Bedeutung einzelner Kerzen und deren Anwendung

Dochte und Lunten

Dochte und Lunten sind zwar keine eigenständigen Kerzenformen, doch im Zusammenhang mit dem Marktgeschehen können sie sehr aussagekräftige Kennzeichen einer Trendwende im Markt sein. So sind längere Dochte auf hohem Kursniveau starke Baisseanzeichen. Die Dochte signalisieren, dass die hohen Kurse zu vermehrten Gewinnmitnahmen eingeladen haben. Die Endpunkte der Dochte generieren zudem neue oder bestätigen bestehende Widerstandszonen.

Lange Lunten auf niedrigem Niveau sprechen hingegen von stützenden Käufen, von verstärkter Nachfrage. Je länger die Lunten (in Verbindung mit hohen Umsätzen), desto stabiler ist das Fundament, auf dem eine neue Hausse aufgebaut werden kann.

Eine einfache Regel für die Anwendung von Dochten und Lunten lautet:

Lange Lunten auf niedrigem Niveau bereiten die nächste Hausse vor.

Lange Dochte auf hohem Niveau bereiten die nächste Baisse vor.

Die Beurteilung eines Kursverlaufs, ob ein hohes oder niedriges Niveau vorliegt, kann natürlich recht subjektiv getroffen werden. Doch auch Indikatoren, so der prozentuale Abstand zu einem gleitenden Durchschnitt, können hierfür entsprechend angewendet werden. Vergleichen Sie bitte die Ausführungen auf Seite 147 ff. und 291.

Abbildung 193: BASF von November 2003 bis Mai 2004 – Tageskerzen – Beispiel langer Dochte und Lunten – chart provided by Metastock

Short days

Kurze Kerzenkörper (Kerzenstummel) werden als *Short days* bezeichnet, auch unabhängig von der Periode (zum Beispiel Tag, Woche, Monat). Sie zeigen an, dass sich der Kauf- oder Verkaufsdruck vermindert. Trotzdem ist der vorherrschende Trend noch intakt und die Short days künden nur von einer Pause im Trend oder einer kurzfristig abwartenden Haltung sowie Unsicherheit im Markt.

Entsprechende Phasen im Trend gehen oftmals einer Trendwende voraus, sind aber für sich genommen noch kein Trendwendesignal. Denn Short days können auch positiv für den Trend interpretiert werden, da sie eine Entspannung im Trendverlauf anzeigen, eine Überhitzung (nach oben oder unten) des Trends daher vermieden wird.

Eine andere Bedeutung erlangen kleine Kerzenkörper, sofern hohe Umsätze mit ihnen einhergehen. Dies kann auf hohem Niveau ein Anzeichen für eine Umverteilung (Distribution), auf niedrigem Niveau ein Signal der Akkumulation darstellen. Nachfolgende Kauf- oder Verkaufssignale sind dann unbedingt zu beachten.

Abbildung 194: Dow Jones Dezember 2002 bis April 2004 – Wochenkerzen – Mehrere Short days innerhalb eines Aufwärtstrends – chart provided by Metastock

Im Aufwärtstrend des Dow Jones im Dezember 2003 (Abbildung 194) traten sowohl einige längere weiße Kerzen auf, jedoch auch folgend kurze weiße oder auch vereinzelte kurze schwarze Kerzen. Die kurzen Kerzen (in diesem Fall jedoch Wochenkerzen) spiegelten nur kurze Pausen im Trend wider. Aufgrund der Pausen im Trend konnten sich die Marktteilnehmer langsam an immer höhere Niveaus gewöhnen, eine Überhitzung trat nicht ein. Ein solcher Trend wird von Chartanalysten auch gern als gesunder Aufwärtstrend interpretiert.

Long days

Als lange Kerze beziehungsweise *Long days* bezeichnet man Kerzen, deren Kerzenkörper mindestens dreimal so lang sind, wie die im vorherrschenden Trend vorangegangenen Kerzenkörper. Lange Kerzen sind ebenso wie Gaps starke einseitige Marktbewegungen. Die Masse der Börsenteilnehmer kennt nur noch eine Richtung. Long days sind wiederum nicht zwingend Tageskerzen.

So können lange weiße Kerzen (*Long white days*) innerhalb eines Aufwärtstrends trendbestätigend, nach einem Abwärtstrend als stützend oder sogar als trendumkehrend interpretiert werden. Je nach der Länge des weißen Kerzenkörpers lassen sich Rückschlüsse auf die Kraft der Käufer ziehen. Analog gilt Gleiches für lange schwarze Kerzen (*Long black days*).

Treten zum Beispiel nach einem Aufwärtstrend lange schwarze Kerzen auf, so zeigt dies, dass das Angebot größer als die Nachfrage ist und die Optimisten in der Minderheit sind. Dies könnte in der Folge zu einer echten Gipfelbildung führen und zu einer Trendwende. Long black days nach einem Aufwärtstrend in Verbindung mit Trendwendeformationen können ein Verkaufssignal darstellen.

Abbildung 195: adidas-salomon von April 1997 bis Januar 1998 – Die Mitte einer langen weißen Kerze Anfang Juli als Unterstützungsniveau – chart provided by Metastock

Lange Kerzen können sowohl Unterstützungs- oder Widerstandszonen bestätigen als auch neu markieren. So ist der Bereich einer langen weißen Kerze von ihrem Tiefstkurs bis zu ihrer Mitte oftmals ein sehr guter Anhaltspunkt für eine Unterstützungszone, insbesondere dann, wenn die lange Kerze allein im Raum steht. Die Japaner betrachten lange weiße Kerzen als Stützen des Marktes. Wird hingegen das Tief einer langen weißen Kerze unterschritten, so fällt diese Stütze um und generiert sodann ein negatives Signal!

Eine lange schwarze Kerze bildet dagegen von ihrer Mitte bis zu ihrem Höchstkurs eine Widerstandszone. Als Erläuterung sei hier auf den Abschnitt Gaps/Kurslücken verwiesen. Bei Gaps als auch bei langen Kerzen zeigt eine sprunghafte Marktbewegung, die nachfolgend von denjenigen Börsianern als Unterstützung beziehungsweise Widerstand betrachtet wird, die die erste unter Umständen auch unerwartete Marktbewegung verpasst haben. So werden Rücksetzer in einer Aufwärtsbewegung gern aufgefangen, also gekauft und Erholungen bei Abwärtsbewegungen gern verkauft.

In der Abbildung 195 können Sie ein Beispiel in der Aktie der adidas-salomon AG erkennen. Im Juli 1997 trat eine sprunghafte Marktbewegung auf, eine lange weiße Tageskerze bildete sich. Aussagekräftig war diese Tageskerze als Unterstützung, da sie allein im Raum stand. Deren mittlerer Bereich fungierte nachfolgend als Unterstützungsniveau.

Doji

Ist innerhalb einer Periode der Eröffnungs- und Schlusskurs identisch oder fast identisch so spricht man von einem *Doji*. Ein Rechteck ist also nicht erkennbar, statt eines Kerzenkörpers ist nur ein waagerechter Balken vorhanden.

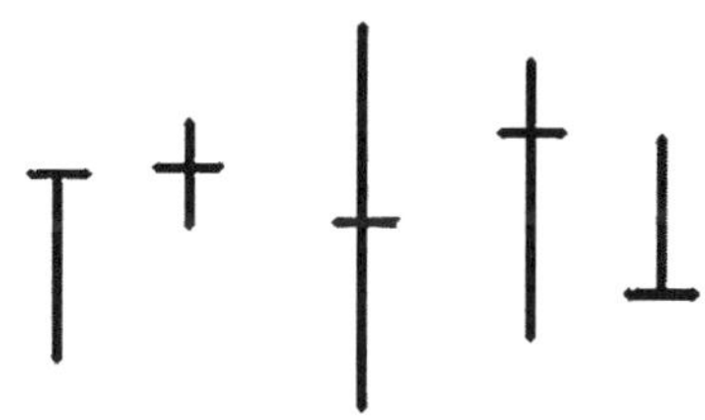

Abbildung 196: Verschiedene Formen eines Doji

Doji sind wichtige Kerzenformen der japanischen Kerzenchartanalyse. Sie sind auch oftmals wichtige Komponenten von Kerzenmustern. Durch die unterschiedlichen Formen der Doji ergeben sich vielfältige Interpretationsmöglichkeiten – entsprechend der Relation der Eröffnungs-/Schlusskurse zu den Höchst- und Tiefstkursen sowie der Position eines Doji im Kursverlauf. Ein Doji ist für sich allein genommen jedoch kein Kauf- oder Verkaufssignal, nur in Verbindung mit vorangegangenen und folgenden Kerzen ist eine Aussage möglich. Ein Doji ist jedoch immer ein Verstärkungs- und Achtungssignal. Er markiert Widerstands- oder Unterstützungszonen. Grundsätzlich zeigt er die Unentschlossenheit der Marktteilnehmer (Pattsituation) an.

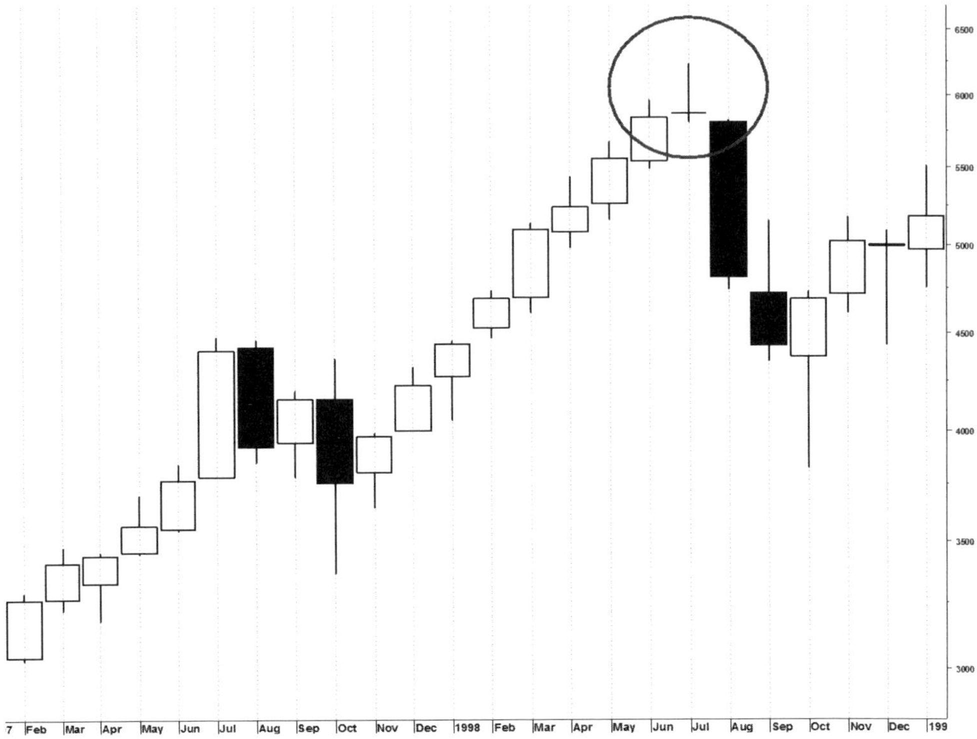

Abbildung 197: DAX von Februar 1997 bis Januar 1999 – Monatskerzen – Gravestone Doji als Trendumkehrsignal – chart provided by Metastock

Beispiel DAX 1998 (Abbildung 197): Der im Juli 1998 auftretende Doji (*Gravestone Doji*) markierte das Ende der Aufwärtsbewegung. Nach einem Doji muss die nachfolgende Kerze zur Bestätigung abgewartet werden. Es gilt jedoch, dass nach einem solchen Kerzenmuster in einer übergeordneten Zeitebene Verkaufssignale der kurzfristigeren Zeitfenster eine hohe Relevanz erlangen. Insofern waren dann die Verkaufssignale im DAX der Wochen- und Tagesbasis im August 1998 signifikant.

Beachten Sie bitte: Laut Lehrbuch sollte an einem Gravestone Doji keine Lunte vorhanden sein – doch auch hier gilt: Der Charakter einer Formation, einer Kerze ist relevant. Da die Lunte sehr kurz war und die Zeitebene recht langfristig, musste diese Kerze als deutliches Warnsignal gelten!

Mischkerzen

Idealtypische Formationen der Candlesticks lassen sich nur selten in »Reinform« im Kurs entdecken. Sehr viele Formationen aus zwei, drei oder mehreren Kerzen lassen sich von ihrer Grundinformation jedoch auf eine zusammengefasste Kerze zurückführen. Diese zusammengefassten Kerzen, auch Mischkerzen (*blended candles*) genannt, sind ausgesprochen sinnvoll für das tiefere Verständnis der Candlesticks und eignen sich zudem für die Analyse von Kerzencharts unterschiedlicher Zeitebenen. Aussagekraft, Prägnanz und zum Beispiel die kurzfristige Vorhersage von Trendumkehrungen wird durch kombinierte Kerzen verstärkt oder erst ermöglicht. Somit können auch unvollkommene Kerzenformationen oder unklare Kerzenkombinationen auf ihre Aussagekraft geprüft werden.

Mischkerzen sind auch die aus unteren Zeitebenen zusammengefassten Kerzen. So wird eine Wochenkerze in der Regel aus fünf Tageskerzen gebildet (sofern kein Feiertag vorliegt). Der Eröffnungskurs ist der erste Kurs des Montags, der Schlusskurs der letzte Kurs des Freitags und der jeweilige Höchst- und Tiefstkurs der Woche bilden jeweils Docht und Lunte. Bei Monats- als auch Quartals- oder Jahreskerzen hingegen können sich zu den Wochenkerzen und deren Anfangs- und Endkursen leichte Abweichungen ergeben.

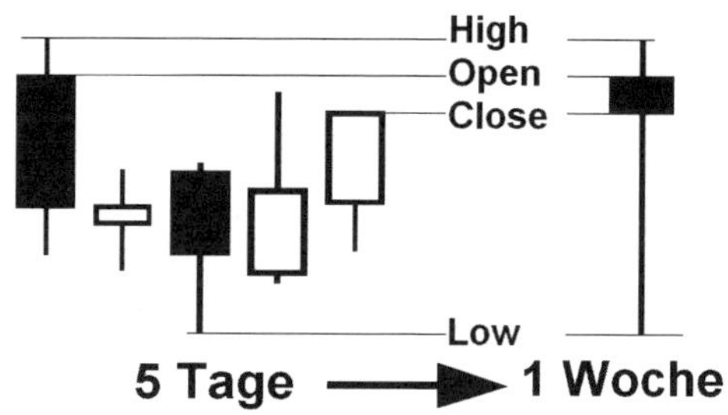

Abbildung 198: Mischkerze: Aus fünf Tageskerzen wird eine Wochenkerze

Es bleibt Ihnen entsprechend Ihren Vorlieben beziehungsweise Ihrer Methodik überlassen, ob Sie die Kurse eines Tages oder einer ganzen Woche, oder auch von nur zwei Tagen zusammenfassen.

Kleinere Perioden können so bezogen auf die jeweils längere Periode zusammengefasst werden. Die sich neu ergebenden, zusammengefassten Kerzen spiegeln die übergeordnete Stimmung der Gesamtheit der kleineren Kerzen wider. Minutencharts werden so zu Stundenkerzen, diese wiederum zu einer Tageskerze. Eine Tageskerze stellt letztendlich die vorherrschende Stimmung des Tages dar, eine Wochenkerze dagegen die vorherrschende Stimmung einer Woche.

Vorteilhaft ist es, entsprechende Mischkerzen auch aus ungebräuchlichen Zeitebenen zu bilden. So sind 3-Tageskerzen eine sehr effektive Darstellungsweise im Vergleich zu Tageskerzen bei engeren Werten, so zum Beispiel bei deutschen Nebenwerten mit geringeren Umsätzen oder Aktien aus dem SDAX.

Kapitel 10: Die vier wichtigsten Candlesticks

Im Folgenden werden die vier relevantesten Kerzen der Candlestick-Methodik vorgestellt:

Hammer

Hanging Man

Inverted Hammer

Shooting Star

Auch komplexere Candlestick-Muster, zum Beispiel *Morning Star* oder *Tower Top*, können bei Zusammenfassung zu einer Einzelkerze (Mischkerze) oftmals auf einen Hammer oder Shooting Star zurückgeführt werden. Die grundlegende Kenntnis der nachfolgenden Einzelkerzen ist daher für die Anwendung der Candlesticks von entscheidender Bedeutung.

Hammer

Der *Hammer* ist eine wichtige Kerze mit Haussebedeutung. Der klassische Hammer hat einen kleinen Kerzenkörper (schwarz oder weiß) ohne Docht (oder mit einem sehr kleinen Docht, der nicht länger als der Kerzenkörper sein sollte) und einer langen Lunte, die mindestens zweimal so lang sein sollte wie der Kerzenkörper des Hammers. Der Schlusskurs des Hammers sollte in der Nähe der unteren Range des gerade stattfindenden ausgeprägten Abwärtstrends liegen. Nach einem Abwärtstrend ist der Hammer ein potenzielles Trendwendemuster. Der Kursverlauf eines Hammers wird in der klassischen Barchart-Analysetechnik als unterer Umkehrtag bezeichnet (*intraday reversal*).

Der Hammer ist eine der aussagekräftigsten Kerzen in der Candlestick-Analysetechnik. Seine Bedeutung ist leicht zu verstehen: Auf niedrigem Niveau greifen die Optimisten und Schnäppchenjäger zu, die Profis sammeln ein und halten die Hände auf. Weitere Optimisten in Lauerstellung werden von den anziehenden Kursen in ihrer Einschätzung einer eventuell bevorstehenden Trendwende, in ihrer Einschätzung von ausgebombten Kursen bestätigt und bauen erste Positionen auf.

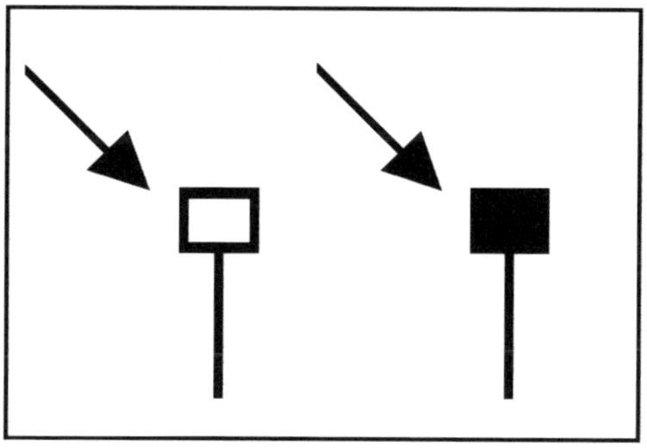

Abbildung 199: Hammer – Stets nach Abwärtsbewegung – Weiß oder schwarz

Dies kann in Folge zu einer entsprechend echten Trendwende führen. Relevant ist vor allem, dass nach einem Abwärtstrend gegen den vorherrschenden Trend gekauft wird (gegen die Angst!) und klare Kaufneigung in der längeren Lunte zu erkennen ist. Diese auftretende Kaufneigung ist jedoch noch nicht das eigentliche Kaufsignal! Erst nach einer weiteren Bestätigung dieser Kaufneigung durch eine möglichst auch dynamische weiße Kerze ist eine Trendwende anzunehmen. Fehlt dagegen diese Bestätigung, so ist auch ein Hammer kein signifikantes Trendwendesignal.

Abbildung 200: S&P 500 von Juli bis Oktober 1998 – Tageskerzen – Hammer als Bestätigung einer Unterstützung und als bestätigtes Trendwendemuster – chart provided by Metastock

Nach einem kräftigen Abwärtstrend, der das Vertrauen in steigende Kurse nachhaltig beschädigt hat, muss der erste auftretende Hammer zudem nicht gleich das bedeutende Umkehrsignal darstellen. Oftmals tritt die eigentliche Trendwende erst nach einer weiteren Umkehrformation oder einem weiteren Hammer auf, der die Tragfähigkeit des Bodens oder des vom ersten Hammer gebildeten Tiefpunktes testet.

Im Oktober 1998 kam es zu einer dynamischen Abwärtsbewegung im S&P 500 (Abbildung 200). Nach einer Erholung kam der Markt nochmals auf die alten Tiefs zurück, das Vertrauen in den Markt war noch nicht endgültig wiederhergestellt. Dieses Tief wurde jedoch verteidigt und ein Hammer signalisierte in Verbindung mit dem vorangegangenen Tief sowie der nachfolgenden weißen Kerze, dass sich ein tragfähiger Boden gebildet hatte und es zu weiteren Kurssteigerungen kommen sollte. Ein erstes Kursziel war direkt nach dem bestätigten Hammer die Abwärtstrendlinie und folgend nach Bruch dieser das Niveau der Zwischenerholung, der Nackenlinie einer dann möglichen W-Formation. Diese wurde mit Bruch der Nackenlinie vollendet und ließ weiteres Aufwärtspotenzial erwarten.

Wird hingegen der Hammer als Trendwendemuster nicht mit einer nachfolgenden weißen Kerze bestätigt, setzt sich also die Kaufneigung aus der Lunte des Hammers nicht fort, sondern wird das Tief des Hammers auf Schlusskursbasis nach unten durchschritten, gilt der Abwärtstrend als intakt. In der Abbildung 201 können Sie im Abwärtstrend der Aktie EM.TV auf Wochenbasis drei Hammer erkennen, die jedoch ohne jedwede Trendumkehrbedeutung waren, da die Kaufneigung der Lunten nicht bestätigt wurde. Dagegen signalisierten die Breaks der Tiefs der Hammer entsprechende weitere Verkaufsneigung. Die Hammer in diesem Beispiel sind jeweils als Trendbestätigung zu bewerten!

Abbildung 201: EM.TV von Februar bis November 2000 – Wochenkerzen – Trendbestätigende Hammer – chart provided by Metastock

Einige Candlestick-Formationen, die aus mehreren Kerzen bestehen, lassen sich auf den Hammer zurückführen. Fasst man zum Beispiel einen Morning Star, der aus drei Kerzen besteht, zusammen zu einer Kerze, so bildet der idealtypische Morning Star einen idealen Hammer:

Prüfung der Aussagekraft eines Hammers im Tageschart

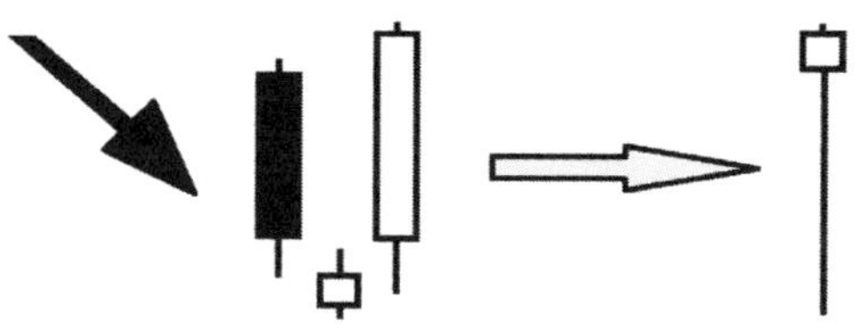

Abbildung 202: Morning Star nach Abwärtstrend – Mischkerze: Hammer

Ein beliebter methodischer Fehler ist es, nur aufgrund einer Zeitebene oder eines Signals allein eine Handelsentscheidung zu treffen. In der Regel ist dies jedoch nicht sinnvoll. Auch bei Auftreten eines Hammers, der nach allgemeiner Auffassung ein aussagekräftiges Trendwendesignal darstellt, sollte stets die Aussagekraft dieses Musters untersucht werden.

Anhand des nachfolgenden Beispiels wird dargelegt, wie die Aussagekraft eines Hammers untersucht werden kann und in den Marktkontext gestellt wird. Im

DAX bildete sich am 08.05.2004 nach einer kräftigen Abwärtsbewegung eine Kerze mit recht kleinem Kerzenkörper, einer langen Lunte und kurzem Docht (Abbildung 203 - letzte Kerze im Kursverlauf). Entsprechend der Definition für einen Hammer kann dieser auch einen Docht aufzeigen, sofern der Docht nicht länger als der Kerzenkörper ist. So konnte die Kerze als Hammer gelten.

Abbildung 203: DAX von Februar bis Mai 2004 – Tageskerzen – Die Aussagekraft des potenziellen Trendwendemusters Hammer (letzte Kerze im Chart) war zu prüfen – chart provided by Metastock

Als Erstes sollte der Hammer in den Kontext einer Trendanalyse gestellt werden. Hier zeigte die Trendanalyse einen Break eines Aufwärtstrends, der zudem in zeitlich naher Abfolge zum dritten Berührungspunkt erfolgte. Aufgrund dieses Umstandes bestand aufgrund der nach unten abgetragenen Schwankungsbreite des verlassenen Trendkanals das Risiko für weiter fallende Kurse an die Marke von 3.700 Punkten - auch in Verbindung mit einem vorherigen wiederholten Abprall am Widerstand bei 4.150 Punkten.

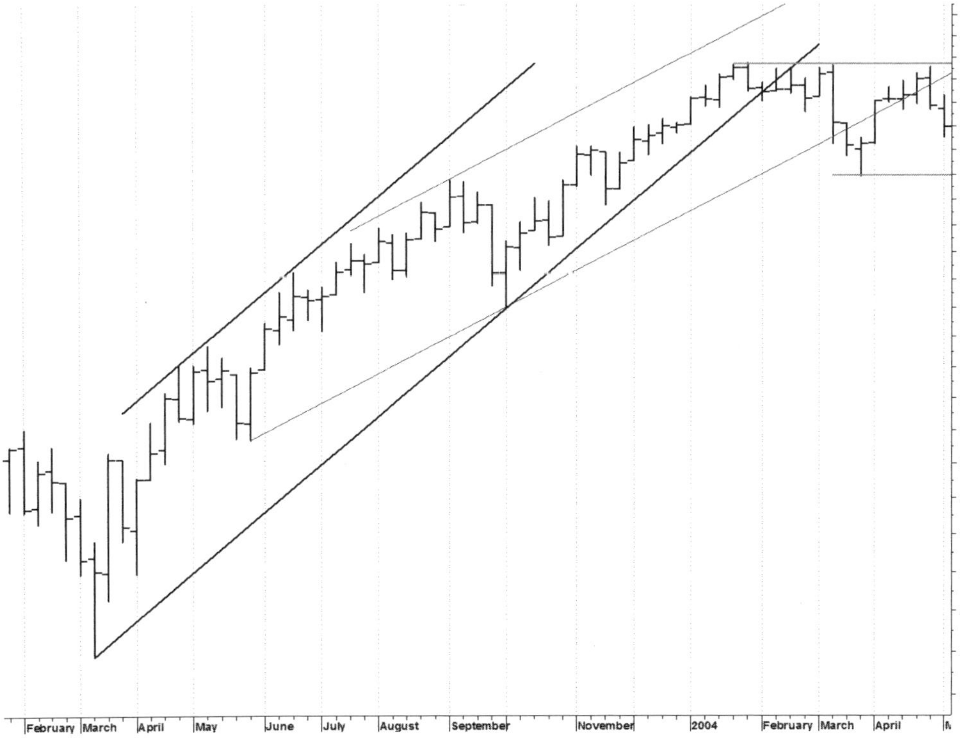

Abbildung 204: DAX von Februar 2003 bis Mai 2004 – Wochenbarchart mit Trendanalyse, die eine Schwäche der Bullen signalisierte – chart provided by Metastock

Aus der Trendanalyse ergab sich aufgrund der folgenden Punkte eine hohe Wahrscheinlichkeit für weiter fallende Kurse:

- Bruch des steileren Aufwärtstrends Anfang des Jahres 2004.
- wiederholter erfolgloser Anlauf an die Widerstandslinie bei 4.150 Punkten.
- vierter Test des flacheren Aufwärtstrends kurz nach dem dritten Berührungspunkt (Schwäche der Bullen).
- Wochenschlusskurs unterhalb des flacheren Aufwärtstrends.
- nennenswerte Unterstützung erst bei 3.700 Punkten.

Auch der Candlestick-Wochenchart zeigte mit in Folge zwei schwarzen Kerzen und einem bestätigten *Bearish Engulfing* (siehe weiter unten) weiteren Abgabedruck.

Abbildung 205: DAX von September bis Mai 2004 – Zwei schwarze Wochenkerzen signalisierten ein Übergewicht der Bären – chart provided by Metastock

Ein weiteres Indiz, dass der Hammer im Tageschart nicht sonderlich aussagekräftig war, zeigte zudem der prozentuale Abstand zwischen einer gleitenden einfachen Durchschnittslinie (200-Tagelinie) und dem Close des DAX. Dieser Indikator wurde schon auf Seite 147 ff. vorgestellt (Schulter-Kopf-Schulter-Formation). An dieser Stelle eine kurze Wiederholung:

Abbildung 206: DAX von 1989 bis Mai 2004 – Linienchart auf Tagesbasis – Im Chart war zum Zeitpunkt des Hammers weder eine Über- noch Untertreibung erkennbar – chart provided by Metastock

Ein hoher prozentualer Abstand zeigt Übertreibungen des Marktes an, ein hoher negativer Wert hingegen eine kräftige Untertreibung. Übertreibungen im Chartverlauf des DAX können bei Werten ab circa 20 Prozent angenommen werden, Untertreibungen dagegen drehten in der Regel bei circa -15 Prozent. In der Finanzkrise 2008 kam es allerdings zu weit tieferen Werten, die zwischen –30 bis –40 Prozent lagen. Trendwendesignale oder Trendwendemuster der Candlestick bei entsprechend hohen positiven oder negativen Werten in Verbindung mit Trendbrüchen in den kurzfristigeren Zeitebenen erlangen dann eine hohe Aussagekraft. Im besprochenen Fall des Hammers dagegen lag weder eine Über- noch Untertreibung vor, der Abstand zur 200-Tagelinie lag bei 2 Prozent. Der Hammer war daher »mit Vorsicht« zu behandeln, die Bedeutung war gering, die übergeordneten Zeitebenen und deren Kursziel, die Unterstützung bei rund 3.700 Punkten waren in diesem Falle aussagekräftiger.

Entsprechend der obigen Wochenanalysen in Verbindung mit den Tagescharts war es dann möglich, am Montag, den 10.05.04, auch entsprechende Shortpositionen in Verbindung mit intraday-Verkaufssignalen, zum Beispiel im Stundenchart aufzustocken oder neu einzugehen. In der Folge fiel der DAX auf ein Tief bei 3.710 Punkten – um sich von dort aus wieder zu erholen (siehe auch Abbildung 226-228). Verdeutlicht werden sollte, dass aufgrund der gewählten Methodik erkannt werden konnte, dass der Hammer – in der Regel als Trendwendesignal betrachtet – hier keine größere Aussagekraft besaß und auch bestehende Shortpositionen kurzfristig nicht in Gefahr waren.

Die oben besprochene Methodik der Verknüpfung der Zeitebenen sowie der Prüfung der Aussagekraft eines potenziellen Trendwendemusters, einem Hammer, kann natürlich ebenso beim Shooting Star oder anderen Trendwendemustern angewendet werden. Tritt ein Trendwendemuster stets mit Über- oder Untertreibungssignalen auf, so erhält dieses eine höhere Aussagekraft als in einem marktneutralen Umfeld. Dieser Umstand wird auch selten in statistischen Auswertungen der Candlestickmuster berücksichtigt. Daher sind statistische Aussagen über die Wirksamkeit von Candlestickmustern in der Regel kaum sinnvoll.

Hanging Man

Der klassische *Hanging Man* hat einen kleinen oberen Kerzenkörper (schwarz oder weiß) ohne Docht (oder mit einem sehr kleinen Docht) und einer langen unteren Lunte, die zwei bis dreimal so lang sein sollte wie der Kerzenkörper des Hanging Man. Der Eröffnungskurs des Hanging Man liegt idealerweise über der oberen Range eines Aufwärtstrends. Nach einem Hanging Man ist generell Vorsicht geboten, da er einen möglichen Stimmungsumschwung darstellt nach einem Aufwärtstrend.

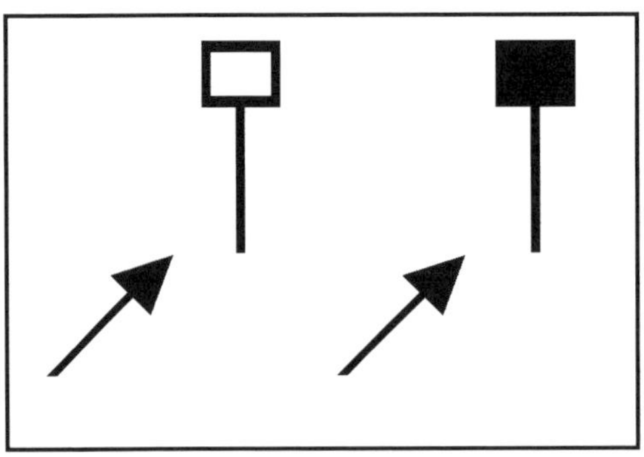

Abbildung 207: Hanging Man – Stets nach Aufwärtsbewegung – Weiß oder schwarz

Der Unterschied zum Hammer besteht lediglich in der Stellung innerhalb eines Trends. Der Hammer zeigt an, dass Käufe gegen die Angst nach einem Abwärtstrend stattfinden – der Hanging Man hingegen tritt nur nach einem Aufwärtstrend auf und zeigt mit der Lunte an, dass gegen den vorherrschenden Aufwärtstrend Gewinne mitgenommen worden sind. Beim Hanging Man schaffen es zudem die Optimisten nochmals, nach einsetzenden Gewinnmitnahmen den Markt nach oben zu treiben, doch der Markt ist durch die vermehrten Verkäufe verwundbar geworden. Ein Vertrauensverlust ist eingetreten. Auch der kurze Kerzenkörper zeigt die Unsicherheit an. Je länger die entsprechenden Lunten und je höher die hier auftretenden Umsätze sind, desto grösser die Aussagekraft.

Nach einem Hanging Man ist aber immer die nächste Kerze abzuwarten. Folgt dem Hanging Man eine schwarze Kerze mit schwächerer Eröffnung und Schlusskurs unter der Lunte des Hanging Man, ist von einer Fortsetzung der Verkaufsneigung, der Gewinnmitnahmen auszugehen. Der Hanging Man hat zwar die gleiche Form wie der Hammer, er ist jedoch nicht so aussagekräftig wie dieser. Der relevante Unterschied ist, dass beim Hammer Käufe auf niedrigem Niveau getätigt werden und gegen die vorherrschende »Angst« gehandelt wird, beim Hanging Man dagegen die Verkäufer letztendlich zum Schluss der Periode einsehen müssen, eventuell zu früh verkauft zu haben. Denn die Bullen haben es immerhin geschafft, die Gewinnmitnahmen aufzufangen. Insbesondere bei einem Hanging Man nach einem noch nicht ausgeprägten Aufwärtstrend ist der Trendwendecharakter nicht wirklich eindeutig.

Wird hierbei auf Schlusskursbasis der Höchstkurs des Hanging Man überschritten, so ist dieses Muster kein Trendwendemuster, sondern erhält den Charakter einer Trendbestätigung. Zu beachten ist zusätzlich, das kurzfristige Gewinnmitnahmen insbesondere kurz vor oder an Widerstandslinien, Trendlinien sowie psychologisch relevanten Marken recht häufig auftreten und sich so an diesen Niveaus auch oftmals ein Hanging Man ausbildet. Insbesondere wenn der Aufwärtstrend noch nicht ausgereift ist und keine Euphorie oder klare Übertreibung nach oben festzustellen ist, besteht dann eher die Aussicht, dass die Lunte des Hanging Man darauf hinweist, dass Schwung geholt wird, um den Widerstand zu knacken.

Beispiel (Abbildung 208): Nachdem der Dax im März 1999 eine Bodenbildung vollzog und bis an seinen damaligen Abwärtstrend bei circa 5.080 Punkten heran lief, kam es auf diesem Niveau zu Gewinnmitnahmen, die jedoch ohne Bedeutung für die weitere Entwicklung waren. Hier wurden kurzfristige Gewinne glattgestellt, doch vom Markt eher zum Einstieg genutzt. Es wurde Schwung geholt, um den Abwärtstrend zu verlassen. Erst der zweite Hanging Man am 13.04.99 bei circa 5.220 Punkten brachte weitere Gewinnmitnahmen in Folge, jedoch ebenfalls keine Trendwende – ebenso wie der dritte, diesmal schwarze Hanging Man Ende April auf dem Niveau von 5.370 Punkten kein Trendwendesignal war. In Verbindung allerdings mit fallenden Umsätzen wies der dritte Hanging Man auch mit nachfolgenden kleinen Kerzen auf eine entsprechende Abschwächung des Aufwärtstrends hin. Der nachfolgende Trendbruch war daher als signifikant einzustufen.

Abbildung 208: Dax von März bis Mail 1999 – Tageskerzen – Drei Hanging Man in der Aufwärtsbewegung – chart provided by Metastock

Inverted Hammer

Der *Inverted Hammer* ist ein umgedrehter Hammer, die Definition (jedoch nicht die Aussagekraft) somit auch ähnlich dem Hammer – nur eben umgekehrt. Auch der Inverted Hammer hat einen kurzen Kerzenkörper (am unteren Rand des Abwärtstrends), weist jedoch keine Lunte oder nur eine kurze Lunte auf, die maximal so lang sein darf wie der Kerzenkörper (alles andere wäre eher eine Phase der Unsicherheit) mit einem langen oberen Docht. Die Farbe des Kerzenkörpers kann sowohl weiß als auch schwarz sein. Nach einem Abwärtstrend ist ein Inverted Hammer nach Bestätigung durch eine weiße Kerze mit Schlusskurs über dem Höchstkurs des Inverted Hammer eine mögliche Trendwendekerze.

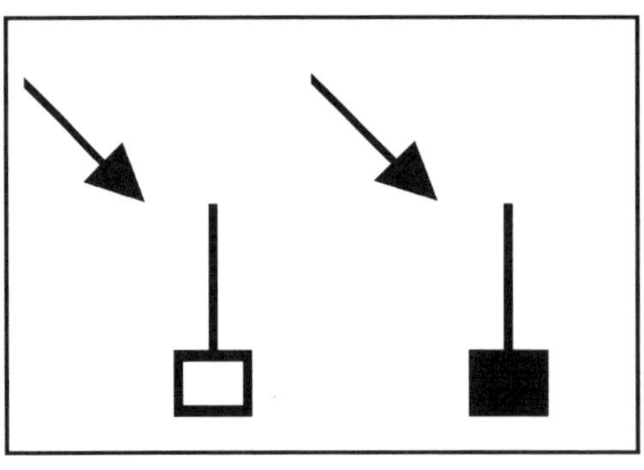

Abbildung 209: Inverted Hammer – Stets nach Abwärtsbewegung – weiß oder schwarz

Der Markt eröffnet nach einem Abwärtstrend weiterhin recht negativ auf niedrigem Niveau, es folgen jedoch innerhalb der Periode erste Käufe, es tritt ebenfalls wie bei einem Hammer Kaufneigung gegen die vorherrschende Stimmung auf. Dies könnte bedeuten, dass die Abwärtsbewegung sich abschwächt und die Kaufneigung innerhalb der nächsten Perioden zunimmt.

Ist dies der Fall (weiße nachfolgende Kerze), so kann eine Trendwende angenommen werden. Der Inverted Hammer ist jedoch ähnlich dem Hanging Man eine schwache Trendumkehrformation, da zum Schluss der Periode die Käufer feststellen, eventuell zu früh eingestiegen zu sein, da sie am Ende der Periode im Minus liegen. Auch ist festzuhalten, dass es weiterhin genügend Angebot gab, um die Kurse wieder auf das niedrige Eröffnungsniveau zu drücken.

Beispiel BASF (Abbildung 210): Nach einer ersten Gegenbewegung (Weiße Kerze innerhalb einer langen schwarzen Kerze bei hohen Umsätzen in der schwarzen Kerze, ein *Harami*) Mitte Juni 2000 war der folgende Inverted Hammer ein Umkehrpunkt und stellte ein Kaufsignal dar in Verbindung mit den nachfolgenden Tagesschlusskursen oberhalb der Dochtspitze des Inverted Hammer. Aus Sicht der Tageskerzen war jedoch nur eine kurzfristige Prognose möglich, Ziel war der flachere Abwärtstrend. Eine generelle Trendwende konnte ausgehend vom Inverted Hammer somit nicht angenommen werden, da auch die zeitliche Prognosekraft hierfür nicht ausreichend war.

Anmerkung: Der Inverted Hammer bei BASF zeigt nur einen kleinen Kerzenkörper – insofern wäre es hier diskussionswürdig, die Kerze auch als Doji zu betrachten, in diesem Falle läge ein *Dragonfly Doji* vor. Relevant ist jedoch stets der Marktkontext. Aussagekräftig war das Umkehrsignal auch mit der vorherigen Ausverkaufsstimmung und der sehr langen schwarzen Kerze bei hohen Umsätzen. Da keine weiteren Anschlussverkäufe eintraten, war der Wert kurzfristig bereit für eine Gegenbewegung und Erholung!

Abbildung 210: BASF März bis August 2000 – Tageskerzen – Inverted Hammer nach Abwärtstrend – chart provided by Metastock

Shooting Star

Der *Shooting Star* (Sternschnuppe) hat die gleiche Form wie ein Inverted Hammer, tritt aber im Gegensatz zu diesem nach einem Aufwärtstrend auf. Der Shooting Star weist einen kurzen Kerzenkörper (am oberen Rand des Aufwärtstrends) mit einem langen Docht und keiner (oder sehr kurzer) Lunte auf. Die Farbe des Kerzenkörpers kann sowohl weiß als auch schwarz sein.

Nach einem ausgeprägten Aufwärtstrend ist ein Shooting Star nach Bestätigung durch eine schwarze Kerze mit niedrigerem Schlusskurs und/oder niedrigerem Eröffnungskurs ein möglicher oberer Umkehrpunkt.

Nach einem Aufwärtstrend eröffnet der Markt positiv, es kommt im Periodenverlauf zu einem weiteren Kursanstieg, der jedoch nach Gewinnmitnahmen/Verkäufen nicht gehalten werden kann. Die letzten Käufer sind nach einem Shooting Star im Verlust, es tritt ein Vertrauensverlust in den Aufwärtstrend ein und die Pessimisten könnten die Oberhand gewinnen. Für weitere Kurssteigerungen sind erhebliche Widerstände im Markt vorhanden.

Beispiel (Abbildung 212): Ende November 2000 trat im Kursverlauf der Commerzbank AG nach einer Erholung innerhalb eines übergeordneten Abwärtstrends ein Shooting Star auf, der mit einer nachfolgenden schwarzen Tageskerze bestätigt wurde. Das Ende der Erholung innerhalb des übergeordneten Abwärtstrends wurde somit signalisiert. Auch der zweite, ebenfalls bestätigte Shooting Star Ende Januar 2001 deutete wiederum eine Trendumkehr an, in Verbindung mit einem Trendbruch ein Verkaufssignal. Anmerkung: Der zweite Shooting Star im Kursverlauf der Commerzbank weist auch eine kleine Lunte auf – die Definition des Musters daher angreifbar – doch auch hier gilt, dass im Zusammenhang mit dem vorherigen Kursverlaufs somit der seit September 2000 gültige Widerstandsbereich nochmals bestätigt wurde. Betrachten Sie einzelne Candlesticks stets im Marktkontext!

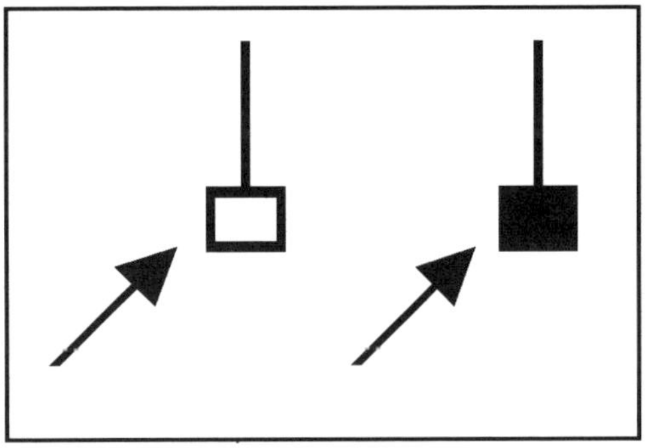

Abbildung 211: Shooting Star – Stets nach Aufwärtsbewegung – Weiß oder schwarz

Abbildung 212: Commerzbank von August 2000 bis Februar 2001 – Tageskerzen mit Shooting Star – chart provided by Metastock

Ebenso wie der Hammer als Mischkerze einiger Candlestickformationen auftritt, so können viele komplexe Formationen auf den Shooting Star als »Grundkerze« zurückgeführt werden.

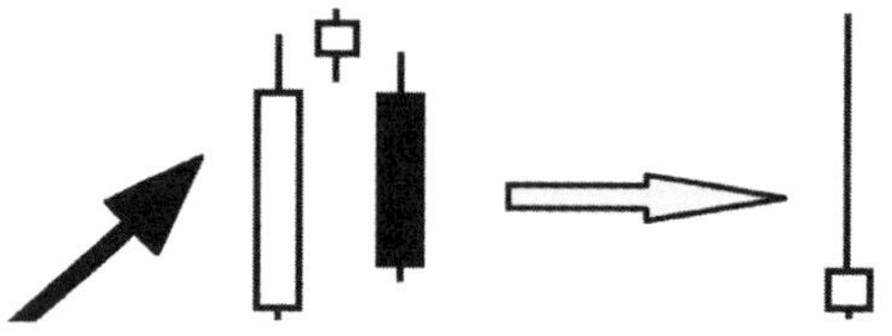

Abbildung 213: Evening Star nach Aufwärtstrend – Mischkerze: Shooting Star

Fazit

Hammer und Shooting Star sind die aussagekräftigsten Kerzen innerhalb der Candlestick-Methodik. Deren Verständnis und Anwendung ist hilfreich, komplexere Formationen nachzuvollziehen als auch unvollkommenere Candlestick-Kombinationen zu beurteilen.

Candlestickformationen im Überblick

Einige wesentliche Candlestick-Formationen sind nachfolgend dargestellt. Die Pfeile vor der Formation geben die Trendrichtung an, die dem Candlestick-Muster seine Bedeutung geben. Die Klassifizierung in Trendwende- oder Trendneutrale-Formation ist naturgemäß sehr grob. Es gibt eben schwache Signale als auch ausgeprägte Formationen, je nachdem, in welchem Kontext sie auftreten, wie ausgeprägt der vorherige Trend war und auch die Länge der Kerzenkörper kann eine wichtige Information für die Analyse der Stimmung der Marktteilnehmer geben.

Abbildung 214: Hammer und Hanging Man

Abbildung 215: Inverted Hammer und Shooting Star

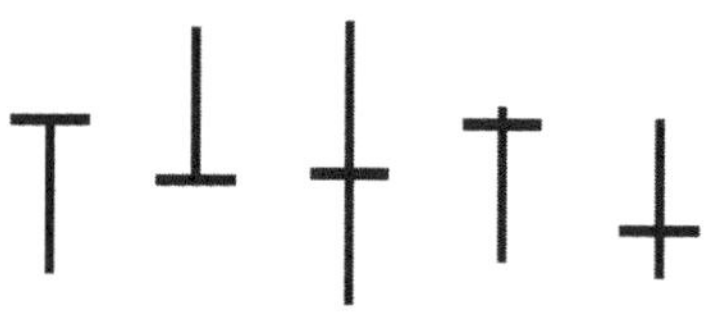

Abbildung 216: Verschiedene Formen von Doji, je kleiner, desto stärker die abwartende Haltung, je länger die Schatten, desto größer die Verunsicherung im Markt (Pattsituation zwischen Bullen und Bären)

Abbildung 217: Dark cloud cover und Piercing pattern – die Gegenbewegung läuft tief in die vorherige Kerze hinein, über die Mitte der weißen beziehungsweise schwarzen Kerze.

Abbildung 218: Bearish Engulfing und Bullish Engulfing – im Gegensatz zu den beiden obigen Mustern läuft die Gegenbewegung dynamisch weiter. Der Kerzenkörper der Gegenbewegung umhüllt den vorherigen Kerzenkörper.

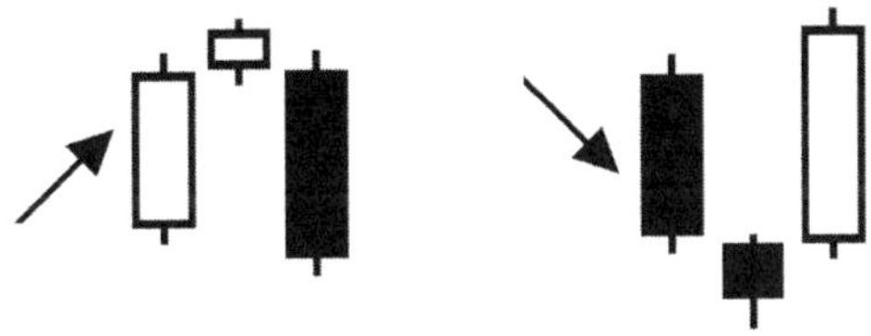

Abbildung 219: Evening Star und Morning Star – Der Stimmungsumschwung erfolgt bei diesen Mustern langsamer als bei den obigen Mustern. Zwischen der weißen und schwarzen Kerze (Evening Star) liegt auf hohem Niveau eine kurze Phase der Unsicherheit – diese verstärkt die Aussicht auf eine Trendwende.

Zeitebenen und Prognosehorizont von Candlesticks

Vor der Anwendung der Candlesticks innerhalb einer technischen Analyse bedarf es noch der Klarstellung, für welche Zeiträume sich Candlesticks eignen. Wesentlich zudem ist es, auf die Unterschiede des Prognosehorizontes der unterschiedlichen Zeitebenen hinzuweisen. Denn mit der Candlestick-Analysetechnik können sowohl sehr kurzfristige als auch längerfristige Zeiträume untersucht werden. Der Prognosehorizont richtet sich dabei nach der untersuchten Zeitperiode. Bei Quartalskerzen ist der maximale Prognosehorizont etwa ein halbes Jahr, bei:

Monatskerzen	circa	1 – 3 Monate
Wochenkerzen	circa	1 – 6 Wochen
Tageskerzen	circa	1 – 6 Tage und so weiter.

Die obigen Angaben dienen nur als Anhaltspunkt für den Prognosehorizont der unterschiedlichen Zeiteinstellungen von Candlesticks. Denn die Prognosesicherheit und damit auch der Prognosehorizont kann durch die Verbindung unterschiedlicher Zeitintervalle erhöht werden. Zusätzlich kommt es auf die Aussagekraft eines Musters an. Ein »Hammer« nach einem ausgeprägten Abwärtstrend hat zum Beispiel eine sehr hohe Aussagekraft und damit auch eine zeitlich längere Bedeutung als zum Beispiel ein »Hammer« innerhalb einer Seitwärtsbewegung.

Der Grundgedanke bei der Analyse eines Kursverlaufes ist, dass sich menschliche Verhaltensweisen wiederholen und insofern eine Prognose in die Zukunft durch die Wiederholbarkeit der Folgen eines Verhaltensmusters möglich sein sollte. Die menschlichen Verhaltensweisen unterliegen dabei kurzfristigen Stimmungsschwankungen, kurz auftretenden Gefühlen – und natürlich den längerfristigen Erwartungshaltungen, den »Grundstimmungen«.

Ein kurzfristiges Auftreten von Angstgefühlen kann zu »Stimmungsverirrungen« führen, zu fallenden Notierungen – obwohl eine langfristig positive Erwartungshaltung der Marktteilnehmer an den Märkten oder für eine bestimmte Aktie zu beobachten ist. Auf Tagesbasis werden zum Beispiel Verkaufssignale generiert, die Monats- beziehungsweise Wochenbasis stellt sich jedoch positiv dar. Divergieren die Aussagen der unterschiedlichen Zeitintervalle, so ist eher die langfristige Aussage zu unterstreichen und die kurzfristige Aussage auf ihre Relevanz zu prüfen. Sind die Aussagen aller Zeitintervalle (zum Beispiel Monats-, Wochen- und Tagesbasis) gleichgerichtet, so ist ein eindeutiger Trend zu identifizieren und es sollte nicht gegen einen solchen Trend gehandelt werden.

Die Möglichkeit, unterschiedliche Zeitintervalle zu kombinieren, ist immer sinnvoll, auch für das kurzfristige Daytrading sollte die vorherrschende Tages- und auch Wochenstimmung berücksichtigt werden. Tageskerzen dagegen werden dann eher Nebensache, wenn es sich um marktenge Aktien oder Märkte handelt. Vor allem die kleineren SDAX-Werte oder ähnlich marktenge Aktien sollten vorzugsweise mit Wochenkerzen oder 2- bis 3-Tageskerzen untersucht werden.

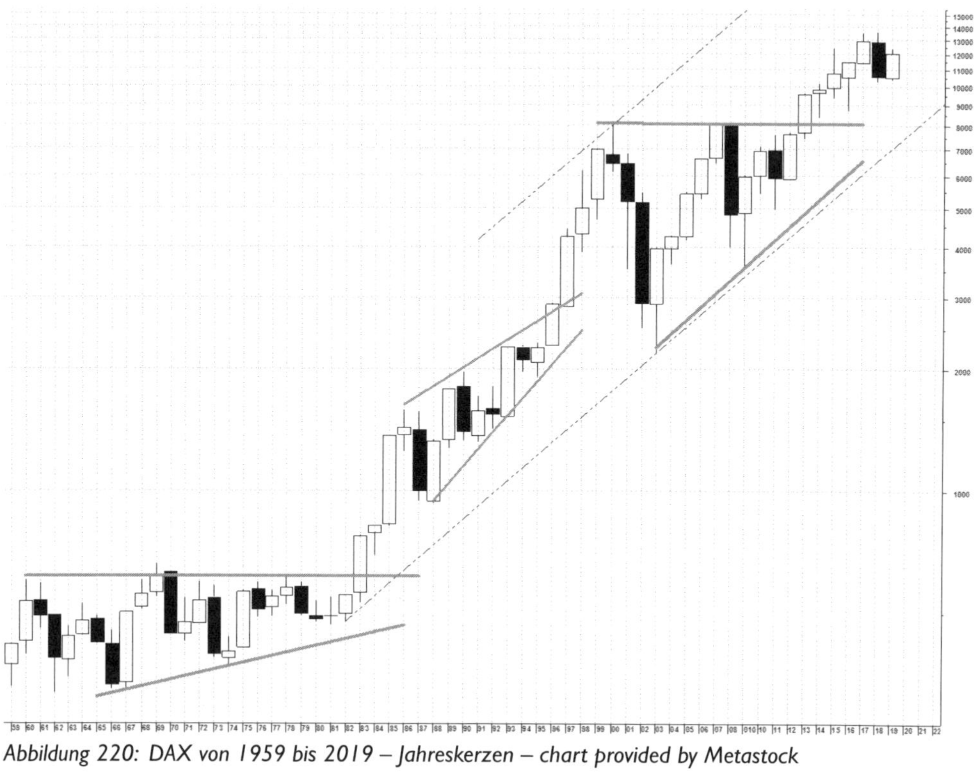

Abbildung 220: DAX von 1959 bis 2019 – Jahreskerzen – chart provided by Metastock

Selbst Jahreskerzen können ein ausgesprochen sinnvolles Zeitfenster darstellen, in Kombination mit kürzeren Zeitebenen. Ein Beispiel für die Anwendung langfristiger Charts ist das aufsteigende Dreieck von 1967 bis 1982 mit Ausbruch 1983 im DAX in Abbildung 220 mit einer weißen Kerze. Auch der daran anschließende Trend mit überwiegend weißen Kerzen und nur vereinzelten schwarzen Kerzen zeigte die positive Grundtendenz des Mega-Booms in den 80/90er Jahren. Ab 2000 stellte sich durch drei schwarze Kerzen (2000, 2001 und 2002) in Folge eine klare Trendumkehr in der Grundstimmung mit Break des Aufwärtstrends dar - bemerkenswert im Jahreschart auch der Shooting Star in 2000 als klares Warnsignal - Verkaufssignale in den kurzfristigeren Zeitebenen waren demnach in 2001 sehr aussagekräftig.

Wie oben dargelegt, kann die Prognosesicherheit durch die Verbindung der Candlestick-Analyse mit den übrigen Methoden der technischen Analyse erhöht werden - so sollte stets auch eine Trend- und Formationsanalyse mit der Candlestick-Analyse Hand in Hand gehen beziehungsweise stets die Basis jeder Analyse darstellen. Indikatoren können weitere Entscheidungshilfen in der Beurteilung der Aussagekraft von Candlesticks bieten.

Kapitel 11: Beispiele unterschiedlicher Zeitebenen bei Candlesticks

Langfristige Zeitebene – Monatskerzen

Im Frühjahr 2002 zeigte sich ein Ausbruch im EUR/USD aus einem symmetrischen Dreieck mit einer langen weißen Monatskerze.

Abbildung 221: EUR/USD von Januar 1999 bis Juli 2003 – Monatskerzen – Symmetrisches Dreieck wird mit langen weißen Kerzen verlassen – chart provided by Metastock

Diese zeigte in Verbindung mit der vorherigen Entwicklung innerhalb der Spitze des Dreiecks klare Kaufneigung an, die sich zudem in Verbindung mit dem Kursziel aus dem Dreieck dynamisch fortsetzen sollte. Ausgehend von dieser »übergeordneten« Entwicklung konnten kurzfristige Long-Signale in den Tages- als auch Stundenkerzen zum Aufbau einer Longposition genutzt werden. Im Chart (Abbildung 221) zudem sehr interessant ein Muster, das eine starke Anspannung im Kursverlauf ab dem Herbst 2002 anzeigt. Nach sieben beziehungsweise knappen acht Monatshöchstkursen in Folge seit Oktober 2002 trat eine Konsolidierung ein.

Dieses Muster einer starken Anspannung zeigte sich auch im DAX von September 1996 bis Juli 1997 sowie von Dezember 1997 bis Juli 1998 auf Monatsbasis (Abbildung 222). Hier traten zehn sowie folgend acht Monatshöchstkurse in fast ununterbrochener Folge auf. Diese Muster werden als »Skelett des Sakata« bezeichnet – in der Regel gilt ein Markt als überkauft oder überverkauft nach acht bis zwölf Höchst- oder Tiefstkursen in Folge. Eine Gegenreaktion ist bei einem solchen Muster stets zu erwarten. Bemerkenswert der schon oben besprochene Gravestone Doji im Juli 1998 – Verkaufssignale in den kurzfristigeren Zeitebenen wie der folgende Trendbruch erhielten damit eine hohe Aussagekraft.

Abbildung 222: DAX von März 1996 bis September 1999 – Monatskerzen – chart provided by Metastock

Ein weiteres Beispiel für die Anwendung von Monatskerzen zur Bestimmung der übergeordneten Verfassung eines Marktes ist der Kursverlauf der Deutschen Telekom (Abbildung 223). Anfang 2000 bildete sich ein Evening Star. Dieses potenzielle Trendwendemuster zeigte das Top an. Das Ende des Abwärtstrends wiederum bildete ein Bullish Engulfing mit Break des Abwärtstrends – ebenfalls recht aussagekräftig, nachdem sich zuvor schon ein *Piercing pattern* (hohes Volumen innerhalb der weißen Kerze des Piercing pattern) bildete und eine starke Unterstützung anzeigte.

Im DOW JONES (Abbildung 224) trat im September/Oktober 2002 ein Piercing pattern auf, dessen Tief stellte eine Unterstützungszone dar. Diese wurde folgend von einer dem Hammer ähnlichen Kerze sowie folgend einer kleinen Kerze mit langem Docht und Lunte (Unsicherheit) im Februar/März 2003 erfolgreich als solche bestätigt. Der Break des Abwärtstrend nach den aufgetretenen Candlestick-Mustern und einem Ausbruch aus der Phase der Unsicherheit nach oben war demzufolge sehr aussagekräftig und der Aufbau von Long-Positionen war sinnvoll.

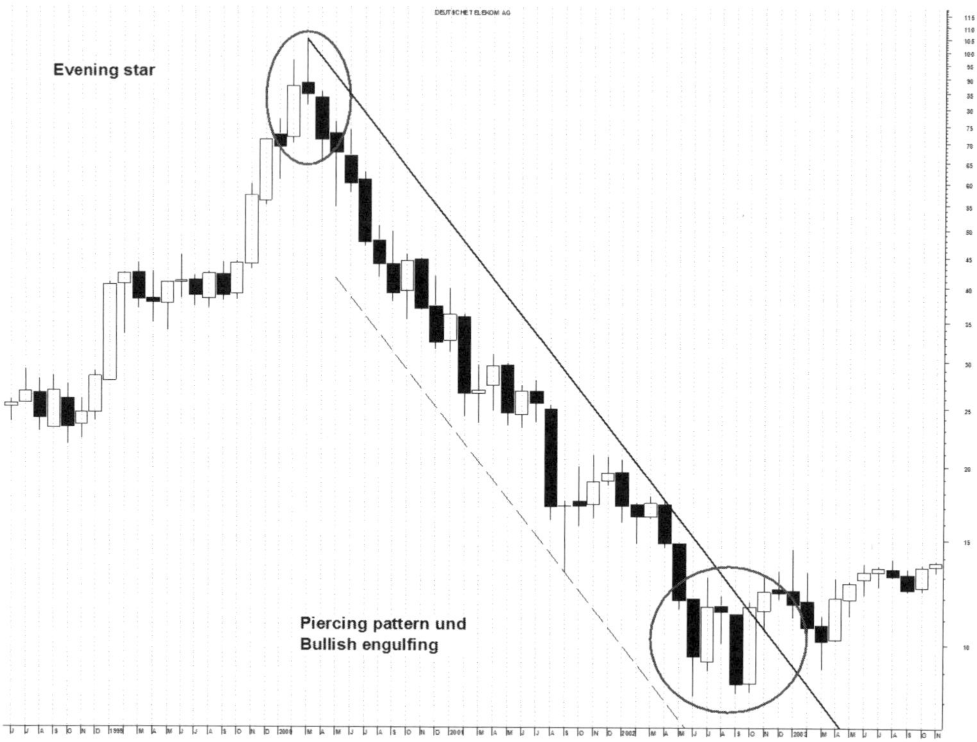

Abbildung 223: Deutsche Telekom von Mai 1998 bis November 2003 – Monatskerzen – chart provided by Metastock

Im vorliegenden Buch wurden mathematische Ableitungen von den Kursen, den Indikatoren nicht besprochen. Hier jedoch eine Anregung: Grundsätzlich eignen sich Indidakoren als Bestätigung der Aussagekraft von Trendwendemustern bei Candlesticks. Trendwendemuster sind zum Beispiel bei extremen Werten von Oszillatoren (in Abbildung 224 dargestellt ein *Stochastic Slow* sowie ein MACD) aussagekräftig. In Verbindung mit den dargestellten Indikatoren erhielten die genannten Trendwendemuster und damit auch Kaufsignale in den kurzfristigeren Zeitebenen sowie der nachfolgende Break des Abwärtstrends eine hohe Prognosesicherheit.

Stochastic und MACD – kurze Erläuterung

Die Idee bei der Berechnung des *Stochastic Slow* ist, dass in einer Aufwärtsbewegung der Schlusskurs nahe dem Tageshoch notiert und analog umgekehrt in einer Abwärtsbewegung der Schlusskurs nahe dem Tagestief ausfällt. Eine Trendumkehr wiederum ist häufig dadurch zu beobachten, dass sich dieses Verhalten der Schlusskurse zu den Tageshochs oder -tiefs verändert. Der Indikator berechnet vereinfacht ausgedrückt nun die Lage der Kurse zueinander innerhalb eines Berechnungszeitraumes und quantifiziert das Ganze in Prozent. Der Indikator besteht sodann aus zwei exponentiellen Durchschnittslinien die zwischen 0 Prozent bis 100 Prozent verlaufen können. Da der Indikator nur zwischen diesen beiden Extremen hin und her pendeln kann, wird er der Untergruppe der Oszillatoren zugerechnet. Ein Wert von 0 Prozent zeigt an, dass innerhalb des Berechnungszeitraums der Schlusskurs des Basisobjektes tiefer liegt als die vorherigen und bei einem Wert von 100 Prozent den höchsten Wert erreicht.

Per Definition wird nun einfach angenommen, dass Werte von 30 Prozent bis 0 Prozent eine »überverkaufte« und Werte über 70 Prozent bis maximal 100 Prozent eine »überkaufte« Chartsituation anzeigen. Innerhalb dieser Zonen erhalten sodann Trendwendemuster im Kursverlauf eine höhere Aussagekraft als zwischen 30 Prozent bis 70 Prozent. Nun könnte man ausgehend von dieser Idee annehmen, dass man stets bei einem Wechsel von einer Zone in die andere Richtungssignale erhält. So einfach ist es allerdings nicht – denn letztlich bestätigt der Indikator ja auch bei sehr niedrigen Werten die Stärke einer Abwärtsbewegung oder bei hohen Werten die Kraft der Bullen. So sind auch Verkaufssignale oder trendbestätigende Signale der Trend- und Formationsanalyse oder der Candlesticks in einer Abwärtsbewegung bei Werten des Indikators bei sehr tiefen Werten aussagekräftig – analog umgekehrt bei einer Aufwärtsbewegung hohe Werte des Stochatic Slow.

Die Idee bei der Berechnung des MACD (*Moving Average Convergence Divergence System*) ist, dass sich bei einer Trendwende kurz- und langfristige gleitende Durchschnitte aneinander annähern und sodann schneiden. Der MACD berechnet – vereinfacht ausgedrückt – so die Convergenz (die gleitenden Durchschnitte nähern sich an – eine Schwäche im Trend) oder die Divergenz (die gleitenden Durchschnitte streben von einander weg – eine Stärke im Trend). Kreuzen sich die Signallinien des MACD, so entsteht ein Kauf- oder auch Verkaufssignal. Der Indikator weist somit trendfolgende Eigenschaften auf.

Da der MACD aufgrund seiner Berechnungsmethode jedoch auch oszillierende Eigenschaften aufweist, können Werte des MACD, die über die Historie ermittelt werden, als überkaufte oder überverkaufte Zustände definiert werden. Zudem wird der Indikator gern genutzt, um Divergenzen im Kursbild festzustellen. Dies bedeutet, dass ein neues Hoch im Kurs mit einem neuen Hoch im Indikator bestätigt werden muss. Fehlt dies, so liegt eine Divergenz zwischen Indikator und Kurs vor, welches auf eine Schwäche im Aufwärtstrend hinweist – und analog umgekehrt wiederum im Abwärtstrend.

Wichtig: Sofern Sie mit Indikatoren arbeiten möchten, sollten Sie die Indikatoren wirklich verstehen. Das beinhaltet jedoch auch, dass Sie die Formeln der Indikatoren einmal nachrechnen und sich intensiv mit den Indikatoren, ihren Stärken und Schwächen auseinandersetzen.

Abbildung 224: DOW JONES von Februar 1998 bis Mai 2005 – Monatskerzen – Indikatoren MACD und Stochastic – chart provided by Metastock

Mittelfristige Zeitebene – Wochenkerzen

Während Monatskerzen, oder die noch übergeordneten Zeitebenen der Jahres- und Quartalskerzen, die Grundstimmung in einem Markt widerspiegeln, zeigen Wochenkerzen eher die mittelfristige Stimmung in einem Markt an und eignen sich selbst als Kauf- oder Verkaufssignale in Verbindung wiederum mit den Tageskerzen.

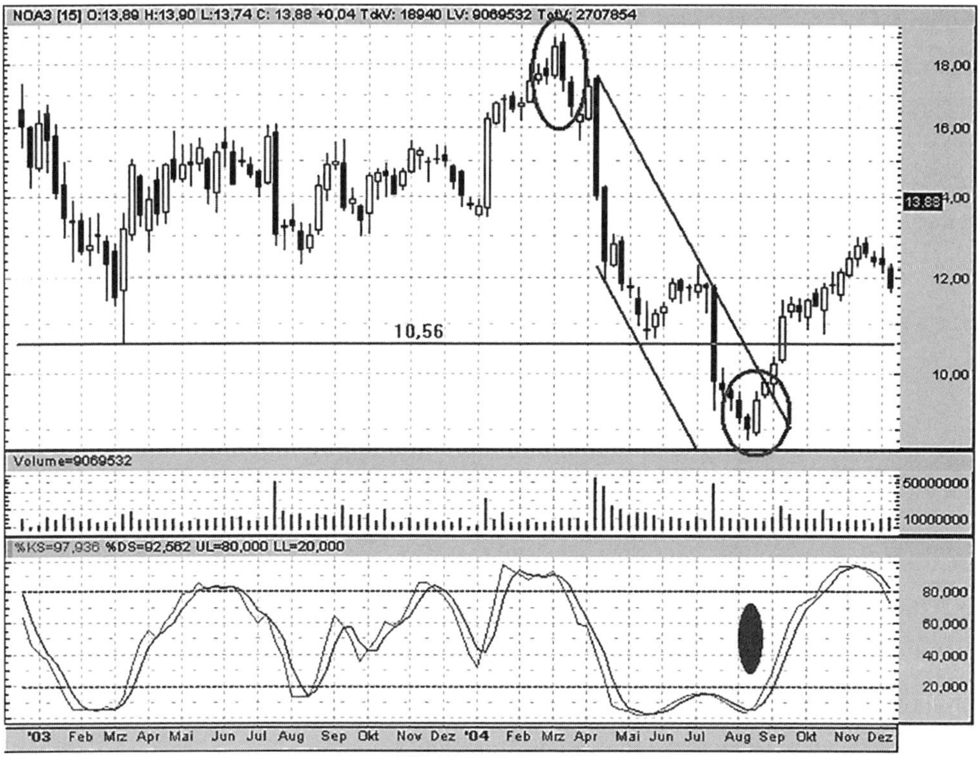

(c) TeleTrader Software AG

Abbildung 225: Nokia von Dezember 2002 bis Dezember 2004 – Wochenkerzen – Indikator: Stochastic Slow – chart provided by teletrader.com

Ein länger zurückliegendes Beispiel zeigt der Kursverlauf der Nokia-Aktie im Verlauf 2002 bis 2004 (Abbildung 225). Anfang 2004 konnte eine Range mit Widerstand bei rund 16 Euro mit einer langen weißen Wochenkerze nach oben verlassen werden. Ein Kaufsignal. Der anschließende kurze Aufwärtstrend wurde jedoch mit einem Bearish Engulfing, das zudem mit nachfolgender schwarzer Wochenkerze bestätigt wurde, gestoppt. Das Bearish Engulfing erhielt eine hohe Aussagekraft in Verbindung mit einem hohen Wert in einem Indikator, dem Stochastic Slow. Vor allem der Rebreak der 16 Euro mit einer sehr langen schwarzen Wochenkerze musste als Verkaufssignal betrachtet werden.

Der Abwärtstrend führte die Aktie bis an ein Tief bei 10,56 Euro vom März 2003. Nach Break der bis dahin wesentlichen Unterstützung bei 10,56 Euro im Juli 2004 wurde der Abwärtstrend bei Nokia dynamisch fortgesetzt. Es bildete sich eine lange schwarze Kerze. Hierauf schwächte sich jedoch die Abwärtsdynamik ab und nach vier kleineren schwarzen Kerzen bildete sich ein Bullish Engulfing auf Wochenbasis Mitte August 2004. Nach sechsmonatigem Abwärtstrend erhielt dieses Muster in Verbindung mit dem Indikator und einem extrem schwachen Wert in diesem Indikator (einer per Definition überverkauften Chartsituation) eine hohe Aussagekraft. Nachfolgende weiße Kerzen sowie der Break des Abwärtstrends bestätigen das Trendwendemuster Bullish Engulfing und erlaubte eine erfolgreiche Investition in die Aktie. Kursziele waren kurzfristig das vorherige Niveau um 10,56 Euro sowie die nach oben abgetragene Schwankungsbreite des Abwärtstrendkanals.

Abbildung 226: DAX von Dezember 2003 bis Dezember 2004 – Wochenkerzen – chart provided by Metastock

Doch auch ohne Indikatoren ist die Anwendung von Candlesticks ein sehr nützliches Unterfangen, sofern die Trend- und Formationsanalyse vorangeht. So konnte ein Fehlsignal im Kursverlauf des DAX im August 2004 festgestellt werden (Abbildung 226). Nachdem der DAX im August 2004 nach Ausbruch aus einer Tradingrange (Seitwärtsbewegung) unter die Unterstützung bei 3.700 Punkten fiel, verlor der Markt zwar einige Punkte, konnte jedoch ohne weitere Verluste einen schnellen Rebreak dieser Marke erzielen. Fehlsignale deuten in der Regel auf eine entsprechend dynamische Gegenbewegung hin. In Verbindung mit einem aussagekräftigem Piercing pattern mit zwei Luntenspitzen auf identischem Niveau (*Tweezers Bottom*) und nachfolgend einer sehr langen weißen Wochenkerze zeigte der DAX weiteres Aufwärtspotential an. Der Fehlausbruch unter die Unterstützungszone bei 3.700 Punkten erwies sich als Marktbereinigung.

Zeitebenen verknüpfen – der Erfolgsfaktor!

Candlestick-Muster bedürfen der Bestätigung. So sollte ein Piercing pattern auf Wochenbasis auch mit einem nachfolgend höheren Wochenschlusskurs bestätigt werden, um als Trendwendesignal zu gelten. In der Praxis jedoch kann dann eine Aufwärtsbewegung schon derart fortgeschritten sein, dass die Chance-Risiko-Relation wieder recht ungünstig wird und der Anleger zu spät auf den »fahrenden Zug« aufspringt. Daher sollten die unterschiedlichen Zeitebenen miteinander verknüpft werden.

So konnten im oben erwähnten Zeitraum in Verbindung mit dem Fehlsignal beziehungsweise des Rebreaks der 3.700 im August 2004 auch aufgrund der Tageskerzen (Abbildung 227) erste Longpositionen eingegangen werden. Denn schon in den ersten Tagen nach unterschreiten der 3.700 zeigten sich Kerzen mit Lunten (Kaufbereitschaft) und ein Doji, welcher mit nachfolgender langer weißer Kerze (*Bullish Doji Engulfing* auch als ein Trendwendemuster interpretiert werden konnte.

Zusätzliche Aussagekraft im Tageschart erhielt das Bullish Doji Engulfing aufgrund der Tatsache, dass der Abstand zu einem gleitenden Durchschnitt (38er GD) recht hoch war und bei ähnlichen Werten in der Vergangenheit der Markt die Tendenz zur Trendwende zeigte. Der Rebreak in die vorherige Tradingrange bestätigte dann das Trendwendesignal – in Verbindung wiederum mit einem Piercing pattern im Wochenchart eine sichere Prognosegrundlage.

Abbildung 227: DAX von März 2004 bis September 2004 – Tageskerzen – Indikator: Disparitätsindex (prozentualer Abstand zu einem GD) – chart provided by Metastock

Letztlich zeigen die Candlesticks einen Weg, um an den Börsen erfolgreich handeln zu können. Trotzdem sollten Candlesticks – auch zur Erhöhung der Prognosesicherheit, stets mit einer einfachen Trend- und Formationsanalyse verbunden werden. Der oftmals vergessene Linienchart gehört damit durchaus zum Handwerkszeug des Börsianers.

Als Beispiel an dieser Stelle ein Auszug aus einer Analyse des Autors vom 26.08.2004:

»Im Linienchart des DAX wird deutlich, dass die Bedingungen eines Pullbacks nicht mehr gegeben sind, dafür läuft die Gegenbewegung zu weit. Nur ein schnelles Ende der aktuellen Erholung und dynamische Verluste könnten noch die Annahme eines Pullbacks aufrecht erhalten. Setzt sich die Aufwärtsbewegung weiter fort, ist eher davon auszugehen, dass der kurze Ausbruch nach unten ein Fehlsignal darstellte und nun mit Macht der DAX an die obere Begrenzung der bisherigen Tradingrange heranläuft und diese auch knacken wird.«

Relevant ist hierbei, dass die Aussage der Candlesticks und einer möglichen Trendwende mittels eines Bullish Doji Engulfing durch die Aussage des Liniencharts unterstützt wurde und durch die Annahme eines Fehlsignals zudem ein Kursziel von circa 4.100 Punkten abgeleitet werden konnte. Je mehr Parameter für eine Aussage sprechen, desto höher wird auch ganz einfach die Wahrscheinlichkeit dieser Prognose beziehungsweise die Annahme der Folgen eines Kursmusters.

Abbildung 228: DAX von November 2003 bis Juni 2005 – Linienchart als zusätzlicher Mosaikbaustein in der Beurteilung der Chartsituation eines Gesamtmarktes zur Steigerung der Aussagekraft einer Prognose – chart provided by Metastock

Fazit Candlesticks

Candlesticks eignen sich sowohl für die kurz- als auch langfristige Analyse. Die Verknüpfung der unterschiedlichen Zeitebenen wie auch die Beurteilung der Aussagekraft der einzelnen Candlestick-Formationen macht einen Großteil des Anlage- oder Tradingerfolges aus. Candlesticks sind in allen Märkten anwendbar, ob in Futures-, Devisen- und Aktienmärkten oder Renten- und Rohstoffmärkten.

Eine Analyse allein basierend auf der Methodik der Candlesticks ist nicht sinnvoll. Sie sollte stets in Verbindung mit der Trend- und Formationsanalyse genutzt werden, denn die Aussagekraft der Candlesticks beziehungsweise deren unterschiedlicher Muster erhalten diese nur im Kontext des Kursverlaufes. Ein Trendwendemuster innerhalb einer Seitwärtsbewegung wird eher keine bis sehr geringe Aussagekraft haben als zum Beispiel nach einem ausgedehnten Auf- oder Abwärtstrend.

Erst das Gesamtbild und die Zusammenfassung der Ergebnisse der einzelnen Zeitebenen ergibt letztlich eine aussagekräftige Prognosemöglichkeit auch der einzelnen Candlestick-Muster.

Teil 4 – Die Praxis – Ihre Chartanalyse!

Kapitel 12: Chartanalyse: Einfach anfangen!

Börse ist einfach! Gehen Sie mit dem Trend! In den vorangegangenen Kapiteln haben Sie die Trend- und Formationsanalyse nebst Candlesticks kennen gelernt. Nun können Sie eigene Analysen erstellen, um die Marktstimmung, sowohl im lang- als auch kurzfristigen Zeitfenster zu ergründen. Doch wie sollen Sie nun vorgehen? Wie entwickeln Sie eine Chartanalyse?

Im Verlauf des Buches wurden schon einige Grundlagen erläutert. Hoch- und Tiefpunkte gilt es zu erkennen, Trendlinien oder Formationsbegrenzungen sind hieran anzulegen. Nachfolgend möchte ich Ihnen eine Richtschnur an die Hand geben, wie Sie selbst Chartanalysen erstellen können.

Um vorurteilsfrei dem Markt zuzuhören, ist eine Checkliste, ein Regelwerk zum Erstellen einer Chartanalyse hilfreich.

Wie erstellt man eine Chartanalyse?

Private Anleger begehen in der Regel den Fehler, zu Beginn ihrer Börsen-Karriere keine eigenen Analysen zu erstellen. Doch so schwierig ist das Ganze nicht! Wichtigste Regel ist allerdings, eine Unvoreingenommenheit gegenüber dem Markt mitzubringen. Nur der Markt hat Recht! Nachfolgend eine Checkliste, wie Sie einen Chart untersuchen könnten.

1. Beschreiben Sie den Kursverlauf!

Vorab steht die Beschreibung des Kursverlaufes – möglichst ohne Interpretation oder vorweggenommene Folgen. Hier werden die meisten Fehler gemacht: Es wird versucht, die schon vorgefasste Meinung, das »Vorurteil«, mithilfe der Chartanalyse zu untermauern, ohne dass dem Markt zugehört wird. Ein Vorurteil gegenüber dem Markt würde sich derart ausdrücken:

»Der DAX kann nicht weiter ansteigen. Die US-Notenbank ist hilflos, der Markt muss bald fallen. Deshalb verkaufe ich bei der nächsten Gelegenheit den DAX und setze auf fallende Kurse«

Hingegen ein Beispiel einer bloßen Beschreibung des Kursverlaufes:

»Der Dax verharrt seit acht Handelstagen innerhalb einer Range zwischen 9.700 und 9.755 Punkten. Hierbei zeigen sich an der Unterstützung lange Lunten, am Widerstand dagegen und so weiter«.

Aus dieser Beschreibung ergeben sich dann erste Signale oder eine Interpretation.

2. Arbeiten Sie die Hauptaussage Ihrer Analyse heraus!

Die Hauptaussage sollte in Verbindung mit der technischen Beweisführung stehen, also weshalb eine bestimmte Annahme getroffen wird – zum BeispielTrendwendemuster, Trendkanäle, Shooting star et cetera und daraus resultierende Kursziele.

Beispiel:

»Eine Trendwende kann angenommen werden. Der Bruch des Abwärtstrends in Verbindung mit dem vorherigen Trendwendemuster lässt gute Chancen für Kurssteigerungen erkennen. Aus der vorherigen Schwankungsbreite lässt sich ein Kursziel bis mindestens ... ableiten.«

3. Ihr Stoppkurs oder das Alternativ-Szenario zur Hauptaussage?

Die Hauptaussage ist das wahrscheinlichste Szenario. Da stets die Möglichkeit besteht, dass auch das unwahrscheinlichere Szenario eintritt, sollte ein Stopp-Kurs oder eine Kursverlaufsmöglichkeit dargestellt werden, die das vorgestellte wahrscheinlichere Szenario nicht mehr gültig erscheinen lässt.

4. Wie lange ist Ihre Analyse gültig? – Der Zeitbezug!

Je nach Methodik kann auch versucht werden, einen Zeitbezug in der Analyse zu nennen für die Hauptaussage – oder dieses unterbleibt, wenn die entsprechende Methodik keine hinreichende Angabe (zum Beispiel durch fehlende statistische Untersuchungen) ermöglicht.

5. Fassen Sie Ihre Ergebnisse zusammen!

Wie oben dargelegt werden die einzelnen Zeitebenen gesondert analysiert, um diese dann zu verknüpfen. Die Verbindung der unterschiedlichen Zeitebenen ist eine Grundvoraussetzung für das erfolgreiche Agieren an den Börsen, ob im lang- oder im kurzfristigen Bereich. Im Idealfall ergibt sich im Gesamtzusammenhang eine widerspruchsfreie Interpretation mit hoher Aussagekraft. Anzumerken ist natürlich, dass auch Situationen an den Märkten auftreten, bei denen die einzelnen Zeitebenen und deren Aussagen sich widersprechen und demzufolge keine hohe Prognosesicherheit erreicht werden kann. In diesen Situationen bedarf es dann der Anpassung des Anlageverhaltens an die entsprechende Prognosequalität der Signale durch Angleichung zum Beispiel der Positions- und Stoppmarken, des zeitlichen Horizonts einer eingegangenen Position. Das Fazit jeder Analyse sollte die Verknüpfung der unterschiedlichen Zeitebenen und daraus abgeleitet das wahrscheinlichste Szenario mit »Stoppkurs« beinhalten. Beachten Sie bitte stets: Der Markt reagiert mitunter nicht so, wie man es erwartet oder vielmehr das wahrscheinlichste Szenario entsprechend der Chartanalyse verspricht. Bestimmen Sie daher einen Punkt oder ein Niveau, bei dem Sie neu nachdenken müssen und ein neues Szenario entwickeln sollten (entsprechend Punkt 3).

6. Ihre Methodik – Ihre Aufzeichnungen!

Die gewählte Methodik sollte erprobt und in sich widerspruchsfrei sein. Üben Sie daher erst einmal ganz praktisch und führen Sie bitte ein Tagebuch über Ihre echten, aber auch verpassten oder nur auf dem Papier bestehenden Kauf- und Verkaufsentscheidungen. Anhand dieser Aufzeichnungen können Sie Ihre Regeln und Ihre Kenntnisse, Ihre Methodik stets aufs Neue überprüfen und Fehlinterpretationen hinterfragen.

Ausgehend von den Grundannahmen der Technischen Analyse (Kurse bewegen sich in Trends, Verhaltensmuster und deren Folgen wiederholen sich) sollten Sie jedoch zuerst mit einer Trendanalyse (Trendlinien, Kanäle, Widerstände/Unterstützungen) beginnen und diese auch mit dem Umsatzverhalten verbinden. Gleichberechtigt schließt sich die Formationsanalyse an (zu der auch im weiteren Sinne Candlesticks gehören).

Methodik der Technischen Analyse

Entsprechend den Grundannahmen der Technischen Analyse wird ein Kursverlauf in folgenden Schritten untersucht:

1. **Analyse eines Kursverlaufes nach Trendverhalten mittels:**
   - Trendlinienanalyse
   - Trendkanäle

- Vergleich unterschiedlicher Zeitebenen beziehungsweise Trendlängen
- Widerstände und Unterstützungen

2. **Analyse eines Kursverlaufes nach Verhaltensmustern:**
   - Formationsanalyse (Barchart-Analyse)
   - Candlesticks
   - Point & Figure

3. **Analyse eines Kursverlaufes mittels Markttechnik:**
   - trendfolgende Indikatoren und Trendintensitätsindikatoren
   - oszillierende Indikatoren
   - Sentimentindikatoren
   - Volatilitätsindikatoren et cetera

4. **Analyse eines Kursverlaufes nach Zyklen, Elliott-Waves et cetera:**
   - Die Analyse nach weiteren Methoden der Technischen Analyse sollte nachrangig sein – Elliott-Waves, Zyklen können unterstützend für die obigen Methoden angewendet werden, ohne eine vorherige Trend- und Formationsanalyse sind jedoch die Aussagen der Zyklen, Elliott-Waves et cetera eher fraglich. Bei der Anwendung jeder zusätzlichen Methode steht zudem eine Steigerung der Prognosequalität in Relation zum Aufwand im Vordergrund, dies darf zum Beispiel bei Elliott-Waves kritisch hinterfragt werden.

5. **Statistik:**
   - Entsprechend den Vergangenheitswerten (statistische Zählung der Folgen von definierten Kursmustern) wird entsprechend der Analyseform eine Aussage über das wahrscheinlichste Marktverhalten getroffen.

6. **Überprüfung der Chartanalysen und der Methodik:**
   - Zur Analyse gehört auch, dass Analysen im Nachhinein überprüft werden und versucht wird, sowohl aus Fehlern (unrichtigen Analysen) als auch aus Erfolgen zu lernen und die Methodik zu verfeinern. Oder auch: »Wie

hätte ich argumentieren müssen, um die tatsächliche Entwicklung vorherzusehen?« -Dieses Zitat stammt aus der Feder von Marcel Mußler, ehemals VTAD-Vorstandsmitglied, aus der VTAD-Mitgliederzeitschrift *VTAD-News* Juni 1999, Seite 13 (im Internet abrufbar – siehe Literaturverzeichnis).

Im Internet finden Sie weitere Hinweise zur Erstellung Ihrer eigenen Chartanalysen. Einen interessanten Ansatz stellten am 10. Januar 2008 Harald Weygand und Frank Thönnißen auf der Seite www.godmode-trader.de vor. Der Link hierzu ist im Literaturverzeichnis aufgeführt. Apropos Internet: Natürlich finden Sie im WWW diverse Erläuterungen zur Chartanalyse, Candlesticks und Videos. Daher sei erlaubt, an dieser Stelle auf eine Video-Reihe des Autors hinzuweisen (Basiswissen Chartanalyse), die ebenfalls auf www.godmode-trader.de vorliegt (im Literaturverzeichnis aufgeführt).

Fehlerquellen der Technischen Analyse

Unabhängig von der gewählten Art und Weise der Analyse sind die folgenden Fehlerquellen ein recht großer Stolperstein, vor allem für Beginner in der Kunst der Technischen Analyse.

- Die Methodik des Analysten ist unzureichend.
- Technische Analysemethoden werden fehlerhaft angewendet.
- Der Kursverlauf wird nicht untersucht, sondern die Meinung des Analysten wird in den Markt hineininterpretiert.
- Erstellung von Prophezeiungen. Ein Kursverlauf sollte aufgrund von statistisch nachprüfbaren vergangenen Verhaltensmustern analysiert werden. Ausgehend von diesen Verhaltensmustern kann eine Prognose mit entsprechender Angabe der Wahrscheinlichkeit erstellt werden (siehe auch Literaturliste: Bulkowski, Thomas N.). Eine Prophezeiung dagegen ist ein Hirngespinst oder Wunschtraum des Analysten.

Eine vertiefende Darstellung zu Fehlerquellen der Technischen Analyse finden Sie im Buch von Erich Florek (2000): *Neue Trading Dimensionen.*

Beachten Sie bitte weiterhin: Die Anzahl der unterschiedlichsten Methoden der Technischen Analyse ist letztlich von Jahr zu Jahr, von Monat zu Monat im Steigen begriffen, denn auch die Anzahl der Technischen Analysten ist in den letzten Jahren deutlich angestiegen. Und jeder neue Analyst kocht gern sein eigenes Süppchen, um dieses möglichst schmackhaft unter das Volk zu bringen. Doch in manchem »neuem Schlauch steckt nur alter Wein«! Lassen Sie sich auch hier kein

X für ein U vormachen und hinterfragen Sie stets die Analysemethoden der Technischen Analysten.

So lernen Sie effektiv Formationen

Mit dem bislang besprochenen Repertoire an Formationen, den Dreiecken, Wimpeln, Flaggen und Keilen sowie Rechtecken und der Schulter-Kopf-Schulter-Formation können Sie in Verbindung mit der Trendanalyse dem Markt schon einen Schritt voraus sein. Doch gerade zum Anfang fällt es den meisten Anlegern nicht leicht, eine Formation, ein Verhaltensmuster der Masse der Marktteilnehmer im Kursverlauf zu erkennen. Doch so schwierig ist es auch wieder nicht. Es kommt allerdings ein wenig auf die Persönlichkeit des Anlegers an. Jemand, der in seinem Leben eher auf Zahlen und Statistiken setzt, also eher mathematisch orientiert ist, und weniger mit Bildern und Mustern zu tun hat, könnte hier etwas länger benötigen, bis sein Gehirn geschult ist, die jeweiligen Chartmuster zu erkennen.

Künstler hingegen könnten es da einfacher haben. So war auf einem meiner Seminare zur Technischen Analyse vor einigen Jahren ein völliger Börsenlaie vertreten, der bis dahin Charts lediglich als ominöse Fieberkurve der Börse betrachtete. Doch zu seiner eigenen Überraschung erkannte er nach der Vorstellung einiger idealer Chartmuster sehr schnell die unterschiedlichsten Formationen im Kursverlauf und war begeistert über die Aussagekraft der Charttechnik. Der Mann hatte einen wunderbaren Instinkt für Formationen. Wieso? Er war Bildhauer und Maler. Durch seinen Beruf und seine Kunst war sein Gehirn darauf spezialisiert, in Bildern zu denken und Bilder abzuspeichern. Doch mit ein wenig Übung sind auch Sie in kürzester Zeit ein versierter Künstler der Chartanalyse.

Je mehr Bilder Sie abspeichern, desto besser. Das heißt also, je mehr Charts Sie analysiert und Formationen entdeckt haben, desto besser und schneller können Sie aktuelle Situationen einschätzen.

Ihre erste Aufgabe:

Drucken Sie sich Charts aus dem Internet oder Ihrem Chartanalyseprogramm aus – sinnvoll wäre es, wenn Sie den jeweiligen Chart gleich zwei- bis dreimal ausdrucken. Zeichnen Sie per Hand mit Bleistift und Lineal Trendlinien, Widerstände und Unterstützungen sowie Formationen in den ersten Ausdruck ein. Legen Sie dabei die Schere im Kopf zur Seite. Spielen Sie auf dem Chart wie ein Kind! Malen Sie so viele Linien wie gerade draufpassen und Sie noch halbwegs den Überblick behalten. Nehmen Sie dann einen Textmarker und markieren Sie die Linien und Formationen, die das Herdenverhalten im Kursverlauf am besten wiedergeben. Beachten Sie: Wenn Sie schon im Kopf anfänglich Ihre Gedanken zensieren, wo und ob eine Trendlinie oder eine Formation wohl so richtig ist, dann berauben Sie sich mehrerer Alternativen, die Sie unter Umständen zu anderen und ungewohnten Einblicken in den Kursverlauf geführt hätten.

Legen Sie anschließend diesen Übungschart weg. Wiederholen Sie diese Übung circa drei bis vier Tage später an dem gleichen Chart (daher zwei bis drei Ausdrucke!). Natürlich ohne sich die alten Linien und Interpretationen vorab anzuschauen. Vergleichen Sie dann anschließend Ihre Ergebnisse. Stellen Sie einen Unterschied fest? Beim zweiten Mal sehen Sie oftmals noch andere Interpretationen oder Trendlinien, Formationen, die Ihnen beim ersten Mal gar nicht aufgefallen sind.

Relevant ist zum Anfang, dass Sie eine Fülle von Chartverläufen und Kursmustern, Formationen sehen und lernen. Irgendwann macht es »Klick« – und Sie erkennen wie von selbst in einem Chart die entsprechenden Formationen.

Ihre zweite Aufgabe:

Erstellen Sie selbst Technische Analysen. Markieren Sie Ein- und Ausstiegspunkte. Kennzeichnen Sie die Punkte, Kursniveaus, an denen Ihre Annahmen von steigenden oder fallenden Kursen nicht mehr gültig sind (Ihre Stopp-Kurse). Untersuchen Sie in regelmäßigen Zeitabständen Ihre Trefferquote und analysieren Sie sodann Ihre Erfolge sowie Ihre Misserfolge.

Übung macht den Meister! Fangen Sie einfach an, nehmen Sie Bleistift und Lineal zur Hand. Schon kann es losgehen.

Versuchen Sie jedoch nicht, alle Formationen im Hauruckverfahren zu erlernen. Nehmen Sie sich Zeit und bleiben Sie geduldig. Auch Kinder lernen nicht an einem Tag laufen.

Kapitel 13: Beispiel – Theorie und Praxis

Finanzkrise 2008 – Ein Paradebeispiel der Chartanalyse

Die Kursentwicklung während der Finanzkrise 2008 ist ein schönes Beispiel für die Anwendung der Chartanalyse. Nach einem langfristigen Aufwärtstrend sowie einem Sägezahnmarkt im zweiten Halbjahr 2007 wurden Anfang Januar 2008 erste Verkaufssignale generiert. Diese ließen zwar noch nicht darauf schließen, dass der DAX bis Anfang 2009 mit kräftig fallenden Kursen in eine Finanzkrise schlitterte, der DAX einen Crash vollzog, der in eine depressive Phase mündete. Doch weitere Verkaufssignale und ein intakter Abwärtstrend in 2008 ließen in Folge weitere Kursverluste zu.

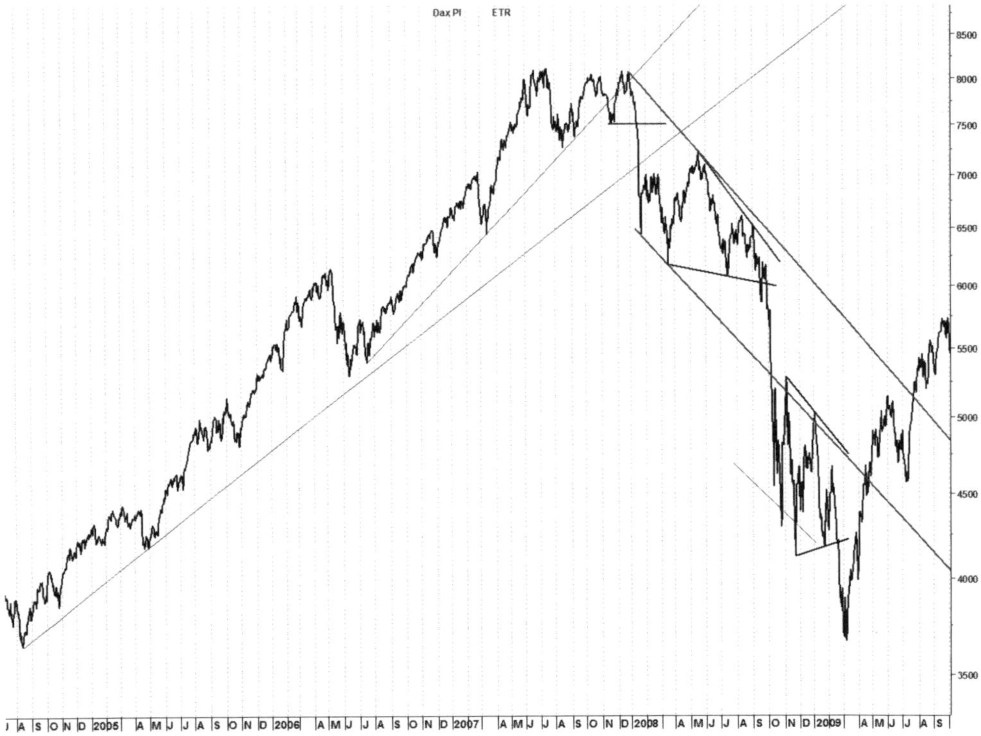

Abbildung 229: DAX von Juli 2004 bis September 2009 als Linienchart auf Tagesbasis mit Verkaufssignalen – chart provided by Metastock

In Abbildung 229 ist der grobe Verlauf des DAX mit langfristigen Aufwärtstrends, ersten Verkaufssignalen sowie folgenden größeren Formationen zu erkennen, die jeweils weitere Kursziele nach unten offerierten. Interessant zudem das Ende der Finanzkrise Anfang 2009 mit einem Fehlausbruch aus einem symmetrischen Dreieck nach unten.

Abbildung 230: DAX Tageskerzen – Am 10.01.2008 sowie am 17.01.2008 wurden zwei M-Formationen vollendet. Anfänglich eine kleine M-Formation sowie nachfolgend eine nicht ganz ideale mittelfristige M-Formation. Verkaufssignale waren hier jeweils zwei schwarze Tageskerzen, die per Tagesschlusskurs die Nackenlinien der M-Formationen unterschritten. Vor allem die Vollendung der übergeordneten M-Formation versprach deutlich fallende Kurse, da das Kursziel dieser M-Formation unter dem langfristigen Aufwärtstrend verlief und somit ein Bruch des langfristigen Trends schon am 17.01. eingeplant werden musste – chart provided by Metastock

Erste Verkaufssignale erhielt der Chartanalyst Ende 2007 mit einem Bruch eines seit Juli 2006 laufenden Aufwärtstrends sowie folgend einem Ausbruch aus zwei M-Formationen Mitte Januar 2008. Auch der Bruch des langfristigen Aufwärtstrends Ende Januar 2008 musste als langfristiges Verkaufssignal gelten. Kursziele nach unten ergaben sich hier jeweils entsprechend den nach unten abgetragenen Schwankungsbreiten der M-Formationen sowie den (in der Abbildung 229 nicht eingezeichneten) Aufwärtstrendkanälen. Ausgesprochen negativ war im weiteren Verlauf der Ausbruch nach unten aus einer Keilformation im September 2008 und folgend auch der Ausbruch aus dem Abwärtstrendkanal im Oktober 2008, der nochmals einen möglichen Kursrutsch von rund 1.000 Punkten offerierte.

Abbildung 231: DAX von Dezember 2008 bis November 2008 – Tageskerzen – In 2008 bildete sich ein Abwärtstrendkanal aus sowie innerhalb dieses Trendkanals eine Keilformation. Diese wurde am 17.09.2008 und nochmals am 29.09.2008 jeweils mit einer schwarzen Tageskerze nach unten verlassen. Das erste Signal ein Fehlsignal – doch relevant war im weiteren Verlauf, dass sich keine Erholung durchsetzen konnte mit einem Anstieg über die obere Keilbegrenzung und der Trend intakt war. Der zweite Ausbruch wurde sodann bestätigt – Kursziel war hier einerseits die Schwankungsbreite der Keilformation und andererseits die Rückkehrlinie des Trendkanals. Ein weiteres Verkaufssignal war sodann der Ausbruch aus dem Trendkanal nach unten. Hierauf setzte dann allerdings eine sehr volatile Phase im Oktober und November 2008 ein – chart provided by Metastock

Eine Aufhellung hingegen ergab sich im DAX, nachdem das Kursziel aus dem symmetrischen Dreieck nach unten nicht mehr erreicht wurde und der DAX wieder in das Dreieck zurückkehren konnte. Der Markt war bereinigt und mit anschließendem Anstieg über kurz- und mittelfristige Abwärtstrends begann eine neue Aufwärtsbewegung.

Abbildung 232: DAX von April 2008 bis August 2009 – Tageskerzen – Nach den kräftigen Kursverlusten bildete sich zum Ende 2008 eine volatile Seitwärtsphase aus, die als symmetrisches Dreieck die Unsicherheit im Markt widerspiegelte. Der Ausbruch aus diesem am 20.02.2009 generierte nochmals ein Verkaufssignal. Doch am 09.03.2009 zeigte sich ein kleiner Hammer in den Tageskerzen mit nachfolgender langer weißer Tageskerze. Sowohl der nachfolgende Rebreak in das Dreieck als auch ein Bruch einer Abwärtstrendlinie am 02.04.2009 (mit einer langen weißen Tageskerze!) und die Rückkehr in den langfristigen Abwärtstrendkanal waren positive Signale, die eine Bodenbildung im DAX signalisierten – chart provided by Metastock

Versuchen Sie stets, im lang- und mittelfristigen Aufwärtstrend eher auf Kaufsignale in den untergeordneten Zeitebenen zu achten und im lang- bis mittelfristigen Abwärtstrend auf Verkaufssignale in den kürzeren Zeitebenen zu achten. So wurden in der Finanzkrise Erholungen stets verkauft oder von den größeren Anlegern im Markt (zum Beispiel Fonds oder Vermögensverwaltungen) genutzt, um Absicherungsgeschäfte zu tätigen.

Dass Chartanalyse funktioniert, sei an einer Analyse des Autors vom 15. September 2008 dargestellt. Fazit der Analyse bei einem Stand im DAX von 6.234 Punkten war, dass Erholungen weiterhin verkauft werden sollten und das Risiko, nochmals rund 1.000 Punkte im DAX zu verlieren, bestand. Die Analyse mit dem Titel: »DAX - Kollaps im Finanzsystem« finden Sie unter https://www.wallstreet-online.de/nachricht/2536896-candlesticks-dax-kollaps-im-finanzsystem – nachfolgend ein Auszug aus dieser Analyse:

Analyse vom 15.09.2008 – Auszug

Liebe Leserin, lieber Leser, am letzten Freitag konnten sich die Märkte noch stabilisieren und an relevanten Unterstützungsniveaus leichte Erholungen durchsetzen. Auch in einer Reihe von Einzelaktien bildeten sich auf Wochenbasis potentielle Trendwendesignale. Ob diese allerdings in der neuen Woche bestätigt werden können bleibt fraglich. Denn mit dem Kollaps der US-Finanzmärkte, einer Liquidation von Lehman Brothers, Zahlungsschwierigkeiten von AIG und der Übernahme von Merrill Lynch durch die Bank of America drücken die US-Futures deutlichst ins Minus. Der S&P 500 Future notiert über 3% leichter, ebenso der Nasdaq 100-Futures mit einem Minus von 2,76%. Der DAX wird dementsprechend schwächer erwartet.

Die heutigen Aussichten:
In der letzten Woche zeigte sich am Donnerstag ein Hammer und nachfolgend eine kleine weiße Kerze – diese jedoch noch ohne Kraft nach oben. Mit der vorbörslichen Entwicklung ist eine dramatische Entwicklung möglich, ein Fall unter das Tief vom Donnerstag und somit ein Test und Breakversuch des Jahrestiefs.

Damit gilt weiterhin:

1. *Der übergeordnete Abwärtstrend ist intakt und damit das Risiko, an die Rückkehrlinie desselben zu laufen.*
2. *Innerhalb des Abwärtstrends kann ein Keil konstruiert werden – ein Ausbruch nach oben würde damit auch einen Break des Abwärtstrends als positives Szenario mit Ziel 7.500 Punkte ermöglichen. Ein Break nach unten bestätigt das negative Szenario mit einem Kursziel von 5.200 Punkten.*
3. *Die Unterstützungszone zwischen ca. 6.219 bis 6.167 wurde in den letzten Tagen zum dritten Mal getestet – eine Ablösung von dieser Zone wäre erst bei Break der 6.341 möglich.*
4. *Die Kerze vom Donnerstag zeigt nochmals eine Bestätigung der Unterstützungszone an. Im Umkehrschluss wäre ein Break nach unten ein Verkaufssignal.*
5. *In der Regel erfolgt beim dritten Test einer Widerstands-Unterstützungsmarke ein Break.*
6. *Klar negativ wäre ein Fall unter das Donnerstagstief per Daily-Close und folgend ein Break der 5.999/50 Punkte.*

***Fazit: Erholungen als auch jedes neue Tief sind zu verkaufen.** Die Auswirkungen der Lehman-Pleite, die Verunsicherung auch der »einfachen« Sparer in den USA sollte nicht unterschätzt werden. Die Wahrscheinlichkeit fallender Kurse auch unter das Jahrestief ist deutlich gestiegen. Lediglich die noch unwahrscheinlichere Variante einer Bereinigung des Finanzsystems wäre positiv – hierfür dürfte den Märkten aber das Vertrauen fehlen.*

Angemerkt sei, dass natürlich nicht jede Chartanalyse und deren Interpretation stets zum richtigen Ergebnis oder einer klaren Prognose führen wird. Doch wer die eigene Meinung hintanstellt, seine Methodik hinterfragt und verbessert sowie dem Markt als alleinigen Entscheidungsgeber vertraut, wird letztlich langfristig erfolgreich an den Börsen dieser Welt handeln können.

Kapitel 14: Übungen 1 bis 49

Übungen zur Trend- und Formationsanalyse sowie Candlesticks

Nachfolgend finden Sie 50 Übungen (die letzte Übung besteht aus mehreren Zeitebenen und ist gesondert am Ende des Kapitels aufgeführt). Kopieren Sie die jeweiligen Übungen, vielleicht gleich jeweils zweimal, und bearbeiten Sie diese mit Bleistift und Lineal.

Achten Sie bitte darauf, dass Sie kein künstlerisch wertvolles Gemälde im Chart einzeichnen, sondern hinterfragen Sie Ihre Analyse. Bilden die konstruierten Trendlinien, Formationen und Widerstände sowie Unterstützungen auch stets die Stimmung im Markt ab? Oder fassen die Linien, Formationen et cetera zwar ein grafisches Gebilde ein, geben jedoch nicht das Verhältnis von Bullen und Bären wieder?

Zum Anfang markieren Sie einfach die jeweiligen Tief- und Hochpunkte farblich unterschiedlich und zeichnen Sie sodann durch diese Punkte Ihre Trendlinien oder auch waagerechte Unterstützungs- und Widerstandslinien oder -zonen.

Die Lösungsvorschläge dienen eher als Anregung. Nicht alle potenziellen Trendlinien, Trendkanäle und Widerstands- sowie Unterstützungslinien sind in den Lösungen eingezeichnet. Vielmehr wurde Wert auf das Relevante gelegt. Beachten Sie bitte auch, dass jede Übung (bis auf die letzte Übung) nur einen Zeithorizont widerspiegelt. Für Ihre eigenen Analysen ist stets die Verknüpfung von unterschiedlichen Zeitebenen relevant – zum Beispiel die Verbindung von Monats-, Wochen- und Tageskerzen oder einfach eine langfristige nebst einer kurzfristigen Analyse zum Beispiel eines Liniencharts.

Denken Sie daran: Nur der Markt hat Recht und eine einmal getroffene Annahme über die Richtung eines Wertes, sei es eines Index, eines Währungspaares oder einer Aktie et cetera kann sich letztlich als falsch erweisen. Bleiben Sie daher stets flexibel und passen Sie Ihre Chartanalyse an das tatsächliche Geschehen im Markt an.

Übung 1 – Trendanalyse

Konstruieren Sie bitte Aufwärtstrendlinien (relevante Tiefpunkte markieren) und Unterstützungs- sowie Widerstandslinien. Wo ergeben sich Verkaufssignale?

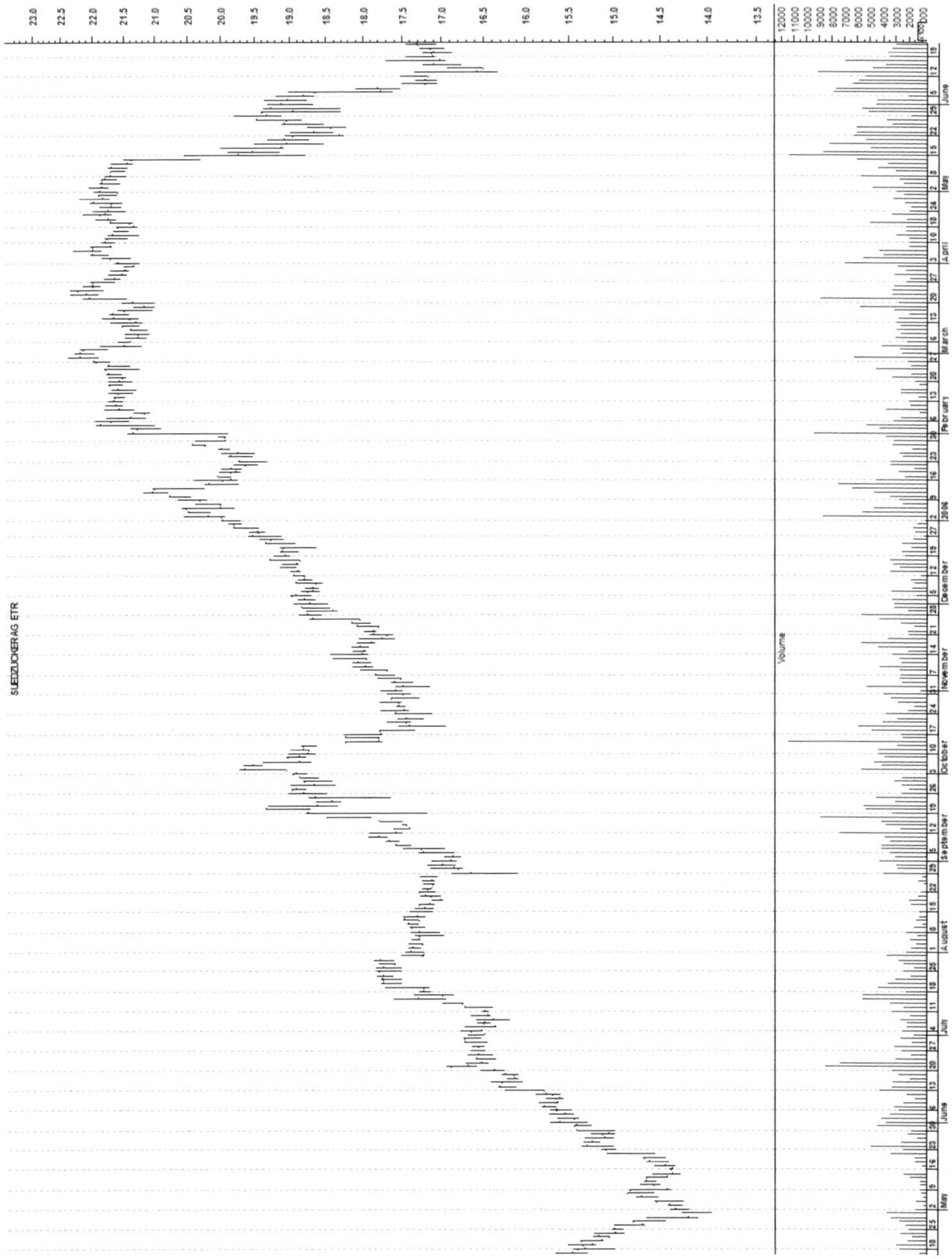

Abbildung 233: Südzucker AG – Tagesbarchart – chart provided by Metastock

Übung 2 – Trendanalyse

Konstruieren Sie bitte Auf- und Abwärtstrendlinien, markieren Sie vorab die relevanten Hoch- und Tiefpunkte.

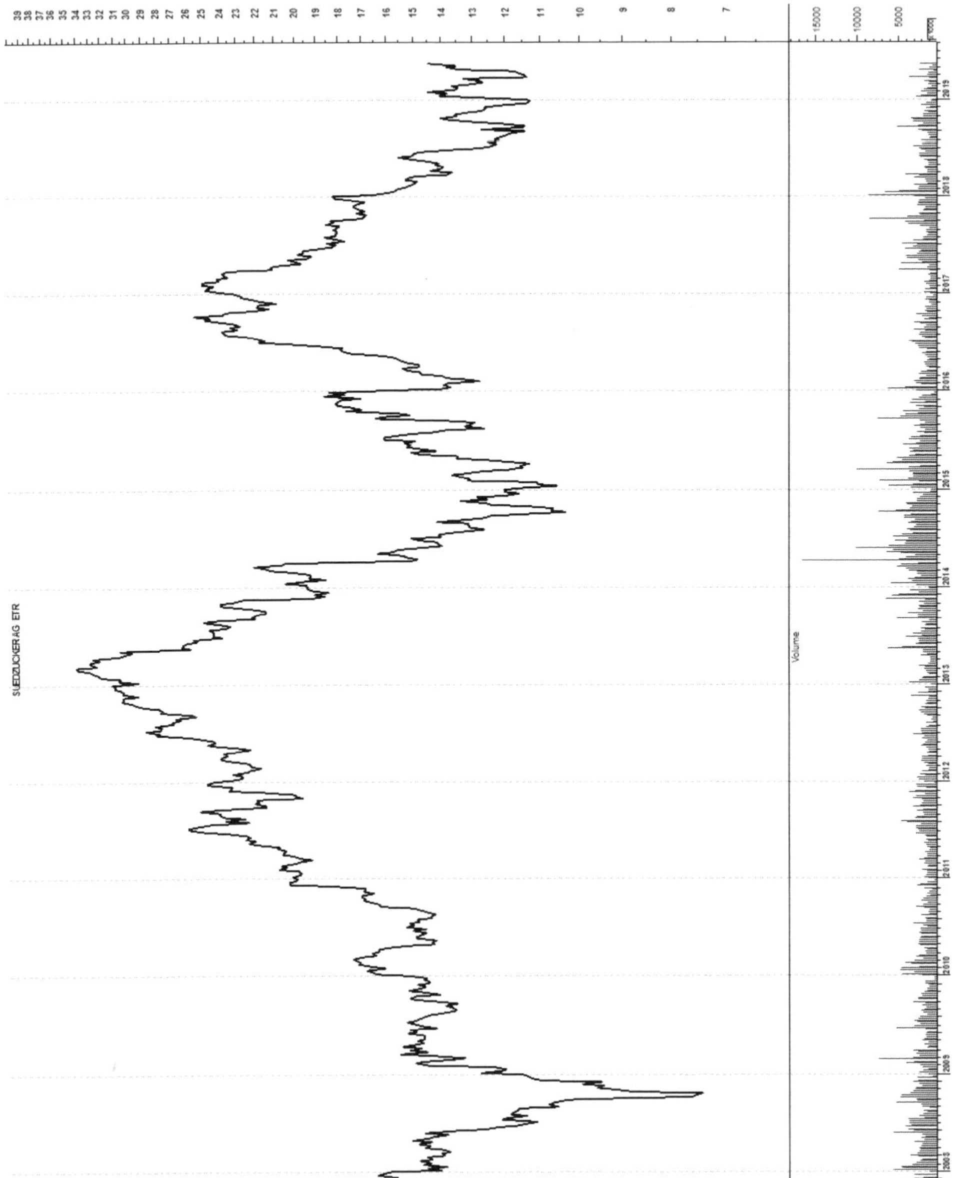

Abbildung 234: Südzucker AG – Linienchart auf Wochenbasis – chart provided by Metastock

Übung 3 – Trendanalyse, Widerstände, Unterstützungen

Konstruieren Sie Trendlinien und Trendkanäle sowie relevante Widerstands- oder Unterstützungslinien – leiten Sie hieraus Kauf- und Verkaufssignale ab.

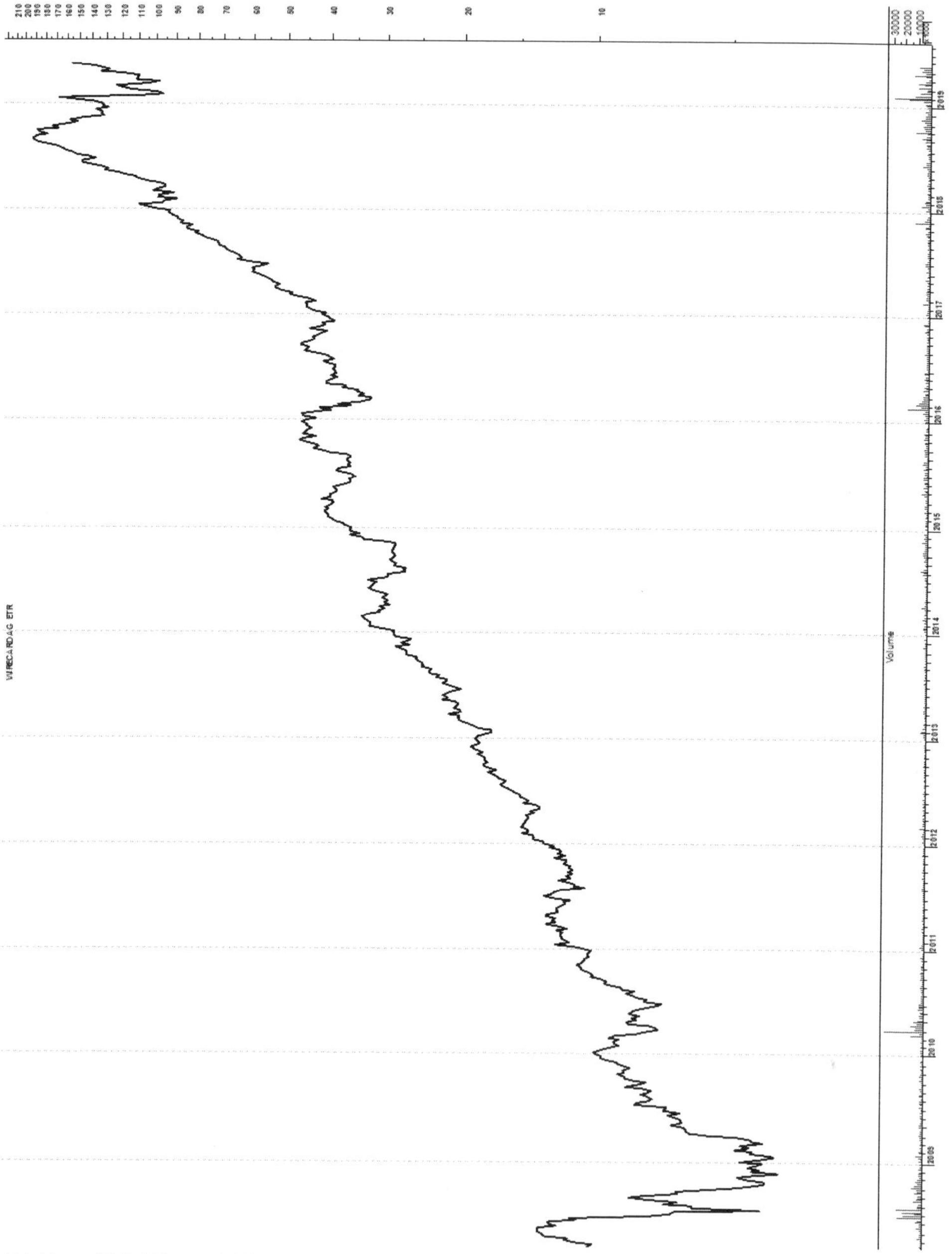

Abbildung 235: Wirecard AG – Linienchart auf Wochenbasis – chart provided by Metastock

Übung 4 – Trend- und Formationsanalyse

Konstruieren Sie langfristige Trendkanäle sowie ein langfristig fallendes Dreieck.

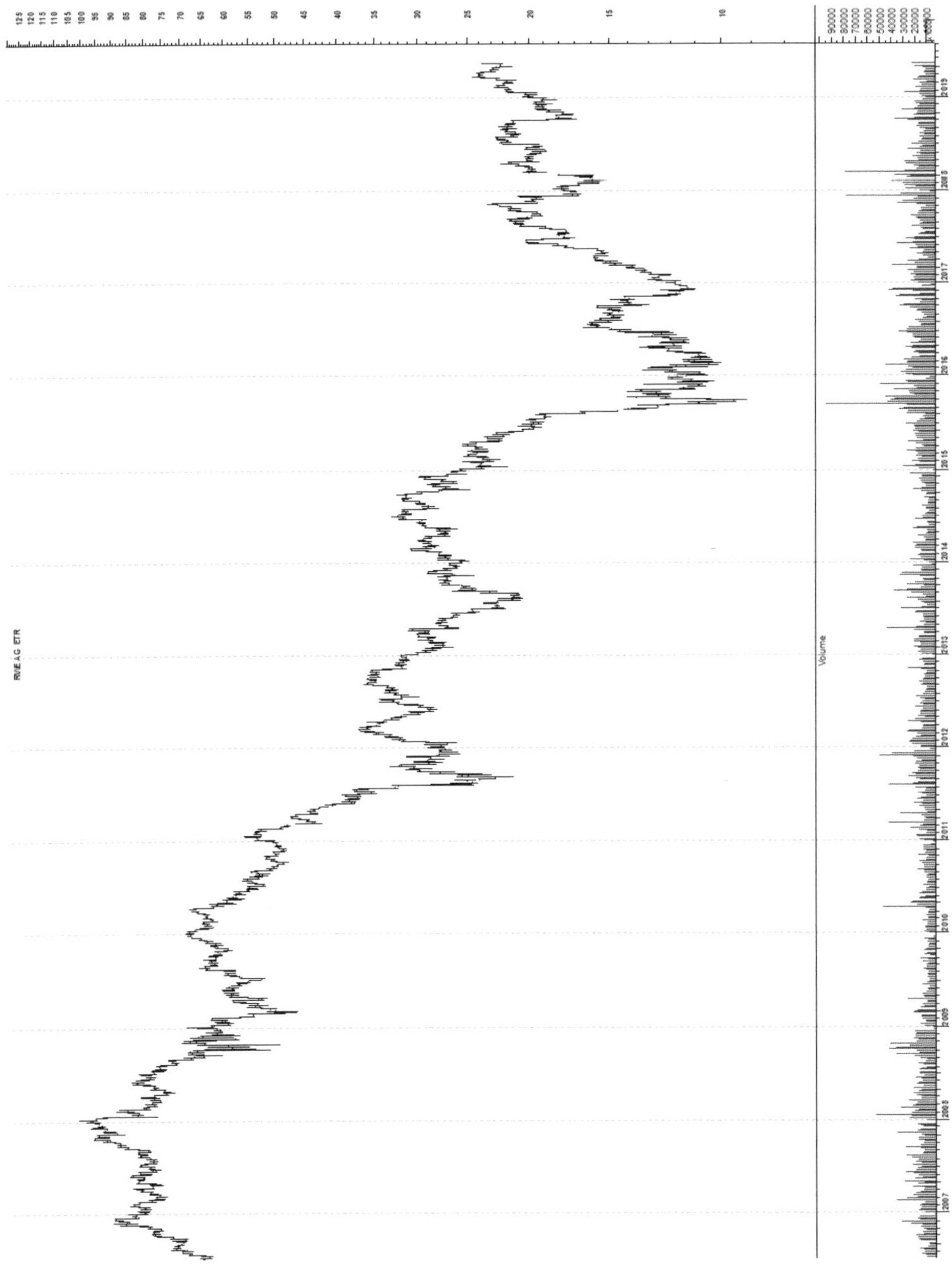

Abbildung 236: RWE AG – Wochenbarchart – chart provided by Metastock

Übung 5 – Trendanalyse, Unterstützung, Widerstand

Konstruieren Sie bitte Auf- und Abwärtstrendlinien, eventuell auch einen Trendfächer sowie übergeordnete Unterstützungs- und Widerstandslinien.

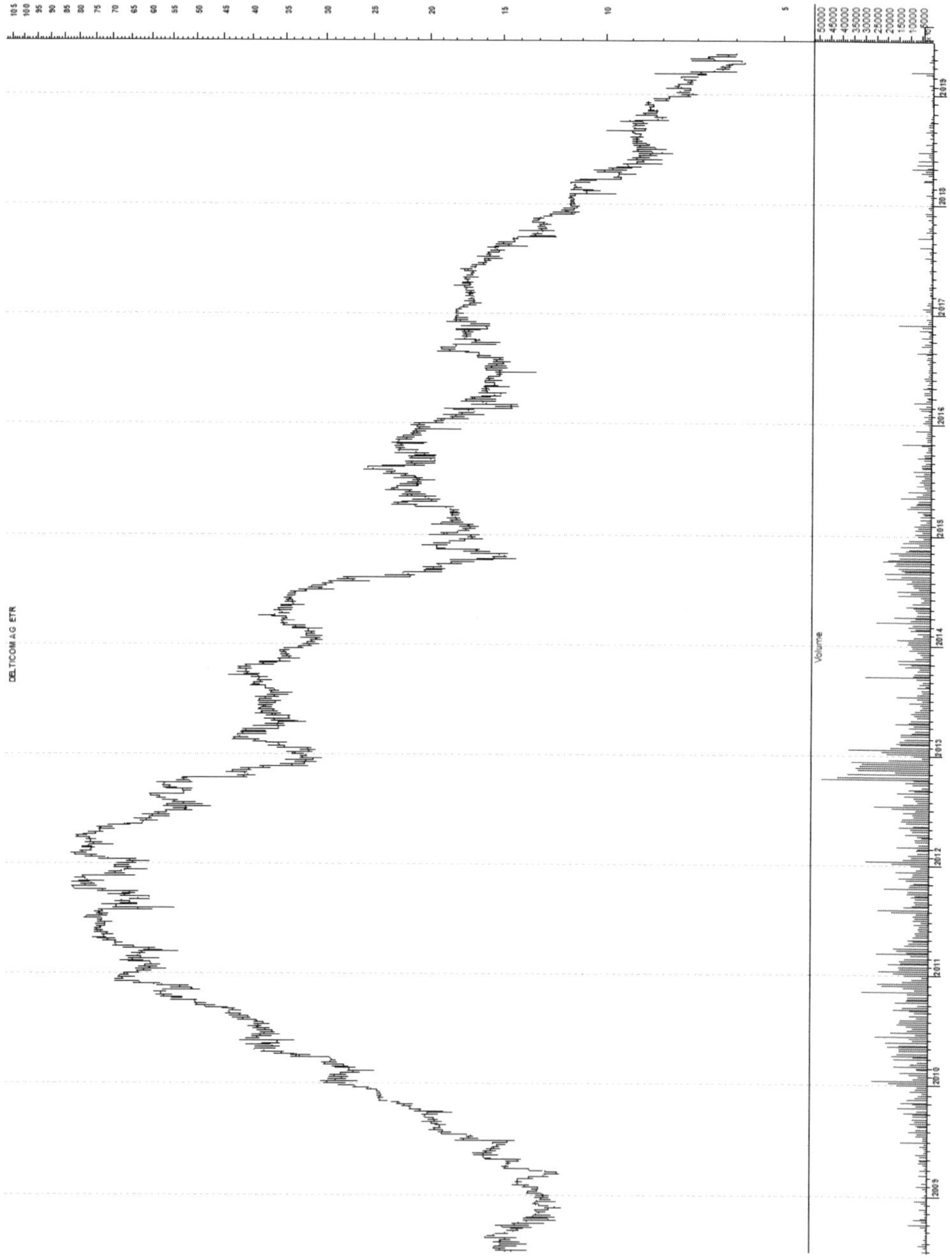

Abbildung 237: Delticom AG – Wochenbarchart – chart provided by Metastock

Übung 6 – Trendanalyse, Unterstützung, Widerstand

Konstruieren Sie bitte Auf- und Abwärtstrendlinien, Trendkanäle sowie übergeordnete Unterstützungs- und Widerstandslinien.

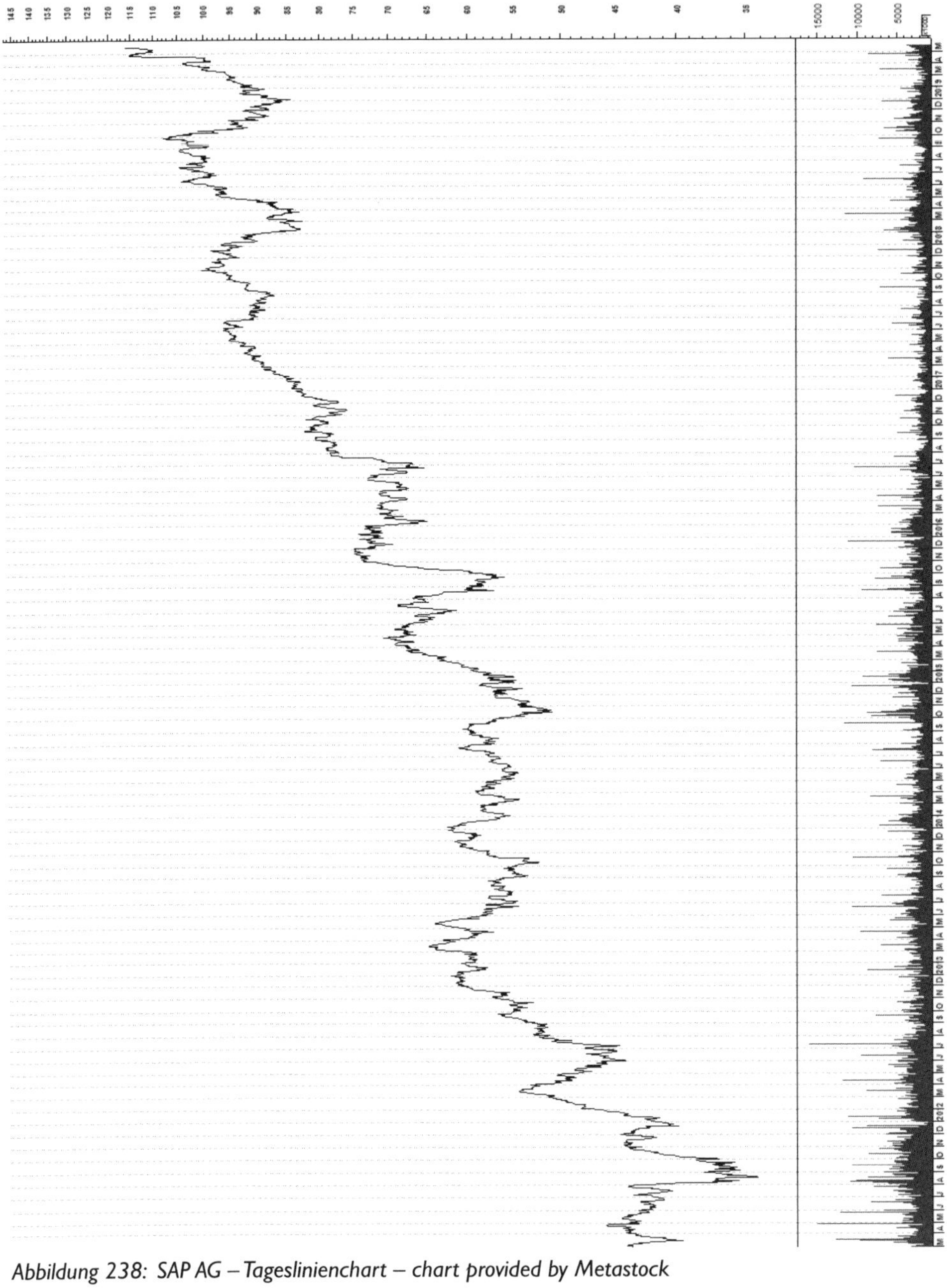

Abbildung 238: SAP AG – Tageslinienchart – chart provided by Metastock

Übung 7 – Formationsanalyse

Langfristige Formationen haben in der Regel langfristige Auswirkungen! Erkennen Sie im Kursverlauf ein fallendes Dreieck? Leiten Sie hiervon Kursziele ab (Schwankungsbreite des Dreiecks – Trendkanal)!

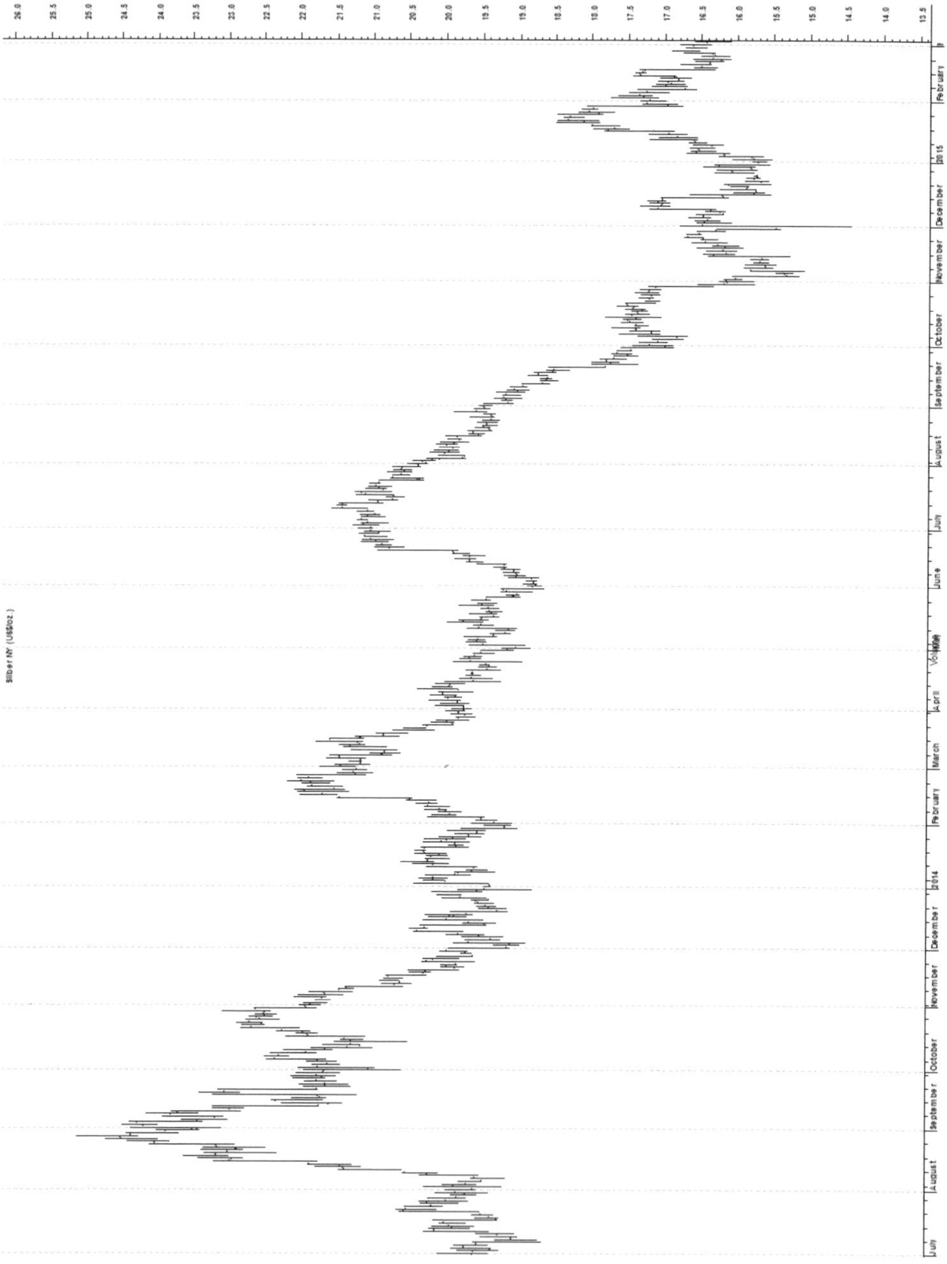

Abbildung 239: Silber – Tagesbarchart – chart provided by Metastock

Übung 8 – Formationsanalyse, Widerstände, Unterstützungen

Konstruieren Sie bitte Dreiecke sowie relevante Widerstands- und Unterstützungslinien im Kursverlauf – leiten Sie Richtungssignale und eventuelle Kursziele ab.

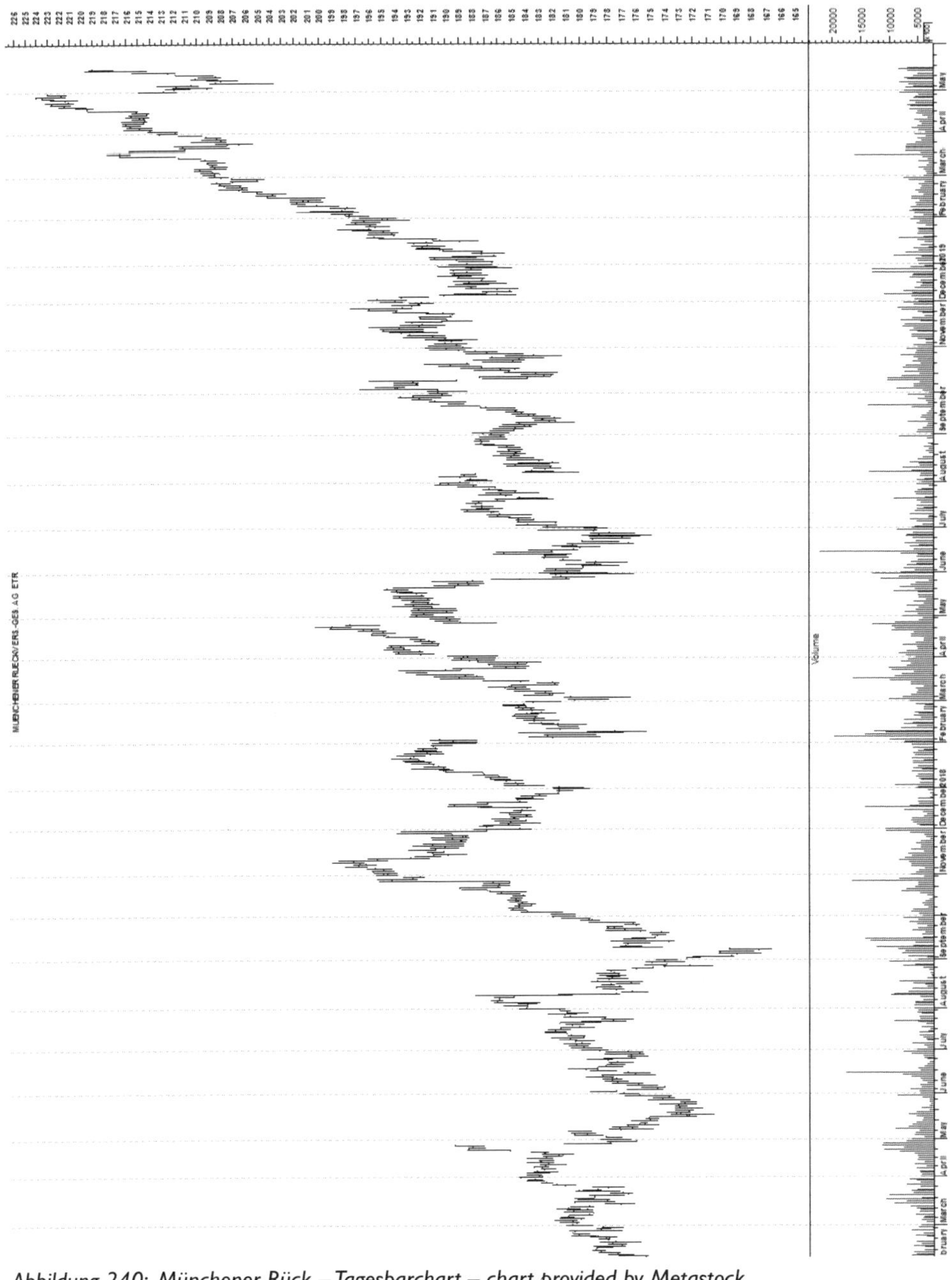

Abbildung 240: Münchener Rück – Tagesbarchart – chart provided by Metastock

Übung 9 – Formationsanalyse

Untersuchen Sie den Kursverlauf des DAX nach Dreiecken sowie innerhalb der Dreiecke nach potenziellen Richtungssignalen. Leiten Sie Kursziele ab.

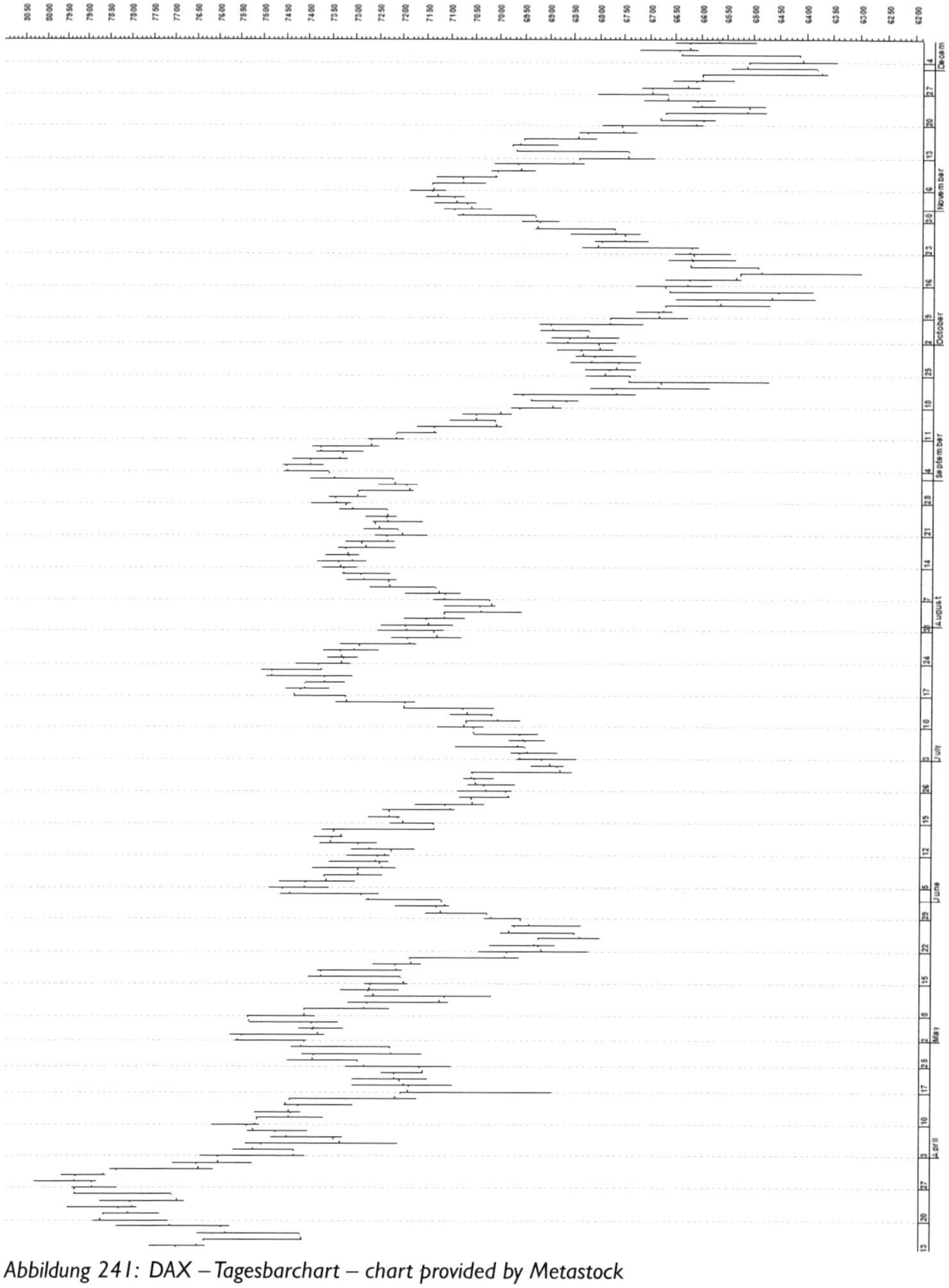

Abbildung 241: DAX – Tagesbarchart – chart provided by Metastock

Übung 10 – Trend- und Formationsanalyse

Konstruieren Sie bitte Trendlinien, Trendkanäle, Dreiecke, Wimpel, und leiten Sie Kursziele ab. Achten Sie auf die langfristige Perspektive!

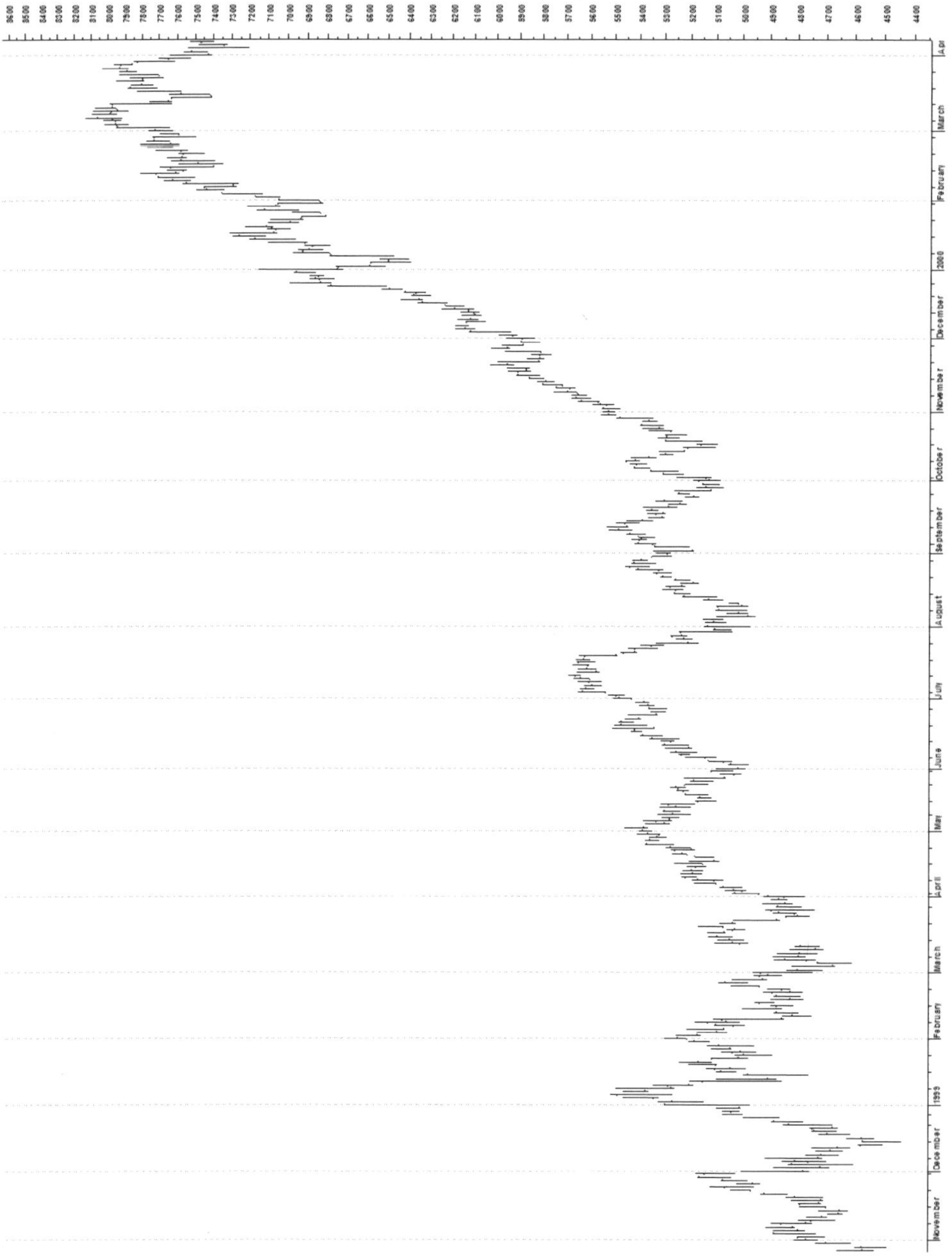

Abbildung 242: DAX – Tagesbarchart – chart provided by Metastock

Übung 11 – Formationsanalyse

Im Kursverlauf können drei symmetrische Dreiecke konstruiert werden. Finden Sie diese – markieren Sie Hoch- und Tiefpunkte! Leiten Sie Kursziele ab!

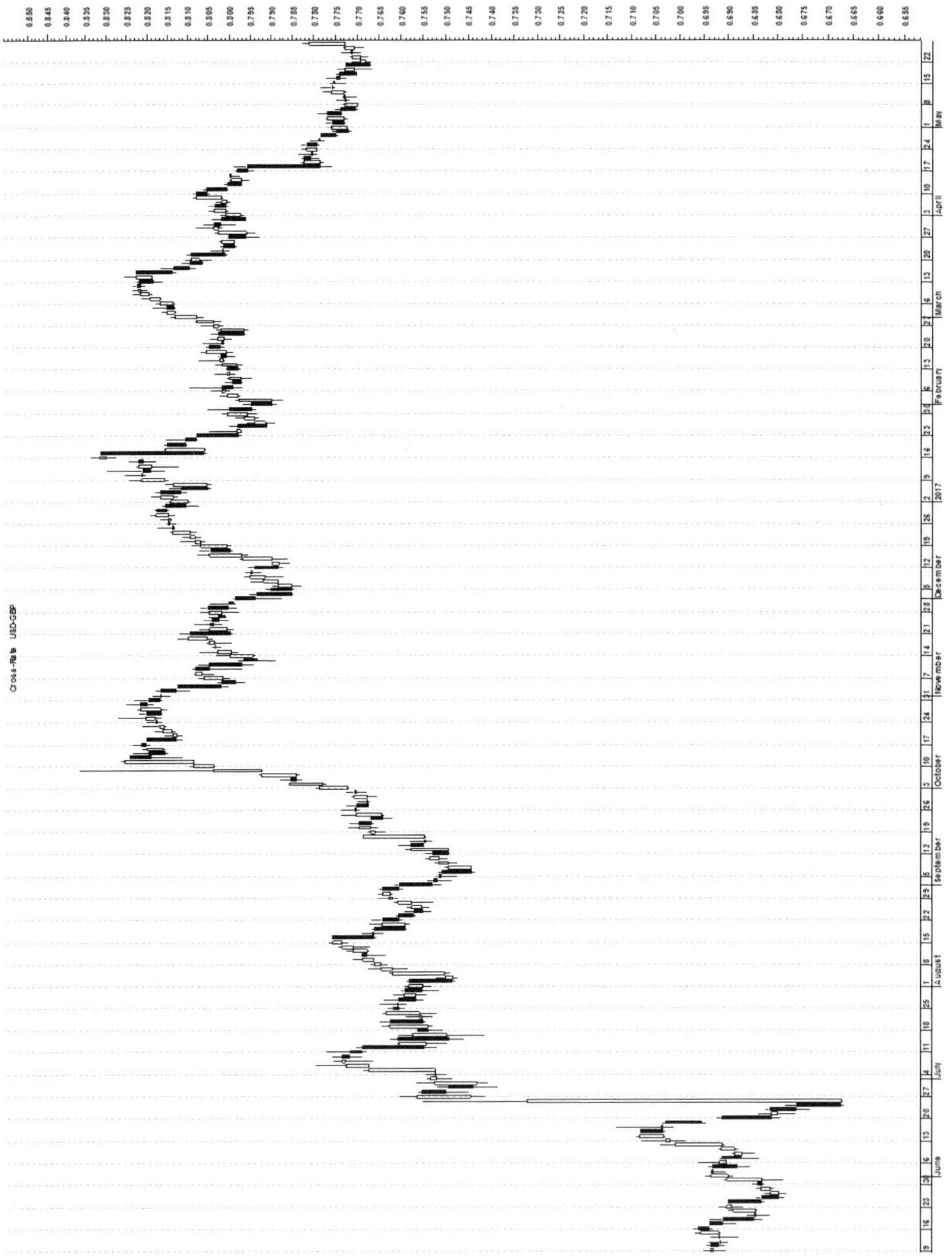

Abbildung 243: USD/GBP – Tageskerzen – chart provided by Metastock

Übung 12 – Formationsanalyse

Führen Sie eine Formationsanalyse durch (W-Formation, Dreiecke, M-Formation). Leiten Sie auch hier Kursziele ab.

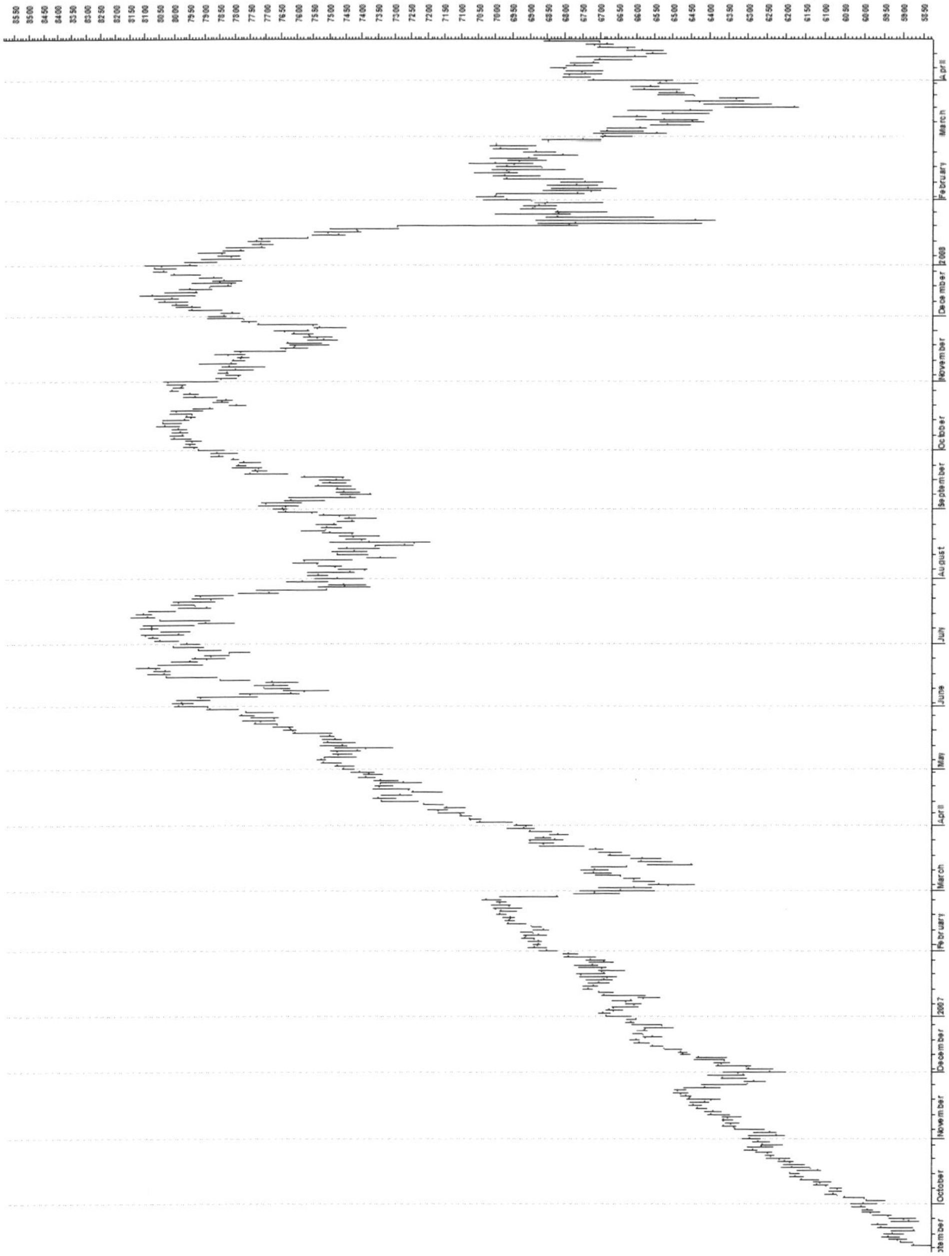

Abbildung 244: DAX – Tagesbarchart – chart provided by Metastock

Übung 13 – Trend- und Formationsanalyse – Wie geht es weiter?

Führen Sie eine Trend- und Formationsanalyse durch. Welche Interpretation ergibt sich am Ende des Kursverlaufs?

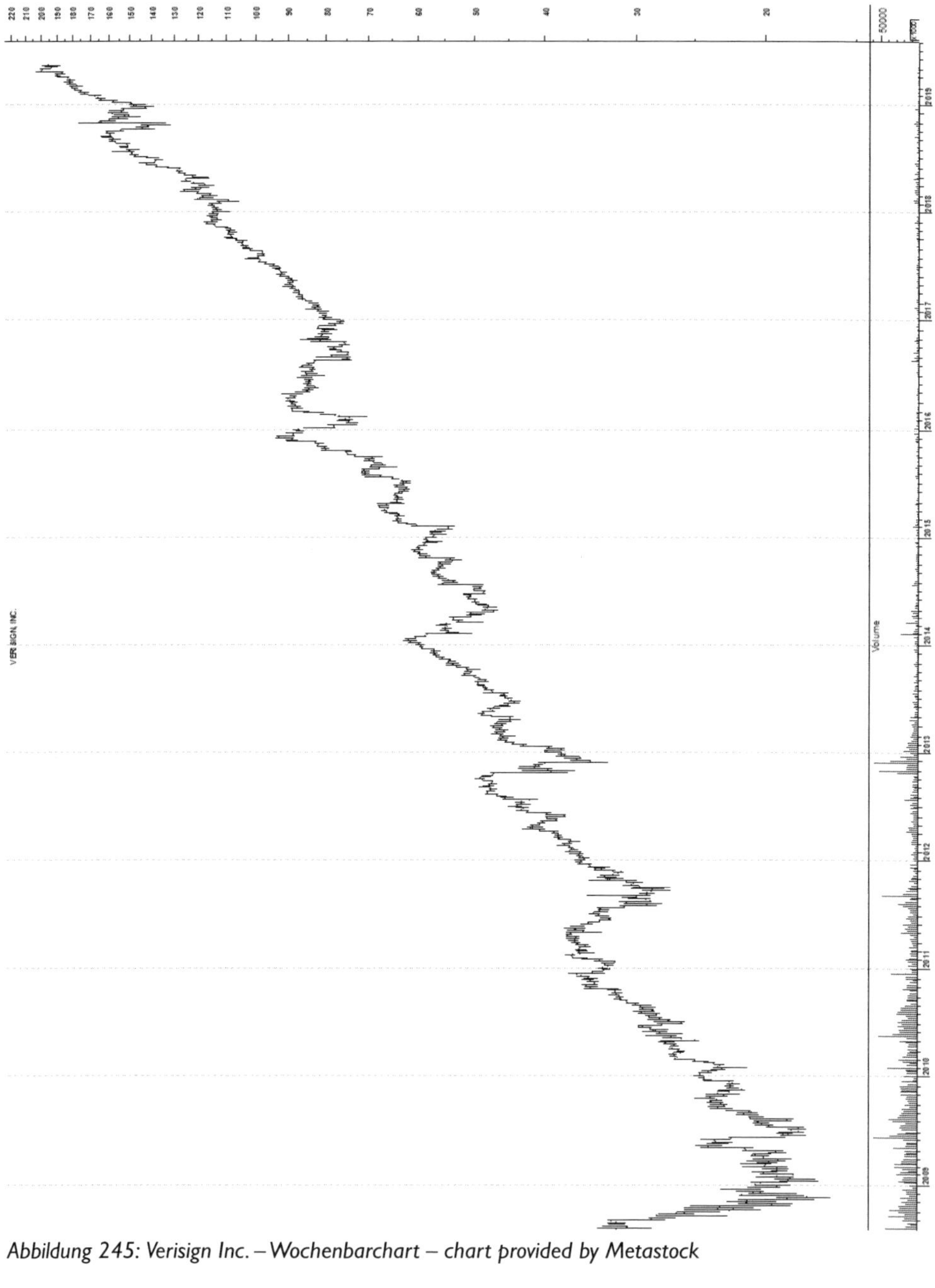

Abbildung 245: Verisign Inc. – Wochenbarchart – chart provided by Metastock

Übung 14 – Formationsanalyse

Finden Sie zwei, allerdings nicht ideal-typische Dreiecke im Kursverlauf?

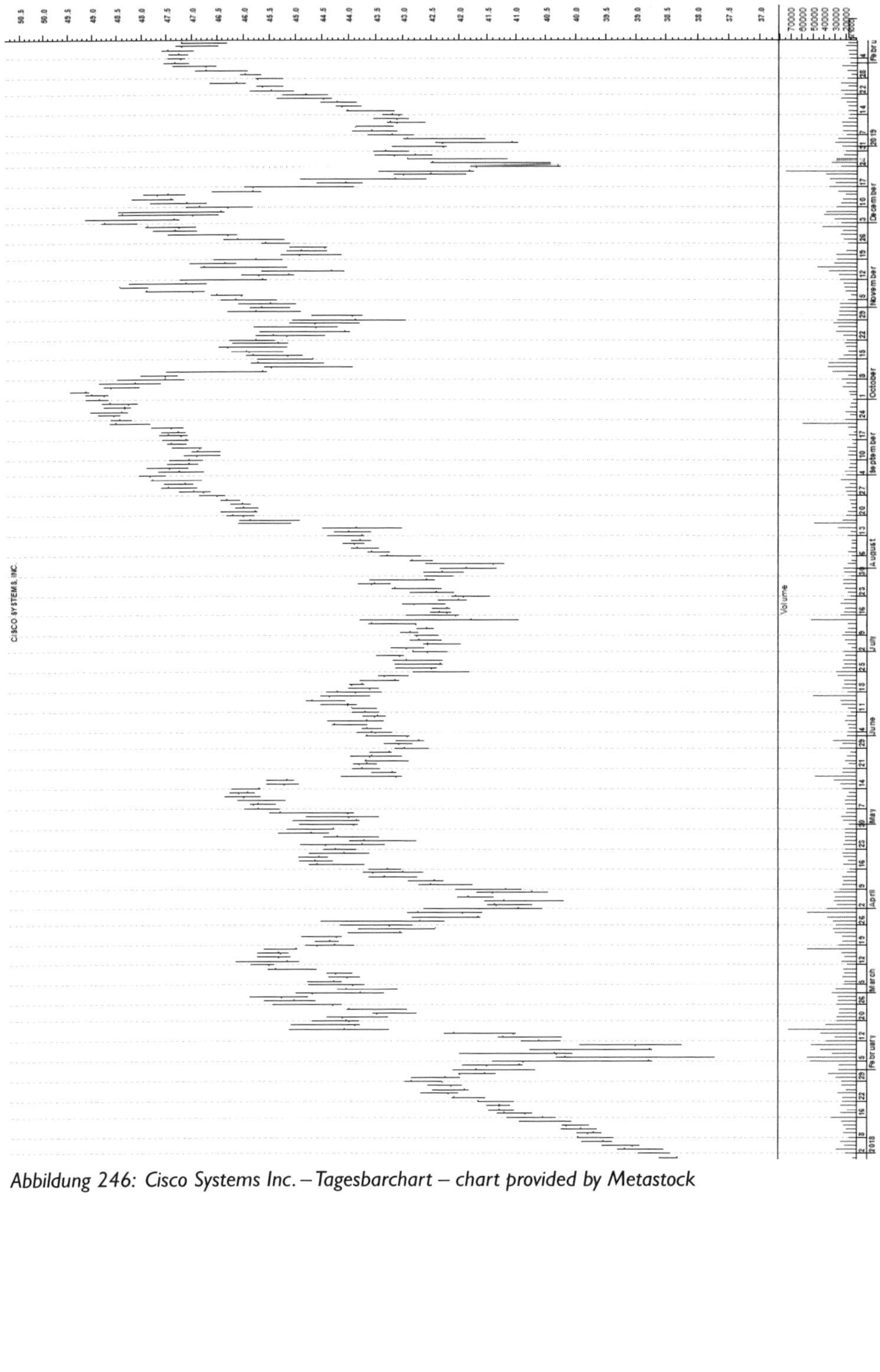

Abbildung 246: Cisco Systems Inc. – Tagesbarchart – chart provided by Metastock

Übung 15 – Formationsanalyse

Flagge mit Fahnenstange und Dreiecke als Signalgeber im Kursverlauf. Leiten Sie wiederum Kursziele ab!

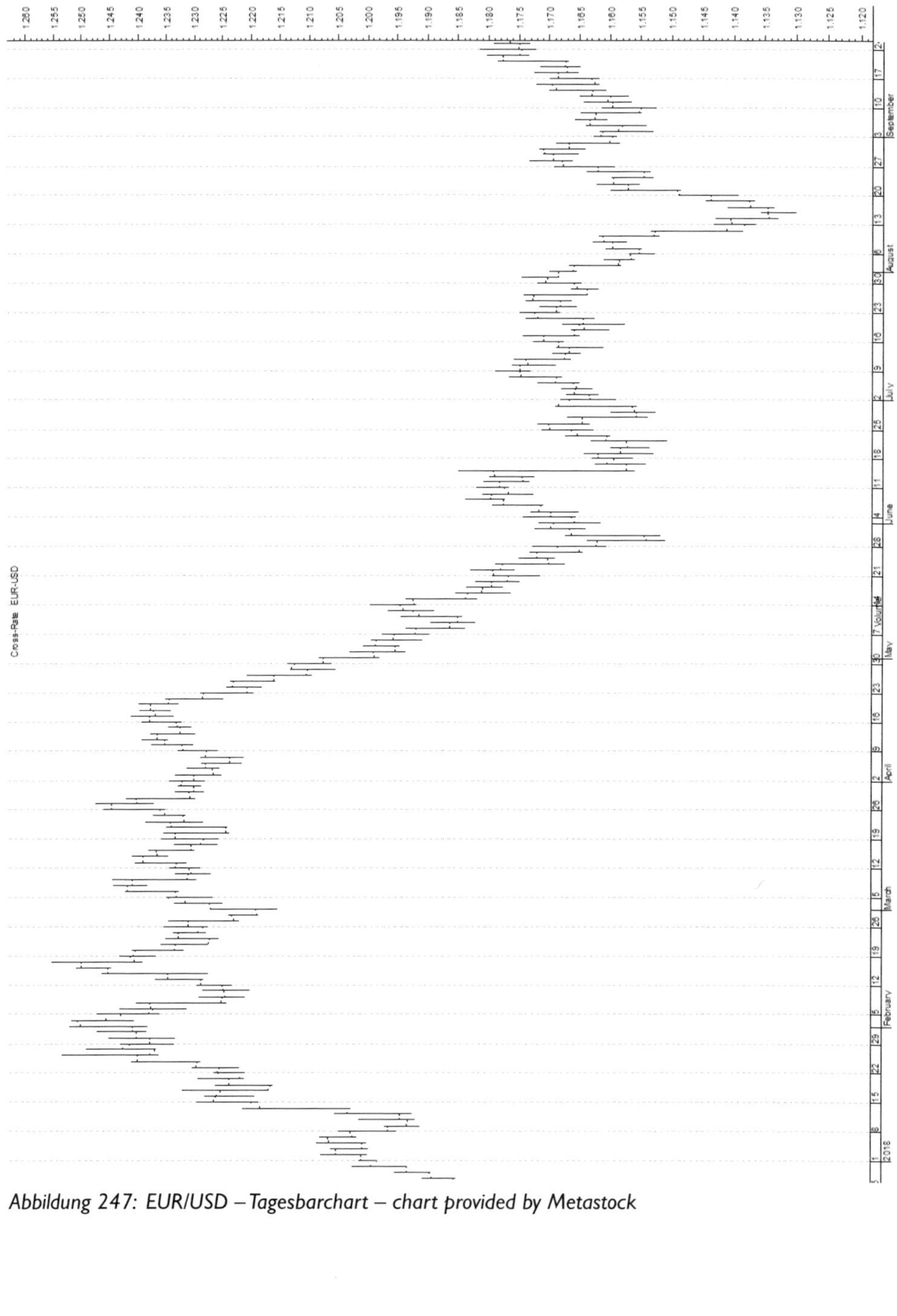

Abbildung 247: EUR/USD – Tagesbarchart – chart provided by Metastock

Übung 16 – Formationsanalyse

Zu finden sind zwei Dreiecke und eine Keil-Formation. Leiten Sie Kursziele ab!

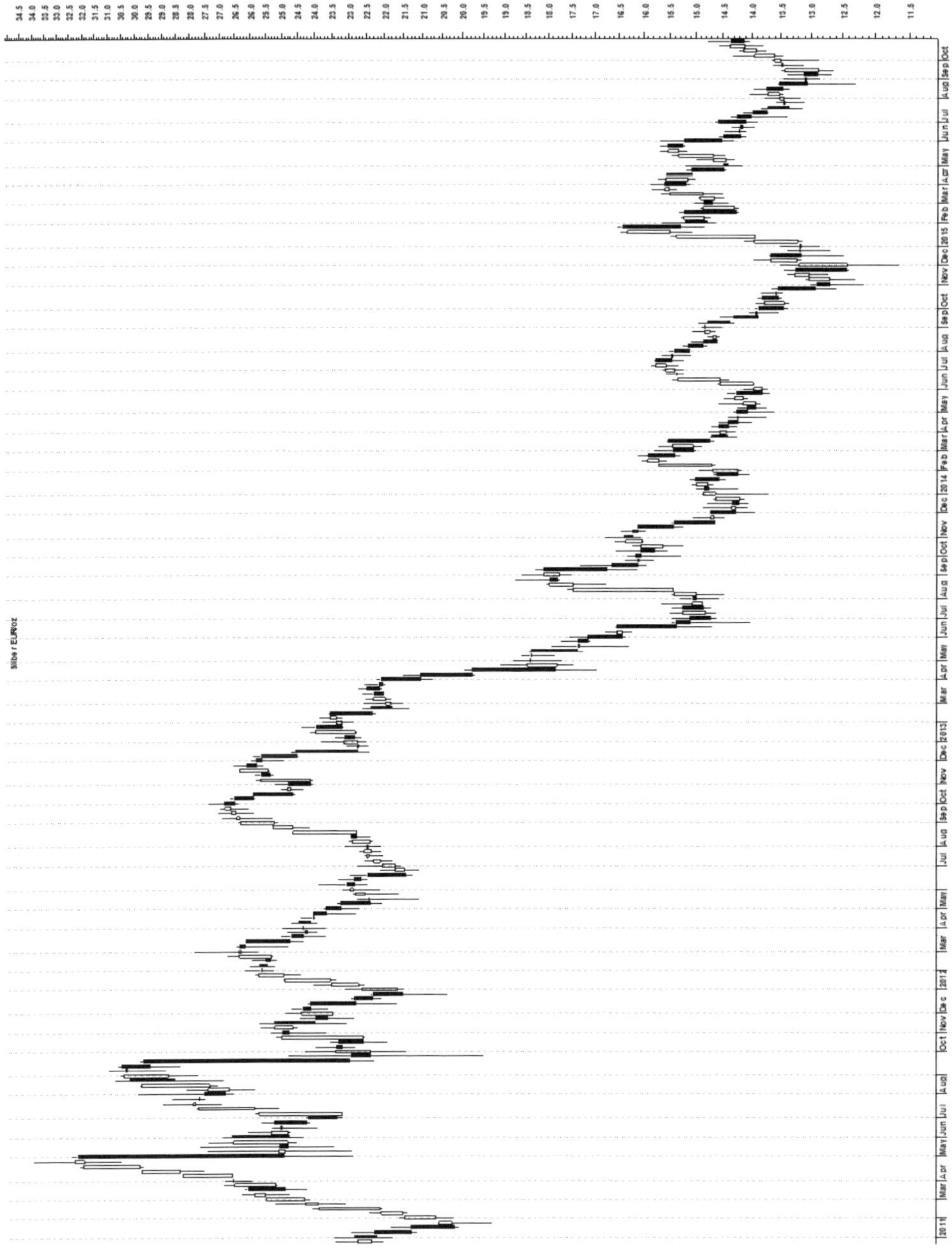

Abbildung 248: Silber – Wochenkerzen – chart provided by Metastock

Übung 17 – Trend- und Formationsanalyse

Eine Fortsetzung der Übung 15 zum EUR/USD. Zwei Dreiecke in 2018 sowie folgend eine abwärtsgerichtete Tendenz seit September 2018 mit einem weiteren Dreieck und einer Keilformation – finden Sie diese beiden Formationen!

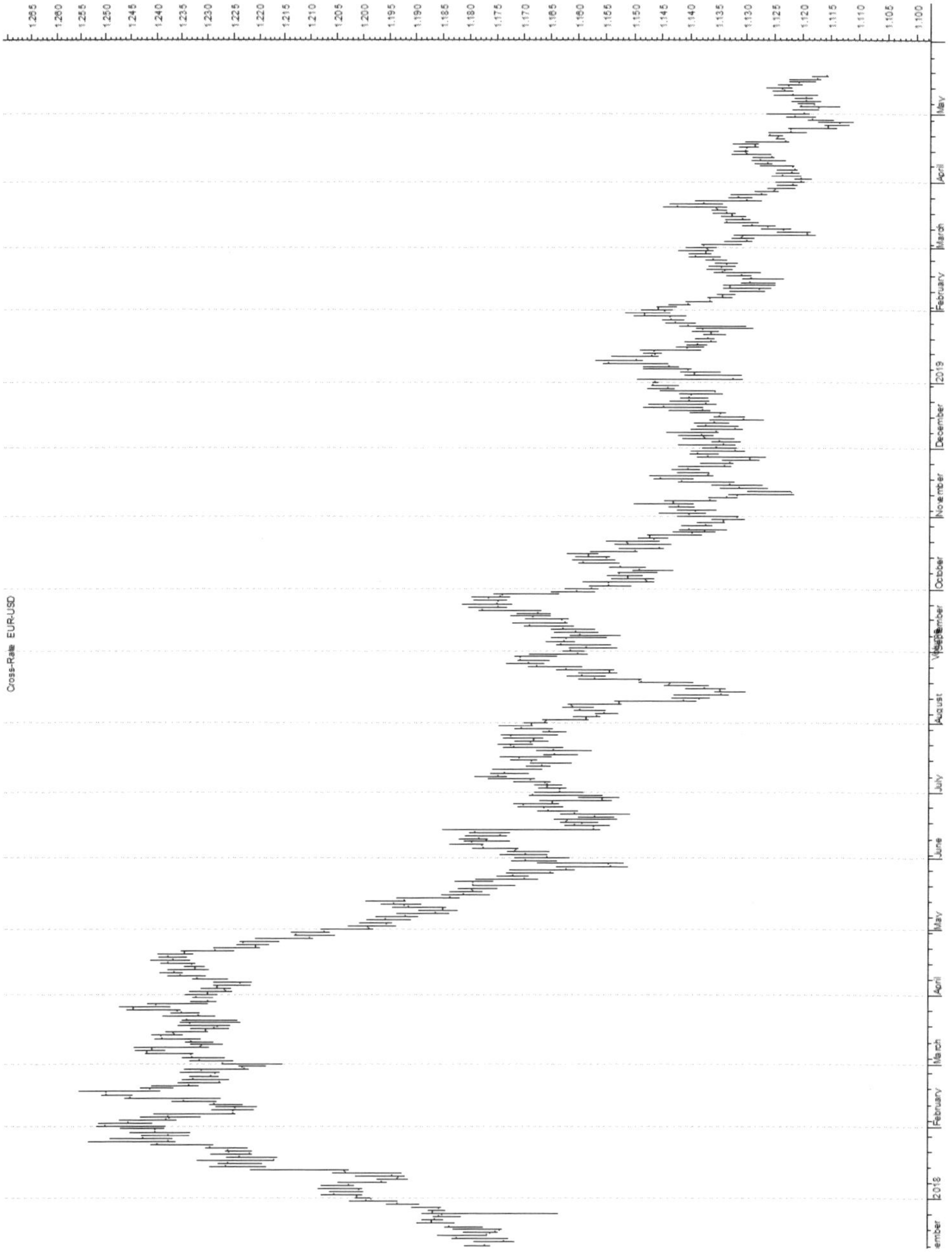

Abbildung 249: EUR/USD – Tagesbarchart – chart provided by Metastock

Übung 18 – Trend- und Formationsanalyse

Führen Sie bitte eine Trendanalyse durch (Aufwärtstrendlinie) und finden Sie zwei trendbestätigende Dreiecke. Kursziele?

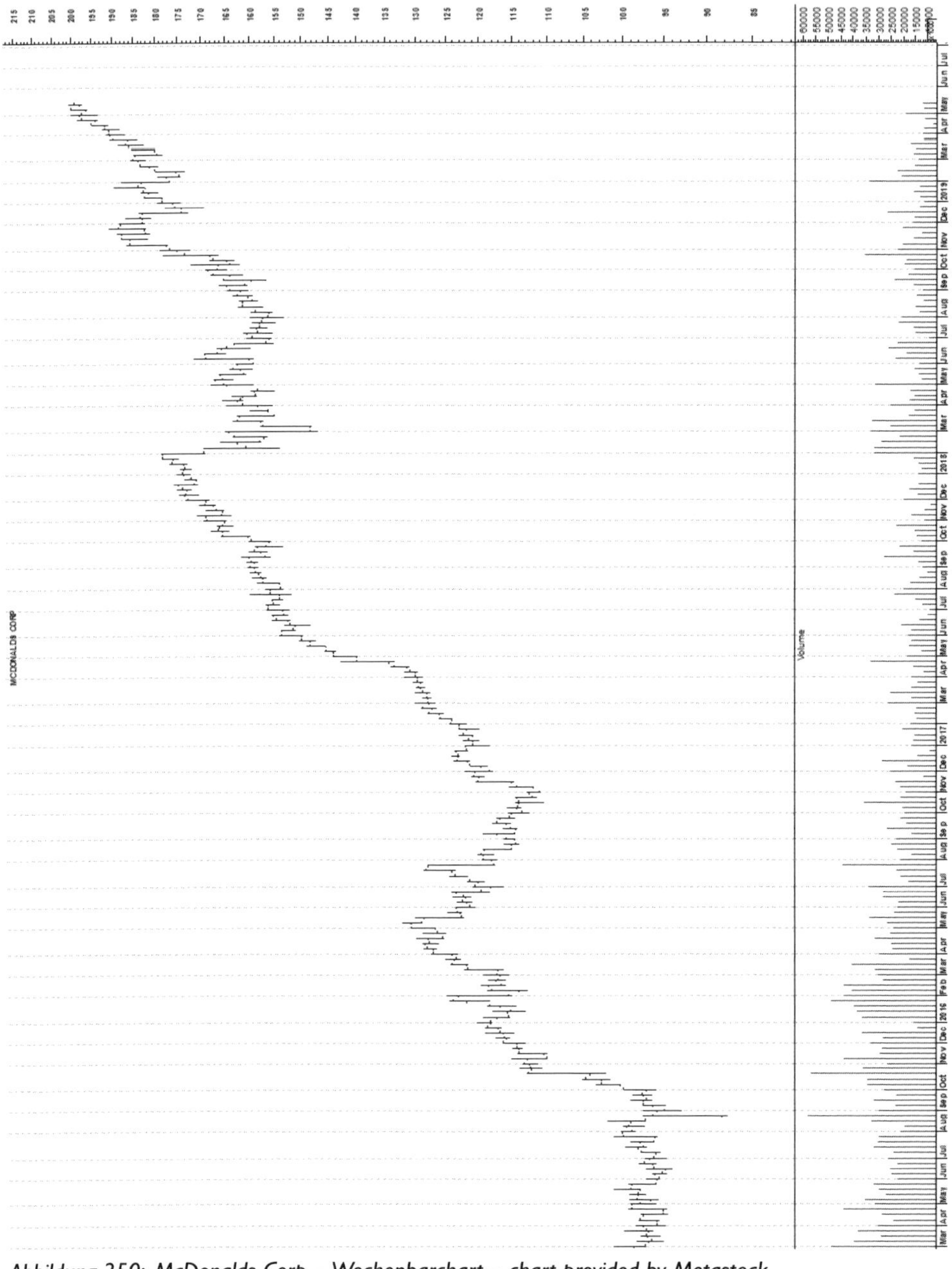

Abbildung 250: McDonalds Corp. – Wochenbarchart – chart provided by Metastock

Übung 19 – Trend- und Formationsanalyse

Führen Sie eine Trend- und Formationsanalyse durch (Stichpunkte: Dreiecke, M- und W-Formation, Trendlinien) und leiten Sie Kursziele ab.

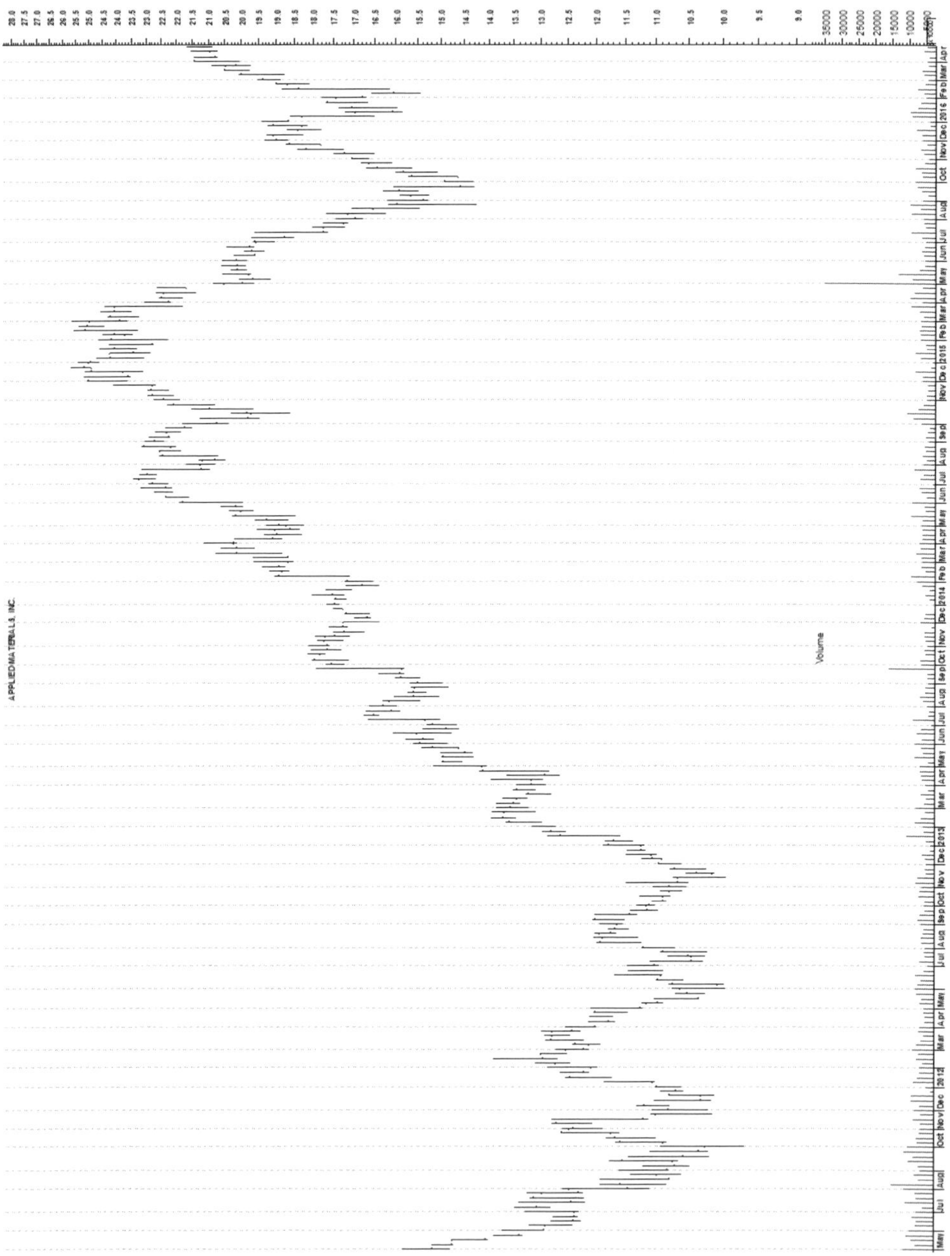

Abbildung 251: Applied Materials Inc. – Wochenbarchart – - chart provided by Metastock

Übung 20 – Trend- und Formationsanalyse

Konstruieren Sie bitte einen langfristigen Aufwärtstrendkanal und beachten Sie trendbestätigende Gaps. Können Sie ein Kursziel nach einem Kaufsignal ableiten?

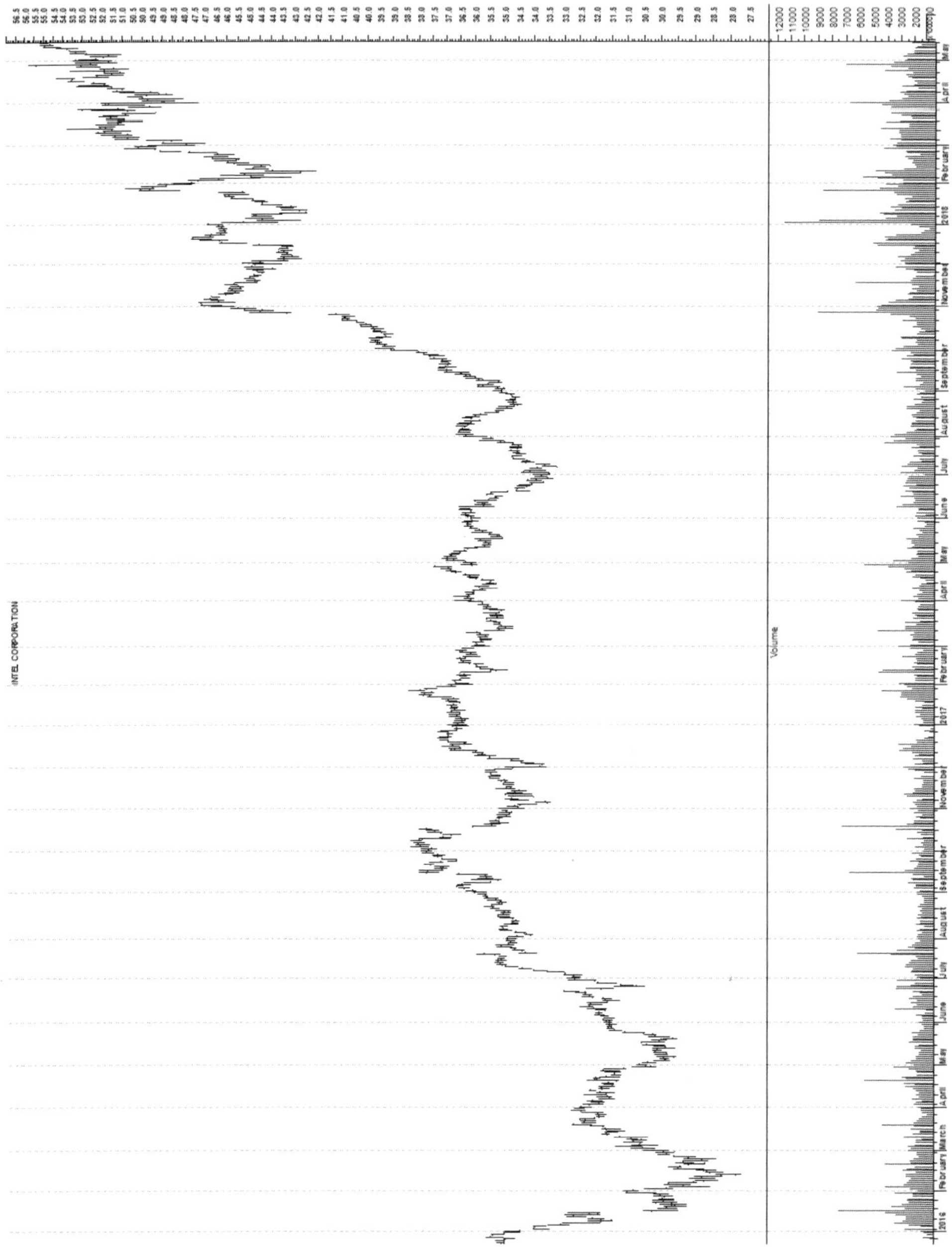

Abbildung 252: Intel Corp. – Tagesbarchart – chart provided by Metastock

Übung 21 – Trend- und Formationsanalyse

Markieren Sie Hoch- und Tiefpunkte, zeichnen Sie Auf- und Abwärtstrendlinien. Welche Formationen entdecken Sie im Kursverlauf?

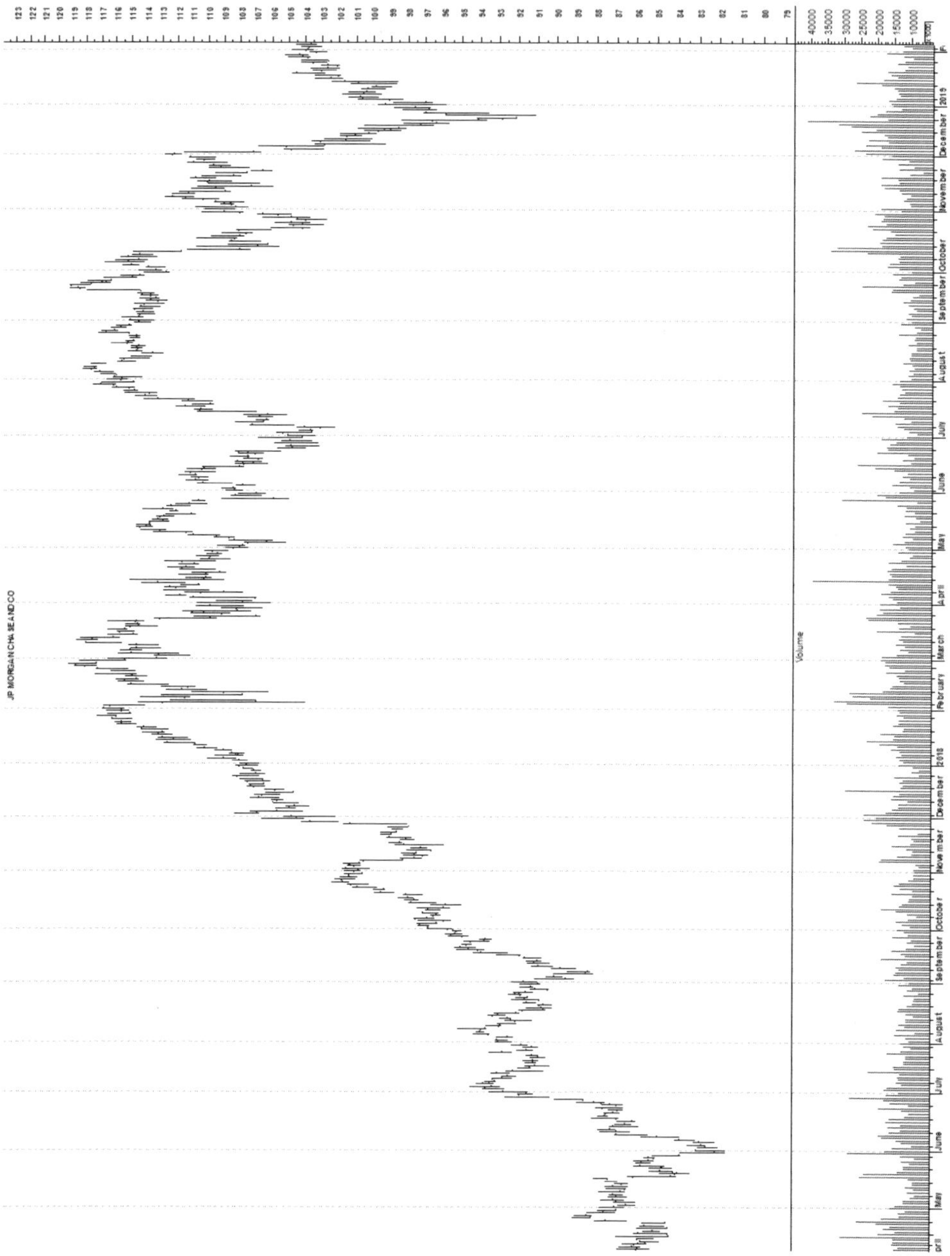

Abbildung 253: JP Morgan Chase & Co. – Tagesbarchart – chart provided by Metastock

Übung 22 – Trend- und Formationsanalyse

Eine einfache Übung! Kennzeichnen Sie einen Aufwärtstrend und eine M-Formation, leiten Sie ein Kursziel nach einem Verkaufssignal ab.

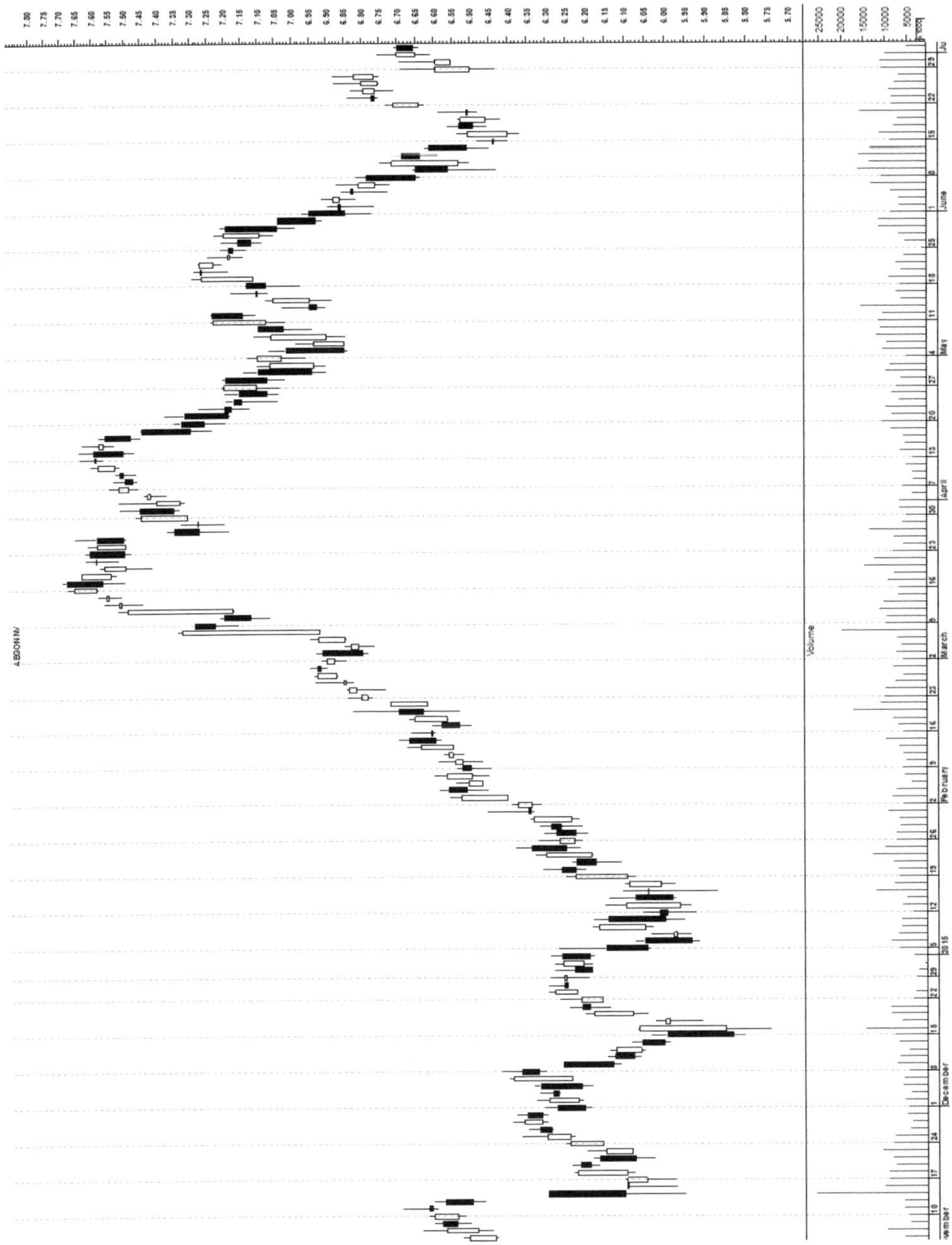

Abbildung 254: Aegon NV – Tageskerzen – chart provided by Metastock

Übung 23 – Trend- und Formationsanalyse

Eine Aktie im Abwärtstrendkanal mit einem Trendwendemuster. Leiten Sie sowohl Kauf- und Verkaufssignale und Kursziele ab.

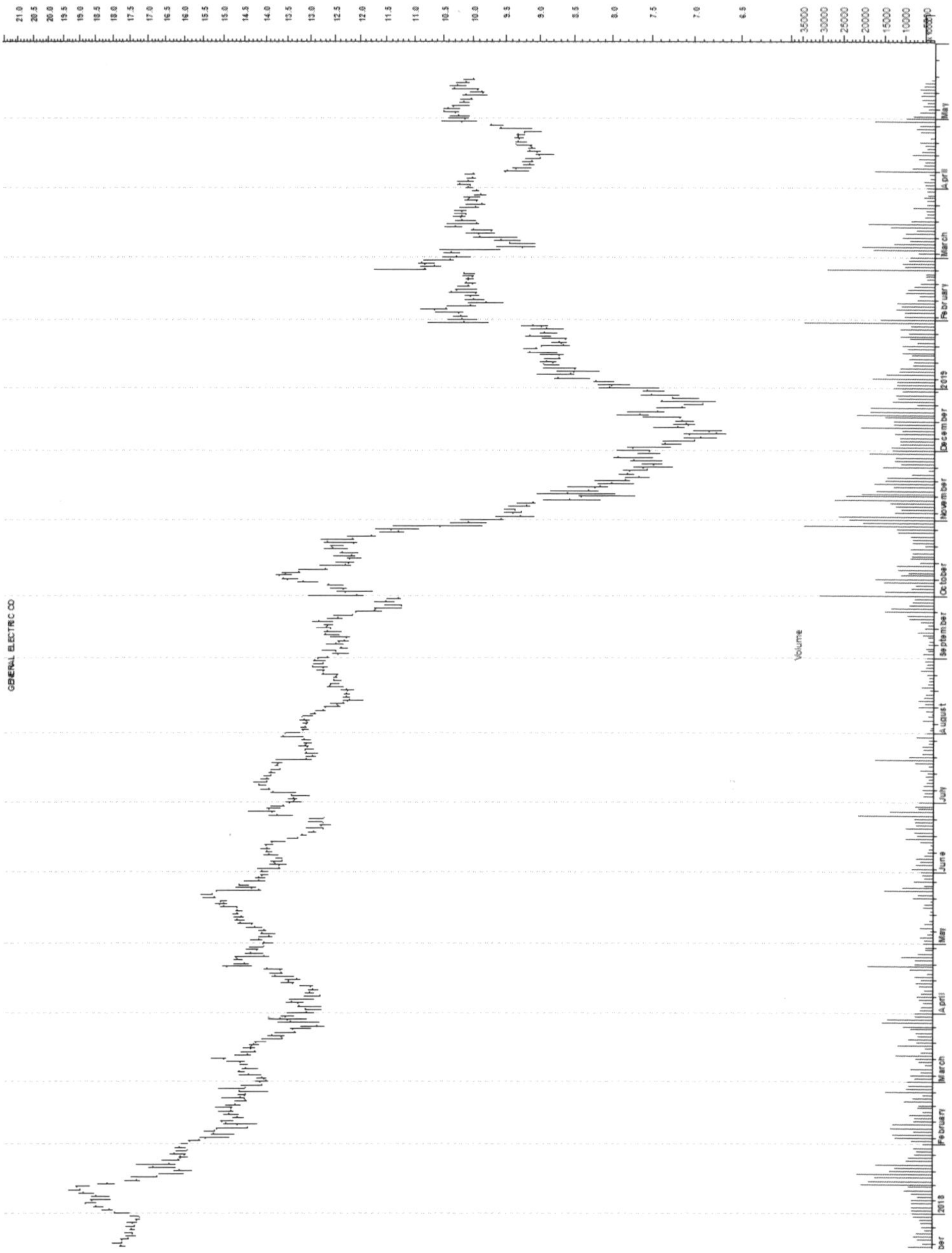

Abbildung 255: General Electric Corp. – Tagesbarchart – chart provided by Metastock

Übung 24 – Trend- und Formationsanalyse

Zeichnen Sie bitte Abwärtstrendkanäle im Kursverlauf ein. Erkennen Sie eine W-Formation?

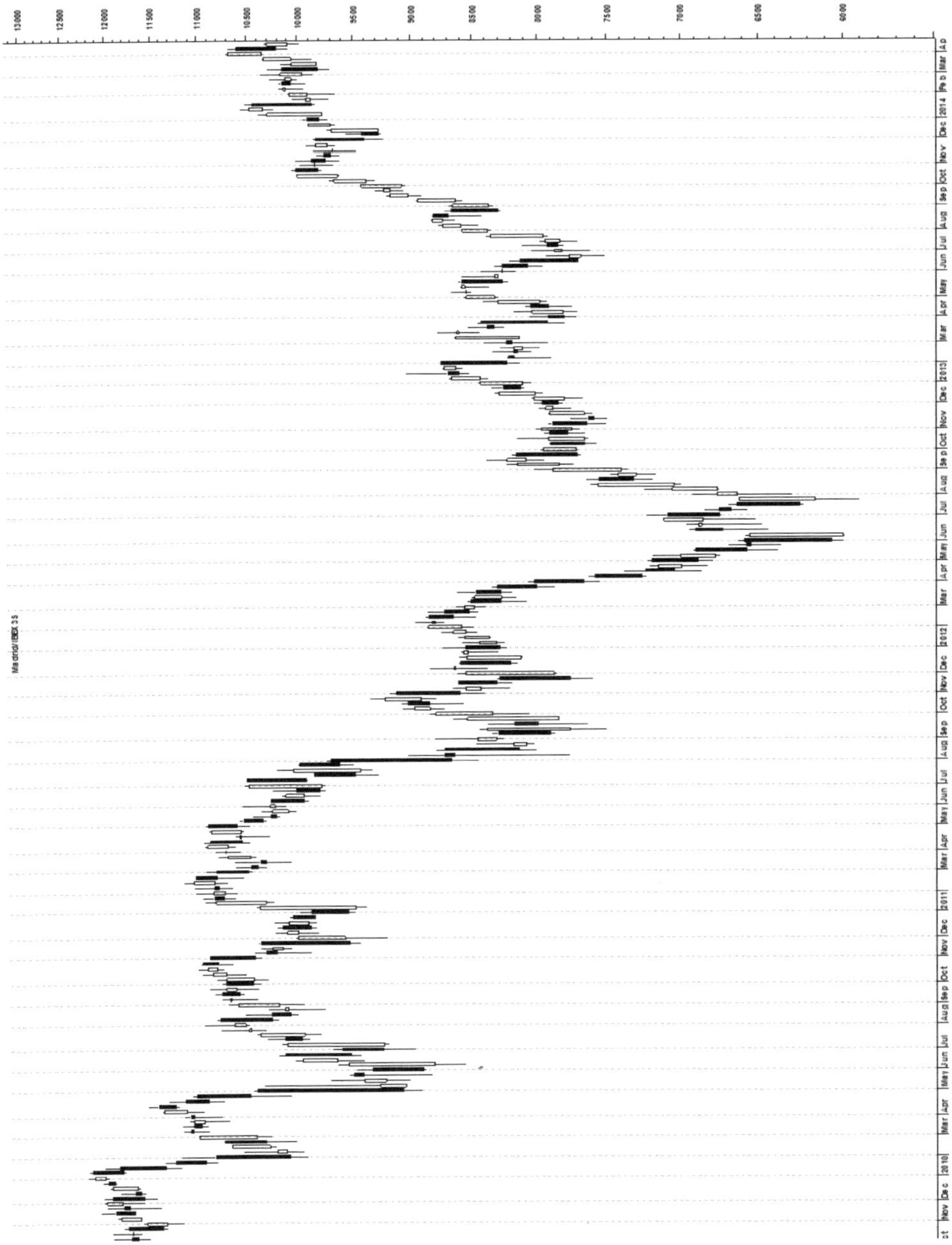

Abbildung 256: IBEX – Wochenkerzen – chart provided by Metastock

Übung 25 – Trend- und Formationsanalyse

Abwärtstrendlinien sowie eine W-Formation finden Sie in diesem Chart.

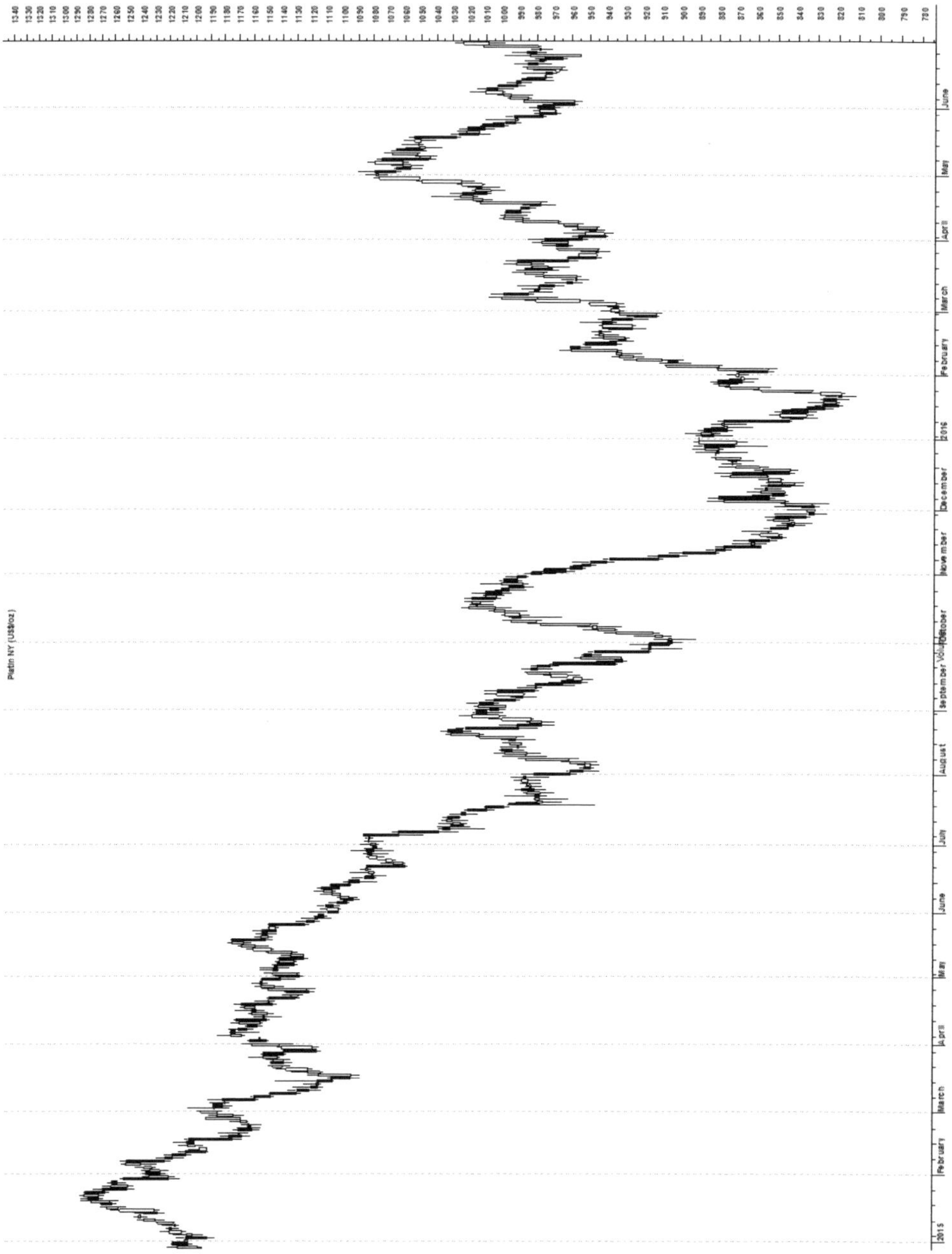

Abbildung 257: Platin – Tageskerzen – chart provided by Metastock

Übung 26 – Trend- und Formationsanalyse

Finanzkrise 2008 im MDAX – Erkennen Sie eine langfristige Trendwendeformation im Kursverlauf? Zeichnen Sie bitte auch Aufwärts- und Abwärtstrendlinien.

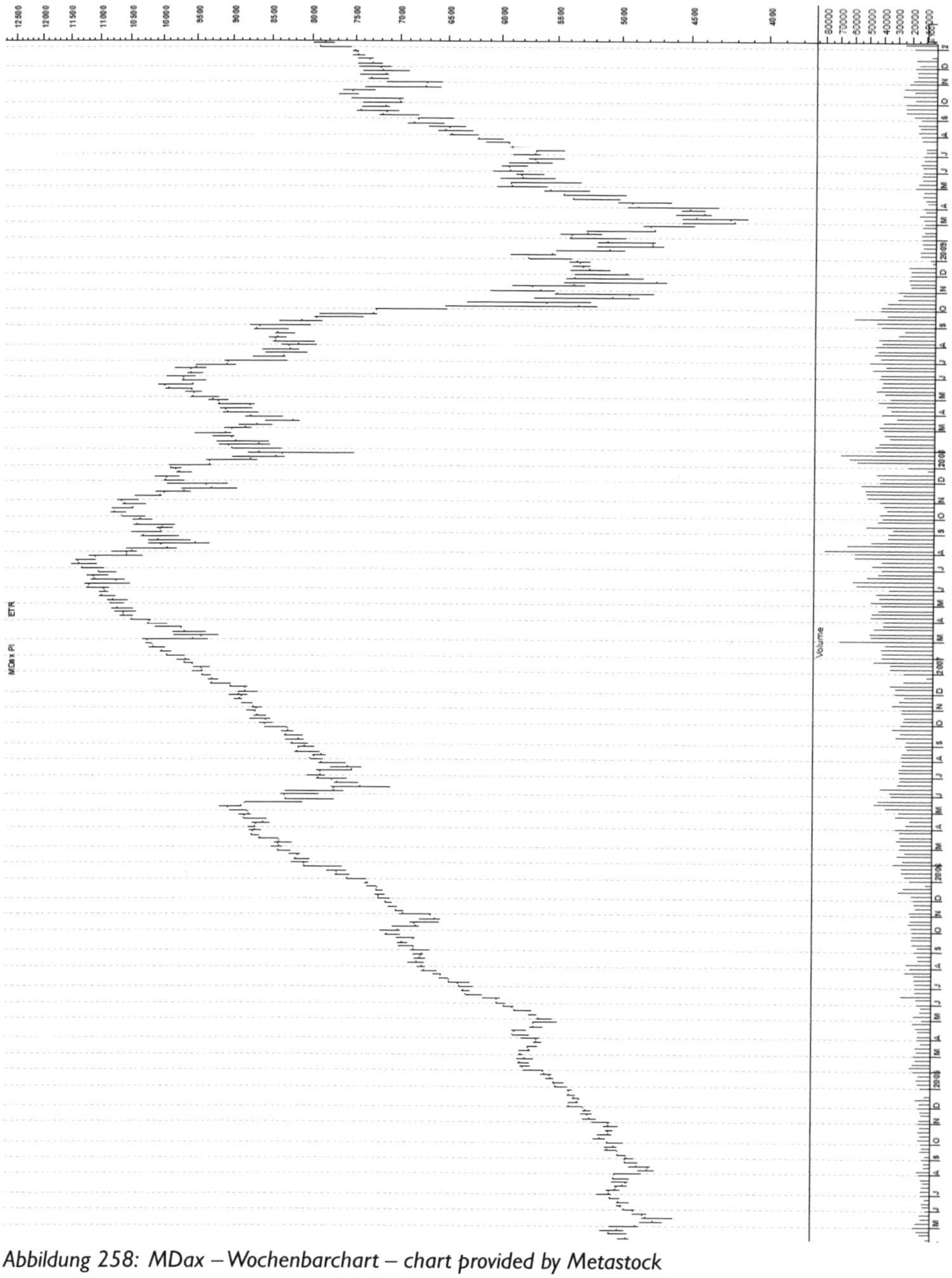

Abbildung 258: MDax – Wochenbarchart – chart provided by Metastock

Übung 27 – Trend- und Formationsanalyse

Keil oder Schulter-Kopf-Schulter-Formation? Fehlsignale im Trend? Konstruieren Sie bitte Trendlinien und zeichnen Sie langfristige Formationen ein.

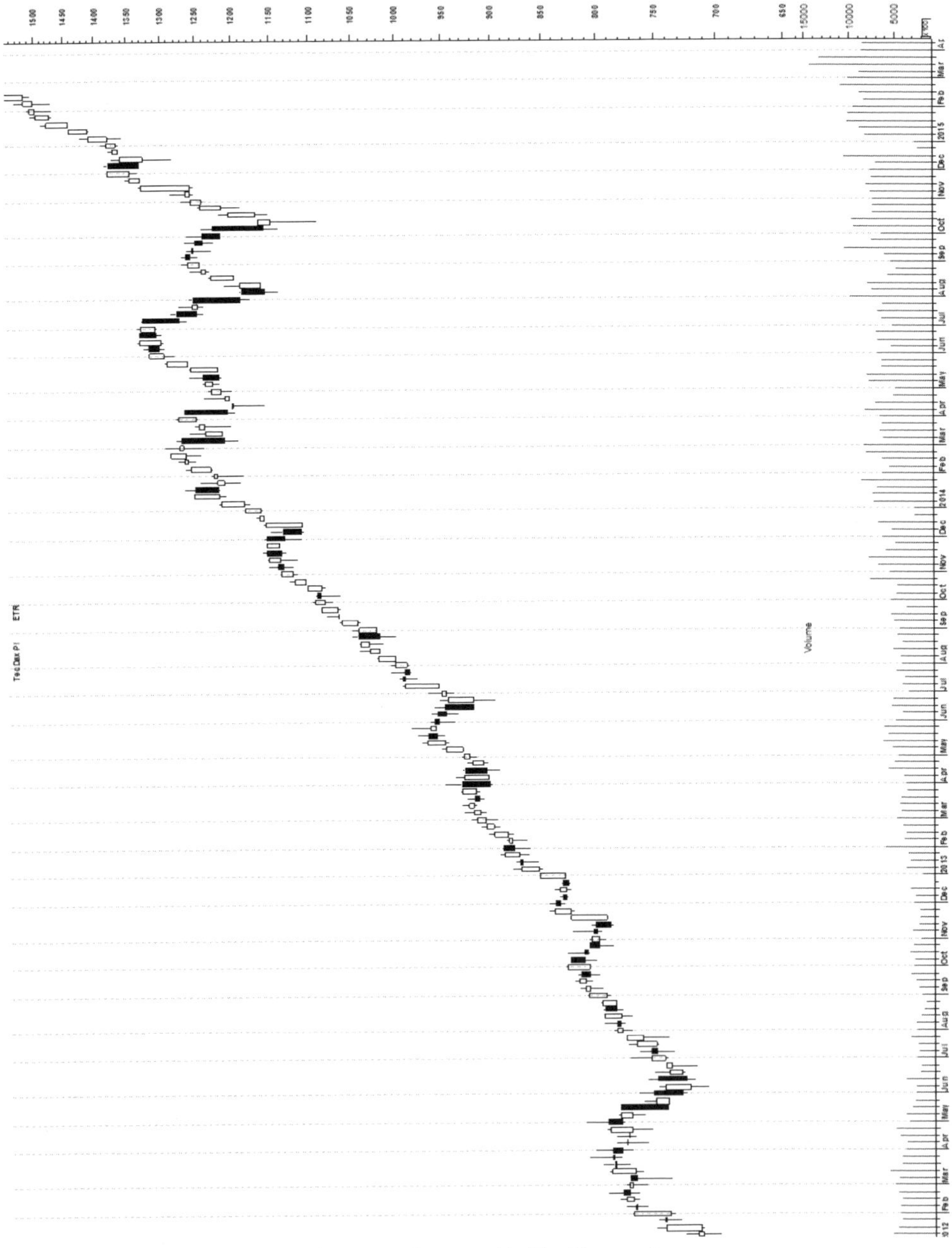

Abbildung 259: TecDax – Wochenkerzen – chart provided by Metastock

Übung 28 – Trend- und Formationsanalyse

Untersuchen Sie den Kursverlauf nach inversen Schulter-Kopf-Schulter-Formationen im Abwärtstrend, auch nicht-idealtypischen Formationen sowie letztlich unvollendeten inversen SKS.

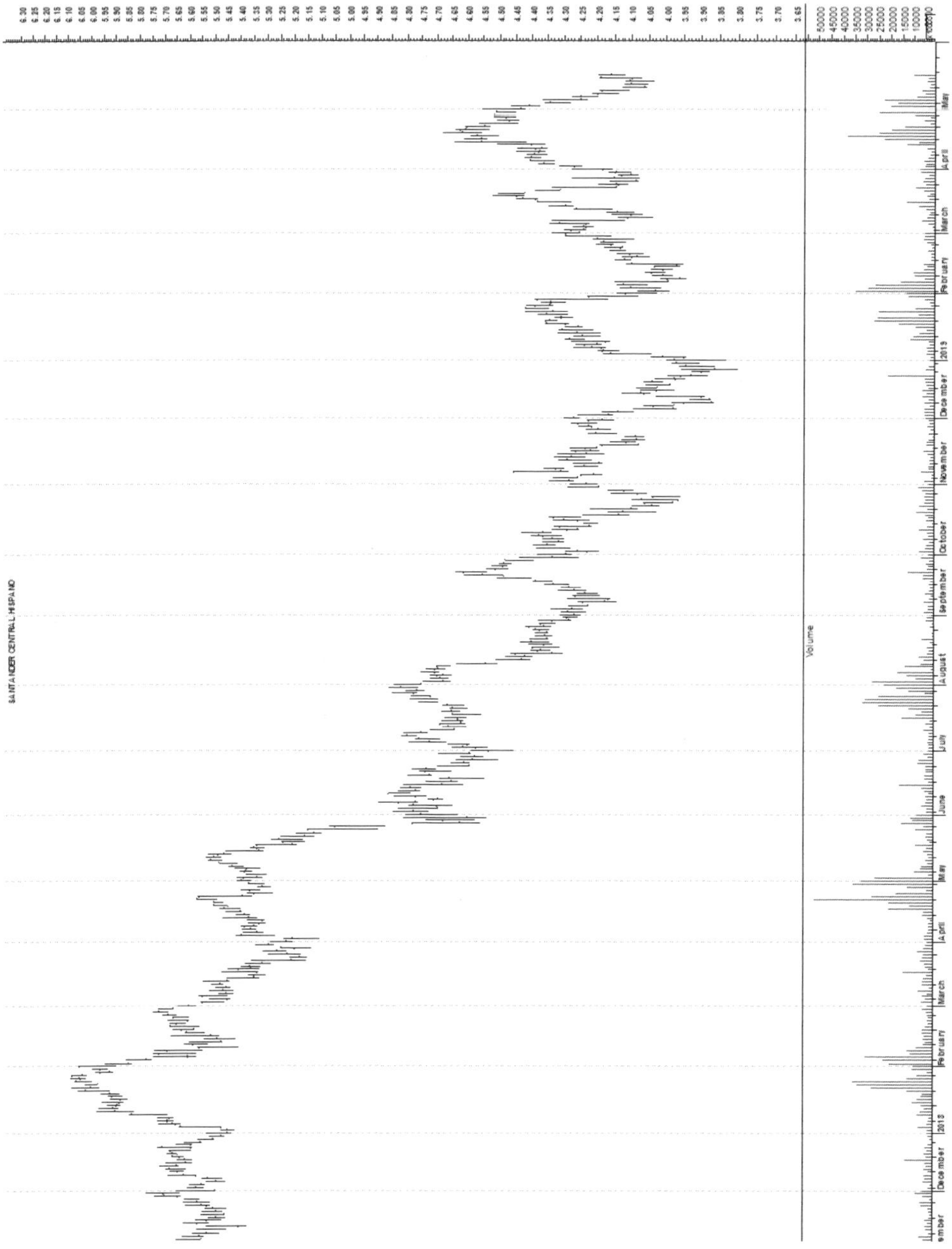

Abbildung 260: Santander Central Hispano – Tagesbarchart – chart provided by Metastock

Übung 29 – Trend- und Formationsanalyse

Konstruieren Sie bitte Aufwärtstrendlinien und finden Sie eine komplexe Schulter-Kopf-Schulter-Formation im Kursverlauf.

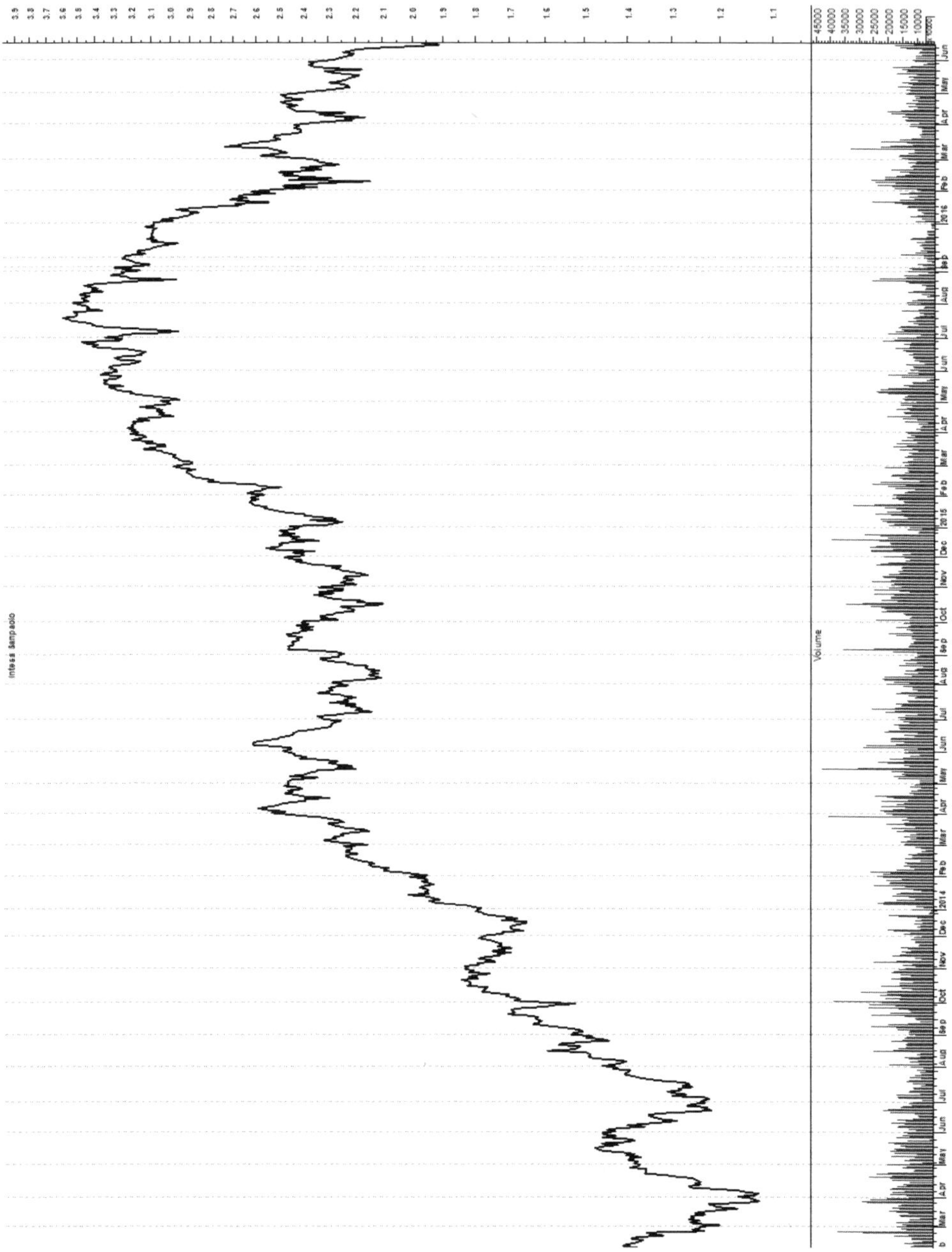

Abbildung 261: Intesa Sanpaolo – Tageslinienchart – chart provided by Metastock

Übung 30 – Trend- und Formationsanalyse

Eine Schulter-Kopf-Schulter-Formation im DAX? Führen Sie eine Trend- und Formationsanalyse durch.

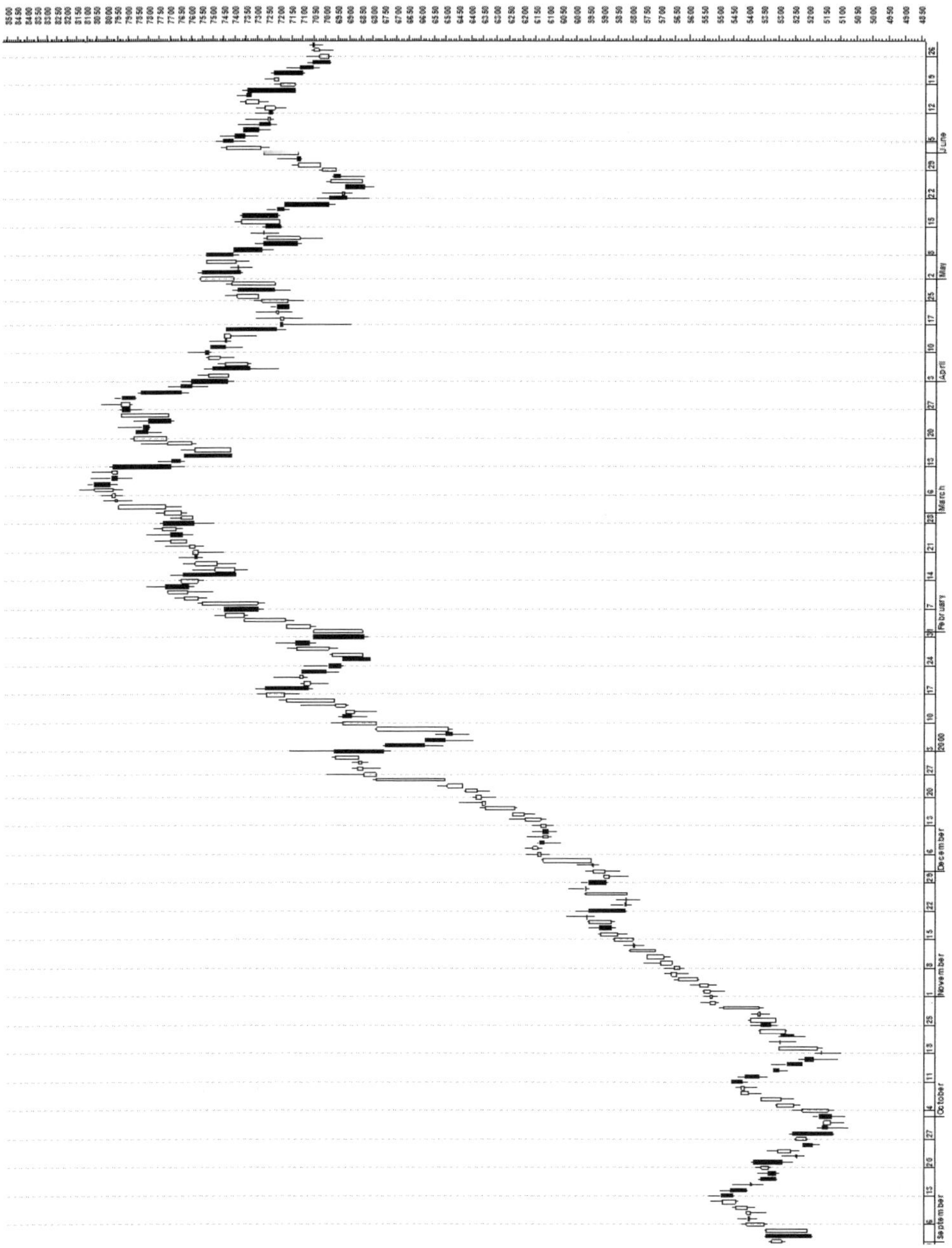

Abbildung 262: DAX – Tageskerzen – chart provided by Metastock

Übung 31 – Trend- und Formationsanalyse

Führen Sie bitte eine Trendanalyse durch. Wo ergaben sich aus langfristiger Perspektive Kaufsignale? Welche Formationen entdecken Sie im Kursverlauf – welche Kursziele können Sie ableiten? Stichpunkte: inverse, auch unvollendete oder nicht ideale Schulter-Kopf-Schulter-Formationen, Dreieck, Trendkanal.

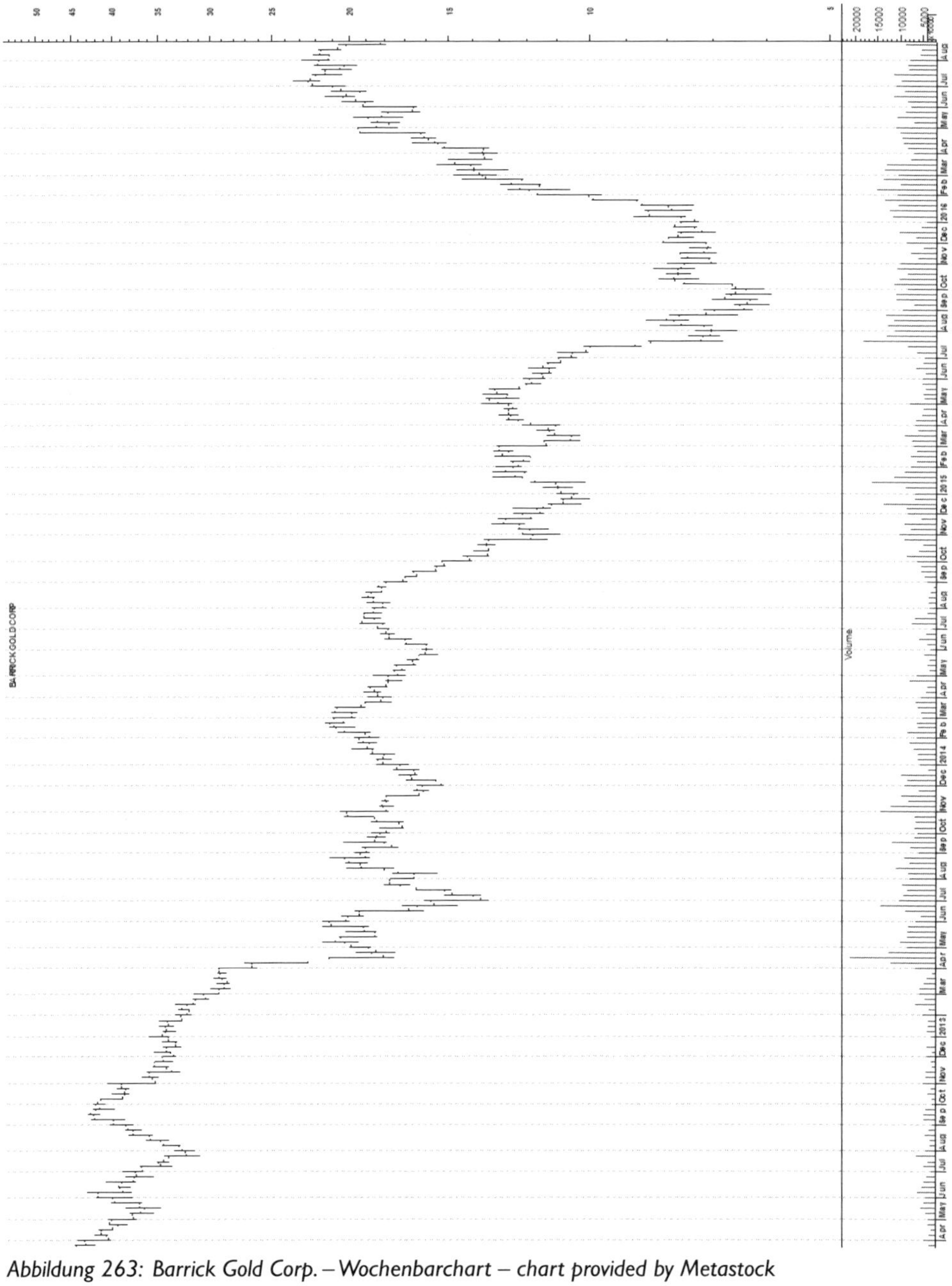

Abbildung 263: Barrick Gold Corp. – Wochenbarchart – chart provided by Metastock

Übung 32 – Formationsanalyse

Niemand weiß, wie tief ein Wert auch nach einer Abwärtsbewegung weiter fallen kann. Doch eine Flagge bietet einen Anhaltspunkt. Zeichnen Sie bitte im Kursverlauf eine Flagge ein und leiten Sie ein Kursziel ab.

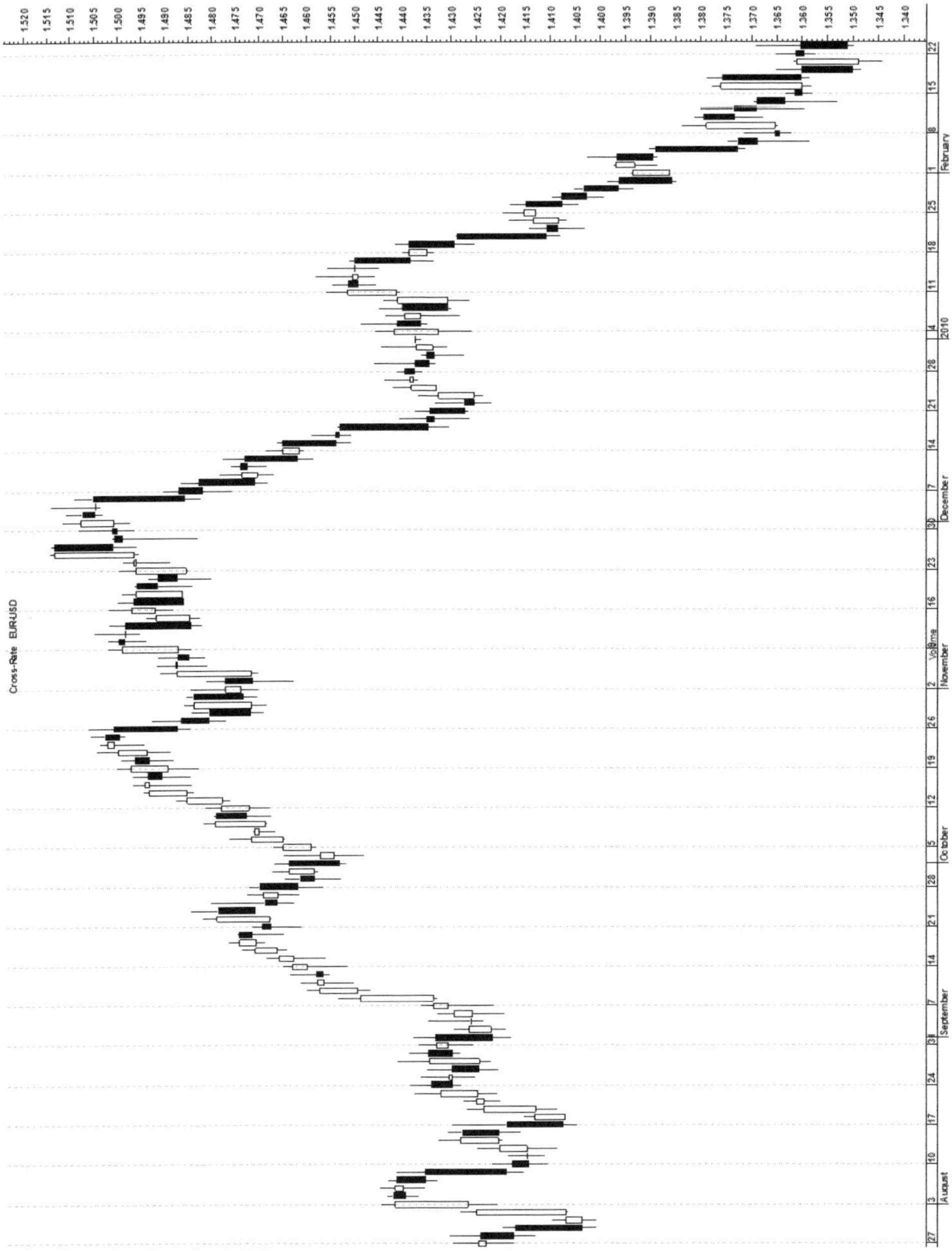

Abbildung 264: EUR/USD – Tageskerzen – chart provided by Metastock

Übung 33 – Trendanalyse und Gaps

Zeichnen Sie bitte Trendlinien ein und markieren Sie Kurslücken (Gaps) mit deren Ober- und Unterkanten. Welche Handelsregel gilt bei Gaps?

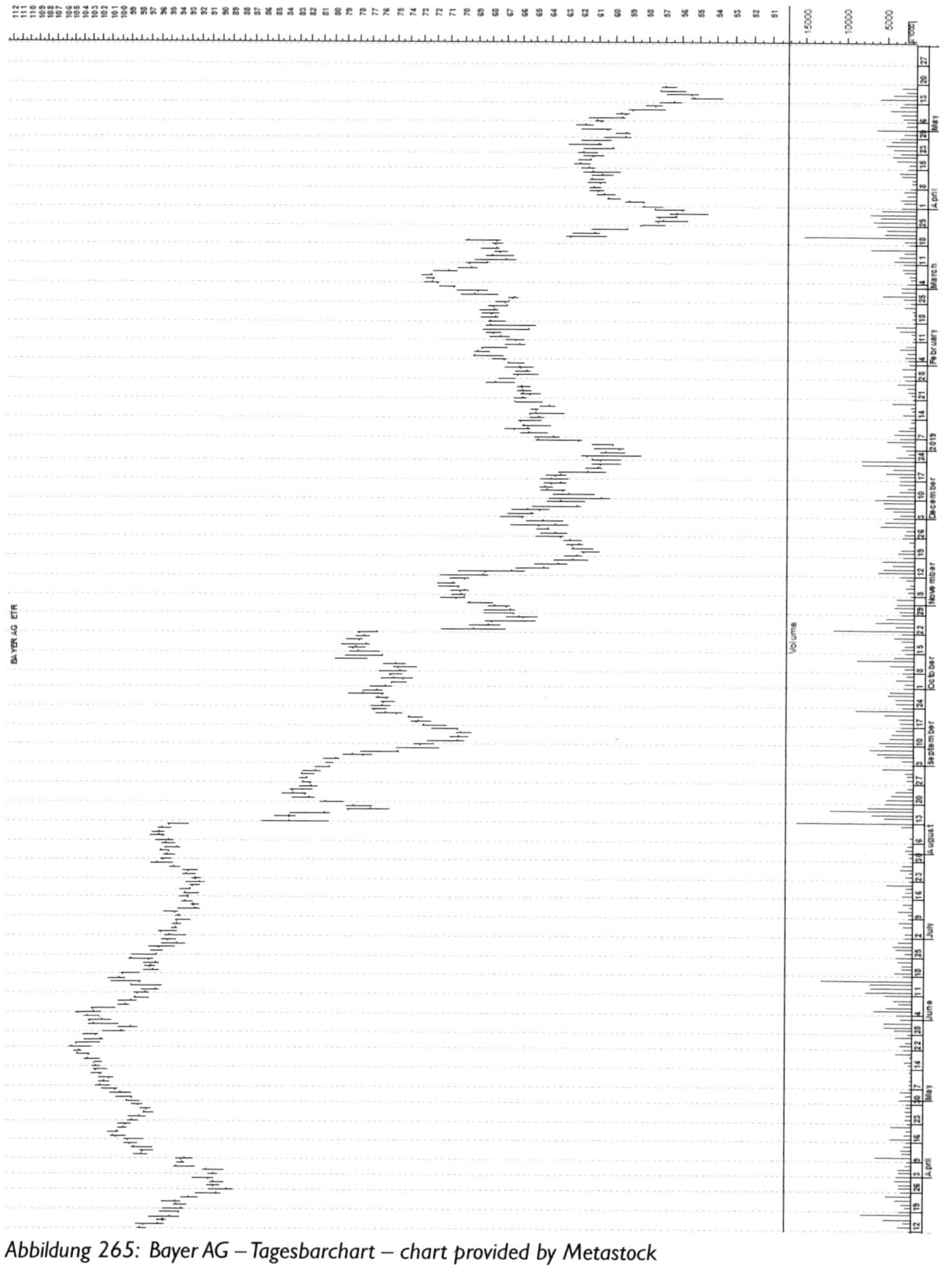

Abbildung 265: Bayer AG – Tagesbarchart – chart provided by Metastock

Übung 34 – Formationsanalyse, Candlesticks, Gaps

Konstruieren Sie bitte zwei Dreiecke und markieren Sie lange Lunten, lange weiße und schwarze Kerzen sowie Gaps.

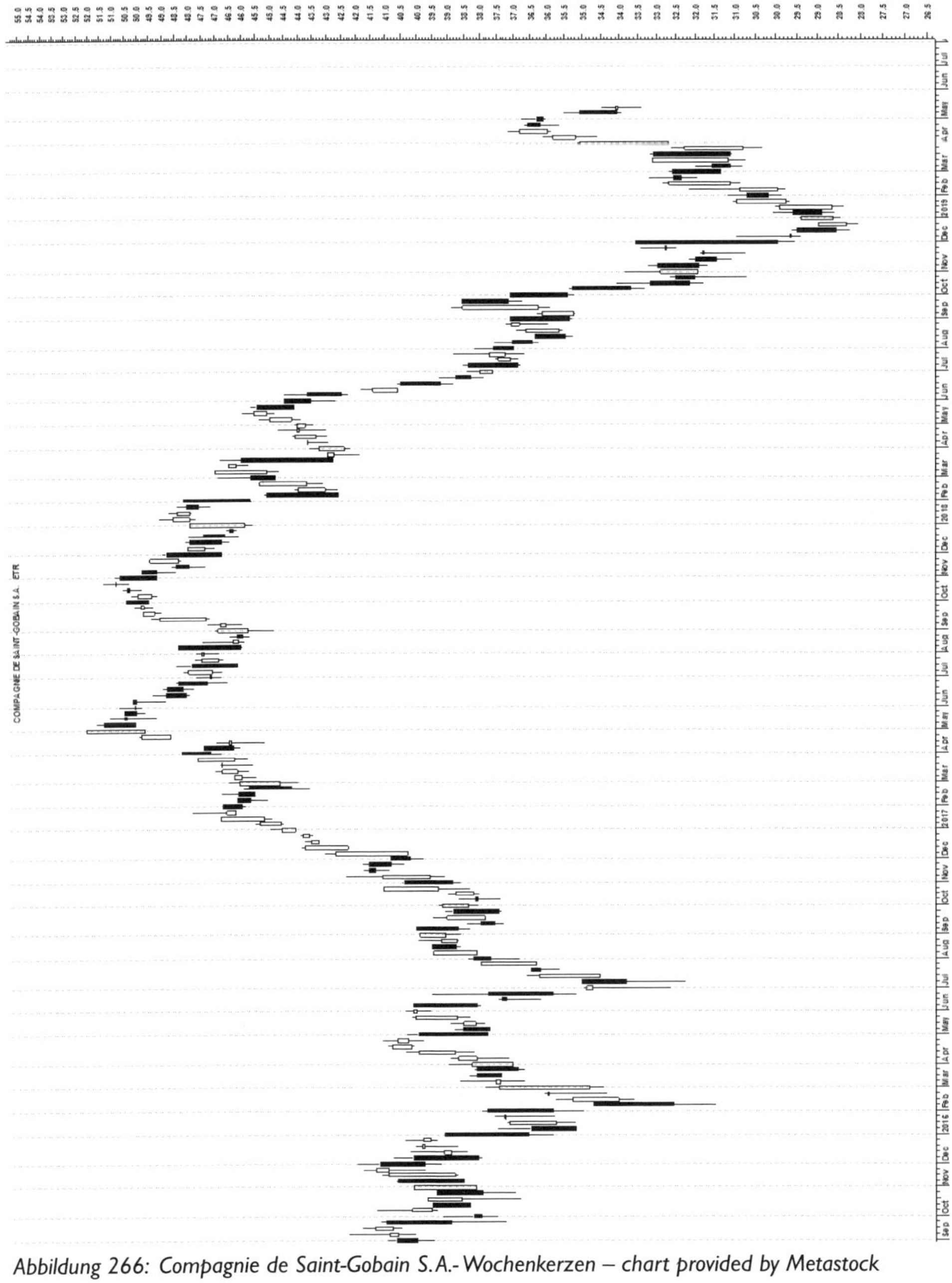

Abbildung 266: Compagnie de Saint-Gobain S.A.-Wochenkerzen – chart provided by Metastock

Übung 35 – Trendanalyse, Candlesticks, Gaps

Zeichnen Sie bitte jeweils einen Abwärts- und Aufwärtstrendkanal und markieren Sie lange weiße sowie schwarze Kerzen. Welche Bedeutung könnten die im Kursverlauf auftretenden Gaps haben?

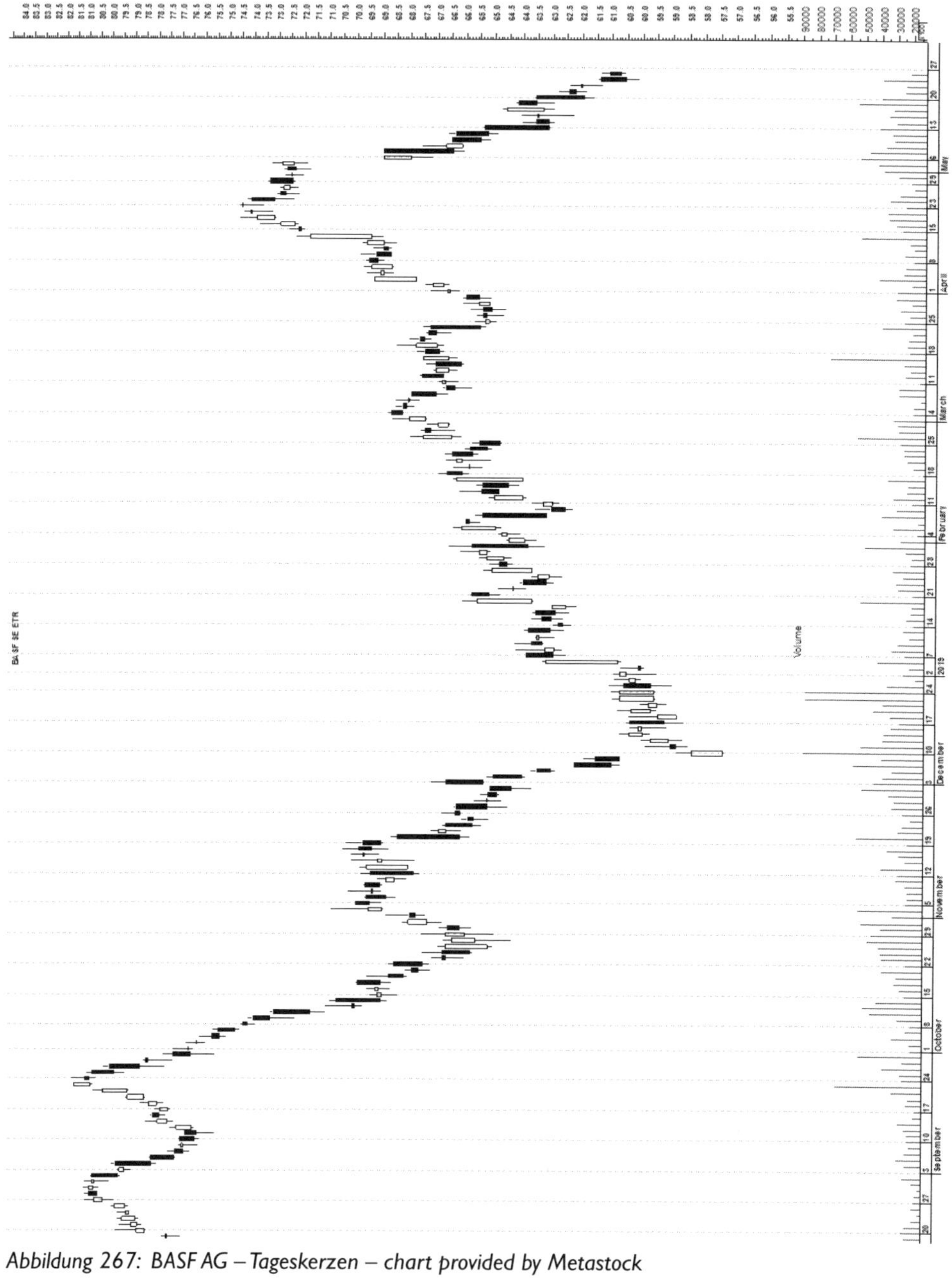

Abbildung 267: BASF AG – Tageskerzen – chart provided by Metastock

Übung 36 – Trendanalyse, Candlesticks

Führen Sie bitte eine Trendanalyse durch und kreisen Sie lange weiße und schwarze Kerzen sowie Gaps ein. Markieren Sie zudem die Candlestick-Muster Hammer und Shooting Star.

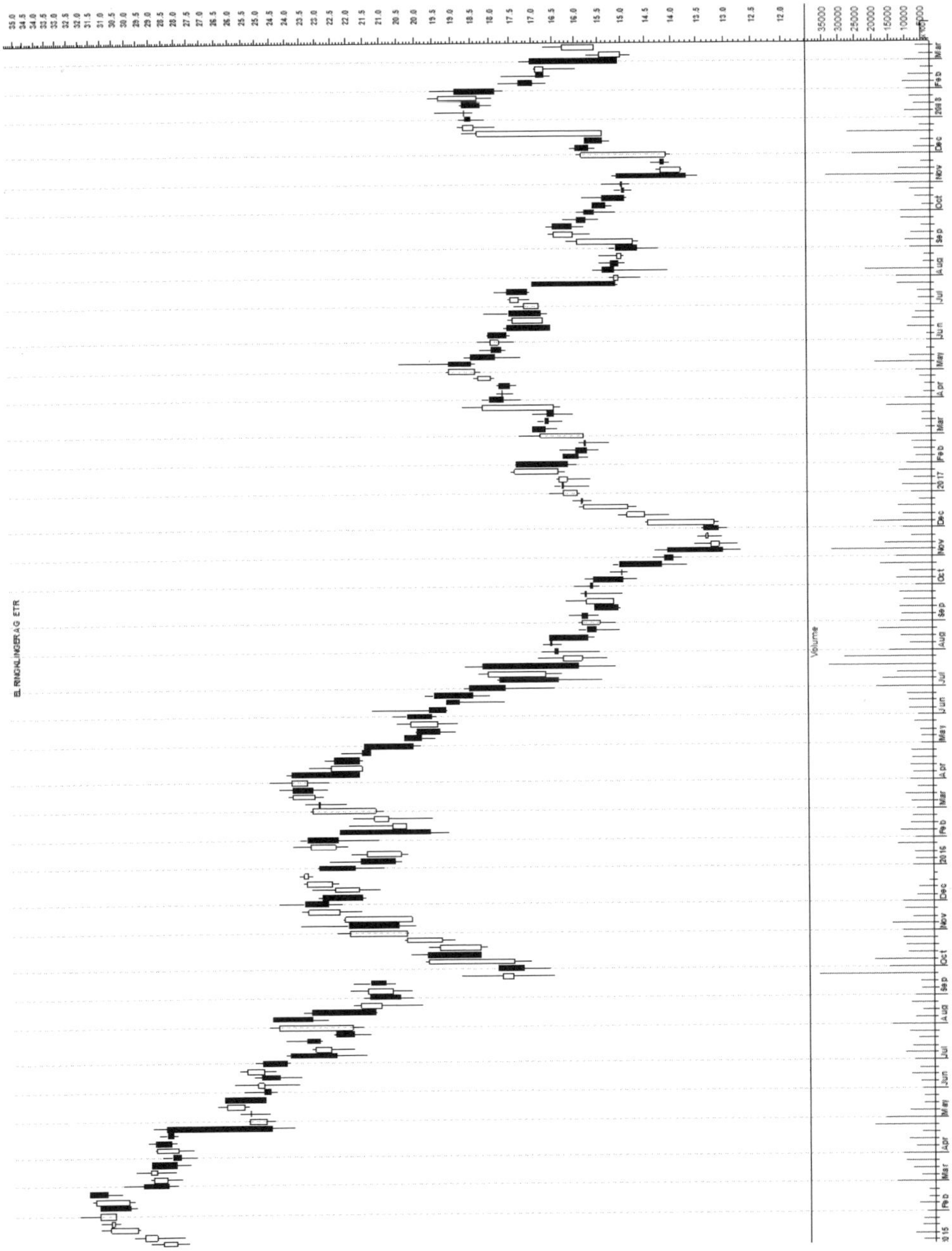

Abbildung 268: ElringKlinger AG – Wochenkerzen – chart provided by Metastock

Übung 37 – Trend- und Formationsanalyse, Candlesticks

Vergleichen Sie bitte den Kursverlauf der vorherigen Übung mit dieser Übung. Führen Sie bitte eine Trend- und Formationsanalyse durch und markieren Sie lange weiße und schwarze Kerzen!

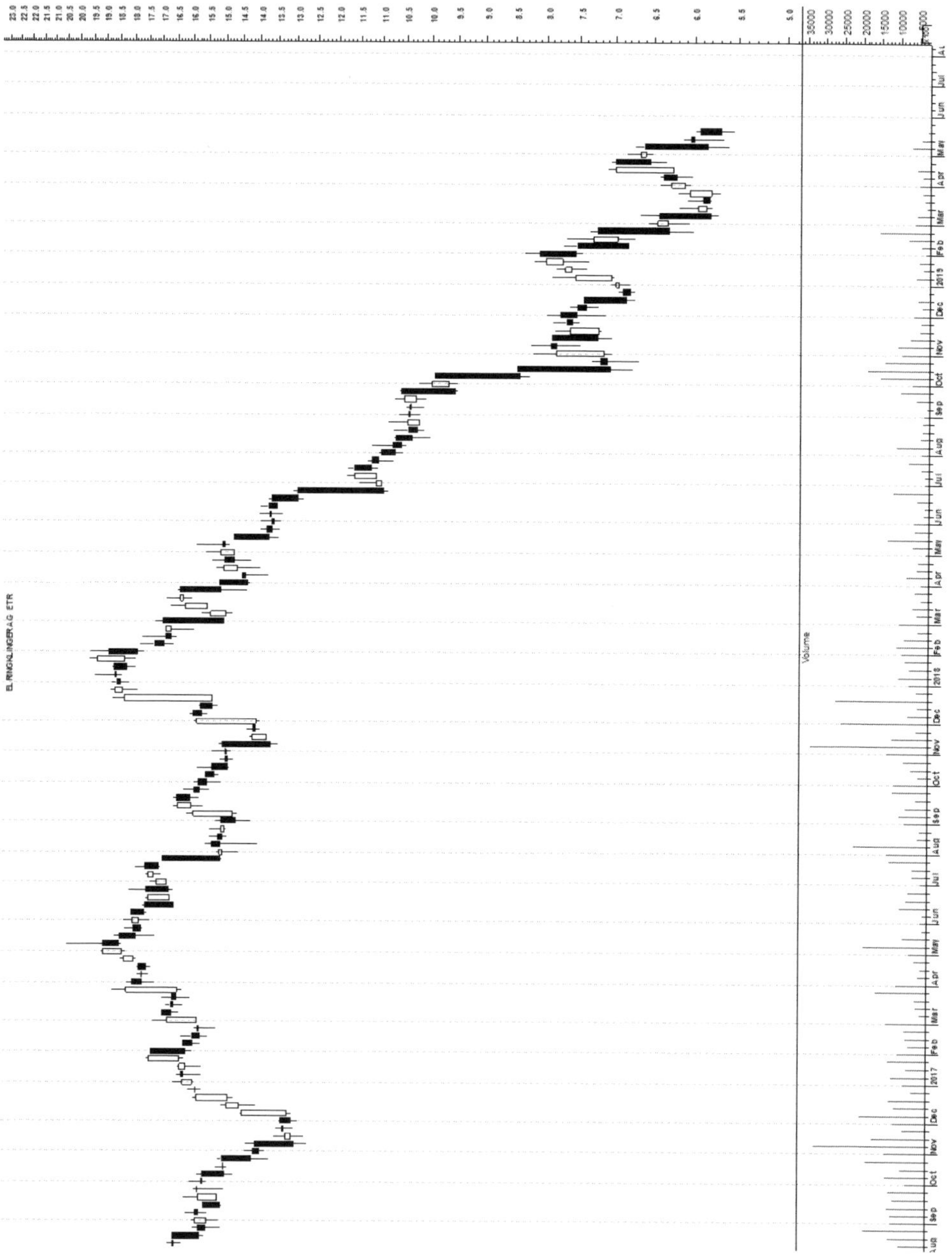

Abbildung 269: ElringKlinger AG – Wochenkerzen – chart provided by Metastock

Übung 38 – Trendanalyse, Candlesticks

Konstruieren Sie bitte Abwärtstrendlinien und markieren Sie lange weiße und schwarze Kerzen sowie die Candlestick-Muster Doji, Inverted Hammer und Hammer.

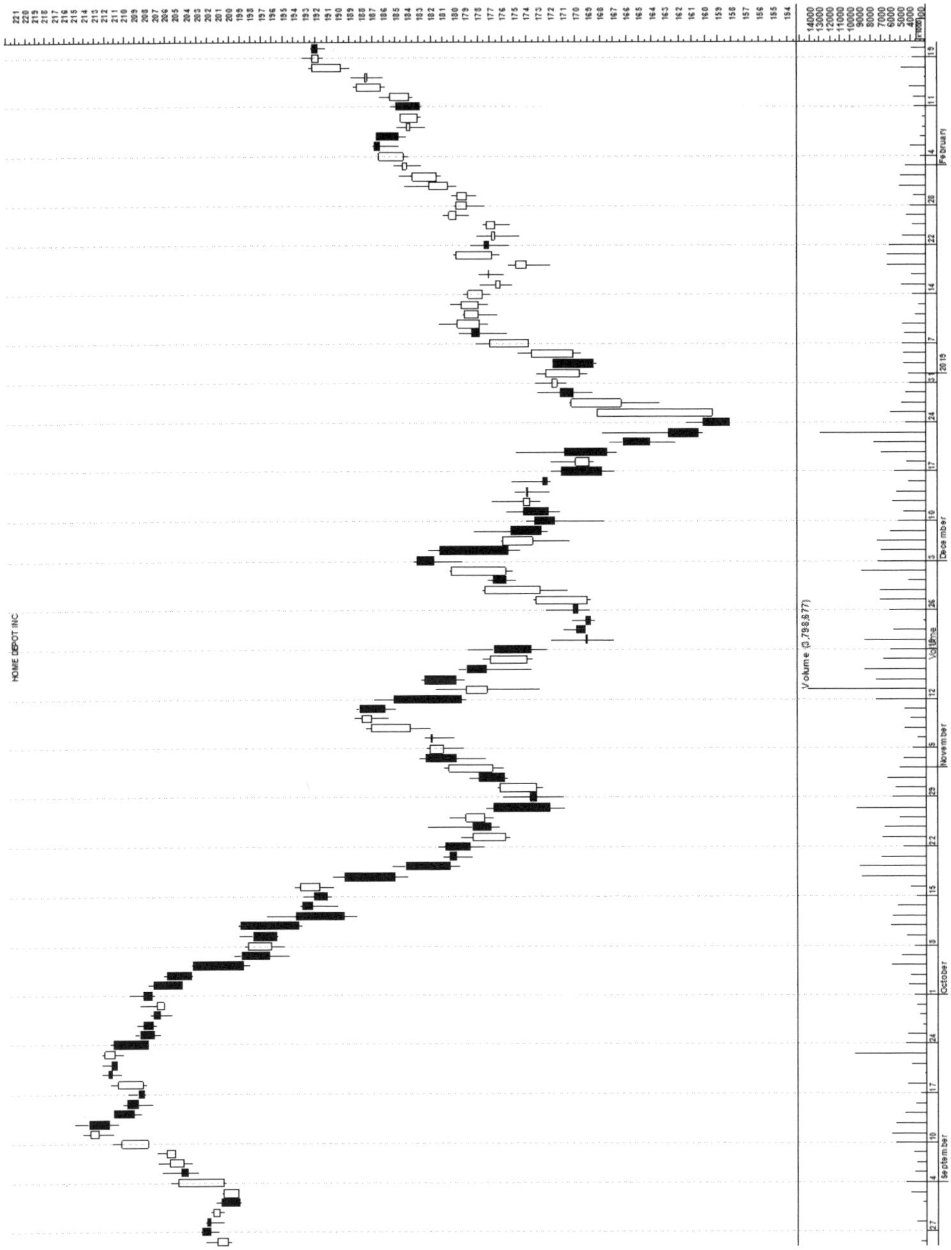

Abbildung 270: Home Depot Inc. – Tageskerzen – chart provided by Metastock

Übung 39 – Trendanalyse, Candlesticks, Widerstände, Unterstützungen

Zeichnen Sie bitte eine Aufwärtstrendlinie (oder Trendkanal), Widerstands- sowie Unterstützungslinien und markieren Sie lange weiße Kerzen. Welche Handelsregel könnten Sie hieraus ableiten? Kursziele?

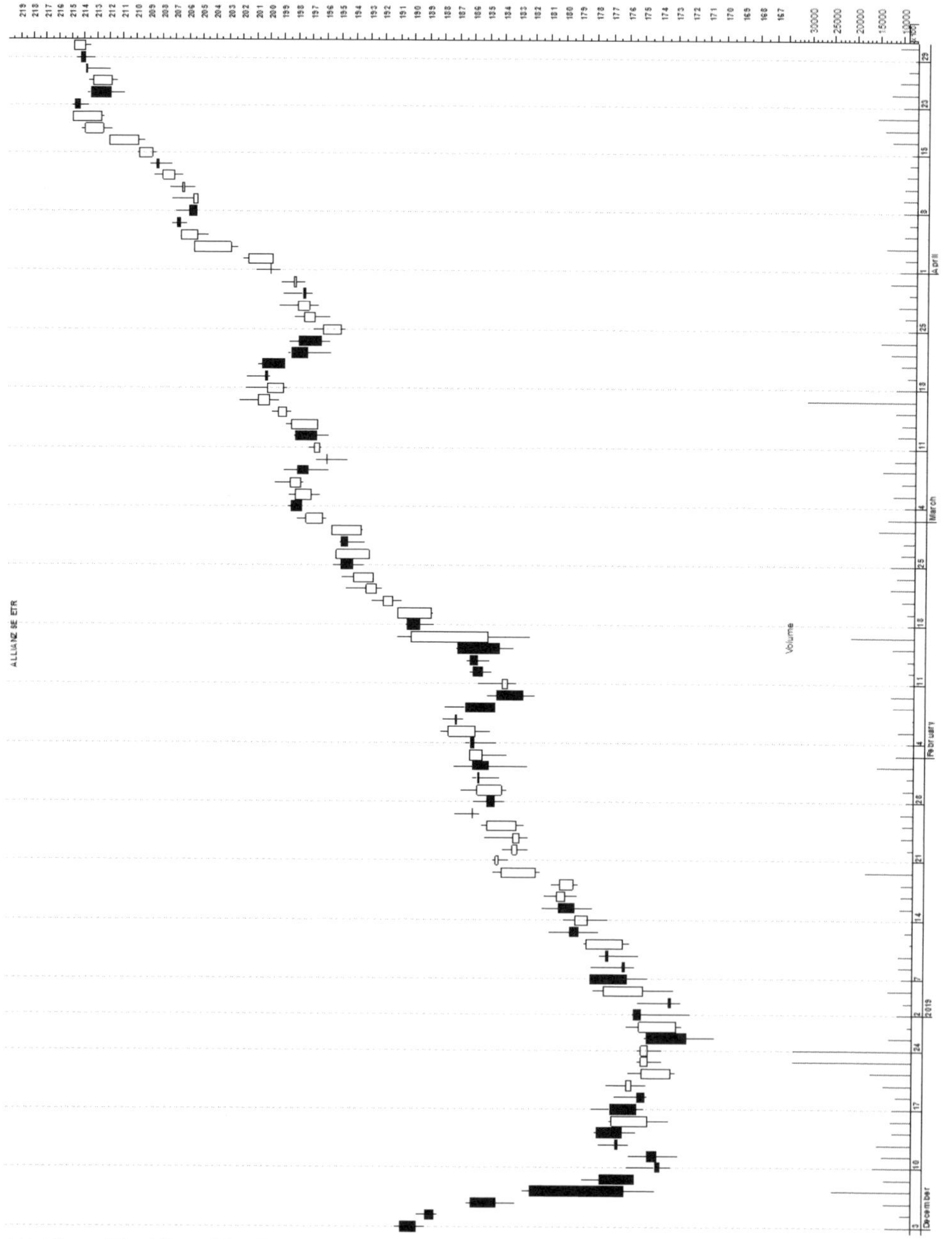

Abbildung 271: Allianz SE – Tageskerzen – chart provided by Metastock

Übung 40 – Trendanalyse, Candlesticks

Führen Sie bitte eine Trendanalyse durch und markieren Sie lange schwarze Kerzen. Welche Handelsregel könnten Sie hieraus ableiten? Leiten Sie Kursziele ab.

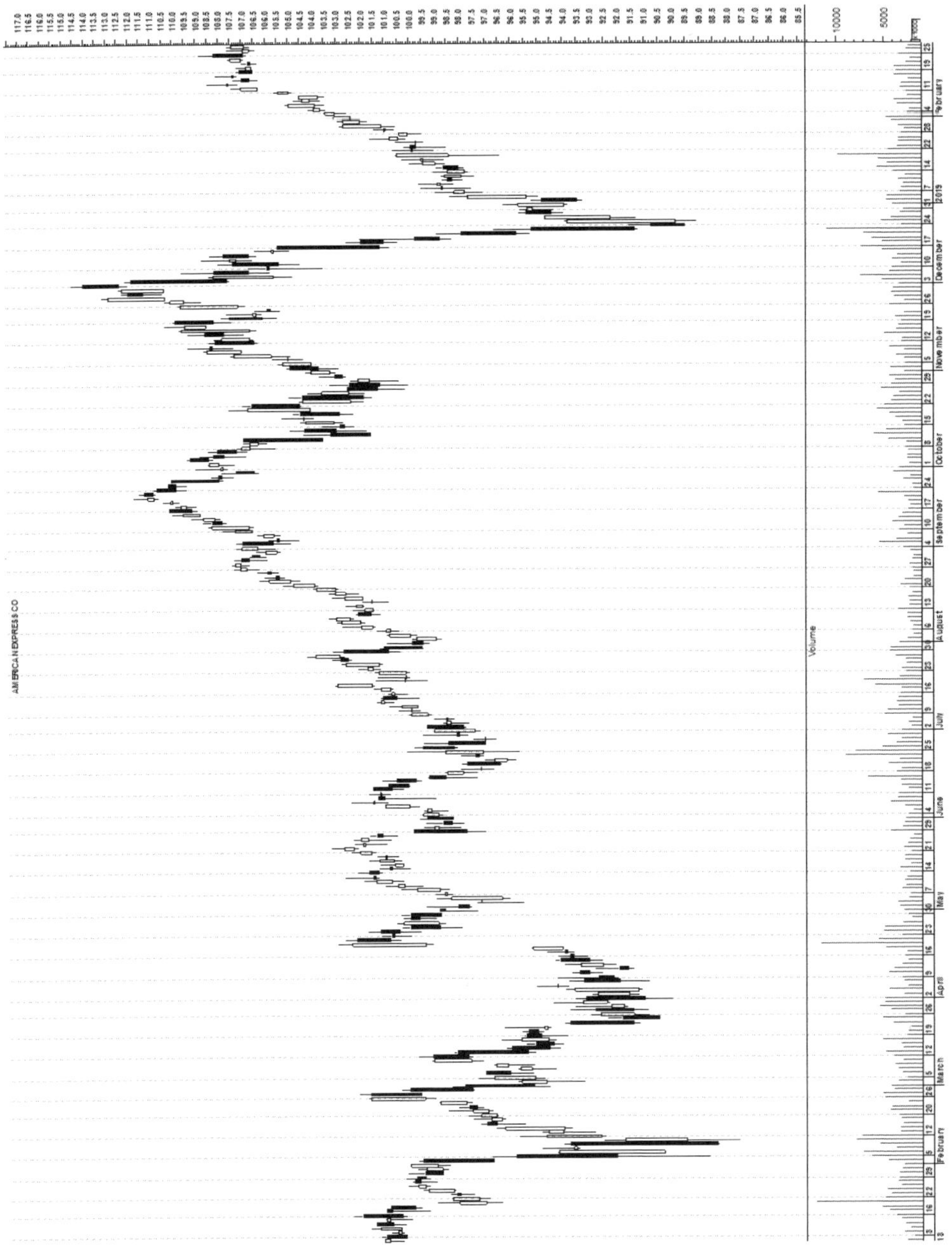

Abbildung 272: American Express Corp. – Tageskerzen – chart provided by Metastock

Übung 41 – Trendanalyse, Candlesticks

Zeichnen Sie bitte Aufwärtstrendlinien sowie Unterstützungs- und Widerstandslinien ein. Markieren Sie lange schwarze Kerzen.

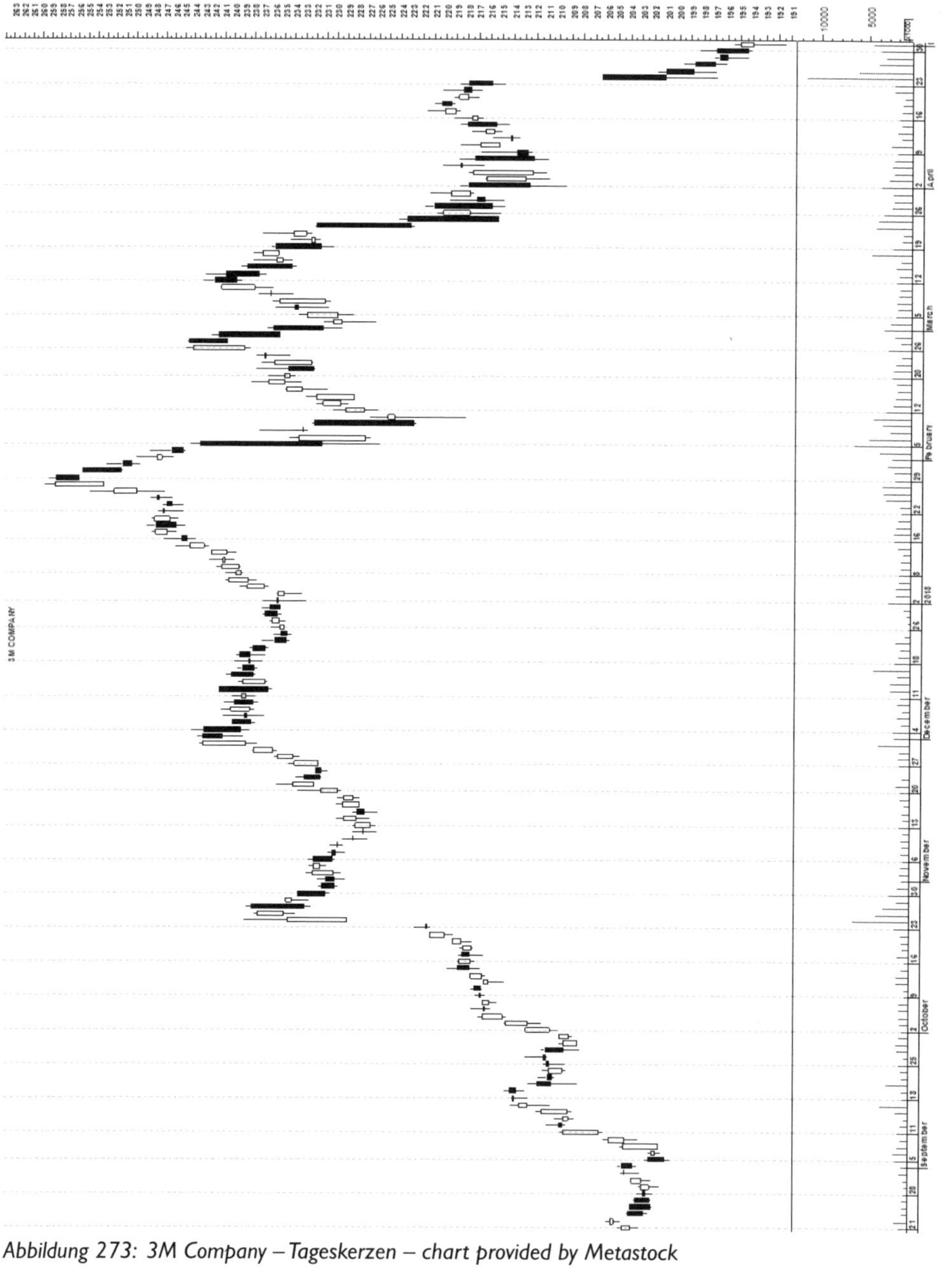

Abbildung 273: 3M Company – Tageskerzen – chart provided by Metastock

Übung 42- Trendanalyse, Candlesticks

Zeichnen Sie bitte Abwärtstrendlinien sowie Unterstützungslinien ein. Markieren Sie das Candlestick-Muster Hammer sowie Kerzen mit langen Lunten.

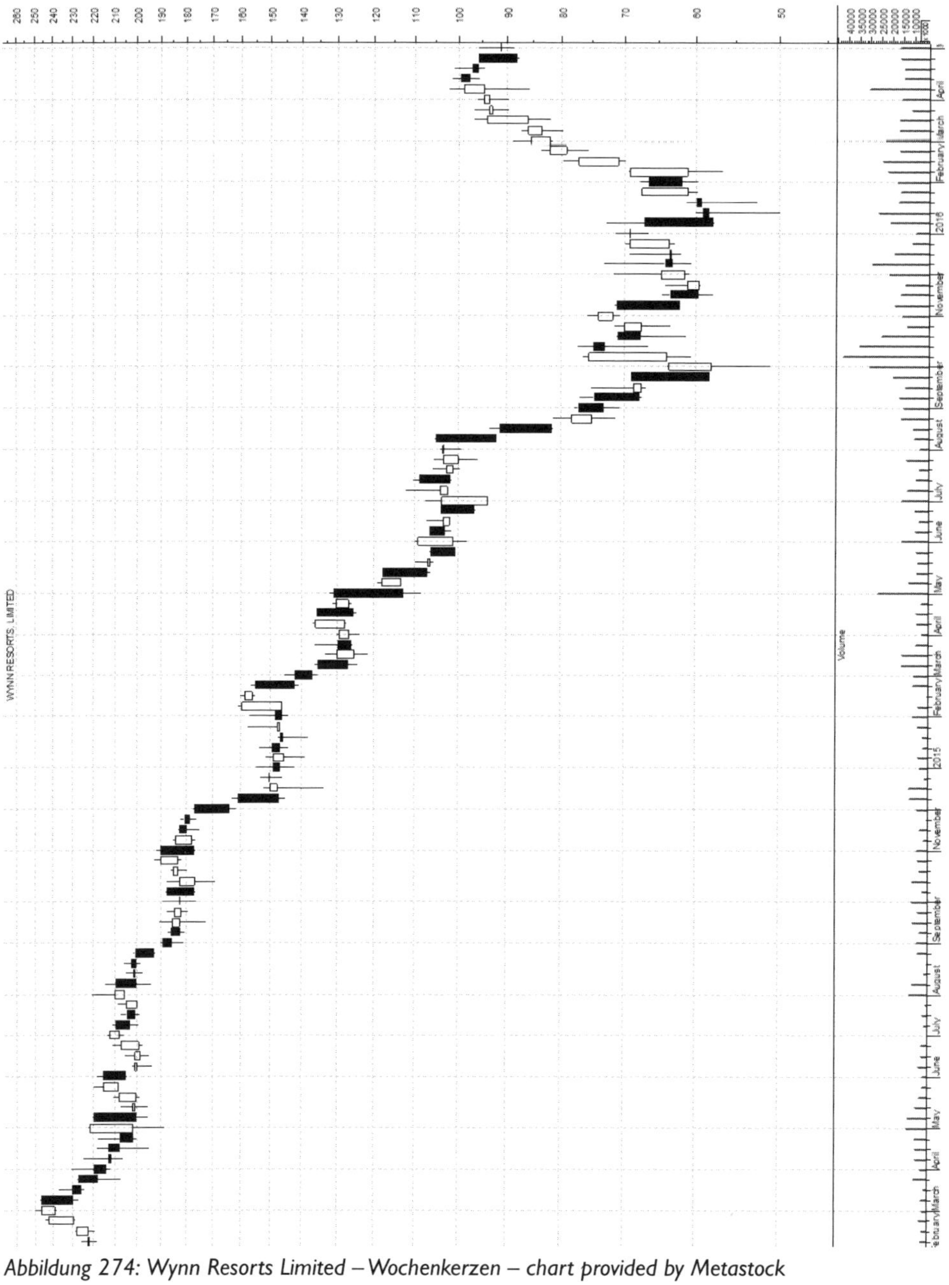

Abbildung 274: Wynn Resorts Limited – Wochenkerzen – chart provided by Metastock

Übung 43 – Trendanalyse, Candlesticks

Zeichnen Sie bitte Ab- und Aufwärtstrendlinien ein. Markieren Sie das Candlestick-Muster Hammer.

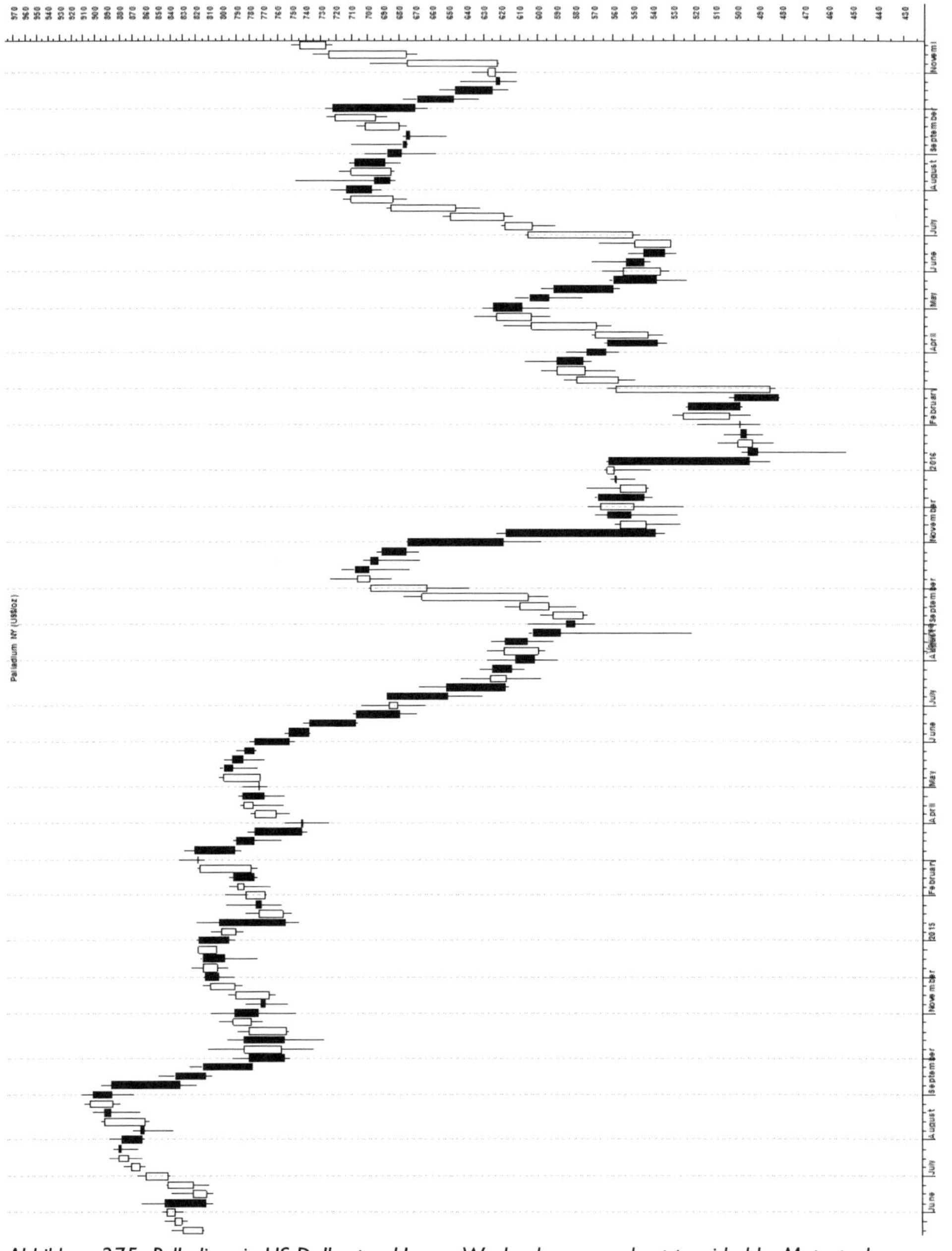

Abbildung 275: Palladium in US-Dollar pro Unze – Wochenkerzen – chart provided by Metastock

Übung 44 – Trend- und Formationsanalyse, Candlesticks

Zeichnen Sie bitte Ab- und Aufwärtstrendlinien ein. Zudem sind im Chart eine inverse SKS sowie eine Flagge (beide nicht idealtypisch) zu finden. Markieren Sie die Candlestick-Muster Hammer und Hanging Man.

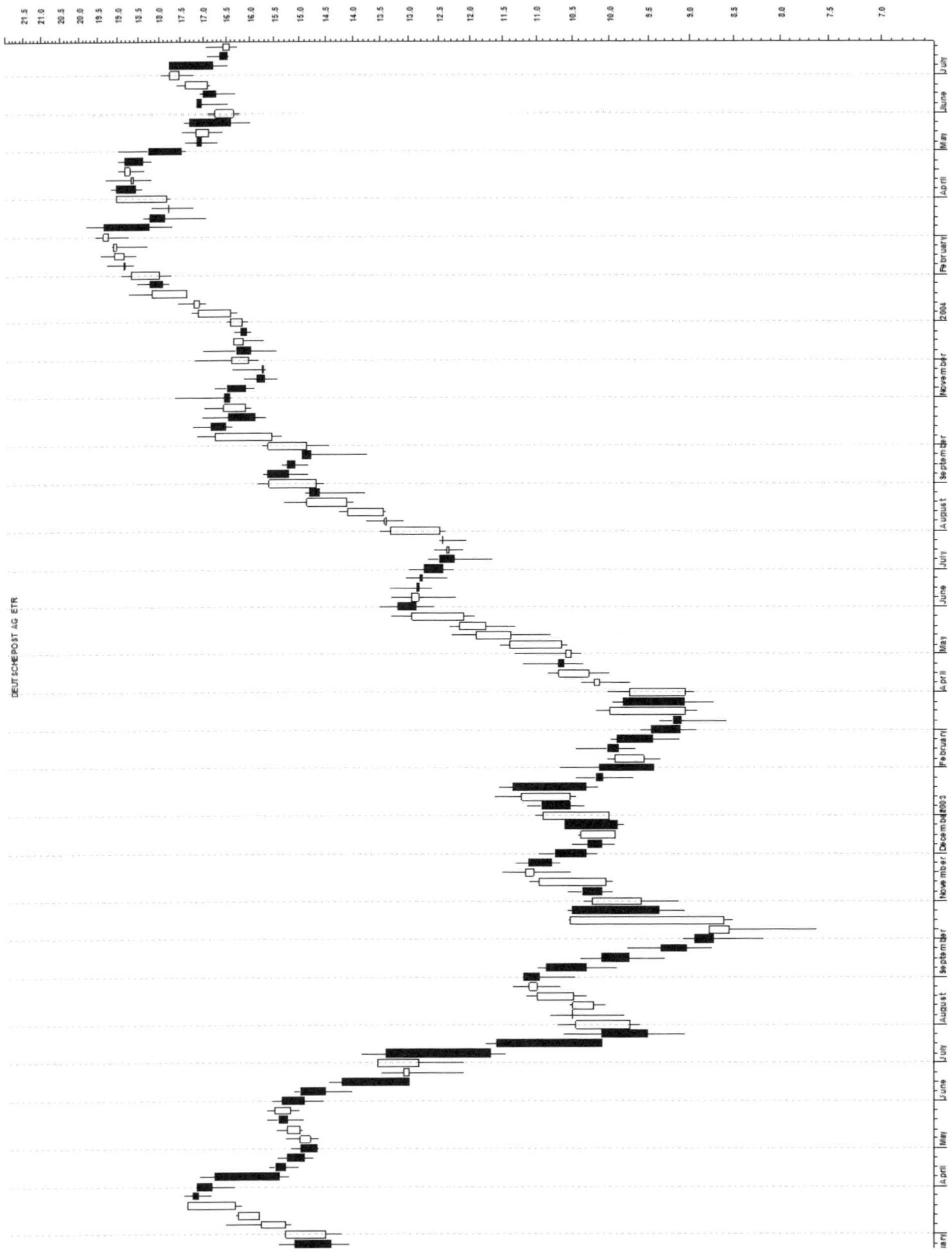

Abbildung 276: Deutsche Post AG – Wochenkerzen – chart provided by Metastock

Übung 45 – Candlesticks

Markieren Sie bitte die Candlestick-Muster Shooting Star, Inverted Hammer, Hammer und Hanging Man.

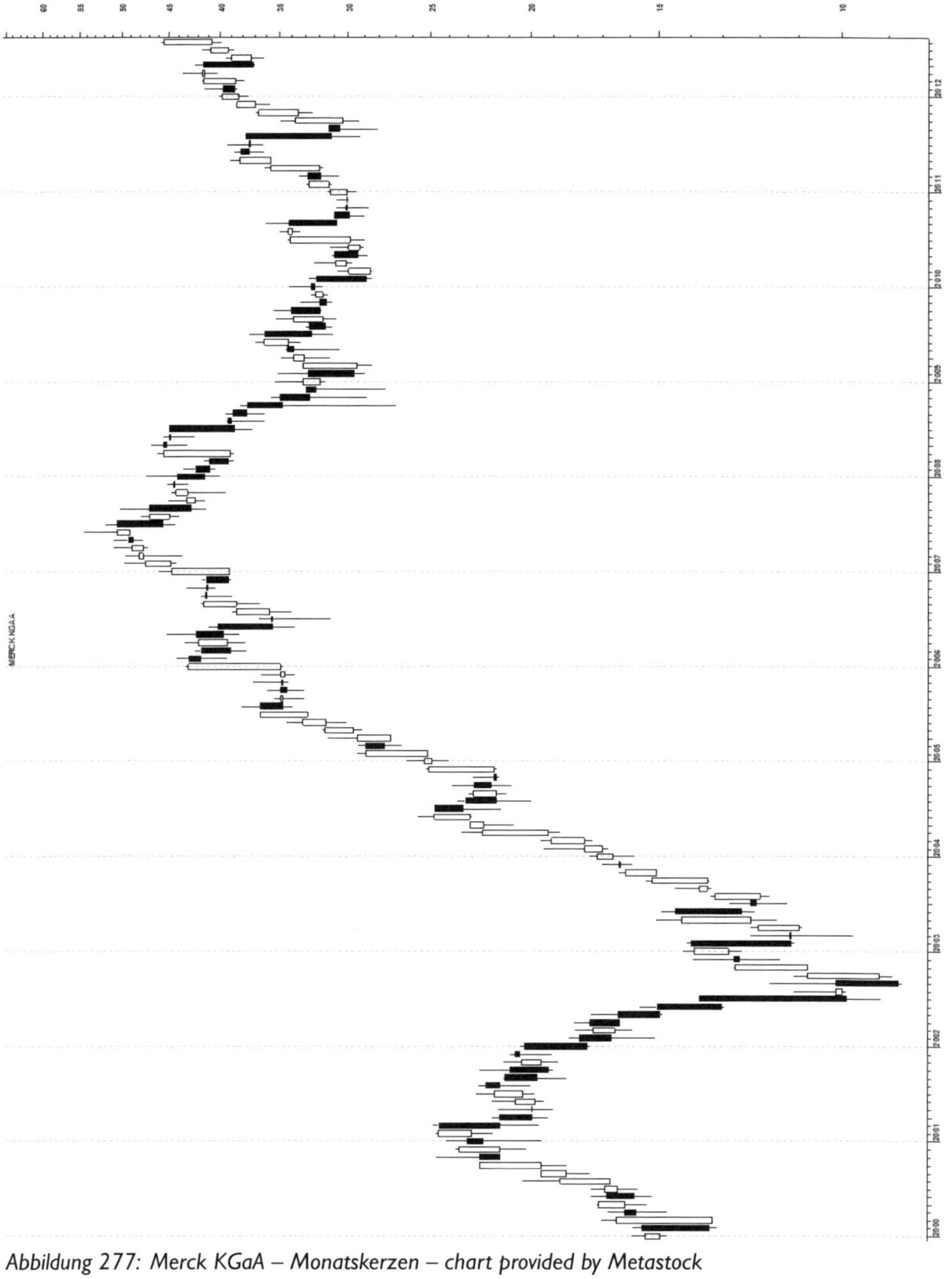

Abbildung 277: Merck KGaA – Monatskerzen – chart provided by Metastock

Übung 46 – Trendanalyse, Widerstände, Unterstützungen, Candlesticks

Zeichnen Sie bitte Ab- und Aufwärtstrendlinien sowie Widerstände / Unterstützungslinien ein. Markieren Sie die Candlestick-Muster Shooting Star und Inverted Hammer.

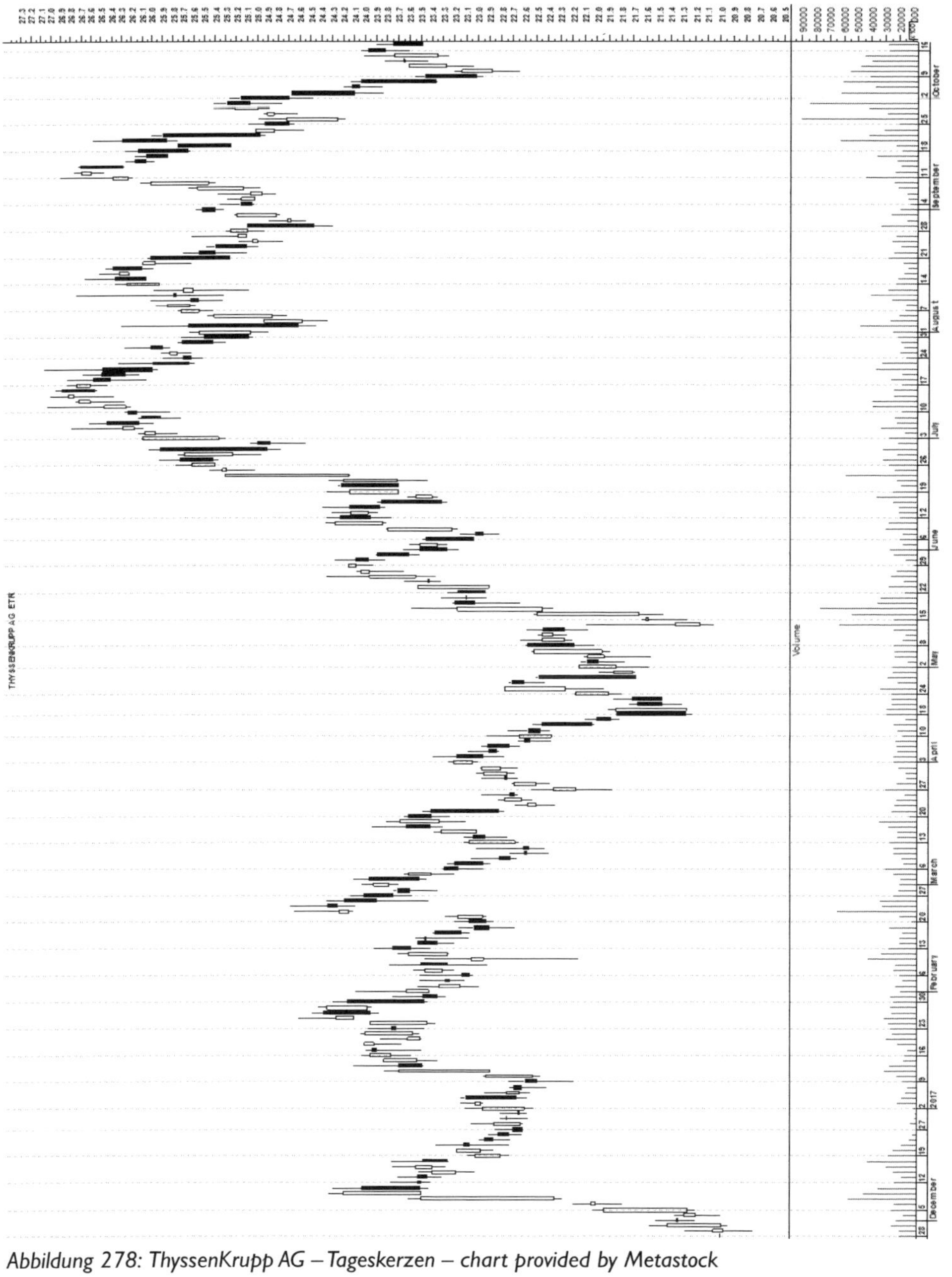

Abbildung 278: ThyssenKrupp AG – Tageskerzen – chart provided by Metastock

Übung 47 – Trendanalyse, Candlesticks

Konstruieren Sie bitte Abwärtstrendlinien und markieren Sie das Candlestick-Muster Morning Star.

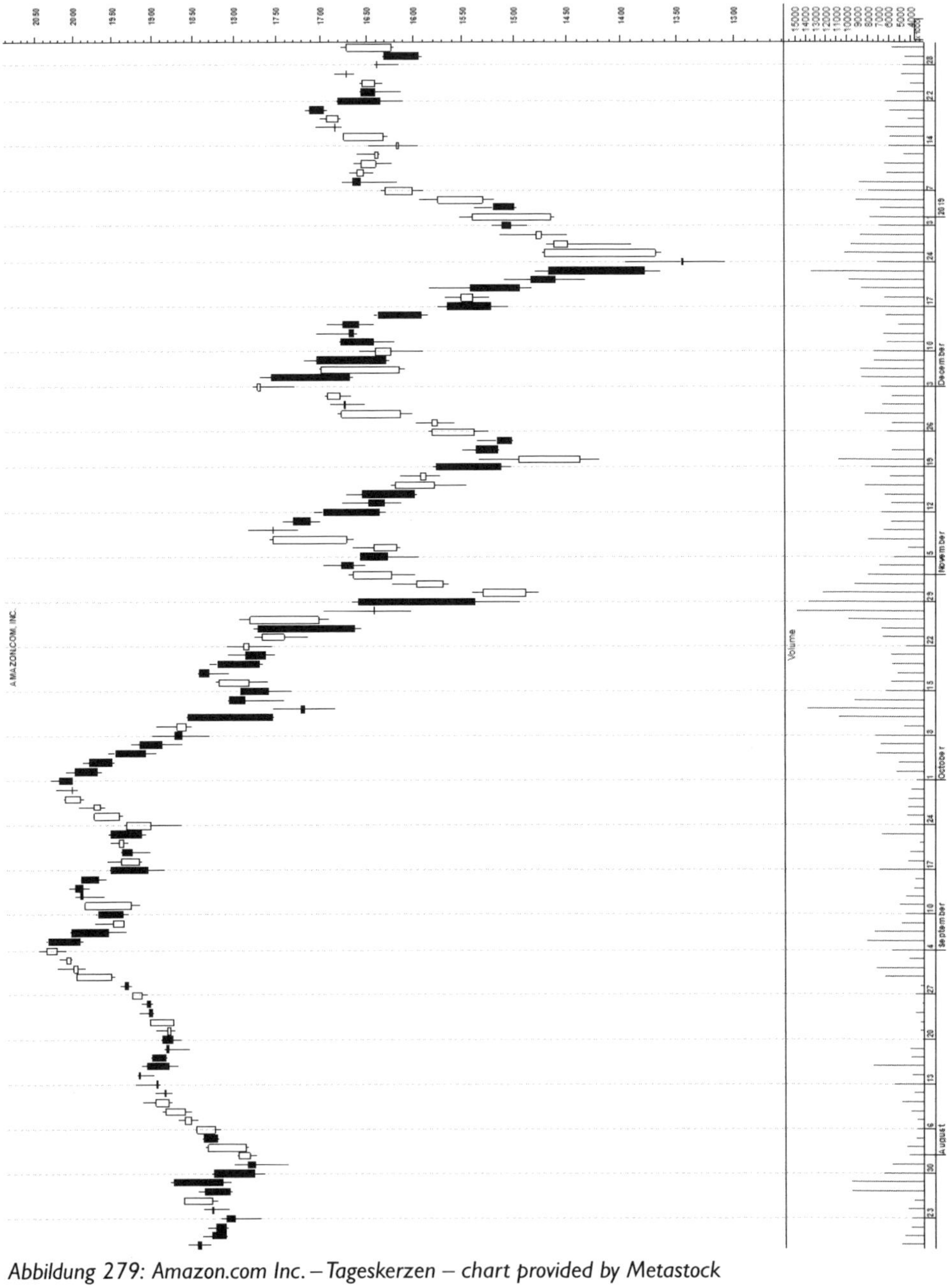

Abbildung 279: Amazon.com Inc. – Tageskerzen – chart provided by Metastock

Übung 48 – Trendanalyse, Candlesticks

Konstruieren Sie bitte Aufwärtstrendkanäle und markieren Sie das Candlestick-Muster Bearish Engulfing.

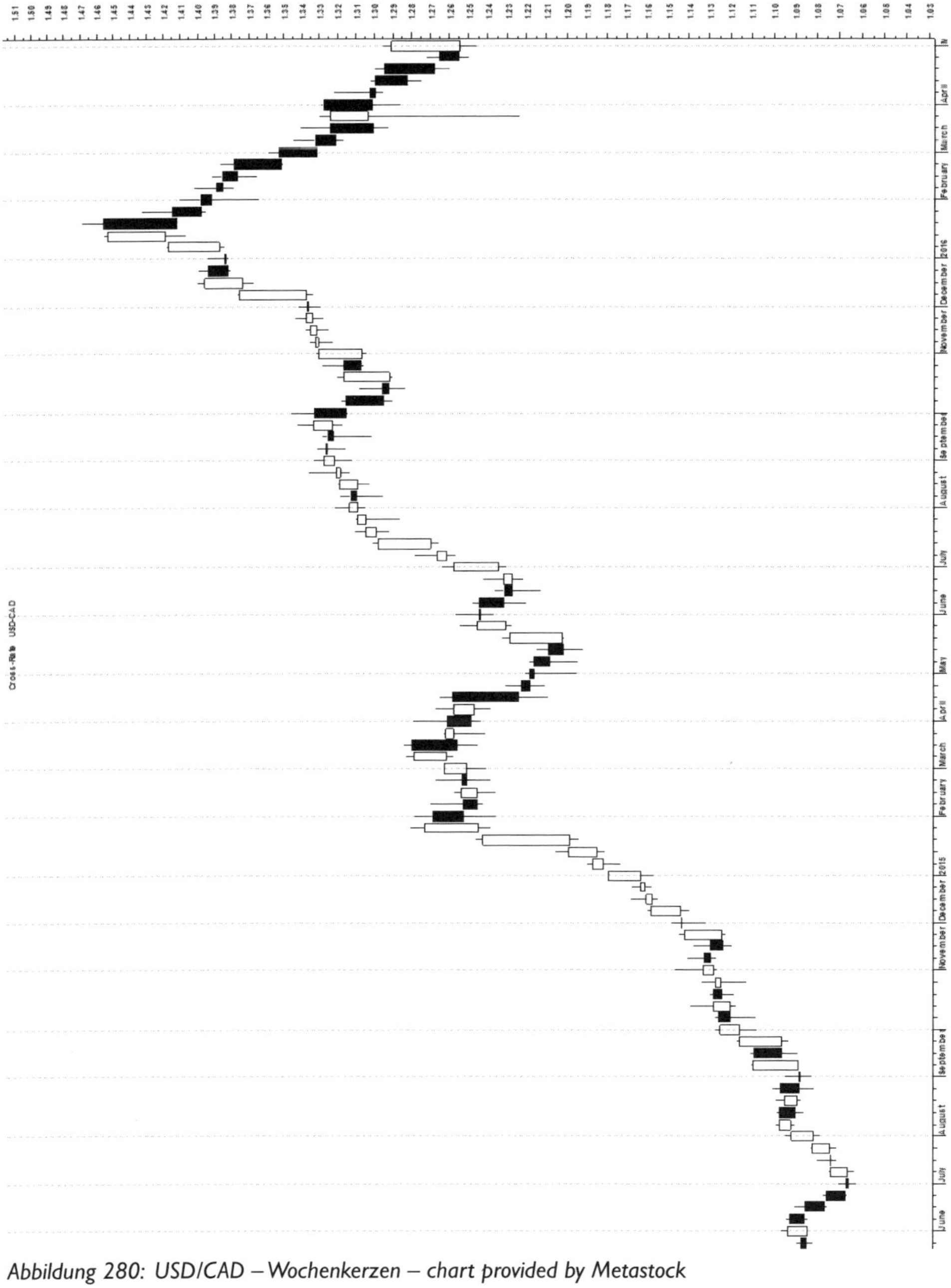

Abbildung 280: USD/CAD – Wochenkerzen – chart provided by Metastock

Übung 49 – Trendanalyse, Candlesticks

Zeichnen Sie bitte Trendkanäle ein und markieren Sie lange weiße Kerzen sowie die Candlestick-Muster Hammer und Bearish Engulfing. Wo ergaben sich Kauf- und Verkaufssignale für den langfristigen Investor?

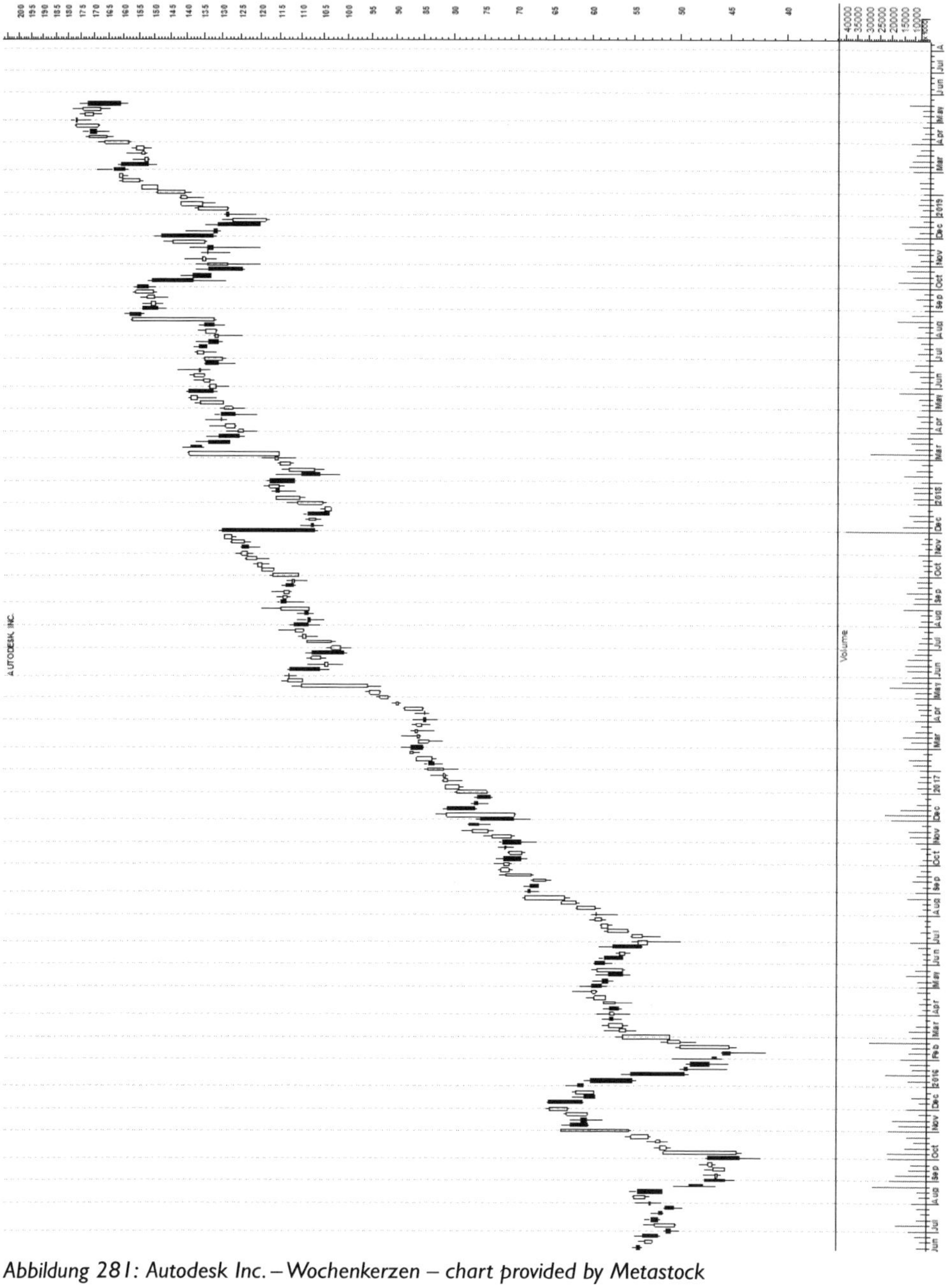

Abbildung 281: Autodesk Inc. – Wochenkerzen – chart provided by Metastock

Übungen 1 bis 49 – Lösungsvorschläge

Übung 1 – Lösung

Abbildung 282: Südzucker AG –chart provided by Metastock

Für die Konstruktion eines Aufwärtstrends markieren Sie zuerst die Tiefpunkte und verbinden diese sodann. Im vorliegenden Kursverlauf können sicherlich noch zwei bis drei weitere kurzfristige Aufwärtstrendlinien konstruiert werden. Interessant bei diesem Chart der Südzucker AG ist, dass anfängliche Kursspitzen und darauffolgende Rücksetzer stets aufgefangen wurden – sich jedoch zum Ende des Aufwärtstrends eine Beruhigung in der Aktie durchsetzte mit Ausbildung einer Range. Diese Range präsentierte eine abwartende Haltung im Markt, eine Phase auch der Unsicherheit der Marktteilnehmer. Wird sodann eine solche Phase verlassen – nach oben oder unten – wird ein Kauf- oder Verkaufssignal generiert. Im vorliegenden Chart bildete sich ein aussagekräftiges Verkaufssignal mit Ausbruch aus der Seitwärtsbewegung UND mit Bruch des langfristigen Aufwärtstrends bei hohen Umsätzen.

Übung 2 – Lösung

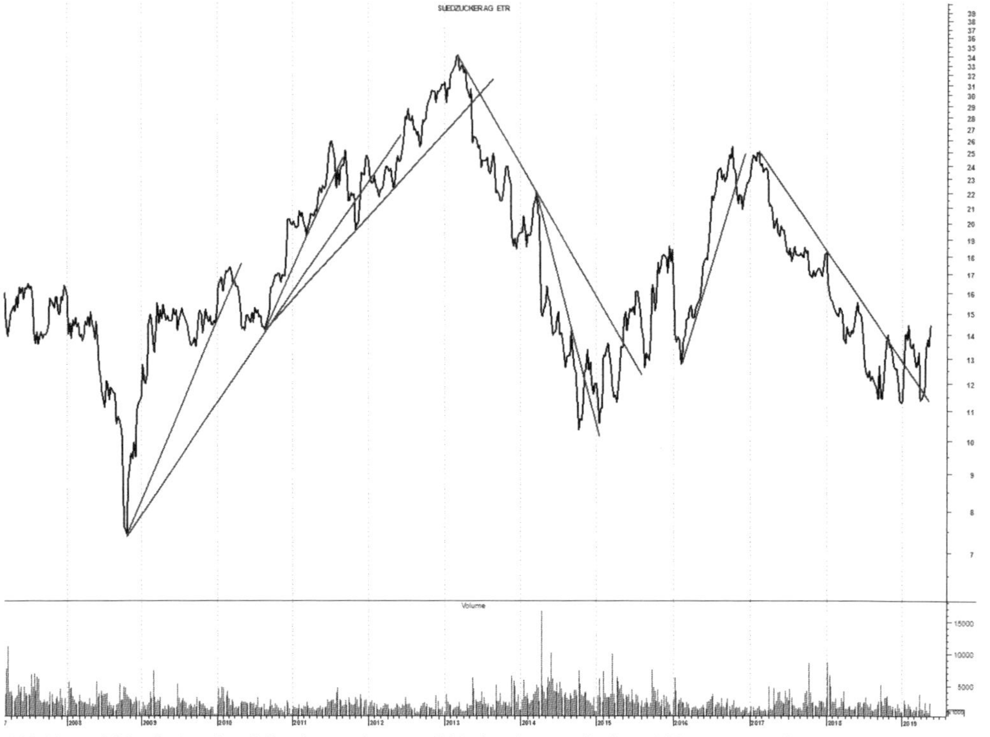

Abbildung 283: Südzucker AG – Linienchart auf Wochenbasis – Auf- und Abwärtstrendlinien im Kursverlauf. – chart provided by Metastock

Beachten Sie bitte: Extrempunkte, wie der Tiefpunkt nach der Finanzkrise 2009 in einer depressiven Marktstimmung, können zwar als erster Tiefpunkt für eine Aufwärtstrendlinie genutzt werden. Doch im weiteren Zeitablauf verlieren solche Punkte an Bedeutung, da entsprechende Stimmungsextreme sich abgearbeitet haben und für die weitere Stimmung sodann keine Bedeutung mehr haben.

Übung 3 – Lösung

Abbildung 284: Wirecard AG – Linienchart auf Wochenbasis – chart provided by Metastock

Die Wirecard AG stand in den vergangenen Jahren im Fokus der Anleger. Interessant ist der langfristige Kursverlauf. Kaufsignale ergaben sich im Aufwärtstrend jeweils bei neuen Tops und bei den jeweiligen Brüchen von kurzfristigen Abwärtstrendlinien und dem hieraus annehmbaren Ende einer Konsolidierung. Für den langfristigen Anleger interessant ist der Ausbruch aus dem Aufwärtstrendkanal mit Beschleunigung der Aufwärtsbewegung (Kaufsignal jedoch mit Hinweis auf Euphorie im Wert) sowie dem nachfolgenden Rückfall 2018 in den Aufwärtstrendkanal, ein Verkaufssignal in Verbindung mit einem Bruch des steileren Aufwärtstrendkanals.

Übung 4 – Lösung

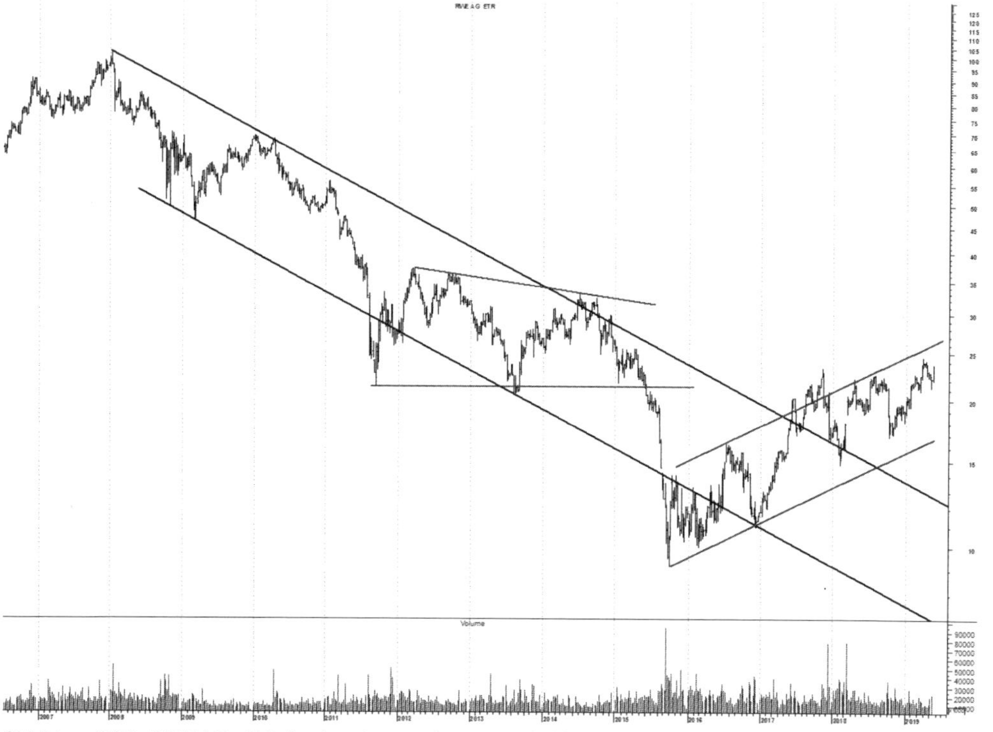

Abbildung 285: RWE AG – Wochenbarchart – chart provided by Metastock

Grundsätzlich gilt: In Abwärtstrends sind Erholungen zu verkaufen beziehungsweise sind Erholungen auf Verkaufssignale zu untersuchen. Interessant war daher im langfristigen Verlauf der RWE-Aktie sowohl der Abprall an der Abwärtstrendlinie Mitte 2014 als auch ein nicht ganz ideales fallendes Dreieck (Kursziele hieraus einerseits die Schwankungsbreite des Dreiecks nach unten abgetragen und andererseits die Rückkehrlinie des Abwärtstrendkanals). Ebenso mussten die Ausbrüche aus dem Trendkanal nach unten sowohl 2011 als auch 2015 als Verkaufssignale gelten. Erst Mitte 2016 nach Rückkehr in den Abwärtstrendkanal UND folgend der Ausbildung eines Aufwärtstrendkanals hellte sich die Stimmung auf und es konnte im Aufwärtstrend wieder auf Kaufsignale geachtet werden.

Übung 5 – Lösung

Abbildung 286: Delticom AG – Wochenbarchart – chart provided by Metastock

Nach einem Aufwärtstrendfächer ist natürlich stets Vorsicht geboten und nach langfristigen Abwärtstrends bedarf es in der Regel erst einer längeren Bodenbildung, bis sich wieder Vertrauen aufbaut und die Anleger gewillt sind, in den Wert zu investieren. Vorsicht ist auch stets dann sinnvoll, wenn Abwärtstrendlinien zwar verlassen werden, aber sich keine nachhaltige Erholung einstellen will. So wie bei der Delticom-Aktie Mitte 2016 sowie Mitte 2018.

Anmerkung: Die Lösungsvorschläge beinhalten nicht alle konstruierbaren Auf- oder Abwärtstrendlinien. Der Übersichtlichkeit halber sind nur die wesentlichen Trendlinien eingezeichnet.

Übung 6 – Lösung

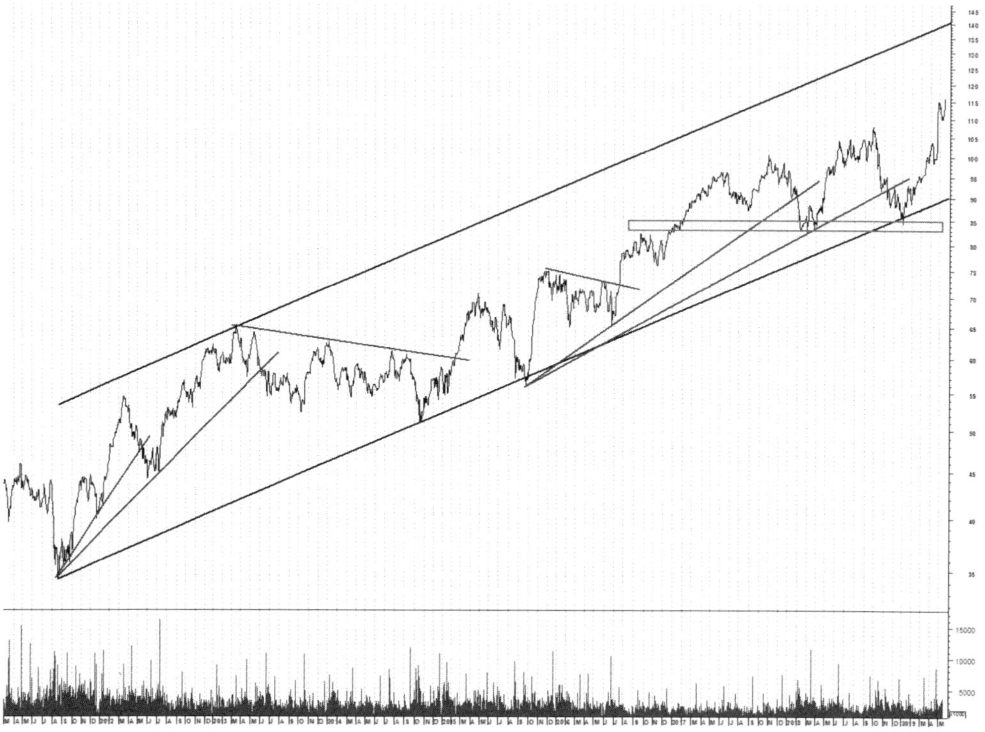

Abbildung 287: SAP AG – Tageslinienchart – chart provided by Metastock

Generell ist es immer sinnvoll, nicht nur kurzfristige Zeiträume zu analysieren, sondern auch die sehr langfristige Tendenz im Auge zu behalten. So konnte sich die SAP-Aktie zum Jahresanfang 2019 nach einer längeren volatilen Seitwärtsphase von einem langfristigen Aufwärtstrend nach oben ablösen. Ziel wäre hier die obere Begrenzung des langfristigen Aufwärtstrendkanals. Schön zu sehen ist zudem, dass Rücksetzer innerhalb des langfristigen Aufwärtstrendkanals (dieser gilt allerdings erst ab März 2015) stets aufgefangen wurden. So erhalten Kaufsignale in kurzfristigen Zeitebenen nach Brüchen von kurzfristigen Abwärtstrends als auch Kaufsignale an relevanten Unterstützungszonen eine hohe Aussagekraft innerhalb von langfristigen Aufwärtstrends!

Übung 7 – Lösung

Abbildung 288: Silber – Tagesbarchart – chart provided by Metastock

Von Ende Oktober 2013 bis Mitte September 2014 bildete sich im Kursverlauf des Silber-Charts ein fallendes Dreieck aus. Mit einem kurzen, klassischen Pullback (technischem Rücklauf) an die Unterstützungslinie nach Ausbruch nach unten innerhalb weniger Tage sowie nachfolgend dynamisch fallenden Kursen. Kursziele waren hierbei die nach unten abgetragene Schwankungsbreite des Dreiecks ausgehend vom Ausbruchsniveau (nicht eingezeichnet) sowie die Rückkehrlinie des Abwärtstrendkanals – denn die obere Begrenzung des Dreiecks wird nach Ausbruch nach unten mit einem neuen Tief natürlich auch eine Abwärtstrendlinie mit der Möglichkeit, einen Abwärtstrendkanal zu konstruieren.

Übung 8 – Lösung

Abbildung 289: Münchener Rück – Tagesbarchart – chart provided by Metastock

Von Ende 2018 bis Anfang 2019 setzte sich in der Aktie der Münchener Rück eine volatile Pendelbewegung durch, eine Range bildete sich. Allerdings mit eher ansteigenden Tiefs seit Mitte 2018. So kann im Kursverlauf einerseits ein nicht ideales symmetrisches Dreieck seit April 2018 sowie andererseits ein ansteigendes Dreieck von Oktober 2018 bis Februar 2019 (im Chart gestrichelte waagerechte Linie) konstruiert werden innerhalb der übergeordneten Range. Mit Ausbruch aus den Dreiecken und nachfolgend aus der Range konnte mit deutlich steigenden Kursen entsprechend den Kurszielen gerechnet werden. Interessant ist zudem, dass nach Erreichen der ersten Kursziele deutliche Gewinnmitnahmen auftraten und der Wert ab Mitte März 2019 wieder eine volatilere Kursbildung aufnahm. Aktive Gewinnmitnahmen an Kurszielen sind durchaus legitim!

Übung 9 – Lösung

Abbildung 290: DAX – Tagesbarchart – chart provided by Metastock

Eine Phase der Unsicherheit ist durch schnelle Richtungswechsel gekennzeichnet. Im DAX zeigte sich in einer solchen Phase erst ein kurzfristiges symmetrisches Dreieck (März bis Mai 2000) und nachfolgend eine Range, die auch als leicht ansteigendes Dreieck (Mai bis August 2000) abgebildet werden konnte. Innerhalb dieses zweiten Dreiecks wiederum ging die Volatilität zurück. Es bildete sich ein weiteres symmetrisches Dreieck (Juli bis August 2000 – innerhalb des breiteren Dreiecks beziehungsweise innerhalb der Range), in dessen Verlauf zudem ein kurzfristiger Aufwärtstrendkanal mit Fehlausbruch nach oben konstruiert werden konnte. Das Top des Fehlausbruchs bildete die obere Begrenzung des dritten Dreiecks.

Aufgrund des Fehlsignals stieg Ende August 2000 das Risiko weiterer Verluste an – der Ausbruch sowohl aus dem Trendkanal, aus dem dritten sowie letztlich dem übergeordneten zweiten Dreieck ließ sodann mehrere Kursziele zu. Beachtenswert ist noch, dass der Ausbruch aus dem ersten Dreieck zwar im Mai 2000 zu kurzfristig fallenden Kursen führte, doch das hieraus ableitbare Kursziel nicht abgearbeitet wurde.

Übung 10 – Lösung

Abbildung 291: DAX – Tagesbarchart – chart provided by Metastock

Von Dezember 1998 bis Ende 1999 verlief der DAX innerhalb eines breiten Aufwärtstrendkanals. Dessen untere Begrenzung fungierte hierbei als Unterstützungslinie sowie zusätzlich von August bis Oktober 1999 als untere Begrenzung eines klassischen symmetrischen Dreiecks. Dessen Ausbruch nach oben (Kursziele hierbei die obere Trendkanalbegrenzung UND die nach oben abgetragene Schwankungsbreite des Dreiecks) wurde nur kurz von einem Wimpel nach einer Fahnenstange unterbrochen (Kursziel hier die Differenz der Fahnenstange an das Ausbruchsniveau des Wimpels abgetragen). Schon zuvor bildete sich ein fallendes Dreieck (Januar bis März 1999), dessen Ausbruch nach unten sich allerdings als Fehlsignal erwies.

Das kräftige Gap im März 1999 übrigens das »Lafontaine-Gap« – nach Rücktritt von Oskar Lafontaine als Finanzminister. Ein Beispiel zudem für die These, dass kurzfristige Formationen eher kurzfristige Aussagekraft haben und eher anfällig sind für Fehlausbrüche, ist das kleine ansteigende Dreieck im Februar 2000. Hier wurde das Kursziel nicht mehr vollumfänglich erreicht und es setzte sodann eine Gipfelbildung nach Bruch des Aufwärtstrends ein.

Übung 11 – Lösung

Abbildung 292: USD/GBP – Tageskerzen — chart provided by Metastock

Im Kursverlauf des britischen Pfunds gegenüber dem US-Dollar bildeten sich drei symmetrische Dreiecke, die jeweils dynamisch verlassen wurden. Als Kursziel ist jeweils die Schwankungsbreite eines Dreiecks an das Ausbruchsniveau abgetragen. Zur Erinnerung: Die Schwankungsbreite des Dreiecks wird horizontal zwischen dem zweiten Berührungspunkt und der gegenüberliegenden Dreiecksbegrenzung gemessen und an das Ausbruchsniveau zur Kurszielableitung abgetragen.

Übung 12 – Lösung

Abbildung 293: DAX – Tagesbarchart – chart provided by Metastock

Nach einer langfristigen Aufwärtsbewegung von 2003 ausgehend (mit einer Fortsetzungs-W-Formation noch im März 2007) bedurfte es einer längeren Gipfelbildung in 2007, bevor die bis dahin grundsätzlich positive Stimmung im Markt drehte. Diese Gipfelbildung erfolgte in Form eines langfristig ansteigenden Dreiecks. Alternativ kann zudem ein langfristig symmetrisches Dreieck konstruiert werden, dessen untere Begrenzung auch die untere Begrenzung des ansteigenden Dreiecks darstellt und die obere Begrenzung (im Chart gestrichelt dargestellt) im Dezember 2007 zweimal nach oben gebrochen wurde – diese Ausbruchsversuche hier jedoch jeweils ein Fehlsignal generierten.

Innerhalb des langfristig ansteigenden Dreiecks können zudem drei M-Formationen ausgemacht werden. Insbesondere die letzte M-Formation ließ dann einen Test der unteren Dreiecksbegrenzung nach Verkaufssignal zu. Mit Ausbruch aus dem langfristigen Dreieck konnten entsprechend der Kurszielableitung dynamisch fallende Kurse erwartet werden. Der Beginn der Finanzkrise! Nach den kräftigen Verlusten im Januar 2008 setzte eine Gegenbewegung ein. Eine kurze Phase der Unsicherheit (Dreieck) wurde jedoch nochmals nach unten verlassen.

Übung 13 – Lösung

Abbildung 294: Verisign Inc. – Wochenbarchart – chart provided by Metastock

Die Aktie des US-Unternehmens Verisign Inc. verlief von Mitte 2009 bis Anfang 2019 in einem langfristigen Aufwärtstrendkanal. Innerhalb dieses Trendkanals, der in dieser Form seit Mitte 2013 besteht, bildeten sich diverse Konsolidierungen, zum Beispiel kurzfristige Abwärtstrends und ein längerfristiges symmetrisches Dreieck, welche stets nach oben verlassen wurden. Kurzfristige Kaufsignale im langfristigen Aufwärtstrend erhalten eine hohe Aussagekraft. Zudem können auch zwei steilere Aufwärtstrendlinien oder -trendkanäle konstruiert werden.

Interpretation am Ende des Kursverlaufs:

Mit dem in 2019 erfolgten Ausbruch aus dem langfristigen Aufwärtstrendkanal nach oben muss eine Euphorie in der Aktie festgestellt werden mit dem Risiko von deutlichen Rückschlägen. Solange aber keine Verkaufssignale auftreten, wäre die Aktie zu halten, da der Ausbruch aus dem Aufwärtstrendkanal grundsätzlich weitere Kursgewinne zulässt. Kursziel wäre die nach oben abgetragene Schwankungsbreite des verlassenen Aufwärtstrendkanals!

Übung 14 – Lösung

Abbildung 295: Cisco Systems Inc. – Tagesbarchart – chart provided by Metastock

Zwei Dreiecke im Kursverlauf der Cisco Systems Inc., die jedoch nicht idealtypisch verlaufen. Das erste Dreieck, ein ansteigendes Dreieck, ist vom Winkel recht spitz zulaufend, die Proportionen hierbei dementsprechend nicht ideal hin und her schwingend, wie es in einer Phase der Unsicherheit wünschenswert wäre für eine aussagekräftige Interpretation. So zeigt sich auch viel Raum zwischen der unteren Begrenzung und den Kursen zwischen den beiden ersten Tiefs. Auch das zweite Dreieck entspricht vom Charakter der Formation (Unsicherheit im Markt) nicht der Idealform – der Fehlausbruch nach oben mit anschließendem Break nach unten deutet aber ein kurzfristiges Verkaufssignal an.

Übung 15 – Lösung

Abbildung 296: EUR/USD – Tagesbarchart – chart provided by Metastock

Mit Ausbildung eines symmetrischen Dreiecks vollzog sich im Devisenkurs des EUR/USD Anfang 2018 eine Gipfelbildung. Das hieraus ableitbare Kursziel, die nach unten abgetragene Schwankungsbreite des Dreiecks, wurde recht dynamisch erreicht. So bildete sich eine Fahnenstange mit Flagge aus. Der Ausbruch aus der Flagge nach unten wiederum ließ weiteres Abwärtspotenzial entsprechend der Differenz der Fahnenstange erwarten. Die Abwärtsbewegung mündete sodann in einer Phase der Unsicherheit mit volatilen Richtungsänderungen und der Ausbildung zweier weiterer Dreiecke. Das weitere Abwärtspotenzial nach Ausbruch aus dem zweiten (längeren) Dreieck (Mai bis August 2018) wurde jedoch nicht mehr vollumfänglich erreicht und die zügige Erholung ließ auf einen Fehlausbruch nach unten Mitte August 2018 schließen. Der Markt war daraufhin bereit für eine Gegenbewegung.

Übung 16 – Lösung

Abbildung 297: Silber – Wochenkerzen – chart provided by Metastock

Ein langfristig symmetrisches Dreieck in den Wochenkerzen des Silber-Charts wurde Anfang 2013 nach unten verlassen. Klassisch mit Pullback sowie nachfolgend dynamisch fallenden Kursen. Von Mitte 2013 bis Ende 2014 bildete sich sodann ein fallender Keil und innerhalb dieser Keil-Formation ein fallendes Dreieck. Beide Formationen wurden Ende 2014 nach unten verlassen. Beachten Sie hier auch den vorherigen Fehlausbruch (Bullenfalle) aus dem zweiten, fallenden Dreieck! Anschließend ging es kräftig abwärts - doch mit einem zügigen Rebreak in die Keil-Formation war die Abwärtsbewegung beendet und eine Gegenbewegung setzte sich durch.

Übung 17 – Lösung

Abbildung 298: EUR/USD – Tagesbarchart – chart provided by Metastock

Dreiecke in 2018 sowie folgend eine abwärtsgerichtete Tendenz (Abwärtstrendlinie) seit September 2018. Eine Abwärtstrendlinie kann auch als obere Begrenzung einer sehr langfristigen Keil-Formation interpretiert werden. Die Unsicherheit, die sich in der Keil-Formation aufzeigt, spiegelt sich zudem in einem Dreieck zum Jahresende 2018 wider. Das hieraus abzuleitende Aufwärtspotenzial wurde nicht erreicht, vielmehr setzte sich die Pendelbewegung weiter fort. Ein Ausbruch aus der Keil-Formation würde hier ein Richtungssignal generieren.

Übung 18 – Lösung

Abbildung 299: McDonalds Corp. – Wochenbarchart – chart provided by Metastock

Die Aktie des Fastfood-Giganten McDonalds im langfristigen Aufwärtstrend (oder Aufwärtstrendkanal). Eine Konsolidierung in 2018 testete mehrfach die Aufwärtstrendlinie. Doch das sich hier bildende symmetrische Dreieck wurde nach oben verlassen – ebenso das nachfolgende kleinere symmetrische Dreieck. Kaufsignale in Richtung des langfristigen Aufwärtstrendkanals erhalten eine hohe Aussagekraft!

Übung 19 – Lösung

Abbildung 300: Applied Materials Inc. – Wochenbarchart – chart provided by Metastock

Ein fallendes Dreieck mit drei Tiefs und zwei Hochpunkten von Dezember 2011 bis Dezember 2012 spiegelte eine längerfristige Vertrauensbildung in der Aktie wider. Mit einem dynamischen Ausbruch im Wochenbarchart wurde ein Kaufsignal generiert. Das Kursziel wurde mehr als übertroffen, es bildete sich ein Aufwärtstrend aus. In 2014 zeigte allerdings ein Double-Top, eine M-Formation in Verbindung mit einem Bruch einer Aufwärtstrendlinie ein Verkaufssignal an. Letztlich wäre es hier richtig gewesen, den Wert zu verkaufen.

Allerdings konnte sich die Aktie nach drei Wochen fallenden Kursen wieder erholen und erreichte ein neues Hoch Ende November 2014. Somit konnte zu diesem Zeitpunkt eine neue Aufwärtstrendlinie an die Kurstiefs angelegt werden. Dieser Trend wurde abermals gebrochen, nachdem sich Anfang 2015 eine zweite M-Formation ausbildete. Vor allem ein nach unten gerichtetes Gap (Break-away-Gap mit Bruch der Aufwärtstrendlinie) bestätigte sowohl die Gipfelbildung der zweiten M-Formation als auch den Bruch der Trendlinie als jeweils negative Signale. Im August bis Oktober 2015 zeigte hingegen eine W-Formation mit Bruch der Abwärtstrendlinie eine Bodenbildung an.

Übung 20 – Lösung

Abbildung 301: Intel Corp. – Tagesbarchart – chart provided by Metastock

Nachdem eine längere Seitwärtsbewegung von September 2016 bis September 2017 nach oben verlassen werden konnte und ein neues Hoch erreicht wurde, konnte ein langfristiger Aufwärtstrendkanal in der Intel-Aktie gezeichnet werden. Dessen obere Begrenzung, die Rückkehrlinie, stellte somit ein Kursziel dar. Noch mit einem kräftigen Aufwärts-Gap (trendbestätigend!) wurde dieses Ziel im Oktober 2017 erreicht und übertroffen. Das Gap fungierte nachfolgend als Unterstützungszone. Letztlich bildete sich von Oktober bis Januar 2018 auch eine M-Formation aus, die aber erst vollendet beziehungsweise aussagekräftig gewesen wäre mit einem Fall unter die Gap-Unterkante. Weiteres Kursziel war die nach oben gedoppelte Schwankungsbreite des verlassenen langfristigen Trendkanals.

Übung 21 – Lösung

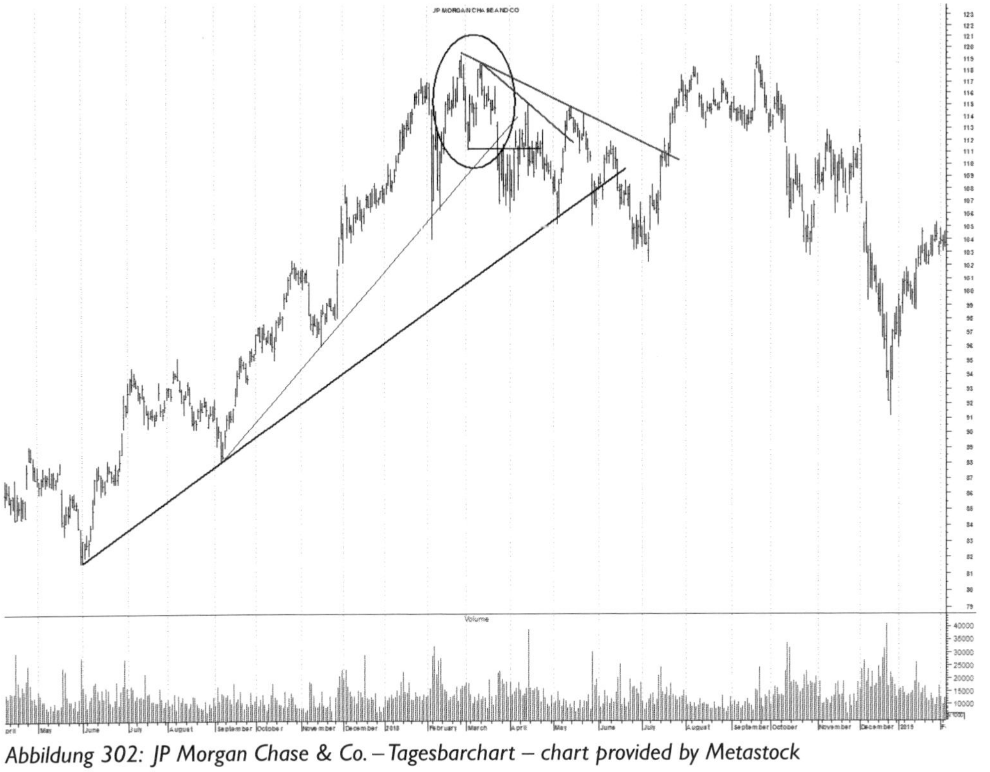

Abbildung 302: JP Morgan Chase & Co. – Tagesbarchart – chart provided by Metastock

Nach einem kräftigen Aufwärtstrend bildete sich Ende Februar bis Mitte März 2018 ein Double-Top, eine M-Formation. Mit Break der steileren Aufwärtstrendlinie ein Verkaufssignal. Wie allerdings zu sehen ist, pendelte der Wert anschließend volatil hin und her und konnte nach Break einer Abwärtstrendlinie im Juli 2018 das Top der M-Formation wieder erreichen. Dieses Niveau stellte ein wesentliches Widerstandsniveau dar. Erkennbar ist letztlich, dass ein Verkauf nach Vollendung der M-Formation seine Berechtigung hatte – auch wenn sich direkt nachfolgend kein langfristiger Abwärtstrend durchsetzte. Interessant aus charttechnischer Perspektive zudem der kurze Kurseinbruch im Dezember 2018 (rechter Chartrand), der auch als V-Formation gelten darf.

Übung 22 – Lösung

Abbildung 303: Aegon NV – Tageskerzen – chart provided by Metastock

Nach einem Aufwärtstrend mit langen weißen Tageskerzen, die schon auf Euphorie und eine kurzfristig überkaufte Chartsituation hinwiesen, setzte sich im März bis April 2015 eine Konsolidierung durch mit zwei Tops sowie einem Bruch der Aufwärtstrendlinie. Der Fall unter die Nackenlinie der M-Formation musste als kurzfristiges Verkaufssignal angenommen werden. Letztlich erholte sich der Wert zwar nachfolgend an das Niveau der Nackenlinie (Pullback), doch im weiteren Verlauf setzte sich eine Abwärtsbewegung durch. Klassisch an dieser M-Formation ist, dass das Zwischentief mit zwei Tageskerzen gebildet wird, die Lunten vorweisen. Nachdem die Luntentiefs im April gebrochen wurden, setzten weitere kurzfristige Gewinnmitnahmen/Verkäufe ein.

Übung 23 – Lösung

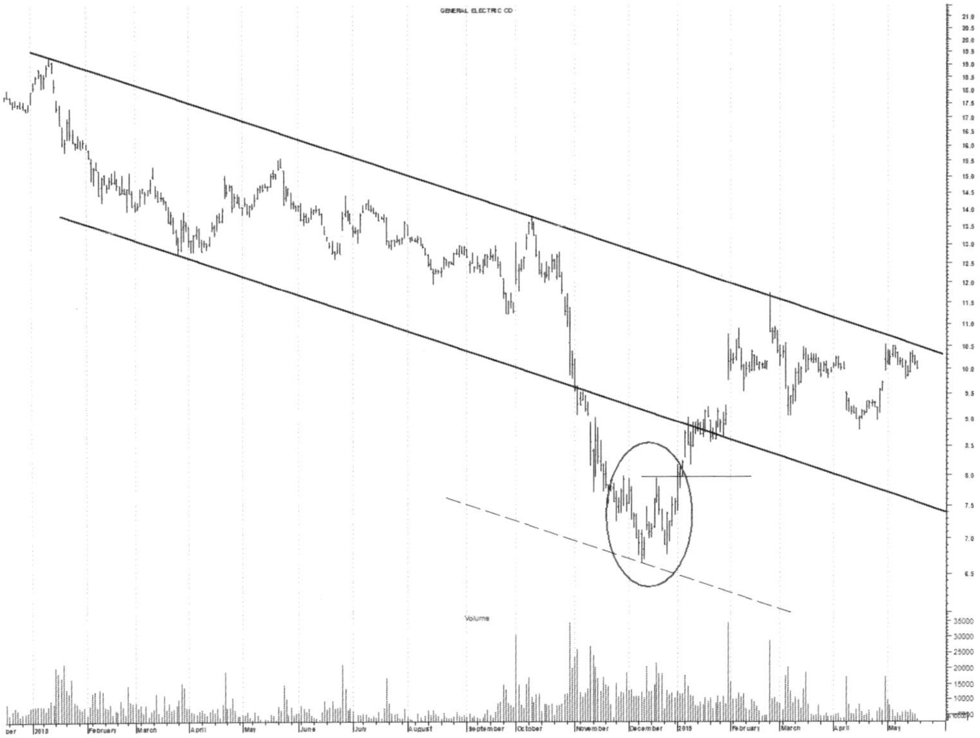

Abbildung 304: General Electric Corp. – Tagesbarchart – chart provided by Metastock

Im Oktober 2018 konnte mit einem neuen Tief in der Abwärtsbewegung ein Abwärtstrendkanal im Kursverlauf der General Electric-Aktie konstruiert werden. Dessen Rückkehrlinie stellte somit ein Kursziel dar, welches nach Ausbruch nach unten aus dem Trendkanal nochmals angepasst werden musste – entsprechend der nach unten duplizierten Schwankungsbreite des Trendkanals (gestrichelte Kursziellinie im Chart).

Dieses Ziel wurde sodann im Dezember 2018 auch erreicht und es bildete sich eine W-Formation aus. Diese Formation ist hier jedoch nicht idealtypisch, da die beiden Tiefs sich nicht auf gleichem Niveau befinden – alternativ kann auch ein kleines ansteigendes Dreieck konstruiert werden (Nackenlinie der W-Formation nach links verlängert ergibt hierbei die obere Dreiecksbegrenzung). Eine Erholung konnte der Wert sodann mit Vollendung der W-Formation sowie nach Rebreak in den Abwärtstrendkanal durchsetzen. Der Trend an sich blieb jedoch bestehen.

Übung 24 – Lösung

Abbildung 305: IBEX – Wochenkerzen – chart provided by Metastock

Der spanische Leitindex IBEX rutschte von Anfang 2010 bis Mitte 2012 kräftig abwärts und bildete hierbei zwei Abwärtstrendkanäle aus. Eine W-Formation mit kräftig langen weißen Kerzen sowie einem Rebreak in den flacheren Abwärtstrendkanal und in Folge einem Bruch des steileren Abwärtstrends ließ zumindest eine Erholung an die seit Januar 2010 laufende Abwärtstrendlinie erwarten. Der Bruch auch dieser Trendlinie konnte als weiteres Kaufsignal gewertet werden – Kursziel war hierbei die nach oben duplizierte Schwankungsbreite des verlassenen Abwärtstrendkanals.

Anmerkung: Die W-Formation an sich war hierbei ein Trendwendemuster, welches allerdings im besten Fall einen Break des steilen Abwärtstrendkanals verhieß, mit der Möglichkeit, dann auch den langfristigen Abwärtstrend zu testen. Ein Break dieser Trendlinie war jedoch aufgrund der W-Formation nicht prognostizierbar.

Übung 25 – Lösung

Abbildung 306: Platin – Tageskerzen – chart provided by Metastock

Im Verlauf der Abwärtsbewegung des Preises für Platin trat im Juli 2015 eine Tageskerze mit langer Lunte auf (linkes Tief im kleinen Kreis). Deren Tief signalisierte Unterstützung, die auch nachfolgend Anfang August 2015 nochmals getestet und bestätigt wurde. Eine kleine W-Formation wurde mit Break der Nackenlinie vollendet. Allerdings konnte sich anschließend keine Trendwende durchsetzen, das Kursziel aus der W-Formation wurde nicht erreicht.

Verkaufssignale ergeben sich jeweils dann, wenn innerhalb eines übergeordneten Abwärtstrends sehr kurzfristige Aufwärtstrendlinien nach unten verlassen werden – jedes neue Tief bestätigt zudem einen Abwärtstrend und stellt somit stets ein weiteres Verkaufssignal dar. Im weiteren Verlauf bildete sich zwischen November 2015 bis Januar 2016 ein Boden. Eine W-Formation liegt hier nicht vor, doch die kräftige Aufwärtsbewegung Ende Januar 2016 mit Bruch zweier Abwärtstrendlinien ließ kurz- bis mittelfristig weitere Kursgewinne zu. Auch entsprechend ableitbarer Kursziele nach Verlassen der Abwärtstrendkanäle (hier der Übersichtlichkeit halber nicht eingezeichnet).

Übung 26 – Lösung

Abbildung 307: MDax – Wochenbarchart — chart provided by Metastock

Relevanter als die ideale grafische Ausbildung einer Formation ist der ihr innewohnende Charakter. So ist eine Schulter-Kopf-Schulter-Formation nur dann aussagekräftig, wenn auch langfristige Trends dieser Gipfelbildungs-Formation voranlaufen und im besten Falle auch Euphorie der Marktteilnehmer festzustellen ist – oder im umgekehrten Fall einer inversen SKS die Börsianer zutiefst verunsichert und deprimiert sind nach dem Motto: Aktien können nur noch fallen und die Börse ist tot. Aus dieser Perspektive sind die beiden Formationen im MDax durchaus aussagekräftig. So zeigte sich 2007 nach langfristigen Trendlinien eine nicht ideal-typische SKS. Die Trendlinien wurden zudem innerhalb der SKS gebrochen. Zum Ende der Finanzkrise bildete sich wiederum eine nicht der Definition entsprechende Formation, die jedoch durchaus aufgrund der im Markt herrschenden Depression als inverse SKS interpretiert werden durfte, in deren Kopf der Abwärtstrend verlassen werden konnte.

Übung 27 – Lösung

Abbildung 308: TecDax – Wochenkerzen – chart provided by Metastock

Eine Schulter-Kopf-Schulter-Formation bildete sich im TecDax im Jahr 2014 – unter der Einschränkung, dass es eigentlich keine SKS war, denn per Wochenschlusskurs wurde diese nicht vollendet. Vielmehr zeigte eine kleine weiße Wochenkerze mit Lunte einen misslungenen Ausbruchsversuch nach unten beziehungsweise einen erfolgreichen Test der Unterstützungszone an. Zudem konnte der Kursverlauf auch als Keil-Formation betrachtet werden.

Die nach unten zeigende vermeintliche Nackenlinie war somit in Verbindung mit der ebenfalls nach unten gerichteten oberen Begrenzung (gestrichelt dargestellt) des Kursverlaufs eben die untere Keilbegrenzung. Achten Sie daher stets darauf, bei der Interpretation eines Kursverlaufs nicht das hineinzuinterpretieren, was Sie denken, sondern nur, was Sie auch wirklich sehen! Der Ausbruch aus dem Keil nach oben zum Ende 2014 war somit ein Kaufsignal, zudem damit auch die Kurse wieder deutlich in den zuvor gebrochenen Aufwärtstrend zurückliefen. Der Ausbruch aus dem langfristigen Trend war somit ein Fehlausbruch!

Übung 28 – Lösung

Abbildung 309: Santander Central Hispano – Tagesbarchart – chart provided by Metastock

Die spanische Bank-Aktie Banco Santander verlief seit Anfang 2018 in einem Abwärtstrend. Ein erster Versuch einer Bodenbildung konnte von Ende Mai bis Anfang August 2018 beobachtet werden. Mit gewissen Freiheiten in der Interpretation wäre hier eine inverse SKS möglich gewesen, doch deren Nackenlinie wurde nicht mehr übertroffen und somit lag hier keine vollendete inverse SKS vor. Vielmehr zeigte jeder Bruch eines kurzfristigen Aufwärtstrends innerhalb des langfristigen Abwärtstrends auf weiteren Verkaufsdruck hin.

Eine Bullenfalle entwickelte sich jedoch im April/Mai 2019. So wurde der Abwärtstrend erst seitwärts verlassen und die diversen Tiefs seit Oktober 2018 bis März 2019 konnten als komplexe inverse Schulter-Kopf-Schulter-Formation interpretiert werden. Mit dem kräftigen Rücksetzer im Mai 2019 jedoch wurde die Aussage dieser Formation als Trendwendemuster negiert. Anmerkung: Betrachten Sie Börse stets als Versuch und Irrtum, als dynamischen Prozess. Halten Sie nicht zu lange an einer liebgewordenen Einschätzung fest. Bleiben Sie flexibel. Nur der Markt hat Recht!

Übung 29 – Lösung

Abbildung 310: Intesa Sanpaolo – Tageslinienchart – chart provided by Metastock

Eine komplexe Schulter-Kopf-Schulter-Formation bildete sich im Kursverlauf eines der größten italienischen Kreditinstitute, der Intesa Sanpaolo-Aktie. Hier passten einige Parameter einer aussagekräftigen SKS: Ein langfristiger Aufwärtstrend wurde im Bereich der rechten Schulter gebrochen, der zeitliche Rahmen der SKS betrug nur ein Drittel des gesamten Aufwärtstrends und die Umsätze gingen innerhalb der SKS zurück und schwollen nach Break der Nackenlinie an.

Anmerkung: Schon 2014 bildete sich ein Gipfel mit einer M-Formation, deren Nackenlinie wurde auch unterschritten. Der Kurs schwenkte allerdings bis Ende 2014 anschließend nicht in eine Abwärts- sondern in eine volatile Seitwärtsbewegung ein, die sodann Anfang 2015 mit einem Kaufsignal nach oben verlassen wurde. Fehlsignale oder Entwicklungen, die nicht der Planung des Chartisten gehorchen, gehören einfach mit zur Börse dazu.

Übung 30 – Lösung

Abbildung 311: DAX – Tageskerzen – chart provided by Metastock

Im Frühjahr 2000 trat eine Gipfelbildung im deutschen Leitindex auf. Eine Aufwärtstrendlinie wurde gebrochen. Die Schulter-Kopf-Schulter-Formation wies allerdings nicht ideale Proportionen auf. So besteht die linke Schulter eher aus zwei Tops, und diese Hochs liegen nicht auf einem auch annähernd gleichen Niveau wie das Top der rechten Schulter. Zudem notiert das eigentliche Hoch nur knapp über dem Hoch der rechten Schulter. Die Nackenlinie wurde Anfang April 2000 gebrochen – mit einer längeren schwarzen Tageskerze. Der darauffolgende Pullback brachte den DAX zudem kurzzeitig wieder über die Nackenlinie und ein erster Kursrutsch wurde sodann Mitte April aufgefangen – mit einer nochmaligen Erholung an die Nackenlinie. In Verbindung allerdings mit weiteren Gipfelbildungen auch im MDax oder TecDAX zu diesem Zeitpunkt, weiteren Schulter-Kopf-Schulter-Formationen in diversen Einzelaktien der DAX-Familie erhielt der Anleger das Signal zum Verkauf.

Anmerkung: Erfolg an der Börse resultiert in der Regel nicht auf einem einzelnen Signal. Sowohl die Verknüpfung unterschiedlicher Zeitebenen als auch die Analyse weiterer Märkte hilft, die verschiedenen Mosaik-Bausteine zu einem Gesamtbild zusammenzusetzen, um eine aussagekräftige Entscheidung treffen zu können.

Übung 31 – Lösung

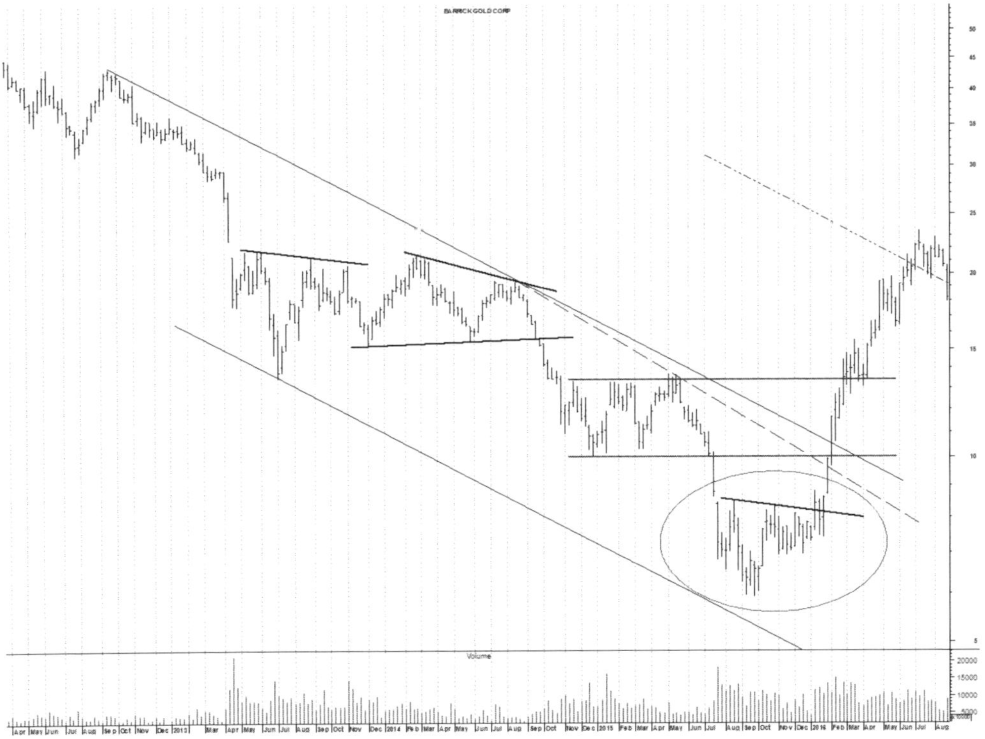

Abbildung 312: Barrick Gold Corp. – Wochenbarchart – chart provided by Metastock

Die Aktie des größten Goldbergbau-Unternehmens der Welt, der kanadischen Barrick Gold, verlief von Oktober 2012 bis Anfang 2016 innerhalb eines breiten Abwärtstrendkanals. Dieser Trendkanal erfuhr allerdings erst mit neuen Tiefs Ende 2014 seine Berechtigung. Zuvor waren schon kurzfristige Abwärtstrendlinien konstruierbar. So zeigte sich auch 2013 mit Bruch einer steilen Abwärtstrendlinie (hier nicht eingezeichnet) die Möglichkeit einer Trendwende mit einer allerdings unvollendeten inversen SKS – die von einem symmetrischen Dreieck gefolgt wurde. Der Ausbruch aus dem Dreieck nach unten war ein aussagekräftiges Verkaufssignal – der langfristige Abwärtstrend war somit planbar.

Auch die kurzzeitige Seitwärtsbewegung (mit Fehlausbruch nach oben Mitte 2015) wurde dynamisch nach unten verlassen – ein weiteres Verkaufssignal in Richtung des vorherrschenden Abwärtstrends. Ende 2015 war jedoch eine nicht ideale inverse SKS vollendet. Sowohl der Ausbruch aus dieser Formation als auch der dynamische Anstieg aus dem Abwärtstrendkanal ließ entsprechend der nach oben abgetragenen Schwankungsbreite des Trendkanals weiteres Aufwärtspotenzial zu (gestrichelte obere Kursziellinie).

Übung 32 – Lösung

Abbildung 313: EUR/USD – Tageskerzen – chart provided by Metastock

Nach einer kräftigen Aufwertung des Euro gegenüber dem US-Dollar seit dem Frühjahr 2009 fiel der EUR/USD seit Beginn Dezember 2009 bis Juni 2010 kräftig. Der Euro wertete also wieder ab. Aufwärtstrendlinien wurden gebrochen (nicht eingezeichnet) und eine dynamische Abwärtsbewegung setzte sich ab Dezember 2009 durch. Beachtenswert ist, dass in der ersten Hälfte der Abwärtsbewegung sich vor allem schwarze längere Tageskerzen ausbildeten, ohne nennenswerte Gegenbewegung. Ein Signal für einen grundsätzlich sehr negativ gestimmten Markt und ein Indiz für eine abwärtsgerichtete »Fahnenstange«.

Interessant ist nachfolgend die leicht aufwärts gerichtete Konsolidierung in Form eines sehr kurzen Aufwärtstrendkanals mit teils kleinen Kerzenkörpern (Unsicherheit im Markt) sowie ein Fehlausbruch nach oben. Die zeitliche Dimension dieser Konsolidierung entspricht zwar nicht dem Ideal einer Flagge, doch die ideale »Fahnenstange« und der Fehlausbruch nach oben zeigten sodann mit Ausbruch nach unten ein aussagekräftiges Verkaufssignal an. Kursziel entsprechend der Ableitung der Flagge (Differenz der Fahnenstange an die obere oder untere Begrenzung der Flagge abgetragen).

Übung 33 – Lösung

Abbildung 314: Bayer AG – Tagesbarchart – chart provided by Metastock

Investiere in Richtung des Gaps! So eine relevante Regel bei Gaps (Kurslücken). Denn jedes Gap ist eine starke Stimmungsverbesserung oder -verschlechterung im Markt. Und in der Regel sollte der Anleger mit der vorherrschenden Stimmung investieren. Im Kursverlauf der Bayer AG zeigten sich im April 2018 noch aufwärtsgerichtete Gaps. Sowie aufwärtsgerichtete Gaps jedoch geschlossen werden, kippt eben die Stimmung. Vor allem sehr breite abwärtsgerichtete Kurslücken zeigen sodann kräftige Widerstandsbereiche an – in diesen Zonen versuchen Anleger, in Erholungen ihre Bestände abzubauen oder es werden Wetten auf fallende Kurse eingegangen.

Übung 34 – Lösung

Abbildung 315: Compagnie de Saint-Gobain S.A. – Wochenkerzen – chart provided by Metastock

Die Verknüpfung der Trend- und Formationsanalyse mit Candlesticks ist sinnvoll. Achten Sie allerdings eher darauf, sich das Ganze einfach zu machen. Lange Lunten auf niedrigem Niveau zeigen ebenso wie lange weiße Kerzen Kaufneigung an – lange weiße Kerzen mit Ausbruch über Widerstände ebenso. Lange schwarze Kerzen hingegen lassen auf Verkaufsneigung schließen. Treten hingegen lange Kerzen nach ausgeprägten Trends auf, so kann auch Euphorie (lange weiße Kerzen) oder Depression (lange schwarze Kerze) angenommen werden. Werden daher nach einem Trend die entsprechend langen, eigentlich trendfortsetzenden Kerzen negiert, tritt in der Regel auch ein Stimmungsumschwung ein.

Im Kursverlauf des französischen Industriekonzerns trat im Juli 2016 ein Hammer auf, das erste Dreieck wurde mit langen weißen Kerzen verlassen. Nach einem trendbestätigenden Gap traten nochmals weiße Kerzen im April 2017 auf, die jedoch eine Phase der Euphorie anzeigten. Das zweite Dreieck wurde mit langen schwarzen Kerzen verlassen und klassischem Pullback. Interessanterweise trat kurz vor Ende der Abwärtsbewegung zum Jahresende 2018 eine sehr lange schwarze Kerze auf, der Markt war somit bereinigt und die letzten Pessimisten hatten ihr Pulver verschossen.

Übung 35 – Lösung

Abbildung 316: BASF AG – Tageskerzen – chart provided by Metastock

Einmal abwärts, dann wieder aufwärts und nochmals abwärts. Das ist Börse! Im Abwärtstrend fungiert die Rückkehrlinie als Unterstützung, im Aufwärtstrend hingegen als Widerstand. Interessant der kräftige Abschwung im Dezember 2018 mit einem Gap nach unten. Nachdem dieses jedoch zurückerobert werden konnte und der Abwärtstrendkanal mit einer langen weißen Kerze (Kraft der Bullen) gebrochen wurde, setzte sich eine Aufwärtsbewegung durch. Eine lange weiße Kerze im April 2019 ließ die BASF-Aktie noch knapp über die Rückkehrlinie des Aufwärtstrendkanals ansteigen. Das Unvermögen, nachfolgend weiter zuzulegen, offenbarte allerdings schon eine Schwäche der Bullen. Das Gap Anfang Mai 2019 und der Bruch des Aufwärtstrendkanals mit einer langen schwarzen Kerze (Verkaufspanik) wiederum musste als Verkaufssignal interpretiert werden.

Übung 36 – Lösung

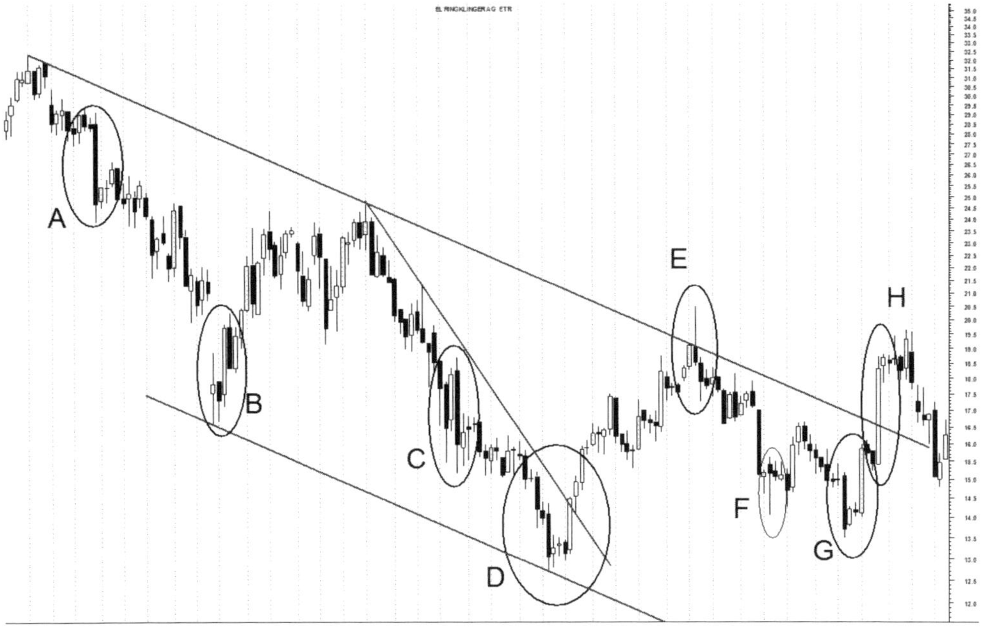

Abbildung 317: ElringKlinger AG – Wochenkerzen – chart provided by Metastock

Die ElringKlinger-Aktie verlief seit einem Hoch im Februar 2015 in mehreren Abwärtstrends sowie kurzfristigen Gegenbewegungen hin und her. Den Startschuss für die Abwärtsbewegung gab eine lange schwarze Wochenkerze (A). Unterstützung zeigte sich jedoch bei B – ein Gap konnte geschlossen werden. Die Erholung versandete allerdings und am Unterstützungsniveau von B setzten sich kurzfristig weiße Wochenkerzen (C) durch, die allerdings mit einer längeren schwarzen Kerze bei C negiert wurden. Die Grundstimmung blieb negativ und eine Bestätigung der Unterstützung konnte nicht festgestellt werden. Mit einem neuen Tief im Juli 2016 konnte zudem ein breiter, langfristiger Abwärtstrendkanal konstruiert werden (C). Dessen Rückkehrlinie stellte ein Kursziel dar, welches auch im November 2016 erreicht wurde (D). Hier bildete sich ein Tower Bottom (vier Kerzen – eine lange schwarze und eine lange weiße Kerze, zwischen denen eine kurze Phase der Unsicherheit abläuft), ein Trendwendemuster, welches mit nachfolgenden weißen Kerzen und einem Bruch eines Abwärtstrends bestätigt wurde. Allerdings war zu beachten, dass der grundlegende Abwärtstrend intakt war und sodann mit einem Shooting Star bei E auch bestätigt wurde. Die Unterstützung bei F (Hammer) und G (nicht ideales Tower Bottom) ließ die Anleger wieder hoffen, so setzte sich eine lange weiße Kerze bei H durch – ein Kaufsignal, welches sich allerdings als Fehlsignal entpuppte mit entsprechend negativen Folgen. Die Hoffnung schlug um in Ernüchterung.

Übung 37 – Lösung

Abbildung 318: ElringKlinger AG – chart provided by Metastock

Wochenkerzen – Der Kursverlauf beginnt im mittleren Bereich dort, wo der Chart der vorherigen Übung endete. So konnte zwar die ElringKlinger-Aktie im Dezember 2017 aus einem Abwärtstrendkanal (siehe Übung 36) mit einer langen weißen Kerze nach oben ausbrechen. Dieser Ausbruch erweis sich jedoch als Bullenfalle, als Fehlausbruch. Konsequent lief der Wert darauf abwärts und knackte eine Unterstützungszone (Tief eines Hammers und eines Tower Bottom). Zudem wurde ein symmetrisches Dreieck nach unten verlassen. Sehr lange schwarze Wochenkerzen im Juni 2018 und im Oktober 2018 zeigten Verkaufspanik und die Kraft der Bären an. Ein seit Februar 2018 laufender Abwärtstrend ist intakt. Auch der Versuch einer Bodenbildung von Oktober 2018 bis Februar 2019 scheiterte.

Übung 38 – Lösung

Abbildung 319: Home Depot Inc. – Tageskerzen – chart provided by Metastock

An Punkt A bildete sich ein Inverted Hammer, hier wurde gegen die kurzfristige Abwärtsbewegung gekauft. Doch das Vertrauen in steigende Kurse war noch nicht wiederhergestellt. An Punkt B bildete sich ein Doji, eine Kerze, die eine Pattsituation zwischen Bullen und Bären darstellt. Deren Tief konnte auch in Verbindung mit einem Hammer bei C als Unterstützung angenommen werden. Der nachfolgende Bruch dieser Unterstützung bei D war zwar ein weiteres Verkaufssignal. Doch mit einem Inverted Hammer und einer sehr deutlichen langen weißen Tageskerze mit Rebreak der Unterstützung war dieses Verkaufssignal eine klassische Bärenfalle. Die letzten verbliebenen Pessimisten hatten ihr Material abgegeben und der Wert konnte sich mit Break der Abwärtstrendlinien (Abwärtstrendfächer) weiter erholen. Interessant: Nach der langen weißen Kerze (D) am 26.12.2018 waren fast nur noch weiße Tageskerzen zu beobachten!

Übung 39 – Lösung

Abbildung 320: Allianz SE – Tageskerzen – chart provided by Metastock

Lange weiße Kerzen, ob als Monats-, Wochen-, Tages- oder auch Stundenkerzen, offenbaren die Kaufwilligkeit der Anleger. Werden Formationen, Dreiecke, W-Formationen oder auch einfache Seitwärtsbewegungen sowie Abwärtstrendlinien mit langen weißen Kerzen verlassen, so ist dies in der Regel ein aussagekräftiges Kaufsignal. Insbesondere dann, wenn sich der Markt nach einer abwartenden Haltung, einer Phase der Unsicherheit, entscheidet!

Handelsregel zum Beispiel: Lange weiße Kerze bricht Widerstand im Aufwärtstrend = Kaufsignal mit Stoppkurs unter dem Tief der langen weißen Kerze.

So zeigt der Kursverlauf der Allianz SE kurzfristige Kaufsignale nach Ausbruch aus zwei Seitwärtsbewegungen mit langen weißen Kerzen. Kurszielableitung im obigen Chart einerseits jeweils die Bandbreite der Seitwärtsbewegungen nach oben abgetragen und andererseits, sofern man einen Aufwärtstrendkanal konstruiert, stellt dessen obere Begrenzung, die Rückkehrlinie, jeweils das Kursziel dar.

Übung 40 – Lösung

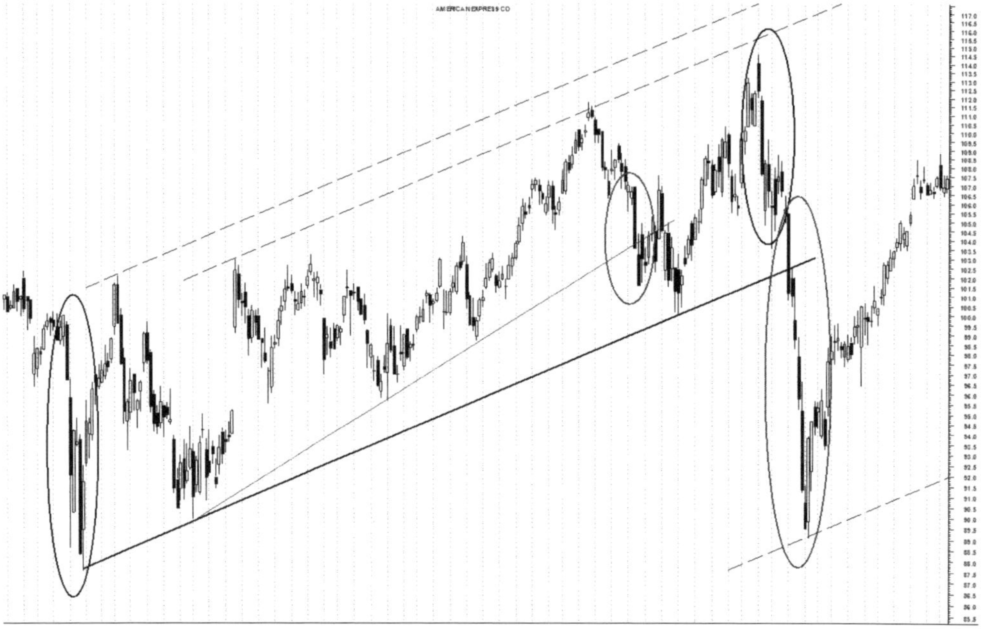

Abbildung 321: American Express Corp. – Tageskerzen – chart provided by Metastock

In den Tageskerzen der American Express-Aktie kam es im Februar 2018 zu deutlichen Kursverlusten (linker Kreis im Chart). Nachdem jedoch das Hoch der letzten langen schwarzen Kerze vom 08. Februar überwunden werden konnte, setzte eine Erholung ein. Nicht prognostizierbar war der auf die Erholung einsetzende nochmalige Rückgang der Aktie bis Ende März 2018. Die starke Pendelbewegung signalisierte Unsicherheit – diese setzte sich sodann bis in den August 2018 fort (Gap vom 19. April als Unterstützungszone!). Ein Verkaufssignal bot eine lange schwarze Kerze am 10. Oktober 2018 mit Ausbruch aus einer kleinen SKS mit Break des seit April laufenden Aufwärtstrends – der langfristige Aufwärtstrend stoppte die Abwärtsbewegung von September bis Ende Oktober 2018. Ein starkes Verkaufssignal signalisierte sodann eine sehr lange schwarze Kerze am 04. Dezember, nachdem der Wert zuvor knapp an der Rückkehrlinie des breiten Aufwärtstrendkanals (zwei mögliche Rückkehrlinien gestrichelt dargestellt) abprallte. Nachfolgend bildete sich am 17. Dezember (rechter Kreis im Chart mit mehreren langen schwarzen Kerzen) eine lange schwarze Kerze mit Ausbruch aus dem Aufwärtstrendkanal. Handelsregel zum Beispiel: Lange schwarze Kerze bricht Unterstützung = Verkaufssignal mit Stoppkurs über dem Top der langen schwarzen Kerze. Kursziel war die nach unten abgetragene Schwankungsbreite des Trendkanals (untere gestrichelte Linie). Nachdem das Kursziel erreicht wurde und Tops der vorherigen langen schwarzen Kerzen überwunden wurden, konnte der Ausverkauf wieder wettgemacht werden.

Übung 41 – Lösung

Abbildung 322: 3M Company – Tageskerzen – chart provided by Metastock

Von Anfang September 2017 bis Ende Januar 2018 konnte die 3M-Aktie in einem Aufwärtstrend von rund 200 US-Dollar bis knapp 260 US-Dollar ansteigen. Mit einer sehr langen schwarzen Kerze wurde ein Aufwärtstrend verlassen – nachfolgend fungierte die Zone eines kleinen Gaps in Verbindung mit dem Hoch der langen schwarzen Kerze vom 24. Oktober 2017 als breite Unterstützungszone. Allerdings konnte im weiteren Verlauf das Hoch der langen schwarzen Kerze (Top einer langen schwarzen Kerze als auch der mittlere Bereich des schwarzen Kerzenkörpers stellt einen Widerstandsbereich dar) nicht mehr überwunden werden, ein negatives Signal. Vielmehr traten Ende März 2018 mehrere, teils sehr lange schwarze Tageskerzen auf, die mit neuen Tiefs ein Verkaufssignal generierten. Ende April 2018 wurde sodann ein weiteres Abwärts-Gap gerissen, welches nochmals auf die negative Stimmung in der Aktie seit Bruch des Aufwärtstrends hinwies.

Übung 42 – Lösung

Abbildung 323: Wynn Resorts Limited – Wochenkerzen – chart provided by Metastock

Ein Hammer allein macht noch keine Trendwende! So trat nach einer kräftigen Abwärtsbewegung in der Aktie der Wynn Resorts Limited Mitte Dezember 2014 ein Hammer auf (linker Kreis). Nachfolgend stabilisierte sich der Kurs auch anfänglich, doch konnte weder das vorherige Hoch der vor dem Hammer auftretenden längeren schwarzen Kerze überwunden werden noch setzte sich unmittelbar nach dem Hammer eine längere weiße Kerze als Bestätigung dieses potenziellen Trendwendemusters durch. Mit einem Fall unter das Hammer-Tief war der Hammer trendbestätigend zu interpretieren.

Eine höhere Aussagekraft hingegen hatten die beiden kleinen schwarzen Kerzen mit sehr langen Lunten Mitte Januar 2016 (rechter Kreis). Diese beiden Kerzen können nicht als Hammer bezeichnet werden, da die Dochte hierfür zu lang sind. Doch wesentlich ist hier der Charakter der Kursbewegung – ein vorheriges Tief als Unterstützung wurde mit den langen Lunten bestätigt und es setzte sich die Kaufneigung, die die Lunten aufzeigten, auch mit langen weißen Kerzen sowie einem Bruch des steilen Abwärtstrends durch. Zudem wurde die Range von September 2015 bis Februar 2016 nach oben verlassen – ein Kaufsignal mit Bodenbildung!

Übung 43 – Lösung

Abbildung 324: Palladium in US-Dollar pro Unze – Wochenkerzen – chart provided by Metastock

Im Kurs des Metalls Palladium zeigte sich im August 2015 ein Hammer (zweiter Kreis von links) mit sehr langer Lunte und kurz darauf auch ein Rebreak in den zuvor verlassenen Abwärtstrendkanal mit einer langen weißen Kerze. Letztlich ein Kaufsignal, welches jedoch nur sehr kurzfristig wirkte. Anzunehmen wäre gewesen, dass zumindest der seit September 2014 laufende Abwärtstrend getestet werden könnte. Mit dem wiederholten Ausbruch aus dem Abwärtstrendkanal wurde allerdings ein erneutes Verkaufssignal generiert.

Anfang Januar 2016 bildete sich jedoch abermals ein Hammer (vierter Kreis von links) und Anfang März 2016 eine sehr lange weiße Kerze. Durchaus ein Kaufsignal mit der Chance eines Rebreaks in den Abwärtstrendkanal mit Ziel Abwärtstrendlinien. Letztlich konnte der Kurs in den darauffolgenden Wochen weiter zulegen und den Abwärtstrendkanal nach oben verlassen – hier mit klassischem Pullback. Anmerkung: Die beiden Hammer in den kleineren Kreisen stellen per Definition keinen Hammer dar, da diese nicht nach einer Abwärtsbewegung auftreten und zudem die Luntenspitzen nicht das tiefste Niveau einer Abwärtsbewegung darstellen.

Übung 44 – Lösung

Abbildung 325: Deutsche Post AG – Wochenkerzen – chart provided by Metastock

In der Aktie der Deutschen Post AG traten Anfang Oktober 2002 zwei Hammer gefolgt von einer sehr langen weißen Kerze auf. Diese markierten das Ende der Abwärtsbewegung. Das Tief der langen weißen Kerze stellte eine Unterstützung dar, die im März 2003 getestet wurde. Von hier aus setzte sich sodann eine Aufwärtsbewegung durch. Die inverse SKS von Juli 2002 bis April 2003 ist nicht idealtypisch. Interessant ist auch der Kursanstieg im April/Mai 2003 mit größtenteils weißen Wochenkerzen, eine Fahnenstange, der eine kurzfristige Konsolidierung, eine Flagge, folgt mit Ausbruch nach oben (Anmerkung: die Flagge dauert ein wenig zu lang im Verhältnis zum Aufwärtstrend, um als ideale Flagge zu gelten. Das Kursziel aus der Fahnenstange war damit nicht anwendbar).

Ein Hanging Man hingegen, der die gleiche Kerzenform aufweist wie ein Hammer, nur nach einem Aufwärtstrend seine Bedeutung erhält, ist ein eher unsicheres Signal. So trat ein Hanging Man im August 2003 auf, der jedoch trendfortsetzende Wirkung erhielt, da sich direkt anschließend die Kurse weiter fortsetzen konnten und auch im weiteren Verlauf der Hanging Man nicht unterschritten wurde – im Gegensatz zum kleinen Hanging Man im Februar 2004.

Übung 45 – Lösung

Abbildung 326: Merck KGaA – Monatskerzen – chart provided by Metastock

Erkennen von Candlestick-Mustern. A: Shooting Star – dessen Hoch markiert eine Widerstandszone. B: Hanging Man als weiterer Warnhinweis. C: Inverted Hammer folgt einer Ausverkaufsphase und bleibt unbestätigt. D: Shooting Star, bleibt unbestätigt. E: Shooting Star bestätigt als Trendwendemuster mit nachfolgender schwarzer Kerze. F: Kein Hanging Man, kein Hammer da kein Aufwärts- oder Abwärtstrend vorliegt. G: Hammer in Folge zeigen mit langen Lunten Unterstützung an, für eine Trendwende fehlt eine nachfolgende weiße Kerze. H: Hammer mit nachfolgender weißer Kerze an einer Unterstützung – dieser Hammer ist diskussionswürdig, da eigentlich kein Abwärtstrend vorangeht.

Anmerkung: Monatskerzen geben sehr gut die Grundstimmung in einem Markt wieder. In Verknüpfung mit kurzfristigeren Zeitebenen, so den Wochen- und Tageskerzen, ergeben sich interessante Interpretationsmöglichkeiten.

Übung 46 – Lösung

Abbildung 327: ThyssenKrupp AG – Tageskerzen – chart provided by Metastock

Verkaufe den Widerstand, kaufe die Unterstützung! So eine alte Händlerregel. In der ThyssenKrupp-Aktie setzte sich jeweils von Dezember 2016 bis Juni 2017 und von Juni 2017 bis Anfang Oktober 2017 eine Range durch. Die Tops wurden hierbei jeweils verkauft, die Unterstützungen gekauft. Allerdings mit Fehlausbrüchen im April und Mai 2017 sowie letztlich einem Ausbruch nach unten Anfang Oktober 2017.

Bestätigt wurden die Widerstandszonen durch mehrere Shooting Stars (im linken Kreis an den oberen Zonen). Das Signal einer Erholung im Mai 2017 zeigte sich an einem Inverted Hammer mit langem Docht und vor allem nachfolgender langer weißer Kerze mit Break der Abwärtstrendlinie – zumindest war zu diesem Zeitpunkt ein nochmaliger Test der Widerstandszone im Bereich 24,50 Euro anzunehmen. Die zwei Tiefs im April und Mai 2017 bilden zudem eine kleine W-Formation, der vorangehende Abwärtstrend ist hierfür allerdings nur schwach ausgeprägt, die dreifachen Tops im Zeitraum von Juli bis September 2017 können als *triple top* bezeichnet werden, hier traten unter anderem zwei Shooting Stars auf.

Übung 47 – Lösung

Abbildung 328: Amazon.com Inc. – Tageskerzen – chart provided by Metastock

Nach einem langfristigen Aufwärtstrend (nicht abgebildet) bildete sich in der Amazon-Aktie im August/September 2018 ein doppeltes Hoch, eine M-Formation. Recht klassisch mit einer Kerze mit längerer Lunte als Zwischentief der M-Formation. Die hieran anzulegende Nackenlinie der M-Formation wurde dynamisch nach unten verlassen, ein kurzer Pullback hierauf wurde abverkauft (Punkt 1). Nachfolgend setzten zwar weitere Erholungen ein (Punkte 2 und 3). Geschuldet auch dem vorherigen langfristigen Trend bestand noch Optimismus für die Aktie. Doch erst nach einem ausgeprägten Morning Star (Punkt 4) mit einer langen schwarzen und vor allem einer langen weißen Kerze war der Markt bereinigt und der Wert konnte eine Erholung starten. Zudem wurde nach dem Morning Star der Abwärtstrendfächer verlassen. Eine zusätzliche Aussagekraft erhielt der Morning Star, da die kleine Kerze zwischen den langen beiden Kerzen ein Doji war – somit liegt hier die Besonderheit eines Morning Doji Star vor.

Übung 48 – Lösung

Abbildung 329: USD/CAD – Wochenkerzen – chart provided by Metastock

Treten Trendwendemuster an Kurszielen, Widerstands- oder Unterstützungszonen sowie an Trendlinien oder im Aufwärtstrendkanal beziehungsweise im Abwärtstrendkanal an den Rückkehrlinien auf, so erhalten diese eine hohe Aussagekraft.

Im Kursverlauf des Währungspaares US-Dollar zum kanadischen Dollar zeigte sich im März 2013 nach einer kräftigen Aufwertung des US-Dollars ein Bearish Engulfing – hier bestätigte das Muster die vorherigen Tops als Widerstand. Der Ausbruch aus der kurzen 11-wöchigen Range nach unten war somit ein kurzfristiges Verkaufssignal. Nach den hierauf einsetzenden Kursverlusten und einer Erholung bildeten sich von Juli 2014 bis Anfang 2016 zwei Aufwärtstrendkanäle aus. Der Ausbruch aus dem kürzeren und enger verlaufenden Aufwärtstrendkanal im Januar 2016 wies einerseits auf eine Beschleunigung der Aufwärtsbewegung, aber auch auf eine Überhitzung hin. Mit Erreichen des Kurszieles, der oberen Rückkehrlinie des breiten Aufwärtstrendkanals und einem Abprall hieran – zudem mit Rebreak in den kürzeren Aufwärtstrendkanal mit einer langen schwarzen Kerze – wurde ein Verkaufssignal generiert. Dieses erhielt zudem eine höhere Aussagekraft, da sich in den Wochenkerzen ein Bearish Engulfing mit langen Kerzenkörpern präsentierte.

Übung 49 – Lösung

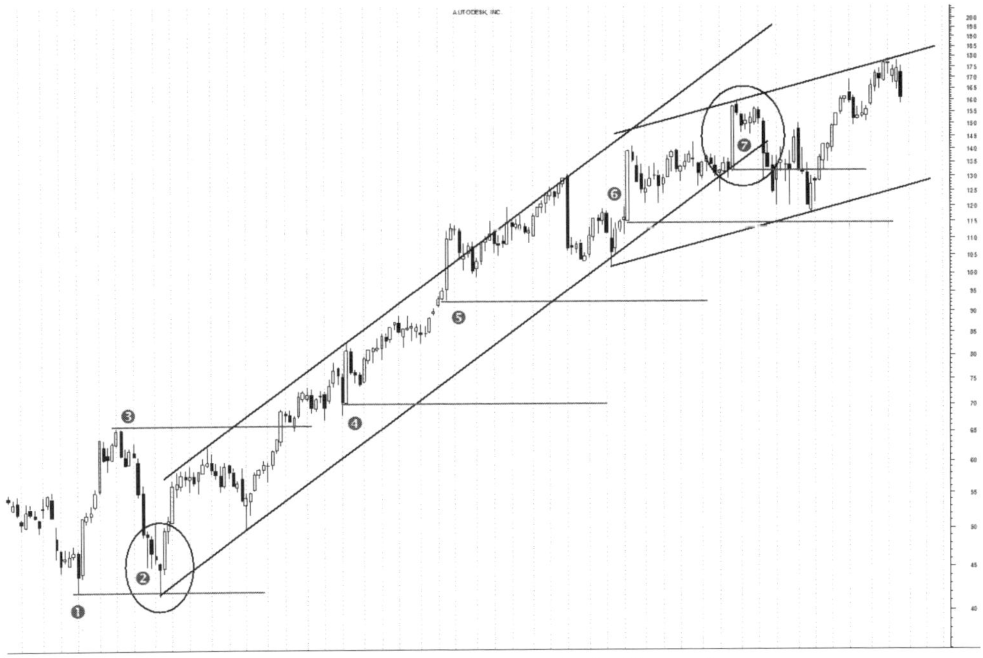

Abbildung 330: Autodesk Inc. – Wochenkerzen – chart provided by Metastock

Punkt 1: Eine lange weiße Wochenkerze beendete eine Abwärtsbewegung. Die Unterstützung bei Punkt 1 erhöhte die Aussagekraft eines Hammers bei Punkt 2, der mit einer langen weißen Kerze als Trendwendemuster bestätigt wird. Punkt 3 (Bearish Engulfing) generiert ein Widerstandsniveau, welches im August 2016 mit einer längeren weißen Kerze geknackt wird (Kaufsignal). Im Aufwärtstrendkanal zeigen lange weiße Kerzen bei Punkt 4 und 5 nochmals Kaufneigung an – sowohl die mittleren Bereiche dieser Kerzen als auch deren Tiefs sind als Unterstützungszonen definierbar.

Nach einer kurzen Übertreibung nach oben an Punkt 5 mit Ausbruch aus dem Aufwärtstrendkanal setzte eine Konsolidierung ein. Da jedoch weder der mittlere Bereich noch das Tief der langen weißen Kerze signifikant unterschritten wurde, konnte sich der Kurs ausgehend von der Aufwärtstrendlinie folgend mit einer langen weißen Kerze bei Punkt 6 weiterhin aufwärtsbewegen – ebenso gilt dies an Punkt 7. Die Aufwärtstrendlinie wurde bestätigt. Bei Punkt 7 (August bis Oktober 2018) wurde jedoch der Trend verlassen und es bildete sich ein Tower Top. Ein Verkaufssignal ergibt sich unter anderem bei einem Fall unter das Tief der langen weißen Kerze bei Punkt 7. Lange Lunten und eine Range im vierten Quartal 2018 mit Ausbruch nach oben in 2019 ließen sodann neue Tops zu – allerdings mahnte der Abprall an der Rückkehrlinie des flacheren Aufwärtstrendkanals zur Vorsicht.

Übung 50 – Verknüpfung der Zeitebenen

Übung 50 – Teil 1 – Monatskerzen

Wie geht es weiter am rechten Seitenrand? Ihre Analyse! Führen Sie bitte eine Trend- und Formationsanalyse durch, interpretieren Sie die Candlesticks und verknüpfen Sie die Analyse mit den Wochen- und Tageskerzen (folgende Seiten).

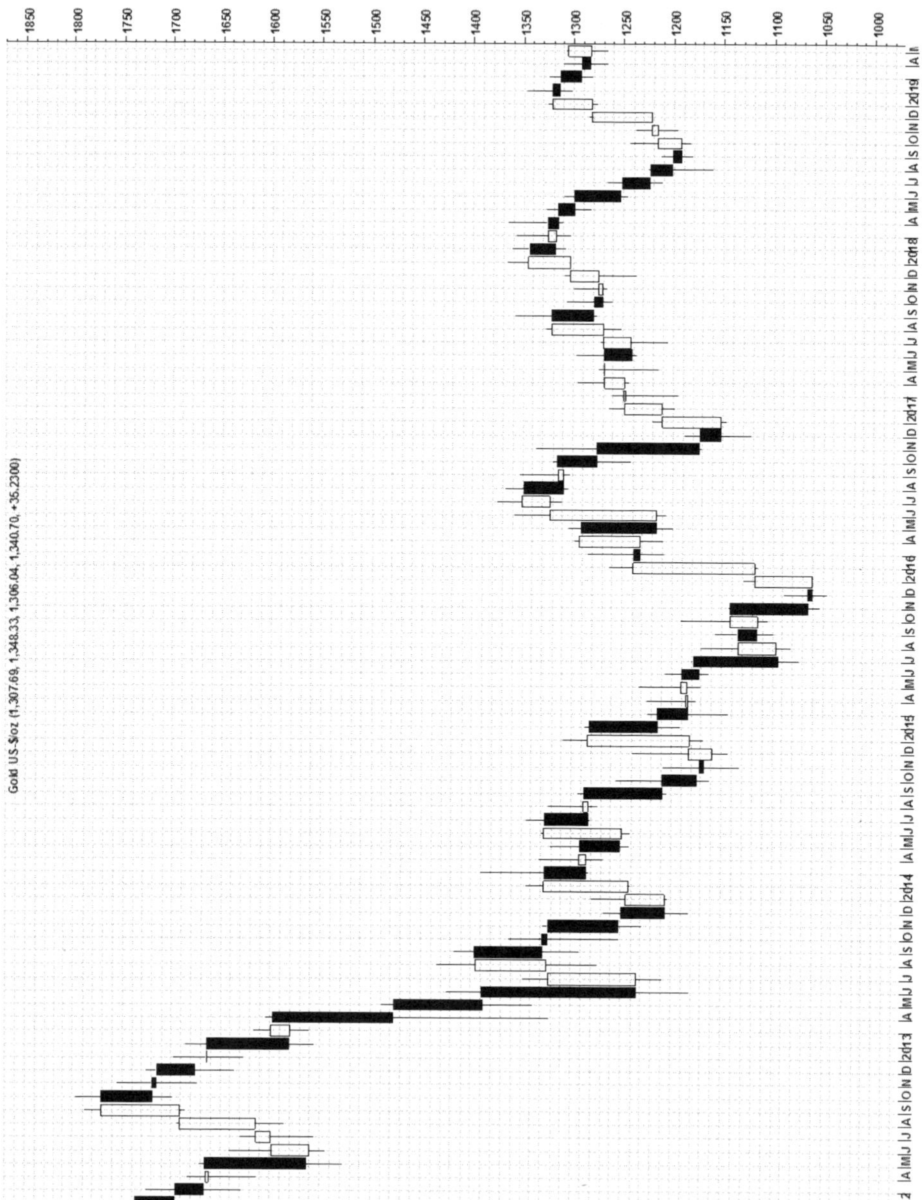

Abbildung 331: Goldpreis in US-Dollar – Monatskerzen – chart provided by Metastock

Übung 50 – Teil 2 – Wochenkerzen

Wie geht es weiter am rechten Seitenrand? Ihre Analyse! Führen Sie bitte eine Trend- und Formationsanalyse durch, interpretieren Sie die Candlesticks und verknüpfen Sie die Analyse mit den Monats- und Tageskerzen (folgende Seite).

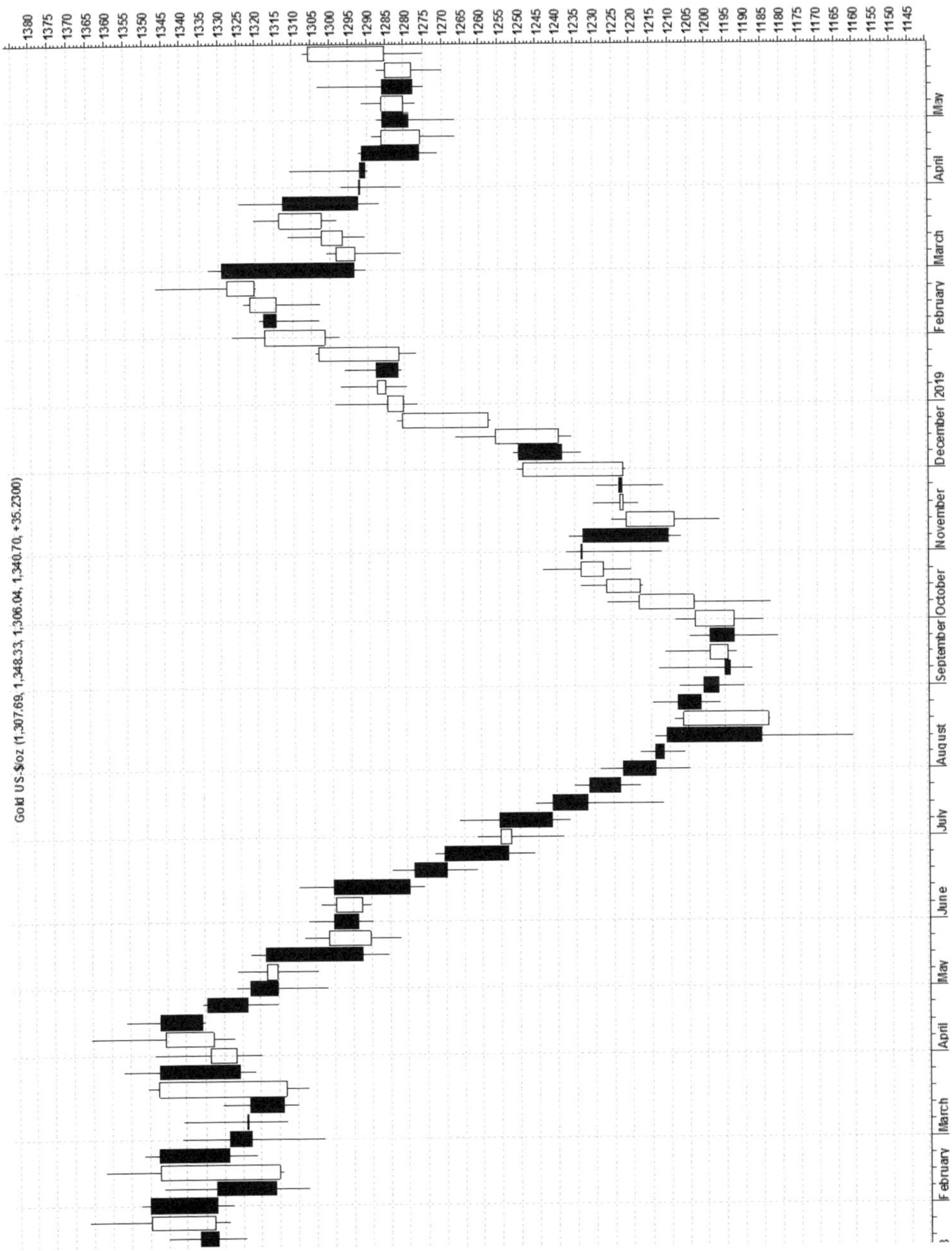

Abbildung 332: Goldpreis in US-Dollar – Wochenkerzen – chart provided by Metastock

Übung 50 – Teil 3 – Tageskerzen

Wie geht es weiter am rechten Seitenrand? Kursziele und Kauf- oder Verkaufssignale entsprechend Ihrer Analyse! Führen Sie bitte eine Trend- und Formationsanalyse durch, interpretieren Sie die Candlesticks und verknüpfen Sie die Analyse mit den Monats- und Wochenkerzen (vorherige Seiten).

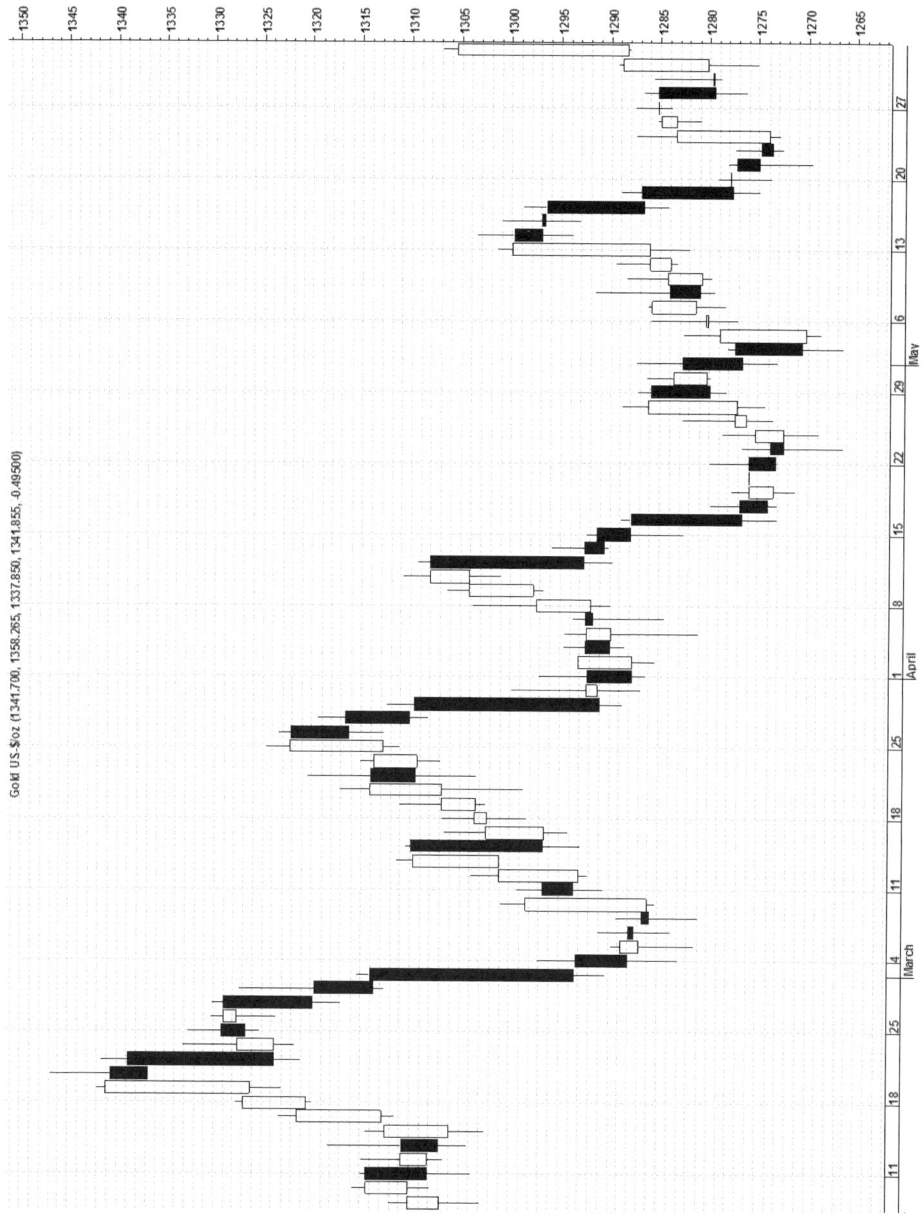

Abbildung 333: Goldpreis in US-Dollar – Tageskerzen – chart provided by Metastock

Übung 50 – Lösungsvorschlag: Verknüpfung der Zeitebene!

Übung 50 – Teil 1 – Monatskerzen – Lösung

Abbildung 334: Goldpreis in US-Dollar – Monatskerzen.– chart provided by Metastock

Die langfristige Perspektive sollte bei einer Analyse nie fehlen – auch der kurzfristig orientierte Händler kann hieraus entscheidende Vorteile für seine Handelsstrategie ableiten. So zeigte sich im Goldpreis eine mehrjährige Seitwärtsbewegung und seit Juli 2016 bildete sich ein symmetrisches Dreieck. In Verbindung mit der Erholungsbewegung seit Dezember 2018 bestand Ende Mai 2019 eine gute Chance für einen Test der oberen Dreiecksbegrenzung. Zumal die vorherigen kleinen drei schwarzen Monatskerzen keinen nachhaltigen Verkaufsdruck anzeigten und der Goldpreis nicht mehr unter das Tief der weißen Monatskerze vom Januar 2019 per Periodenschlusskurs fiel. In Verbindung mit der weißen letzten Mai-Kerze konnten die kleinen schwarzen Monatskerzen lediglich als Pause, als technische Korrektur interpretiert werden. Kaufsignale in den kurzfristigeren Zeitebenen, so ein Anstieg über das April-Hoch (kleine Phase der Unsicherheit), erhielten somit eine hohe Aussagekraft.

Übung 50 – Teil 2 – Wochenkerzen – Lösung

Abbildung 335: Goldpreis in US-Dollar – Wochenkerzen. – chart provided by Metastock

Die Korrektur auf die kräftige Erholung seit Ende 2018 endete an einer Aufwärtstrendlinie. Ein kurzfristiger korrektiver Abwärtstrendkanal wurde mit einer weißen Wochenkerze nach oben verlassen. Das hieraus ableitbare Kursziel war die nach oben abgetragene Schwankungsbreite des verlassenen Abwärtstrendkanals.

Die im Chart am rechten Seitenrand abgebildeten beiden Wochenkerzen zeigen die weitere Entwicklung an – diese sind im Übungschart nicht abgebildet. Schön zu sehen ist, wie dynamisch das Kaufsignal (lange weiße Wochenkerze bricht Abwärtstrendkanal und bestätigt die Aufwärtstrendlinie) abgearbeitet wurde. Das sodann im Widerstandsbereich der Tops aus dem Jahre 2018 auch kurzfristig orientierte Händler Gewinne mitnehmen, ist dabei ein natürliches Marktverhalten. Aus Sicht der Monats- und Wochenkerzen bestand allerdings zu diesem Zeitpunkt (Mitte Juni 2019), die Chance auf weitere Zugewinne und auch eines Ausbruchsversuchs aus dem langfristigen symmetrischen Dreieck der Monatskerzen nach oben mit Kurszielen in Richtung 1.600 US-Dollar - sofern ein Ausbruch denn auch gelingen würde.

Übung 50 – Teil 3 – Tageskerzen – Lösung

Abbildung 336: Goldpreis in US-Dollar – Tageskerzen. – chart provided by Metastock

Entsprechend den Monatskerzen erhielten Ende Mai – auch in Verknüpfung mit den Wochenkerzen – kurzfristige Kaufsignale eine hohe Aussagekraft. In den Tageskerzen wurde mit einem Ausbruch aus dem Abwärtstrendkanal und aus einem kurzfristigen symmetrischen Dreieck ein Kaufsignal generiert: Lange weiße Kerze bricht Trendlinie UND bricht aus einem Dreieck aus = Kaufsignal. Die ableitbaren Kursziele wurden recht zügig abgearbeitet. Als Handelsstrategie war es möglich, kurzfristige Long-Positionen im Gold einzugehen, an den Kurszielen Teilgewinne mitzunehmen und entsprechend der potenziell positiven langfristigen Perspektive auch Long-Positionen im Depot zu belassen mit Stoppkurs zum Beispiel unter dem Tief einer langen weißen Tageskerze.

Fazit Übungen:

Übung macht den Meister. Drucken Sie sich weitere Charts aus dem Internet oder einem Chartanalyseprogramm aus, auch Ihre Hausbank kann Ihnen sicherlich Charts zur Verfügung stellen. Und beginnen Sie, experimentieren Sie einfach! Überprüfen Sie Ihre Ergebnisse. So gestalten Sie Ihr eigenes Workbook!

Kapitel 15: Epilog

Nur der Markt hat Recht!

Oberstes Gebot des Börsianers ist es, den Signalen des Marktes zu vertrauen. Denn nur der Markt hat Recht. Niemand weiß wirklich die zukünftige Richtung des Marktes. Weder der Anlageberater in der Bank noch der Trading-Guru oder auch ein Nobelpreisträger sind imstande, die zukünftige Richtung einer Aktie, eines Devisenpaares et cetera vorherzusagen. Chartanalyse, Technische Analyse ist letztlich der Versuch, die massenpsychologische Stimmung an der Börse einzufangen und hieraus Schlüsse über das zukünftige Marktverhalten der Börsianer abzuleiten. Der Technische Analyst trifft eben eine Annahme – sofern denn der Kursverlauf auch eine entsprechende Annahme zulässt – und wartet auf die Bestätigung seiner Annahme. Wird die Annahme hingegen hinfällig, heißt es, neu nachdenken. So ist ein weiteres Gebot des Börsianers: Flexibel bleiben!

Relevant für den Börsenerfolg ist es zudem, die Kontrolle abzugeben! Als Mensch ist man es gewohnt, in gewissem Umfang Kontrolle über sein Leben und seine Tätigkeiten zu haben. Selbst wenn oftmals nur eine Illusion der Kontrolle vorliegt. Ein wesentlicher Aspekt des menschlichen Daseins ist es, Sicherheit und Kontrolle sowie Kontrollillusion zu verspüren. An der Börse hingegen können wir keine Kontrolle über die Kurse und die Entwicklung der Charts ausüben. »Erfolgreiches Handeln an der Börse setzt vielmehr eine möglichst gute Anpassung an das aktuelle Börsengeschehen voraus, mithin eher ein Fall sekundärer als primärer Kontrolle« – so die Autoren Bungard/Schultz-Gambard im Buch *Börse und Psychologie* (Maas/Weibler) auf Seite 152.

Börsenerfolg ist also letztlich die Kontrolle über Kauf, Verkauf, Nichtkauf oder Nichtverkauf. Eine Kontrolle über den eigentlichen Verlauf ist nicht möglich. Interessant ist zudem, dass es ein angeborenes Verhalten des Menschen ist, dort Muster und wiederkehrende Formationen erkennen zu wollen, wo Chaos herrscht. Auch eine Form der Kontrollillusion. Skeptisch könnte man daher die gesamte Chartanalyse als Versuch des an der Börse handelnden Menschen verstehen, die Kontrolle über das Marktgeschehen zurückzugewinnen. Chartanalyse als Kontrollillusion!

Allerdings resultiert vor allem die Trend- und Formationsanalyse wiederum auf menschlich angeborenen Verhaltensmustern, wie der Fortschreibung von Trends und dem Herdenverhalten. Wesentlich für Sie als Anleger ist es jedoch, sich bewusst zu machen, dass nicht jeder Kursverlauf immer, zu jedem Zeitpunkt, eine

Prognose entsprechend der Chartanalyse zulässt. Fehlen Trends, fehlen Formationen im Kursverlauf, so ist eben auch keine Prognose möglich! Und hüten Sie sich davor, dort Muster im Kursverlauf erkennen zu wollen, wo einfach keine Muster im Sinne der Formationsanalyse vorliegen.

Regeln – Keep it simple, stupid

Im vorliegenden Buch wurde Ihnen die Chartanalyse nähergebracht. Auf eine detaillierte Anwendung von Indikatoren, die mathematischen Ableitungen der Kurse, wurde verzichtet. In der Regel können Indikatoren zum Aufbau eines Regelwerks zwar behilflich sein, doch relevant ist, dass vor allem der Kurs das wichtigste Kriterium für den Börsenerfolg ist! Oftmals ist bei Börsen-Anfängern zu beobachten, dass der Computer-Monitor verschiedenste Indikatoren darstellt, doch der Kurs kaum noch zu erkennen ist. Die scheinbar objektiven Indikatoren verleiten dann zu Kauf- und Verkaufstätigkeiten, die das Depot dahinschmelzen lassen.

Vor jeder Analyse eines Kursverlaufs sollte als Fundament der Analyse eine sorgfältige Trend- und Formationsanalyse einhergehen. Candlesticks als weiterer Baustein können gewählt werden, doch erst als I-Tüpfelchen sodann Indikatoren angewandt werden. Als Beispiel für eine Überlegung, ein Regelwerk mit einem Indikator aufzubauen, dem SuperTrend-Indikator, nachfolgend ein Artikel des Autors in der Mitgliederzeitschrift der Vereinigung Technischer Analysten Deutschlands e.V. (VTAD) vom April 2019.

Artikel VTAD-Zeitschrift April 2019 – SuperTrend

SuperTrend – Ein Indikator für den Erfolg?

Der SuperTrend-Indikator hat in den vergangenen Jahren an Popularität bei Anlegern und Händlern gewonnen. Allein der Name des Indikators ist positiv besetzt und verspricht Erfolg! Die Hoffnungen der Händler, in diesem Indikator den heiligen Gral der Technischen Analyse gefunden zu haben, widerlegen jedoch die meisten statistischen Auswertungen. Stefan Salomon stellt Ihnen den Indikator kurz vor und skizziert einen diskretionären Weg, wie der Indikator erfolgreich in die Praxis des Händlers integriert werden kann.

SuperTrend – Was ist das?

Der SuperTrend-Indikator prüft Kursveränderungen der einzelnen Perioden im Trendverhalten. Pro Periode wird in Abhängigkeit vom Mittelwert der Periode und deren Volatilität (ATR) ein neuer Indikatorwert berechnet. Fällt dieser Wert so aus, dass sich der Trend fortsetzt, wird die Linie des SuperTrend-Indikators entsprechend weiter in Trendrichtung gezeichnet, fällt hingegen der Wert ungünstiger aus, wird der vorherige Wert aber nicht negiert, so wird die Linie lediglich seitwärts gezeichnet. Das heißt, der vorherige Wert wird in diesem Falle zur Konstruktion der Indikatorlinie weiterhin angewendet. Ein Trendwechsel der Indikatorlinie wird erst dann angezeigt, wenn der vorherige Wert gegen die bisherige Trendrichtung über- oder unterschritten wird.

Die Statistiken

Die diversen statistischen Untersuchungen (unter anderem von Sven-Olaf Schmidt 2011 oder von Rene Berteit 2014) zum SuperTrend-Indikator bringen letztlich ein Ergebnis, wie es von einem trendfolgenden Indikator kaum anders zu erwarten ist. Sofern man den Indikator und deren Wechsel von »aufwärts« zu »abwärts« als Kauf- beziehungsweise Verkaufssignale interpretiert, so bringt der Indikator ebenso wie einfache gleitende Durchschnitte in Trendphasen gute Ergebnisse und in Seitwärtsphasen versagt der Indikator seinen Dienst. Auch Anpassungen des Indikators in der Signalgenerierung (zum Beispiel Optimierung der Parameter oder »einen Rücksetzer an den SuperTrend kaufen nachdem der Indikator zuvor ein Kaufsignal generiert«) brachten zwar Verbesserungen in der Statistik beziehungsweise dem »Profitfaktor«, doch letztlich gilt: Der Indikator funktioniert in Trends, aber nicht in Seitwärtsmärkten. Wird der Indikator daher als einfaches »Stop-and-Reverse«-System genutzt, wird der Indikator nicht profitabel sein, denn in der Regel weiß der Händler erst hinterher, ob nach einem Signal sich nun ein Trend anschließt oder doch nur ein Sägezahnmarkt folgt. Auch die Verknüpfung von zwei oder drei SuperTrend-Indikatoren mit unterschiedlichen Parametern in Anlehnung der Idee der »Drei gleitenden Durchschnitte« bringt in der Regel nicht den erwünschten langfristigen Erfolg. Denn auch dieses grundsätzlich trendfolgende System versagt in ausgeprägten Seitwärtsphasen. LeBeau/Lucas haben diesen Aspekt in ihrem Buch *Börsenanalyse mit dem Computer* schon hinreichend bei gleitenden Durchschnitten dargestellt. Da jedoch der SuperTrend-Indikator aufgrund der Berücksichtigung der Volatilität des untersuchten Objekts gegenüber gleitenden Durchschnitten einen interessanten Vorteil verspricht, bleibt die Fragestellung, wie der Indikator sinnvoll genutzt werden kann.

Diskretionäre Anwendung

Als einfaches Beispiel der Anwendung des Indikators ohne statistische Beweisführung darf die Idee gelten, dass übergeordnete Trends die Richtung anzeigen und so in den untergeordneten Zeitebenen stets nur in Richtung des übergeordneten Trends gearbeitet werden sollte. Zeigt so der SuperTrend-Indikator auf Tagesbasis einen Aufwärtstrend an, so werden zum Beispiel in den Stundenkerzen lediglich die Kaufsignale des Indikators genutzt, um bei einem Wechsel des Indikators in der kurzfristigen Zeitebene die Position zu schließen, jedoch nicht zu drehen (von long auf short). Vice versa werden bei einem Abwärtstrend, den der SuperTrend-Indikator per Definition zum Beispiel in den Wochenkerzen darstellt, nur Verkaufssignale in den Tageskerzen als auch Stundenkerzen beachtet. Diese Vorgehensweise verspricht zwar augenscheinlich Erfolg, doch schützt diese nicht unbedingt vor einer volatilen Seitwärtsphase sowohl innerhalb einer mittel- als auch kurzfristigen Zeitebene, trotz vorliegendem übergeordneten Trend zum Beispiel in den Wochenkerzen.

Aufgrund dieser Schwächen wird der SuperTrend-Indikator von vielen diskretionär handelnden Marktakteuren nicht als Signalgeber genutzt, sondern als nachlaufender Stoppkurs (Trailing-Stop). Der Initial-Stop, also der Stoppkurs, der direkt nach Eröffnung einer Position gewählt wird, liegt somit knapp unter beziehungsweise über dem SuperTrend-Indikator (im Aufwärts- beziehungsweise Abwärtstrend). Der Verlauf des Indikators nähert sich in der Regel dem Kursverlauf an und besticht hierbei dadurch, dass aufgrund der mit berücksichtigten Volatilität des Basiswertes auch kurzfristige Seitwärtsphasen nicht zu einem Ausstoppen aus der Position führen. Doch auch diese Anwendung hat im praktischen Trading-Alltag ihre Tücken. Denn letztlich bedarf es so in absehbarer Zeit nach Positionseröffnung auch einer Bewegung »in die richtige Richtung« eines Trendverlaufs, damit die Position entsprechend dem Verlauf des SuperTrend-Indikators nicht ausgestoppt wird.

Das zuletzt angeführte ist natürlich das angestrebte Ziel jedes Anlegers und Händlers, dass die Position möglichst frühzeitig direkt nach Positionseröffnung in den Gewinn läuft und der SuperTrend-Indikator vor allem eine mentale Stütze liefert, nicht zu früh aus dem Trend auszusteigen. Schlussendlich bedarf es daher der Überlegung, wann im Markt entsprechende Signale entstehen, die eine impulsive Trendausbildung erlauben, um an diesem Trend zu partizipieren. Hierfür eignet sich die klassische Formationsanalyse mit zum Beispiel Dreiecken und Rechtecken. Vor allem diese Formationen stellen stets eine Phase der Unsicherheit im Markt dar, einer Pattsituation zwischen Bullen und Bären. Werden diese Phasen sodann verlassen, entscheidet sich also der Markt, so ist in der Regel auch mit einer impulsiven Bewegung zu rechnen.

Abbildung 337: DAX von Oktober bis Anfang Februar 2019 – Tageskerzen mit Ausbrüchen aus Formationen, die impulsive Bewegungen offerierten – chart provided by guidants.com

Als Beispiel sei der DAX-Verlauf von Oktober 2018 bis Anfang Februar 2019 genannt (Abbildung 337). In diesem Zeitraum bildeten sich ein fallendes Dreieck sowie kurzfristige Seitwärtsphasen. Diese Ausbrüche beziehungsweise Fehlausbrüche versprachen jeweils impulsive Bewegungen, die mit einem SuperTrend-Indikator als Trailing-Stop im kurzfristigen Tageshandel auf 5-Minuten-Basis gut gehandelt werden konnten. Sowohl Ausbrüche als auch Fehlausbrüche aus diesen Formationen bieten Handelschancen für den kurzfristigen Trader. So stieg der DAX zum Beispiel am 05. Februar aus einer Seitwärtsphase nach oben an, um schon zwei Handelstage später in diese zurückzufallen – ein klassisches Fehlsignal der Chartanalyse mit der Chance auf kurzfristig kräftig fallende Kurse.

In Abbildung 338 ist auf 5-Minuten-Basis der deutliche Rückgang am 07. Februar 2019 sichtbar. Entsprechend dem vorherigen Fehlausbruch über eine Widerstandszone im Bereich 11.300/30 Punkten konnte von deutlich fallenden Kursen bei einem Rückfall in die Range ausgegangen werden. Ein Verkaufssignal intraday wurde am Vormittag des 7. Februar mit Break der 11.250 generiert – ein nachlaufender Stoppkurs über dem SuperTrend-Indikator wäre sodann erst im Bereich 11.050 Punkten ausgelöst worden. Im Gegensatz hierzu sind der Parabolic SAR (gepunktet) und ein gleitender Durchschnitt (20) dargestellt. Diese beiden Indikatoren hätten jeweils einen geringeren Gewinn erzielt.

Abbildung 338: DAX (L&S) – 5-Minuten-Kerzen am 07. Februar 2019, der SuperTrend-Indikator in der Standardeinstellung als erfolgreicher Trailing-Stop gegenüber Parabolic SAR oder einem einfachen gleitenden Durchschnitt (20) – chart provided by guidants.com

Eine Erweiterung dieses subjektiven, diskretionären Handelssystems erzielt der Händler, wenn nur eine Teilposition in der 5-Minuten-Zeitebene geschlossen wird und für die restliche, kleinere Teilposition nun in einer höheren Zeitebene der SuperTrend-Indikator als Trailing-Stop fungiert, zum Beispiel den 30-min- oder Stundenkerzen. Allerdings unter der Bedingung, dass auch die klassische Formations- und Trendanalyse weiteres Richtungspotenzial offeriert. Neben dieser diskretionären Anwendung besteht natürlich noch die Möglichkeit, den Indikator als Trendfilter in Verbindung mit Indikatoren anzuwenden, die einen Ausbruch aus einer Seitwärtsphase anzeigen.

Die Grundidee eines erfolgreichen Handelssystems mit dem SuperTrend-Indikator bleibt hierbei in der Regel aber gleich: Suche Ausbrüche aus Phasen, denen ein impulsiver Trend folgt, und bleibe solange im Trend, bis er per Definition beendet ist (der SuperTrend-Indikator also dreht). Im ersten Schritt eines Regelwerks in Verbindung mit dem SuperTrend-Indikator steht daher nicht unbedingt der Indikator im Vordergrund, sondern ein Einstiegskriterium, welches einen impulsiven Ausbruch erwarten lässt. Die statistische Erfassung der Aussagekraft von Ausbrüchen in unterschiedlichen Zeitebenen und Ausprägungen (große Formationen haben große Auswirkungen, kleine Formationen haben kleine Auswirkungen) steht somit vor der Beschäftigung mit einem Trendfolge-Indikator! Erst im zweiten Schritt wäre sodann die Praktikabilität eines Handels mit dem SuperTrend-Indikator abzuklären.

Fazit:

Der SuperTrend-Indikator als trendfolgender Indikator hat seine Tücken. So einfach, wie es teils in YouTube-Videos oder auch im Internet dargestellt wird, ist ein Handelssystem mit diesem Indikator nicht definierbar oder erweist sich gar als nicht profitabel. In der Verknüpfung mit der diskretionären Chartanalyse, hier vor allem der Formationsanalyse in den Tages- und Stundenkerzen, bietet der SuperTrend-Indikator allerdings als Trailing-Stop Vorteile gegenüber anderen Trailing-Stop-Konzepten. Ebenso erscheint der Indikator als Trailing-Stop in Verknüpfung mit automatisierten »Ausbruchs-Handelssystemen« interessant.

Soweit eine Überlegung zur Anwendung des SuperTrend-Indikators – dargestellt in der Mitgliederzeitschrift der VTAD (www.vtad.de) als Anregung. Achten Sie bitte auf Folgendes: Bevor Sie sich mit der mittlerweile fast unüberschaubaren Anzahl von Indikatoren beschäftigen, sollten Sie die Trend- und Formationsanalyse – angereichert mit Candlesticks – als Fundament erlernen und meisterhaft anwenden können. Erst anschließend lohnt der Blick auf den einen oder anderen Indikator, den Sie dann jedoch wiederum vollumfänglich verstanden haben sollten, um die Stärken und Schwächen eines Indikators wirklich verstanden zu haben.

Aufbau eines Regelwerks

Beim Aufbau eines Regelwerks können allgemeingültige Regeln als Maxime gelten, die wiederum bei Konkretisierung der untergeordneten Regeln nicht verletzt werden sollten. Edward Allen Toppel hat die grundlegenden Regeln in seinem kleinen Büchlein *Zen an der Börse* auf Seite 21 zusammengefasst. Er schreibt man solle:

1. *zum niedrigen Kurs kaufen, zum hohen verkaufen.*
2. *steigende Kurse laufen lassen, bei fallenden Kursen schnell verkaufen.*
3. *steigende Pakete ergänzen (nicht fallende).*
4. *dem Trend folgen.*

Ab Seite 61 erweitert Toppel diese Regeln noch einmal. Man solle:

1. *niemals ein Verliererpaket ergänzen.*
2. *nur Gewinnerpakete ergänzen.*
3. *Gewinne laufen lassen.*
4. *Verluste schnell unterbinden.*
5. *niemals Höchststände kaufen.*
6. *niemals Tiefststände kaufen.*

Und die wichtigste Regel von allen:

1. *Lasse die Börse die Entscheidungen treffen, nicht dein Ego.*

Edward Allen Toppel legt in seinem Buch dar, wie auch erfahrenen Börsenhändlern das eigene Ego oftmals Knüppel zwischen die Beine wirft und das Ego den Erfolg verhindern kann. Die mentale Bereitschaft, nicht das zu sehen und zu handeln, was man gern möchte und fälschlicherweise in den Kurs hineininterpretiert, sondern nur den Markt entscheiden zu lassen, was zu tun ist, ist letztlich ein relevanter Faktor für den langfristigen Börsenerfolg. Doch mit der einfachen Chartanalyse können Sie den Stimmungen des Marktes folgen und dem Markt einen Schritt voraus sein!

Viel Erfolg!

Zum Abschluss des Buches nochmals einige Wiederholungen!

1. Folgen Sie dem Trend! Niemand weiß, wie hoch eine Aktie steigen oder fallen kann! Achten Sie bei kurzfristigen Rücksetzern im mittel- bis langfristigen Aufwärtstrend auf Kaufsignale, und im übergeordneten Abwärtstrend achten Sie bei Erholungen auf kurzfristige Verkaufssignale. Stocken Sie Gewinner auf, begrenzen Sie hingegen Ihre Verluste und stocken Sie NIEMALS Verlierer auf!
2. In der Analyse der Charts verknüpfen Sie stets die lang- und mittelfristigen Zeitebenen mit den kurzfristigen Perspektiven! Beginnen Sie hierbei erst mit der langfristigen, übergeordneten Stimmung und arbeiten Sie sich zu den kurzfristigen Zeitebenen herunter. Diese dienen Ihnen letztlich als Timing-Instrument, um in einen Trend einzusteigen.

3. Machen Sie sich Börse und Chartanalyse nicht zu kompliziert! Basis jeder Chartanalyse ist die Trend- und Formationsanalyse! Für den langfristigen Erfolg reichen Bleistift und Lineal aus!

4. Handeln Sie, was Sie sehen – und nicht, was Sie meinen! Es ist nur allzu menschlich, bei bestehenden Aktien-Investments auch nach Nachrichten zu suchen, die steigende Kurse rechtfertigen! Negative Nachrichten oder Verkaufssignale im Kursverlauf werden hingegen gern ignoriert! UND: Nachrichten werden manchmal überinterpretiert, nach dem Motto: Was war zuerst da – die Kurse oder die Nachrichten?

5. Große Formationen haben große Auswirkungen, kleine Formationen haben kleine Folgen! Haben Sie Geduld und suchen Sie vor allem größere Formationen, also Dreiecke, W-Formationen et cetera in den lang- bis mittelfristigen Zeitebenen, um bei Ausbrüchen auch an lang- bis mittelfristigen Trends zu partizipieren!

6. Lassen Sie Ihre Gewinne laufen – aber sichern Sie diese ab! Ihr Stoppkurs schützt dabei Ihre Idee von weiterhin steigenden Gewinnen bis zu dem Punkt, an dem Ihre Annahme entsprechend Ihrer Chartanalyse nicht mehr haltbar ist.

7. Depoterhalt ist die wichtigste Börsenregel! Fragen Sie sich nicht, was kann ich verdienen, sondern fragen Sie sich stets bei einem neuen Investment: Was kann ich verlieren? Setzen Sie auch hier einen Stoppkurs nach dem Motto: Wann ist meine Annahme von steigenden (oder fallenden Kursen) nicht mehr aufrecht zu halten?

Ich wünsche Ihnen ein glückliches Händchen bei Ihren Aktivitäten an der Börse und viel Erfolg!

Ihr Stefan Salomon

Literatur

Die nachfolgend aufgeführten Bücher haben in unterschiedlichster Form mit zur Entstehung des vorgestellten Werks beigetragen. Sie dienen dem interessierten Leser als Handhabe, um sich in der Vielzahl der Börsen-Literatur zurechtzufinden. Sämtliche lieferbaren Bücher finden Sie auch als Literatur-Empfehlung auf der Seite des Autors www.candlestick.de zur Übersicht.

Bigalow, Stephen W. (2002): *Profitable Candlestick Trading, Pinpointing Market Opportunities to Maximize Profits*, New York, John Wiley & Sons, Inc.

Bulkowski, Thomas N. (2000): *Encyclopedia of chart patterns*, New York, John Wiley & Sons, Inc.

Florek, Erich (2000): *Neue Trading Dimensionen, Nutzen Sie das Erfolgspotential modernster Börsentechniken*, München, FinanzBuch Verlag

Goldberg, Joachim / Von Nitzsch, Rüdiger (1999): *Behavioral Finance, Gewinnen mit Kompetenz*, München, FinanzBuch Verlag

LeBeau, Charles / Lucas, David (1992): *Börsenanalyse mit dem Computer, Technical Traders Guide to Computer Analyses of the Futures Market*, Darmstadt, Verlag Hoppenstedt & Co

Lynch, Peter (1990): *Der Börse einen Schritt voraus – Wie auch Sie mit Aktien verdienen können*, Kulmbach, Börsenbuch-Verlag

Maas, Peter / Weibler, Jürgen (Hrsg.) (1990): *Börse und Psychologie: Plädoyer für eine neue Perspektive*, Köln, Deutscher Instituts-Verlag, (div. Sachbuchreihe; 51)

Morris, Gregory L. (1992): *Candlestick Charting Explained, Timeless Techniques for Trading Stocks and Futures*, New York, McGraw-Hill

Müller, Thomas / Nietzer, Harald (1995): *Das große Buch der Technischen Indikatoren*, Rosenheim, Thomas Müller Börsenverlag

Murphy, John H. (2000): *Technische Analyse der Finanzmärkte*, München, FinanzBuch Verlag

Nison, Steve (1991): *Japanese Candlestick Charting Techniques, A Contemporary Guide to the Ancient Investment Techniques of the Far East*, New York, New York Institute of Finance

Nison, Steve (1996): *Chart-Analyse mit Candlesticks, Beyond Candlesticks*, Darmstadt, Verlag Hoppenstedt & Co

Nison, Steve (2002): *Technische Analyse mit Candlesticks*, München, FinanzBuch Verlag

Pring, Martin J. (1993): *Handbuch Technische Kursanalyse, Technical Analysis Explained*, Darmstadt, Verlag Hoppenstedt & Co

Rockefeller, Barbara (2015): *Chartanalyse für Dummies*, Weinheim, WILEY-VCH Verlag GmbH & Co. KGaA

Shimizu, Seiki (1986): *The Japanese Chart of Charts*, Translated by Gregory S. Nicholson, Tokyo, Tokyo Futures Trading Publishing Co.

Toppel, Edward A. (1994): *Zen an der Börse, Erkenntnisse eines Börsenmaklers*, München, Droemersche Verlagsanstalt Th. Knaur Nachf.

Tvede, Lars (1991): *Psychologie des Börsenhandels – Taktik, Timing und technische Analyse*, Wiesbaden, Gabler

Salomon, Stefan (2014/2015): *www.godmode-trader.de*, Einsteiger- & Wissensbereich, Videos Basiswissen, https://www.godmode-trader.de/archiv-suche?tab=search-archive-tab-articles&filter=series.id=2099

Schwager, Jack D. (1998): *Technische Analyse, Schwager on Futures*, München, FinanzBuch Verlag

VTAD-News Ausgabe 3, Juni 1999: https://www.vtad.de/wp-content/uploads/2018/05/VTADNewsjun1999.pdf

Weygand, Harald / Autor Thönnißen, Frank, 10. Januar 2008: *Diagnose und Prognose - Vorgehensweise wie beim Arzt - So erstelle ich eine Chartanalyse*, https://www.godmode-trader.de/artikel/diagnose-und-prognose-vorgehensweise-wie-beim-arzt-so-erstelle-ich-eine-chartanalyse,760566

Copyrights der verwendeten Chartsoftware

Folgende Abbildungen wurden erstellt mit MetaStock (www.equis.com / www.metastock.com), Datenfeed www.bsb-software.de: 2 – 4, 6, 8, 10, 12, 13, 21, 22, 24, 25, 27 – 31, 33 – 36, 38, 39, 49, 51, 56, 58, 60, 63, 67, 83 – 88, 96, 106, 115, 118, 123, 124, 127, 128, 130, 133, 136, 142, 145 – 148, 150, 153, 154, 156, 158, 160 – 162, 165 – 168, 170, 174, 175, 177, 179, 180, 187, 190, 193 – 195, 197, 200, 201, 203 – 206, 208, 210, 212, 220 – 224, 226 – 336

Folgende Abbildungen wurden erstellt mit TeleTrader (www.teletrader.com): 14, 15, 32, 40, 41, 43, 47, 65, 66, 225

Folgende Abbildungen wurden erstellt mit Tradesignal Online (www.tradesignalonline.com): 16, 17, 44 – 46, 48, 52, 53, 55, 59, 61, 62, 64, 95, 97, 98, 109, 110, 112 – 114, 116, 117, 137, 138, 149, 151, 157, 171, 173, 176, 181 -186, 188, 189

Folgende Abbildung wurde erstellt mit CQG (www.cqg.com): 82

Folgende Abbildungen wurden erstellt mit Guidants (www.guidants.com): 89 – 94, 99 – 101, 104, 105, 107, 108, 111, 119 – 122, 125, 126, 129, 131, 132, 140, 141, 144, 152, 164, 169, 172, 178, 337, 338

Über den Autor

Liebe Leser, herzlich willkommen in der Welt der Börse! Ich möchte mich Ihnen vorstellen: Stefan Salomon, geboren 1963 in Berlin, verheiratet, fünf Kinder. In meiner Kindheit hat mich stets das Börsenspiel vom Ravensburger Verlag (1967) begeistert, und so war es nur ein konsequenter Weg, dass ich mit 17 Jahren meine erste eigene Aktie, eine Preussag-Aktie, erwarb. Mit Erfolg! Der Börsenvirus hatte mich früh erwischt!

Mein Hobby – die Aktienanlage und Analyse – machte ich allerdings erst sehr viel später zum Beruf. Mitte der 1990er-Jahre begann ich, Vorträge bei Börsenvereinen und bei der Vereinigung der Technischen Analysten Deutschlands e.V. (VTAD) zu halten, Seminare und Artikel kamen hinzu. Aus dem Status Privatanleger in das Profilager wechselte ich Ende der 1990er-Jahre. Anfangs als freiberuflicher Technischer Analyst, nachfolgend als »Leiter Technische Analyse der wallstreet:online AG«, »Financial Advisor der Hornblower Fischer AG«, »Chartanalyst BörseGo AG« und »Chartanalyst wallstreet:online AG«. In dieser Zeit war ich zudem ehrenamtlich tätig als Vorstandsmitglied und Regionalmanager der Vereinigung der Technischen Analysten Deutschlands e.V.

Mit der Spezialisierung auf die damals noch eher ungebräuchlichen Candlesticks galt ich bald als der Spezialist für Chartanalyse und Candlesticks im deutschsprachigen Raum. Seit Mitte der 1990er-Jahre veröffentliche ich eine Vielzahl an Technischen Analysen über den DAX, internationale Indizes sowie Aktien, Rohstoffe und Devisen auf unterschiedlichsten Internetportalen, im TV (n-tv Telebörse, Deutsches Anleger Fernsehen) sowie in Printmedien (*Euro am Sonntag, Börsen-Zeitung*). Auch stand ich als Referent, Webinarredner und Seminarveranstalter sowie als Coach für Trader und Anleger zur Verfügung. Ein weiterer Schwerpunkt: die Vermögensverwaltung für private Anleger.

Mit diesem Buch möchte ich Sie für die Chartanalyse begeistern und bin zutiefst davon überzeugt, dass jeder Erfolg an der Börse haben kann! Weitere Informationen zu mir und meinen Analysen finden Sie auf meiner Internetseite www.candlestick.de.

Index

Das große Arbeitsbuch der Chartanalyse

Stefan Salomon

Mit seinem großen Lehrbuch der Chartanalyse hat Stefan Salomon ein umfangreiches und eingängiges Einführungsbuch in die Technik der Chartanalyse vorgelegt.
Mit dem großen Arbeitsbuch der Chartanalyse ergänzt und vertieft er das Wissen der Leser und gibt Ihnen 120 neue Übungsaufgaben in praktischer Chartanalyse an die Hand, die sich ganz einfach mit Bleistift und Lineal bearbeiten lassen. Denn Übung macht den Meister.
Angefangen mit Aufgaben zu den Grundlagen, wie dem Erkennen von übergeordneten Trends und dem Finden von Dreiecken über das bestimmen der idealen Ein- und Ausstiegspunkte bis hin zu komplexeren Überlegungen die verschiedene Zeitebenen und Indikatoren verknüpfen, deckt er dabei eine große Bandbreite an möglichen Szenarien ab.
Die hochaktuellen Beispiele sind dabei aus dem echten Leben aktiver Trader gegriffen. Seien es die sogenannten Meme-Aktien, der Wasserstoff-Hype oder das angesagte Kryptotrading.

384 Seiten | Hardcover | 35,00 € (D) | 36,00 € (A) | ISBN 978-3-95972-510-1

Wenn Sie **Interesse** an
unseren Büchern haben,

z. B. als Geschenk für Ihre Kundenbindungsprojekte,

fordern Sie unsere attraktiven Sonderkonditionen an.

Weitere Informationen erhalten Sie bei unserem

Vertriebsteam unter +49 89 651285-154

oder schreiben Sie uns per E-Mail an:

vertrieb@finanzbuchverlag.de

FBV
FinanzBuch Verlag